中国史学の基本問題1

殷周秦漢時代史の基本問題

編集委員　松丸道雄・古賀登・永田英正・尾形勇・佐竹靖彦

汲古書院

中国史学の基本問題シリーズの刊行について

今回、われわれが企画した中国史学の基本問題シリーズは、松丸道雄と古賀登を代表編集委員とする第一巻『殷周秦漢時代史の基本問題』、谷川道雄を代表編集委員とする第二巻『魏晋南北朝隋唐時代史の基本問題』、佐竹靖彦を代表編集委員とする第三巻『宋元時代史の基本問題』、森正夫を代表編集委員とする第四巻『明清時代史の基本問題』の、計四巻から構成されている。全体を貫く基本的モチーフは、個別実証作業により積み重ねられてきた学界的所与を基礎としながら、より全体的な視野と歴史像を追求すること、いわば歴史学の全体性の回復を求める点にある。

おそらくはウェスタンインパクトへの対応、受容と大陸への侵略と敗戦といった与えられた歴史的状況のなかで、わが国の中国史学は、一貫してなんらかの形で、歴史学の存在理由を明示することを社会的に要請されてきたように見える。そして、このような社会的条件のもとで、つねに歴史の全体像に対する認識を重視してきたように見えるのである。それは、中国社会論、時代区分論等のかたちで、これまでに世界の学界に貢献すべき大きな仕事を生み出してきたと言えるであろう。

ところが、高度経済成長のなかで、こうした精神的傾向からの離脱は著しく進行し、それは、個別事象への傾注、個別実証への没頭というかたちで、これまた多彩で興味深い多くの成果を生んだのである。

われわれ自身が個別的、具体的存在であるかぎり、われわれが興味をそそられる対象が個別的、具体的であるのは、ほとんど理の当然である。しかしながら、日本をも含む世界的な高度経済成長は、資源問題、環境問題、人口問題等のかたちで、人類史自体に対するこれまでにない深刻な課題を突きつけるようになった。われわれはつまるところ社会的存在であり、歴史の全体性の問題をさけて通ることはできないのである。このような状況のなかでの企画として、本企画は、まず、研究者各自がその専門分野でもっとも基本的であると考える問題を提示することから、歴史学の全体性の回復への第一歩を踏みだしたいと考えるのである。

一九九五年九月九日

佐竹靖彦

殷周秦漢時代史の基本問題　目次

殷周秦漢時代史の基本問題

殷周春秋史総説

松丸道雄

本稿は所与の標題からすれば、殷代から書くべきであろうが、近年の中国古代に関する研究動向は、溯って、少なくとも新石器時代後期までを視野に入れ、殷に至る過程を考えねばならないようになってきた。

新中国になってから今日までの半世紀間に、中国古史研究上、それ以前には想像しがたいほどの新知見を得られるに至ったのは、特に新石器時代についてだとしてよかろう。それ以前にも、仰韶文化、龍山文化、良渚文化についての僅かな知見が、なかったわけではないが、新建設に伴う厖大な発見により、その様相が激変したこと、その研究を支える体制が全国的に整ってきたこと、および、放射性炭素による年代測定の技術が改良され、これが広範に適用されるようになった結果、文化編年研究がかなり精度の高い絶対年代をもつに至り、それによって、汎中国的な文化変遷観をもつことが可能になってきた。その結果、各地に多数の「考古文化」が設定され、空間的・時間的な空白が埋められ、これらをいくつかの「類型」にまとめて理解しようとする試みも、少なからず見られるに至った。

この新石器時代を綜観する作業は、専門の考古学者に委ねるしかないが、そのうちで殊に、近年に至って、新石器時代後期とされる時期に、多数の大規模城壁が矢つぎ早やに発見されるに至ったことは、歴史学の立場から、最も看過しえない点である。

戦前、新石器時代の城壁か、として注目されたのは、山東省歴城県龍山鎮の城子崖遺跡ただひとつであった。これは、中央研究院歴史語言研究所によって行なわれた正式発掘の最初のもので、正式報告書も一九三四年に刊行されている。この中で、そこで発見された黄土版築の城墻が、当時の〝黒陶居民〟の生活ゴミに先立つ築造、と断定されていたのであった。

しかし、新中国になって、龍山文化遺跡が多数発見されたにもかかわらず、城墻発見に至らなかったことがひとつの大きな理由となって、八〇年代までは、次のような見解が、公式のものと考えられてきた。

…一部の人は、墓の中で明らかに示された階級分化、ならびにかつて城子崖で発見された華打築成の囲墻などを根拠に、龍山文化は既に文明の時代にはいっていた可能性があるとの推断を提出した。しかし、この三十年来、典型的龍山文化の遺跡の中でかつて再び「城」と関係ある遺構は発見されておらず、龍山文化が既に文明の時代に入っていたことを十分に説明できるさらに確実な資料もなく、依然として龍山文化は原始社会の末期にあったと一般には認められている。(1)

このような見方の基底には、中国文明発祥の地は、中原に相違ないとする先入観ないし期待があったことは否定できまい。河南省登封王城崗や淮陽平糧台で発見された際、それらが極めて小型の城墻であったにも拘わらず、とりわけ重視されたのも、それが中原の地での発見だったからに他なかろう。

しかし、九〇年代にはいると、当初予測されていた中原を離れて、山東半島や長江中流域その他に、新石器時代後期を中心に、大規模な城墻が、続々と発見されるに至った。

山東半島の場合についてみると、九六年の段階で、十七座の龍山城の所在地がマッピングされている。(2) そのほとんどは、ボーリングと試掘によって所在、規模が確認されたのみで、発掘成果の公表をまたない限り、その城の性格を明確にしえないし、また、今、明らかにされている龍山城以外にどの程度が存在したのか、また逆にこれらは同時併行的に存在したのか、各城が各々どの程度長期に亙って使用されたのか等々、留保をつけて考えてみなくてはならない点は多々存するが、しかしそれでも尚、これまで全く知られてこなかった事実であるだけに、中国の国家起源問題を推測する上で、看過してしまうわけにはいかない。

張学海がとりまとめて論述しているところから判断すると、この十七座のロケーションおよび各々の規模から、明らかに、済南より西、黄河下流域の北側に位置する八座（仮にA群としておく。図1、1～8）と、済南の東、黄河南側に位置する四座（B群。図1、9～12）、黄河から離れてほぼ山東半島中央部の山地に散在する五座（C群。図1、13～17）に分けられる。このうちC群としたものは、名称とロケーション以外、何の情報も与えられていないので、当面、考慮外とせざるを得ない。

さて、A群は、更に、南組の三座（1～3）、と北組の五座（4～8）に分けられる。張氏は、別に城の平面積の大小によって、数十ヘクタールを一級、数ヘクタールを二級に分類しているが、これによると、南組の一座（景陽崗城、三五ヘクタール）のみが一級で、残りの二座（皇姑冢城六ヘクタール、王家庄城四ヘクタール）は二級とされており、また北組では、一座（教場舗城、四〇ヘクタール）のみが一級で、残りの四座、尚荘城、楽平舗城、大尉城、王集城が、いずれも三ヘクタール台で、二級とされている。更にその範囲内に数多くの数千平方メートルからの規模の龍山期聚落の遺跡が発見されていて、これらは三級遺址とされている。両組とも、一級城址を中心として、半径二〇キロの範囲内に点在しているのである。

このように分析したあと、張氏は、これはもはや、ピラミッド形の階級社会構造が出来上っていたのであり、蘇秉琦のいう〝古文化、古城、古国[3]〟という発展段階に当てはめれば、当然〝古国〟の段階に達していた、というべきだ、と主張する。

図1　山東地区龍山城址分布図

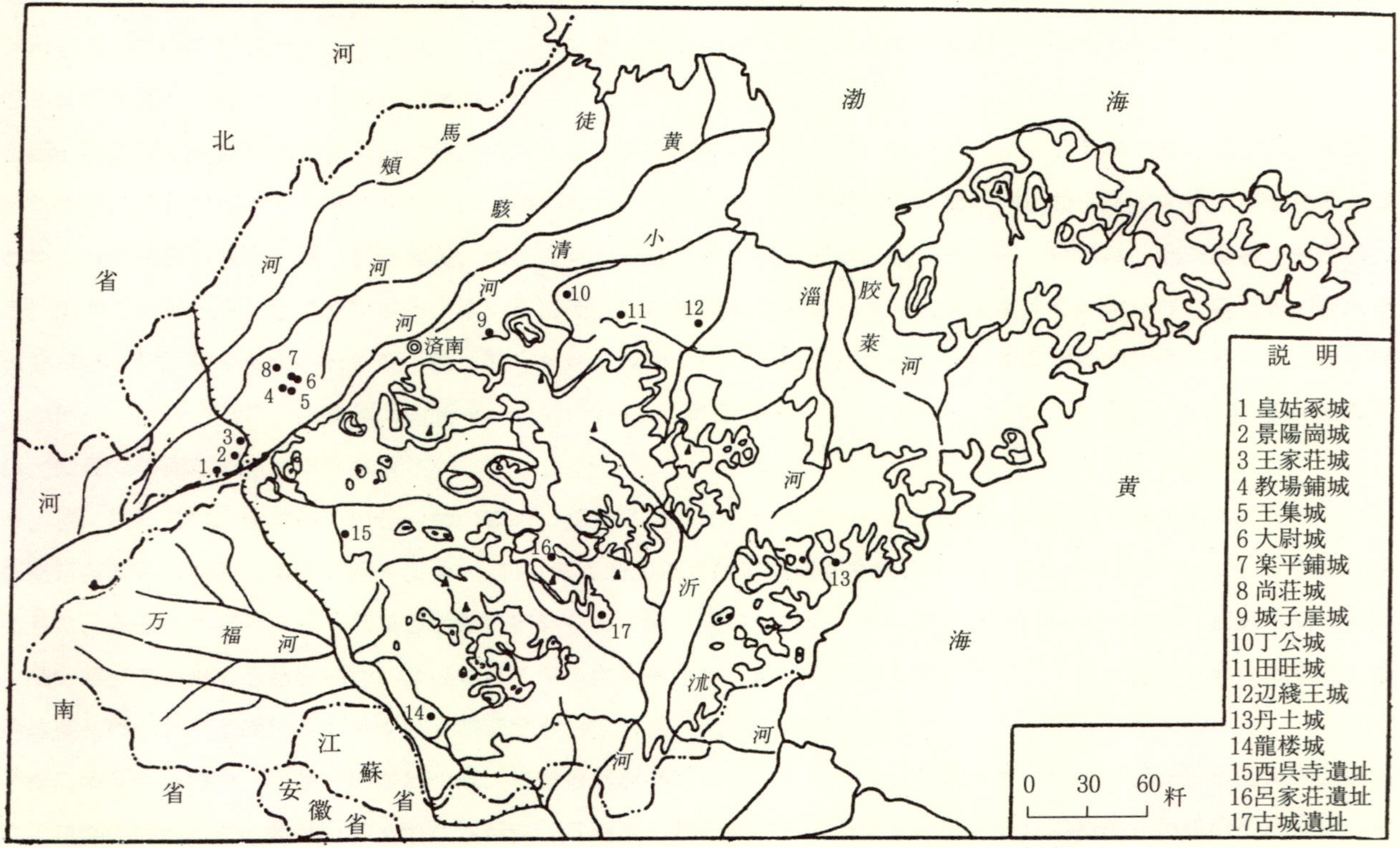

一方、私がB群とした黄河のより下流南側に、ほぼ一様に連なる城墻はいずれも一級遺址で、もっとも東の城子崖城（二〇ヘクタール）から直線距離約五〇キロで丁公城（十一ヘクタール）、三三キロで田旺城（十五ヘクタール）、三九キロで丹土城（二五ヘクタール）と連なっている、とされる。

かつて私は、殷周時代の国家構造について論じて、それまでに、都市国家、邑制国家の語でこれを呼ぶ諸説を紹介しつつ、従来なかったひとつの仮説を提出した[4]。それは、甲骨文・金文史料に基づいて、王朝の首都たる「大邑」のもとに、氏族邑としての「族邑」がこれに従属し、更にその下に多数の小さな「属邑」が存在して、累層的な構造をもっていたであろう、とするところを中心としていた。私が「邑制国家」の名で呼んだものの外形上の形態は、かかるピラミッド型の邑相互間の関係に着目したものであった。

一方、「都市国家」論がモデルとして考えた地中海型のポリス間には、このようなピラミッド型の累層関係を想定しうるわけではない。これとは異なり、基本的には、海岸線ないし河筋に沿って点々と発達し、〝日出づると共にポリスをいで、数時間を要して農地に赴いて農業に従い、日没までには再びポリスに戻り憩う〟という生活圏が、大凡人間の一日の行程の距離間隔で連鎖状につらなっている状況であったろう[5]。

さて、先述の山東新石器時代城址群は、A群は累層型であり、B群は連鎖型であるように見える。今日までのところ、これら城址の内部の発掘がごく一部を除いて行なわれていない状況では、その邑のもった機能・構造、ここに居住した人々の社会組織といった点の推測も行ないがたいし、諸城間の関係も、相互のロケーションという以外に、想像の手がかりがないのが実状であるが、このようなふたつのタイプが共存しているかの如き外貌を呈していることに注目しておいて、今後の発掘結果を注目していきたい。

一方、長江中下流域にも、これよりやや時代が降るかと思われる時期に、集中的に大型城址が発見されるに至っている。こちらは、長江をはさんで北側に三座、南側に四座の城郭が発見されており、とび抜けて巨大な石家河遺址は、七九ヘクタールで、山東で最大級の教場舗城の二倍の面積をもっている。それ以外の六座は七～二五ヘクタールと比較的小さく、これに分析を加えた岡村秀典は、第一等級（大型）は石家河遺址のみで、そのほかの六遺址は第二等級（小型）という二区分が妥当であろうといっているが[6]、これに従うと、さきの山東の場合の区分とは稍標準がずれてくる。また、石家河遺址が、城郭の内外に拡がる複合遺址であるのに対し、小型城郭の場合は、その居住区の範囲が城郭内にほぼ限定されることが指摘されており、この点は、山東の場合と共通するのかもしれない。この城郭の問題は、殷代について述べる際に、再度とり上げたい。

これら新石器時代後期における城郭址の調査の進展するなかで明らかにされた、もうひとつの重要な問題点がある。それは、山東城址のひとつ、丁公城の発掘過程で一片の帯字陶片が発見されたことである。

言うまでもなく、これまで中国最古の文字として公認されてきたのは、「殷墟」出土の甲骨文字であり、現行漢字の祖型である。他方、仰韶文化、大汶口文化その他の遺跡中から、陶器上に記号ふうのものが見出され、これを文字の祖型と見なす研究者も少なくない。しかし、符号と文字は、厳格に区別されるべきものであって、文章を書く機能をもったもののみを文字と考えるべきである。

この丁公陶片は、敢えて書写用に整形されたと考えられる小陶片上に十一箇の刻文が配列されていて、一連の文章を記したものの如くに観察される。これがはたして文章を記した文字であれば、甲骨文字を溯る大凡八百年ほど前の、唯一の例証となる。しかし、これは、どう見ても、甲骨文に先行する漢字の祖型とは考えがたい。

この文字の解釈について、極めて注目すべき説が現れた。馮時の、西南中国に現存する彝族の文字によって解読しうる、という驚愕すべき指摘である[7]。古来、彝字は夷字と通用する。現在の彝族文字と山東省新発見の新石器時代後期の文字が源を同じくするとなれば、当然、当時の夷族の後裔が現在の彝族だということになる。問題は、一気に現代の中国における民族問題に直結していくことになるが、今、このことは措いておこう。新石器後期、山東の夷族が、すでにかなり発達した文字を使用していたのであり、おそらくその段階で、漢字は未形成であったとするなら（この仮定には、勿論多大の問題がひそんでいるのだが）、これ以降のいわゆる華夷問題をどのように捉えるかについて、示唆するところが極めて大だというべきであろう。丁公城内のごく一部が発掘されてすぐに、当片の発見となった。従来の山東龍山文化の発掘が、この種の城内の発掘をしていなかったのであってみれば、これまでかかる文字を発掘しえなかったことも、殷代文字の発掘状況と対比させて考えてみても、充分首肯しうるところである。今後、上述したような山東における多数の大型城址内の発掘によって、大量の夷族文字が発見される可能性は大いにあり、またそれが後代の古彝文とある程度比較可能であるとすれば、解読しうる可能性もかなり高い。これは、前三千年紀の古史が、甲骨文、殷墟の発見・研究によって殷代史が再建されたのに比すべき解明がされる、かすかな曙光であるのかもしれない。山東古城の発掘の進展の速やかならんことが切望される所以である。

この時期にかなり近いと思われる江蘇省高郵市龍虬荘で発見された刻文陶片、さらには良渚文化において発見されているいくつかの刻辞なども、ほぼ、これに似た性格のものといえるかもしれない(8)。

民族問題を離れても、この段階で文字が出現しているとすれば、そのこと自体に注目しておかなくてはならない。一般に古代社会において、国家形成に随伴して文字が出現してくることの多いことは、屢々指摘されるところである。たとえば、ゴードン・チャイルドは、古代都市を考古資料によって定義付けしようとする際の指標のひとつとして、文字の発明を挙げている(9)。少なくとも旧大陸において、これはかなり普遍的に見られる現象であろう。そうであれば、前三千年紀後半というこの時期が、かつて考えられていたような原始社会の末期、と見做すわけにはいかない、という見方を支えるひとつの指標として、注目しておくべきなのである。

もうひとつ、この時期、注目しておくべきは、以上に述べたような、山東龍山文化、石家河文化、良渚文化などの遺跡中に、濃密に精巧な玉製品が出土することである。玉はその美質の故に好んで求められたであろうが、ここで問題にしておきたいのは、その故ではない。その硬度が著しく高いために、これを細工するには、極めて高度の技術を要するとともに労働集約的製品であり、これが、上記のような大遺跡に集中的に存在するということが、この地の権力と結びついた産物であったということ、更には、支配層内部での身分標示物としての機能をもっていただろう、と推測させるためである。このことは、支配層と被支配層の中間に、身分制度の整った中間官僚層が存在していたことを物語る。この時期、まだ青銅器は存在していない。殷周時代に青銅器が荷った支配構造内部での意味あいを、これに先行する形で、この時期の玉器が荷っていた、と考えておくのは、さして的はずれではあるまい。

以上のごときいくつかの問題点を総合してみるなら、この時期は、もとより原始社会と呼ぶべきものではなく、最早、確実に国家形成への途を大きく踏み出している、と言うべきであろう。しからば、それは殷周期のそれと、如何なる点において最も顕著に異なっているとすべきなのか。それこそが、課題でなくてはならない。

かかる山東龍山文化、良渚文化は、しかし、突如として、衰退ないし消滅した。山東龍山文化層の上層には岳石文化、良渚文化層の上層には馬橋文化と呼ばれる新しい文化層が見られるに至るが、それらは、いずれも先行文化を継承・発展させるようなものではなく、共に、文化水準が前代に及ばない。これは、大凡、前二三〇〇～二二〇〇年ころのことと考えられている。その原因について、今のところ考古学者の間で、かならずしも意見の一致は見ていないようである。たとえば、兪偉超は、かかる「異変」が生ずる原因としては、洪水以外には考えがたいとし、長期に亙った大氾濫によって、黄河下流域の山東龍山文化、長江下流域の良渚文化は、壊滅的に被害を受けた結果、両文化を支えた人々は、他処に移動する他なかっただろう、と推測している。(10) 一方、この両遺跡それぞれの下層と上層を分ける部分に、明瞭な洪水痕跡は見出しがたいとして、このような見解に異論をさしはさむ考古学者もいる。われわれとしては、論議の行方を見守るしかない。

＊

次いで、河南省偃師二里頭遺跡をめぐる問題と、これに関連する「夏王朝」問題にも触れておかなくてはならない。久しい以前より、中国の学界では「夏王朝」の実在はすでに既定のこととして取扱い、それを前提として論議がなされる風潮が一般化していたが、わが国の学界には、なお慎重に、王朝の実在を積極的に認めるのを躊躇する、という立場をまもる研究者が多かった、といえよう。わが国の多くの概説書・教科書は、いまも殷王朝の記述からはじめられているのが一般的である。

このことは、夏王朝の実在を否定すべきだ、ということとは異なる。半世紀も前に、和田清は、殷という王朝の実在性が証明されたのであれば、多くの伝説を残している夏王朝もまた、おそらくは、実在した王朝だったのだろう、という意見を述べている。(11) 問題とすべきは、あくまで歴史学としての検証に耐えうる科学的証明ができるのか、史書中に伝えるところを〝史実〟として受け容れてよいのか、という点にある。

このことは、殷代の実在が証明された過程との対比を、念頭に置くべきであろう。言うまでもなく、甲骨文発見以前、殷も夏と同様、全く同様に伝説上の存在でしかなかった。甲骨文が発見され解読された結果、そこに記されていた多くの王名が、『史記』殷本紀に記されているところと殆ど完全に一致したことが、甲骨文の年代と『史記』の記述の両者への信頼性を同時に証明した。王國維のいわゆる「二重証明」である。しかし、「夏」については、このようなことは、今に至るも、全くない。このことは、解りきったことであるが、まずはじめに確認されなくてはならない。

それにも拘わらず、「夏王朝」の実在を、中国学界が恰かも既定の如くに扱うのは、河南省偃師二里頭遺跡の発掘結果から、これが殷に先行する王朝の存在を示している、と考えられたからに外ならない。この遺跡の年代をめぐっては、この第一～四期の文化層のうち、第三、四期を殷代初期、それに先だつ第一、二期を夏代と見做す見解と、二里頭全期をすべて夏代と見る見解がながらく併行してきたが、次第に、考古学者たちの意見は、後者に傾きつつあるように窺える。(12) そして、これまで知られた複数の大型建築址等の発掘成果は、これが殷に先行する「王朝」の中心拠点＝王都であったろう、と推測させる内容をもつものと考えられた。

しかし、このことをもって、ただちに、『史記』夏本紀に記されるような内容を、そのまま史実として受け入れてよいか、となると、歴史学の立場からは、未だ慎重にならざるを得ないのではなかろうか。「王朝」とは、血縁者間で継続的に授受される支配者のシリーズ、を意味するのであり、たしかに夏本紀に言うところはそれに合致しているが、かかる王の系譜が当時の史実を反映したものか、後代に作られて「夏王朝」に仮託されたものであるか、考えるすべがない。最近、考古学の立場から、「夏王朝」の実在を認めた林巳奈夫は、王國維が晩年、『古史新証』において、「司馬遷は〝実録〟である『世本』を見て殷周の王の世系を書いたために正しかったのであり、そうであれば、（未だ〝二重証明〟が出来ないとはいえ）夏后氏の世系も確実なものであると推考するのは、当然のことだ」という意味のことを言ったことに注目している。(13) だが、夏本紀に見える王名の殆どは「帝某」と記されているが、甲骨文中の「帝」字の用法からみて、当時、この文字が人王に冠して用いられたとは到底考えられず（帝乙、帝辛もまた、甲骨文にはない表現である）、ましてそれに先行する時代にかかる命名が、当時そのまま行なわれていたとは考え難い。これからすれば、王國維によって、司馬遷が「夏代」に関して実見して引き写したと想定された〝実録〟が、信頼するに足るホンモノであったかは、頗る疑問であろう。夏本紀の冒頭に長々と記される禹の事蹟についての伝説もまた、どこにでも嵌入しうる性質の傳承であろう。「夏」という名称そのものが当時から存したか、この文字が戦国以前に存在したかどうかにもまた、疑問が存する。[14]

殷代の直前に、王都と考えてよい大型の遺構が存したであろうことは、考古学的に充分確認できる段階に達した。他面、古文献中に「夏王朝」のものとして伝えられる内容を史実として受け入れるには、やはり「二重証明」を必要とする、というのが、歴史学の立場ではあるまいか。

＊

さて、殷代史にとって最近のもっとも重要な発見は、ボーリングの結果、小屯の対岸に巨大な城壁の存することが判明したことである。[15]この地域は、永らく殷代遺跡分布区外と考えられていたが、近年、米国ミネソタ大学と中国との共同調査の結果、殷墟期に先行する時期の陶片が濃密に存在することが明らかにされ、一時に注目されるところとなった。[16]その後、発掘が継続され、ついに、洹水沿岸での、はじめての巨大城壁という、大発見につながった。この城壁は、現地表より二・五メートル以上の地下に埋没しているため、永らく発見されなかった。その規模は極めて大で、東西南北は各々、二二三〇メートル、二二〇〇メートル、二一七〇メートル、二一五〇メートルに及ぶ、という。城壁の底部は寛さ九・二メートルあり、城内面積は四〇〇ヘクタールを越える。

問題は、その築造・使用時期であるが、古文献の記載と出土土器の器形上の特徴とを勘案する中から、第十二代河亶甲が都した相であるとする説と、第十九代盤庚が都し小乙まで用いられた都であろうとする説が対立している。通説のような小屯遺址＝殷墟説をとれば、今次発見の洹北商城は、すなわち盤庚～小乙の王城だったのであり、武丁時に至って洹南に移ったものの、ほぼ同一地と見做しうるために、後世、『竹書紀年』にいう盤庚以後不遷の説がでたのではないか、という解釈も生じうるであろう。

しかし、洹水南岸のいわゆる「殷墟」のプランは、これまで知られるに至った他の王城とは極端に異なっていて、これをそのまま王城と見做すべきかについては、私も含めて、少なくとも一部からは、強く疑義が提出されてきた[17]。以下に、このことについて、いま私の想定するところを、箇条書きにしてみよう。

① 小屯遺址は、王都址そのものではない。いわゆる「宮殿区」は王都の近郊（おそらく北郊）に位置した、祭日＝祭祖のための特別の聖地であったろう（この地が、洹水と大規模水溝（未発掘）とによって特別に区画されていたと考えられる点に特に注意せよ[18]）。

② 『竹書紀年』にいう「自盤庚徙殷、至紂之滅、二百七十三年、更不徙都」は、その年数は別として、おそらく事実であろう。

③ ①と②とからすれば、盤庚～紂の都は、小屯よりやや南に存し、洹北商城と同様、今も地下深く埋没したままなのであろう。逆に、聖地・小屯のみは、微高地に設けられたため、露出したのであろう。（『史記』周本紀の克殷の記事にいう、鹿台の存した「武王至商國」の「商國」がここにいう〝盤庚～紂の都〟であり、「其明日、除道、修社及商紂宮」の「紂宮」の所在地が、今の小屯ではなかったか。）

④ ③からすれば、洹北商城は、盤庚～小乙の都ではありえない（その結果、消去法的に、洹北商城＝河亶甲城

説が支持される)。

⑤　これに関連して、侯家荘は、その大墓の数から判断して、王城西北の地に設けられた盤庚以降殷末までの殷王墓地であろう。

⑥　一方、洹水と大水溝によって区画された小屯北地が祭日＝祭祖の聖地として用いられるようになったのは、甲骨文の年代から判断して、武丁期からであろう。

近年大量に発見された洹北花園荘における大量の土器群の中核は、殷墟大司空村一期より早く、二里頭白家荘期より降り、これを殷中期と見做して、鄭州二里崗期と「殷墟」期との中間に置くことにより、土器の器形変遷を無理なく連続的に理解しうるようになる、という[19]。このことから、考古学者により、洹北商城発見以前においてすでに、この地が、十一代河亶甲の都した「相」の地に当たるだろうとする有力な説があったが[20]、このような土器編年から導かれた推論は、右の私の推定を、全く別の論理過程から強く支持するものといえよう。ただ、これは、そもそも鄭州商城の年代を、殷代前期とみるか、中期とみるかにも大きく関わるところであるが、洹北花園荘の状況が明らかになるにつれて、次第に大勢は、鄭州商城＝殷代前期説に傾きつつある[21]、ということを前提としている。

こういったことから、新発見の洹北商城の年代をめぐる二説のうち、私は今のところ第十二代河亶甲の都城と見る方が妥当性をもつように思うが、しかし、これはもとより、全ての城壁が淹没している城内の発掘結果に俟つ外ない。鄭州商城が殆ど市街地であるのに対し、洹北商城は、一部軍用飛行場の外、大部分は農地である。小屯一帯を上回る大きな成果が期待されよう。

ところで、このことと関連して、私の旧説に言及しておかなくてはならないことがある。さきに記したようにかつて、私は殷周国家の構造について、大小の邑の三段の累層的関係が基本的な外形上の構造であり、これを支えた秩序は、王室の祖先祭祀であったろう、とした。[22] しかし、それとまさに照合されようかと思われる状況が、三十年近くのちに、新石器時代後期の山東半島や、長江中流域において考古学的に実証されようとは、私自身予想外のことであった。そのことについては一部で、すでに指摘されている。たとえば、岡村秀典は、

殷・西周時代の社会を古代ギリシア・ローマのような都市国家とする説にたいして、松丸道雄は、甲骨・金文などの直接史料にもとづいて、大邑（殷周王室）―族邑―属邑という累層的関係がその国家の基本構造であり、氏族制的共同体を中核とし、多くの小邑を従属せしめた族邑を単位とする邑制国家が自律的に存在しながら、大邑（殷周王室）に従属する関係にあったと考えている。屈家嶺・石家河文化の重層的な集落間構造は、松丸が国家の基本構造と考えた殷・西周時代のそれとまさに同じである。陰湘城遺址や城頭山遺址など小型の城郭集落が在地的な農業共同体を中核とし、周辺に多くの小集落をともなっていることも共通する。

として、その類似を指摘している。[23]

しかし、改めて考えてみると、新石器時代後期と殷代のそれが、ただちに同様のものだとして、その類似をのみ指摘して済ませておくわけにはいかないであろう。それは、何よりも、殷代王城は、新石器時代の城址と、その規模において全く異なっているからである。

さきにみたように、山東龍山城においては一級教場舗城が四〇ヘクタールで、それに付属する四つの二級城址はいずれも三ヘクタール前後であった。また、三五ヘクタールの一級景陽崗城に付属する二級城址もいずれも数ヘクタールであった。長江中流域の石家河遺址の場合も、ある程度まで、これと似た状況だといえよう。

一方、殷代王城の場合、鄭州商城の城内面積はおおよそ三〇〇ヘクタールとされ、その副都として同時併行的に建設された可能性の高い西亳＝偃師商城の場合でも、約一九〇ヘクタールとされる。今次発見の洹北商城に至っては城

内面積四〇〇ヘクタール以上である。未発見と私が考える殷代後期王城は、当然これを上回る規模の王城であった可能性が高い。すなわち、一級龍山城と比較して、殷王城は、完全にヒト桁異なる規模を有していた。このことは、この両者を等質のものと捉えることが根本的に誤っていることを示すものと考えざるを得ない。

私は、龍山期の構造は、それを支えた民族の相違や、経済生活上の発展などの要素を考慮しなくてはならないものの、基本的には、そのまま、殷周期に引き継がれたのではないか、と想像する。

しかし、(夏)殷代に至って、その基盤の上に、それを統合する、より大きな権力構造が必要とされる何らかの事態が生じた、と考えるべきであろう。それは、大河の大規模な氾濫を鎮めるためであったかもしれないし、民族間の抗争がうながしたものであったのかもしれない。その動因は、今ここでは別問題としておいてよいが、とりあえずその規模において、ヒト桁異なった巨大な城壁が築造される段階に至ったことに、注目しておかなくてはならない。

そうであれば、私の旧説は、次のように修正されなくてはならない。それは、私が殷周時代に関して想定した「族邑」なるものは、それを溯るはるか前代より、すでに、二段の構造をもっていたのであろうという点である。(常に二段として考えなくてはならぬ、というのではなく、龍山期にも一段の場合も存したことを、想起されたい。煩雑になるのを避けて、ここでは二段の場合について述べておく。)龍山期のそれが、とりあえずモデルになろう。今、これを仮りに、「大族邑」と「小族邑」の累層的関係、と呼んでおこう。殷代の王城は、その上に、それらを統合する存在として形成された、と考えるべきであろう。そうであれば、殷代では、

大邑(王城)[数百ヘクタール]―大族邑[数十ヘクタール]―小族邑[数ヘクタール]―属邑

という四段の累層的関係のもとに、邑制国家の外形的構造がなりたっていたのであろう、と思われるのである。

今のところ、残念ながら、私は甲骨文・金文のなかから、大族邑―小族邑といった関係を具体的に示す資料を提示

文化名称	新進化論	中国常用の分期
旧石器時代	遊団	原始社会
中石器時代		
仰韶文化	部落	
龍山文化	酋邦	
三代（春秋まで）	国家	奴隷社会
周晩期、秦、漢		封建社会（の始）

する持ち合わせがない。今後、ことに中原において、殷代のこのような構造をもった遺跡の発見されることを期待したいし、出土文字資料中にも、そのような関係を探し出していくことも、殷代史研究の〝基本的課題〟のひとつ、といえるかもしれない。

以上のような四段の累層的関係を想定すべきだとなれば、改めて想起されるのが、かつて張光直によって紹介された、アメリカ人類学者たちによって提唱された「社会進化論」であろう。[24] 張光直によれば、メソアメリカにおける原始社会の分析から、何人かの研究者により、その社会進化が段階的に理解され、bands（遊団。訳語は張光直による。以下同じ）—tribes（部落）—chiefdoms（酋邦）—states（国家）の四段階となるとし、その各々につき、定義と解釈を加えている。いま、その内容にわたって紹介することは避けるが、それを張氏が中国に適応させて、上のような表を提示している。この提案には、次第に日中の研究者間にも、関心を寄せるものが出てきている。[25]

ここで張氏が、メソアメリカのモデルを借りて、このような四段階のそれとして指摘しているのは、時代を追って社会がどのように発展したかのプロセスを示そうとしたものであり、私が先に述べたのは、現象的に龍山後期には三段の、殷代では四段の累層的従属関係が構築されていたのであろうとしたのであって、いささか次元を異にした問題である、としておかなくてはならない。従って、これを単純に同一視するのは正しくない。しかし、そこには、かなり近似した考え方があるのも否定できない。最も問題とすべきは、私の想定する「属邑」の実態は、おそらく、ここで説かれる「遊団」とは、その構造や生産関係において著しく異なっていたと考えてみなくてはならないことであり、そこには当然、社会経済史的な意味での発展・変化が想定されなくてはならない。いわば、歴史の展開を、構造的発展と、その基層社会の社会経済史的な進化のふたつの層において観察すべきである、と問題を整理しておいてよいかもしれない。

＊

甲骨、金文研究の現況を一瞥しておこう。甲骨文研究そのものは、大局的には一九五〇―六〇年代に、ほぼ一定の業績がとりまとめられたあと、やや足踏み状態になったことは否めまいが、その後、大型のプロジェクトによって、それまでの刊行資料、研究を改めて整理して、次のステップに備えるために努力が傾注される段階に入ったように思われる。何よりも、収蔵者別に刊行されていた、百餘の甲骨資料集に収められた全甲骨の拓本・摹本を、時期別・内容別に分類整理して一書にまとめるという大事業が、中国社会科学院歴史研究所において、国家的プロジェクトとして行なわれ、『甲骨文合集』全十三冊として刊行されたのは、早く一九七八―八二年のことであったが、その後ながらく我々をいらだたせていたのは、その資料採集・整理がかならずしも充全とは言いがたいのみならず、資料来源がいっこうに明らかにされず、その結果、舊著録との対照が著しく困難なことにあった。しかし、一九九九年、時恰かも甲骨文発見百年を記念して各種記念行事が行なわれ、これに応じて、右『合集』の『材料来源表』三冊、『釋文』四冊、また『補編』七冊（『補編』の材料来源表、釋文を含む）が一気に刊行されて、大事業のひと通りの結束をみた。発見百年にして、もっとも基本的な資料整理がひとまず、ようやく出来たと言ってよい。（もとより多くの遺漏はあって、たとえば、蔡哲茂『甲骨綴合集』台北、一九九九年、『同續集』近く刊行予定、は、右『合集』全二十七冊を用いる際、必ず参照されなければならない。）『合集』十三冊を基礎とした整理作業としては、姚孝遂を中心として『殷墟甲骨刻辞摹釋総集』二冊、一九八八年(『合集』十三冊の他、『小屯南地甲骨』一九八〇－八三年、『英国所蔵甲骨集』一九八五－九二年、『東京大学東洋文化研究所蔵甲骨文字』一九八三年、『懐特氏等収蔵甲骨文集』一九七九の四著録を合せて、摹本と釋文を列記している)、『殷墟甲骨刻辞類纂』三冊、一九八九年(島邦男『殷墟卜辞綜類』の体例を襲って、資料を『合集』に組み換えた)が刊行され、甲骨資料の検索が飛躍的に容易になった。

甲骨文研究の最も基礎をなすのは〝讀む〟ことであるのは言うまでもない。そのために過去百年に及ぶ厖大な字釋諸説を綜合する試みとして、これも姚氏を中心として作成された『甲骨文字詁林』四冊、一九九六年の他、松丸を中心に作成された『甲骨文字字釋綜覧』一九九四年も、驥尾に付して挙げさせておいて戴きたい。

また、研究文献目録として、濮茅左『甲骨学与商史論著目録』一九九一年、宋鎮豪『百年甲骨学論著目』一九九九年が刊行された意義も大きい。後者の書名は、胡厚宣『五十年甲骨学論著目』一九五二年、を襲ったものに相違ないが、胡氏編目が八七六篇の論著を収録しているのに対し、宋氏編目は、実に、一〇九四六篇を収めている。この百年の研究を、この時点で綜括しようとした王宇信・楊升南主編『甲骨学一百年』一九九九年、もまた、董作賓『甲骨学五十年』の書名を踏襲したものであろうが、よき概説となっている。

ただ、肝心の文字一字ずつの整理がながらく放擲されていることは、この際、指摘しておかざるを得ない。孫海波『甲骨文編』、一九三四年、金承恆『續甲骨文編』、一九五九年は、いずれもその当時見ることを得た甲骨著録を対象として網羅的に集字した字形検索表であったが、その後の中国科学院考古研究所編『甲骨文編』一九六五年は、抄録本であって、網羅的に集字した字形検索書は、今日に至るまで作られていない。かつ、これは字書として必要に応じて検索している際にはあまり気づかれないことであるが、前述した『綜覧』のごとき書を、科学院版『甲骨文編』に準拠して作成してみようとすると、あまりに多くの缺陷を発見して、絶望的にさえなる。新しい字釋研究を充分盛り込んで全面的に枠組みを作り直した上で、全甲骨文字を対象とした字形検索書を作るのは喫緊の急務である。これはとうてい個人の企画しうる作業ではない。『合集』を完成させた中国社会科学院歴史研究所が、次の大事業として、総力をあげて取り組んでくださるよう望みたい。

一九五、六〇年代までに華々しい研究成果を挙げた甲骨研究は、右に見たように八〇年代以降、大局的には、資料とその研究について、大がかりに再編し、今後に備えて、研究条件を大規模に整理することに、期せずして学界の意向が集約されたかの観がある。ここで改めて〝しきり直し〟をして、次なる飛躍が切望される所以である。

九〇年代に入って、新たに小屯洹南花園荘からは、大量の完整亀版を含む甲骨一千五百余片が一括出土した[26]。従來知られた第一期武丁期甲骨は第一期中・後期と考えるべきであり、今次の一括出土甲骨は、これに先立つ武丁早期のもの、という。全甲骨拓片の出版が待たれる。李済がかつて小屯一帯の全面発掘を提唱したと伝えられるが、実現されずに終った。今後に期待したい。また洹北商城の発掘が進めば、殷代中期甲骨の大量発見も夢ではなかろう。

一方、金文に関しても同様、中国における国家的プロジェクトとして、中国社会科学院考古研究所編『殷周金文集成』全十八冊、一九八四―九四年、が完成した。良拓を選び、新資料を加え、各銘についてのデータを記し、コロタイプ印刷された総数一万千百十三拓を収めた巨冊である。器種ごとに分類し、その中を銘文の字数によって配列している。編輯もよく行届いており、研究面でこの上ない基礎作りが出来たといえよう。今後、十年おきくらいで新収篇を刊行していただきたいものである。これと近似の目的で、台湾からは、藝文印書館の『金文総集』、五南図書出版公司の『商周金文集成』が刊行された。

また、上海博物館では、馬承源を中心として、『商周青銅器銘文選』全四冊、一九八六―九〇年、を刊行した。これは『集成』が、あくまで金文資料の網羅を目的としたのとは異なり、研究上重要と考えられる商器二一、西周器五

一二、東周器三九二を選んで、拓本篇二冊、釋文・考釋篇二冊、としたものである。これは、本書に記されているように郭沫若『両周金文辞大系図録考釋』一九三五年、の補訂を目指したもので、殷・西周器については、考定された年代順、東周器については国別に配列されている。新出金文を加えた資料集として、研究に与える便宜はすこぶる大きい。

金文研究には、青銅器そのもの研究も不可欠である。その綜合的研究としては、従来の規模を遙かに越えて、林巳奈夫『殷周青銅器綜覧』一～三、全四冊、一九八四―八九年、が完成した。器形を基にした断代を試み、大量の器影を配列して、青銅器研究のためのはじめての基礎作りを行なった功績は大きい。王世民・陳公柔・張長寿『西周青銅器分期断代研究』一九九九年、は断代のための標準器となると考えられる器を選んで、器種別に配列した。

しかし、今日に至るも西周金文の編年には未解決の問題が残り、それは想定される暦に問題が存することは明らかであろう。

この暦の問題とからめて、近年改めて大きく採り上げられたのが、旧来問題にされてきた年代学的研究である。中国では、これまた大規模な国家的プロジェクトとして、「夏商周断代工程」なる名のもとに、一九九六年より全国の研究者二百余名の参加協力の下、九つの課題、それを細分した四十四の専題についての共同研究が行なわれ、二〇〇〇年には、一定の結論を得たとして、「夏商周年表」が公表された。その表をそのまま、転載しておこう。(27)

他方、わが国では、平勢隆郎が孤軍奮闘し、『史記』紀年上の矛盾をどのように解決すべきかについて新見解を得、各種資料を綜合的に整理して、それに基いて東周新年表を作成して、独自の見解を示し、更に溯って、西周、殷末の紀年についても所説を公表した。(28) 因みに、平勢の所説では、殷周革命は前一〇二三年とされている。本書中には、平勢自身の新しい見解を示す一文も含まれるので、就いて参照されたい。

夏商周年表

夏（公元前2070－1600）

禹	少　康	不　降	発
啓	予	扃	癸
太　康	槐	廑	
仲　康	芒	孔　甲	
相	泄	皋	

商前期（公元前1600－1300）

湯	沃　丁	中　丁	沃　甲
太　丁	太　康	外　壬	祖　丁
外　丙	小　甲	河亶甲	南　庚
中　壬	雍　己	祖　乙	陽　甲
太　甲	太　戊	祖　辛	盤庚(遷殷前)

商後期（公元前1300－1046）

王	年代(公元前)	年　数
盤庚(遷殷後) 小辛 小乙	1300－1251	50
武丁	1250－1192	59
祖庚 祖甲 廩辛 康丁	1191－1148	44
武乙	1147－1113	35
文丁	1112－1102	11
帝乙	1101－1076	26
帝辛(紂)	1075－1046	30

西周（公元前1046－771）

王	年代(公元前)	年　数
武王	1046－1043	4
成王	1042－1021	22
康王	1020－996	25
昭王	995－977	19
穆王	976－922	55(共王当年改元)
共王	922－900	23
懿王	899－892	8
孝王	891－886	6
夷王	885－878	8
厲王	877－841	37(共和当年改元)
共和	841－828	14
宣王	827－782	46
幽王	781－771	11

注

（1）中国社会科学院考古研究所編著、関野雄監訳『新中国の考古学』、平凡社、一九八八年、一〇〇頁（小川誠訳部分）。（原書『新中国的考古発現和研究』は、一九八四年刊。）
（2）張学海「試論山東地区的龍山文化城」『文物』一九九六年十二期。
（3）蘇秉琦「遼西古文化・古城・古国―試論当前考古工作重点和大課題」『華人・龍的傳人、中国人―考古尋根記』、遼寧大学出版社、一九九四年。
（4）松丸道雄「殷周国家の構造」『岩波講座・世界歴史』第四巻、古代4、一九七〇年。
（5）未だに地中海圏の実地を知らない私が、若年のときよりこの古代都市国家をイメージして描いてきたのは、高校生時代に愛読して、古代史を研究するに至るひとつの大きな契機となった、坂口昂『世界における希臘文明の潮流』岩波書店、一九二四年、の第一章「都市国家の盛衰」に活写された「ポリース」の状況であることを、告白しておきたい。
（6）岡村秀典「長江中流域における城郭集落の形成」『日本中国考古学会会報』第七号、一九九七年。
（7）馮時「山東丁公龍山時代文字解読」『考古』一九九四年第一期。また、このことについての私の考えは、「漢字起源問題の新展開―山東省鄒平県出土の丁公陶片をめぐって―」『論集・中国古代の文字と文化』汲古書院、一九九九年、を参照。
（8）張敏「龍虬荘陶文的発現與殷商甲骨文之源―浅談中国文字的起源與発展」『故宮文物月刊』一七三、一九九七年八月。龍虬荘考古隊『龍虬荘―江淮東部新石器時代遺址発掘報告』、科学出版社、一九九九年。また、松丸注7引用文献参照。
（9）張光直「関于中国初期〝城市〟這个概念」『中国青銅時代・二集』、北京・一九九〇年、三頁（邦訳：小南一郎・間瀬収芳訳『中国古代文明の形成』）の引く、V. Gordon Childe: The Urban Revolution, The Town Planning Review, Vol. XXXI, No. 1, 1950.
（10）兪偉超、稲畑耕一郎訳「龍山文化と良渚文化の突然の衰退と変化の原因について」『日本中国考古学会会報』第二号、一九九二年。

（11）和田清「夏朝は果して実在したか」『日本学士院紀要』第十巻第一号、一九五二年。
（12）たとえば、小沢正人・谷豊信・西江清高『中国の考古学』、同成社、一九九九年、一四六頁～一五五頁（西江執筆部分）を参照。
（13）林巳奈夫「中国文明の源流」（講演筆記）『出光美術館々報』第一〇九号、一九九九年。
（14）高津純也「〝夏〟字の〝中華〟的用法について―〝夏夷思想〟の原初的形態に関する序論―」『論集・中国古代の文字と文化』、汲古書院、一九九九年。
（15）「安陽殷墟保護区外縁発現大型商代城址」『中国文物報』二〇〇〇年二月二十日第一四期（総七八三期）。
（16）中国社会科学院考古研究所安陽工作隊「河南安陽市洹北花園荘遺址一九九七年発掘簡報」『考古』一九九八年第十期。
（17）松丸道雄「再論殷墟卜辭中的田獵地問題」『盡心集―張政烺先生八十慶壽論文集』、一九九六年、にこの点についての私見を述べてある。近くは、楊鴻勛「小屯『殷墟』非殷都之墟」『中国文物報』二〇〇一年一月三十一日、がある。
（18）中国社会科学院考古研究所『殷墟発掘報告――一九五八～一九六一――』、文物出版社、一九八七年、九一―九六頁。同『殷墟的発現与研究』、科学出版社、一九九四年、七七―七八頁。後者の記すところによれば、洹水と〝大溝〟によって区切られる範囲は、大凡七〇ヘクタール程度のようである。尚、この〝大溝〟のもつ重要性については、私はすでに四十年前、松丸「一九五八―一九五九年殷墟発掘簡報について」『甲骨学』第九号、一九六一年、一二一―三頁、において指摘したことがある。
（19）小沢・谷・西江、注（12）、一五五頁。
（20）文雨「洹北花園荘遺址与河亶甲居相」『中国文物報』一九九八年十一月二十五日。
（21）注（12）。又、唐際根・難波純子「中商文化の認識とその意義」『考古学雑誌』第八四巻第四号、一九九九年。
（22）松丸、注（4）、前掲。
（23）岡村、注（6）、前掲、三六―七頁。
（24）張光直『中国青銅時代』小南一郎・間瀬収芳訳、平凡社、一九八九年、七九頁以下。（原論文は『屈萬里先生七秩栄慶論文

集』一九七八年、所収）

（25）たとえば、李学勤主編『中国古代文明与国家形成研究』、雲南人民出版社、一九九七年、一〇頁以下。岡村秀典「農耕社会と文明の形成」『岩波講座・世界歴史』3、一九九八年、など。

（26）考古所安陽工作隊「一九九一年安陽花園荘東地・南地発掘簡報」『考古』一九九三年第六期。劉一曼・曹定雲「殷墟花園荘東地甲骨卜辭選釋与初歩研究」『考古学報』一九九九年第三期。

（27）『中国文物報』二〇〇〇年一一月一二日、総第八五八期。

（28）平勢隆郎『新編史記東周年表』、東京大学出版会、一九九五年。同『中国古代紀年の研究—天文と暦の検討から—』、汲古書院、一九九六年。

〈付記〉

本稿は、元来、「殷・西周・春秋史」の総説として書かれるべきものであったが、本書で当初予定された「新石器時代」、「甲骨文研究」の稿が得られなかったので、この「総説」において、これを補おうとした。他方、西周～春秋に関しては、諸氏が各論において様々に論じているので、これに譲って、総説からは割愛することとした。その結果、「殷周春秋史総説」としては、不備で半端なものになったことを読者にお詫びしたい。

古代都市社会

江村治樹

一　はじめに

殷周時代から少なくとも前漢時代までは都市の時代と言っても過言でないであろう。殷周時代から春秋時代までは、基本的に都市が国家の主要部分を形成していたとされ、都市国家あるいは邑制国家の時代とされている。[1]また、戦国時代から前漢時代の前半までは、巨大な都市が多数発達した時代として一般に認められているところである。[2]したがって、殷周時代から前漢時代までの時代においては、都市が歴史の主要舞台であったことになる。ここに、この時代における都市社会解明の重要性が存在する。

ところで、春秋時代までの都市においては、一般に支配者を含む住民は氏族制的な血縁組織を濃厚に維持していたが、戦国時代以後、そのような血縁組織は解体していくとされる。[3]そして、宮崎市定氏は、この点は認めた上で、中国の漢代までの古代都市は、ギリシャ、ローマの古代都市と同様、一貫して農民を主体とする農業都市であったとする。[4]戦国時代には、商工業の発達した巨大な経済的都市が発達するのは、中央集権的権力によってもたらされた二次的現象であるとみなすのである。[5]すなわち、戦国時代の都市の発達は、中世や近代の都市とは異なって、純粋に経済的要因によるものではなく、主に軍事的、政治的要因によるものと考えるのである。このような戦国、秦漢時代の都市に対する見方は、この宮崎氏の提言以後、日本の学界においてはほぼ定説化していると言ってよい(6)。しかし、一方では、宇都宮清吉氏などのように、戦国時代の都市は経済的要因によって発達したものとする考え方も完全には否定されているわけではない(7)。とりわけ、このような考え方は、中国の研究者の間で現在でも強く支持されている(8)。したがって、中国の古代都市の性格について考える場合、殷周、春秋時代と戦国、秦漢時代とに分けて考える必要がある。以下、それぞれの時代の都市は、どのような性格と構造を持ったものであり、またその解明にはどのような問題が存在するのか考えてみたい。

二　殷周、春秋時代の都市の構造

(1)「邑」の性格と構造

殷周、春秋時代において、人の集住しているところは「邑」と呼ばれていた。このような「邑」に関して、甲骨、金文を材料として、早い時期にその構造の解明をめざしたのは伊藤道治氏である(9)。伊藤氏は、殷、西周時代の「邑」について、その大部分は農村における聚落であり、「邑」の住民は血縁集団を構成していたとする。そして、彼らは「邑」の周辺の「田」を耕作し、戦時には軍隊を構成し、「邑」を支配する諸侯の軍団に編成された。ただし、西周後期には、「邑」の内部は分裂して地縁集団化し、「邑」の住民は個人単位で領主に支配されるようになる(10)。しかし、一方、諸侯の居城である「邑」はしだいに都市化して行ったとする。殷の都である「大邑商」や周初に建設された「洛邑」などは、複数の族集団によって構成され、政治、文化の中心として歴史の中心をなしていたとしている。ただし、これらの都市的な「邑」の性格や構造に関しては、これ以上の言及はされていない。

松丸道雄氏は、殷周時代の国家を「邑制国家」ととらえ、その構造をやはり甲骨、金文や都市遺跡から検討している[11]。松丸氏は、「邑」は人の集住するところであり、小は数戸の村里から大は都市化した大規模な王都まで、その規模はまちまちであったとする。しかし、これらの「邑」の間には、王都である「大邑」－それに従属する氏族の「邑」である「族邑」－この「族邑」に従属するより小さな「属邑」という累層関係が存在し、このような関係が殷周時代の基本的な国家構造をなしていたとしている。「族邑」や「属邑」の生産の主体は農業であり、その周辺には狭隘な農耕地がとりまき、さらにその外側の山林叢沢は「邑」の共同規制下にあり田猟地として利用された。王都である「大邑」においては、直属する「属邑」では鋳銅、製骨、製陶などの手工業が行なわれており、農業生産も行なわれていた。殷では、半径十数キロという広い範囲内に王室の田猟地が存在していたが、「大邑」も機能的には「族邑」や「属邑」と共通する側面を有していたとしている。しかし、松丸氏も、史料的制約から、「邑」の内部構造や都市化していたと考える「大邑」の社会的具体像は描いていない。

近年では、宋鎮豪氏が、考古学的遺跡の増加をふまえて、殷代の「邑」の実態について検討を加えている[12]。宋氏は、「邑」を一種の社会組織とみなし、甲骨、金文中に見える「邑」を、その性質にもとづいて四つに分類している。一は殷の王都、二は方国の都、三は殷の臣僚貴族あるいは諸侯の領地、四は殷王朝管轄下の邑、臣属する諸侯領有の邑、方国が管轄する邑など一、二、三に服属する邑である。しかし、これらの「邑」は、一般に居住区、墓地、道路、周囲の農田、牧場、山林河沢などによって構成され、社会生活の実態としては共通の特質を有していたとする。また、甲骨文からは、殷王朝管轄下の邑には土地崇拝の産物としての「社」が建てられていたことがうかがえるとも言う。そして、大多数の「邑」には城壁はなかったとしている。宋氏はまた、考古学的遺跡から、右に分類したそれぞれの

「邑」の形態は多様であったことを具体的に紹介している。しかし、その社会的機能の分析については今後の課題としており、殷代の「邑」の固有な在り方を明確にしているわけではない。

以上のように、これまで、殷周時代の「邑」、とくに規模の大きい都市化した「邑」については、具体的な内部構造や社会的特質が十分明らかにされているとはいいがたい。これは、甲骨、金文などの史料的限界や考古学的遺跡調査の不十分さによるところが大きいと考えられる。しかし、春秋時代の「邑」、とくに諸侯の居住する中心的な「邑」である「国」については、『左伝』などの文献史料によってある程度明らかにされている。増淵龍夫氏は、春秋時代の諸侯の「国」は城・郭をめぐらした都市国家の形態をとり、郭外の「鄙」の群小の「邑」を支配していたとする。(13)「国」には、支配者としての周の一族の宗廟とともに、原住の諸族を含む「国」の構成員（国人）によって祀られる社稷が「国」の統合の聖所として設けられており、「国」は異姓の諸族を内に含む複雑な構成をとっていた。そして、このような宗廟や社稷は、もともと古い聚落である「邑」の氏族的共同体を支える聖所であったと理解している。しかし、春秋時代には、「国」の内部構成は流動化し、このような理念的理解だけでは、この時代の「国」の現実は説明できないとする。増淵氏はまた、春秋時代の「国」の内部構成にも言及している。「国」の中枢をなす城（内城）には諸侯の宮殿や宗廟が存在し、城を囲む郭（外城）には一般の人々の聚居するところや田地が存在した。斉の例では、郭内は「郷」に区分され、士の「郷」の人々は平時には農耕に従事したが、戦時には軍隊を構成した。一方、「国」の外部の「鄙」の群小の「邑」の民は専ら農耕に従事したとしている。しかし、増淵氏の考えるような春秋時代の「国」の理念や内部構成が、殷周時代に適用できるのかどうかは確証がない。

貝塚茂樹氏は、殷、西周時代は古代国家の時代とし、春秋時代を古代都市国家の時代として区別している。(14)殷、西周時代も、都市が国家の中心をなす古代都市文明であったが、王制の支配をある程度うけていた。これに対して、春秋時代の列国は周王朝の支配をほとんど受けない独立国となっており、ギリシャの都市国家に近いと考えるのである。貝塚氏も、このような春秋時代の都市国家の性格と内部構成については、増淵氏に近い考え方をしている。春秋時代の都市国家は、周の同族である姫姓部族を中心に、征服された殷民族の職業的軍士部族集団を伴った戦士集団によって構成されていた。そして、このような戦士集団が核となり地方に分布する農村に居住する土着民族の農業共同体を支配していたとする。また、都市国家には祖先を祀る宗廟と、土地の精霊を祀る社稷があり、以上の部族連合による地域団体である都市国家の統一を保護する宗教的中心となっていたともしている。しかし、貝塚氏も増淵氏と同様、春秋時代の中期以降、都市国家を構成する集団外の異部族出身者を人格的従属関係によって結成した主従制度が出現し、都市国家は解体されていくとする。やはり、貝塚氏においても、春秋時代の都市自体すでに変質していたと考えられ、文献史料にもとづく春秋時代の都市から、殷周時代の都市のイメージを類推するのは危険であろう。

(2)　考古学的遺跡から見た都市の構造

殷周時代の都市を考える場合、甲骨、金文による検討や文献史料による春秋時代からの類推に限界があるとすれば、残された方法は考古学遺跡による検討の他はない。最近、この時代に関する考古学的遺跡の調査はかなり進展し、この方面からの検討も、上記の宋鎮豪氏のように意欲的に行なわれている。[15] ただし、これも調査の不十分さによって、その性格や内部構造の解明にまでは達せず、遺跡の羅列的紹介にとどまっている場合が多い。ここでも、この限界を越えるのは困難と考えられるが、考古学的遺跡の側面から、できる限りその性格や構造的特質について検討を加えてみたい。

①殷代

殷王朝の都城と考えられる遺跡は、現在のところ五つ発見されている。最も初期の都城である可能性のあるのは二里頭遺跡である。ただし、この遺跡の年代に関しては、研究者によってかなり意見の相違がある。方酉生氏によると、この遺跡のⅠ期からⅣ期まですべて夏文化とする説、Ⅰ期からⅢ期までが夏でⅣ期が殷とする説、Ⅰ期が夏でⅡ期からⅣ期までが殷とする説、Ⅲ期が殷の湯王の西亳とする説などがあるとし、氏自身は二番目の説に立ち、Ⅲ期が夏の最後の王である桀の都・斟鄩ではないかとしている。[16] この遺跡が、夏王朝の都城かどうかは別として、殷王朝の初期かそれよりやや早い時期のものであることは問題ないであろう。この遺跡は、河南省偃師県二里頭村の南部、南北二キロメートル、東西一・五キロメートルの範囲に分布し、中央に版築の基台を有する大型建築遺跡が分布する区域が存在する。[17] そして、この建築遺跡群の周囲には、銅器製作場、陶器製作場、骨器製作場が発見されている。また、建築遺跡内も含めて、大、中、小の墓葬が数百基も発見され、多くの青銅器や玉器が出土している。さらに、円形や方形の祭祀遺跡や祭祀坑の発見も報告されている。しかし、遺跡全体を囲う城壁や、大型建築遺跡群を囲う土壁も発見されていない。この二里頭遺跡の特徴は、大型建築群を中心に製作場等各遺跡がその周囲に拡散的にとりまいている形態をとっている点である。

偃師商城は、一九八三年に二里頭遺跡の東方、偃師県城のすぐ南で発見された。この遺跡の年代は夏末から殷初で二里頭遺跡より新しいとされるが、その性格については意見が分かれている。楊育彬氏によると、殷の湯王の西亳とする説、殷の太甲が伊尹によって追放された桐宮とする説、湯王が建設した重鎮の一つとする説などがあるという。[18] この他にも、夏の桀王の都とする説もあるが、[19] 殷の初期の都市であるとする考えが有力である。偃師商城では、南北一七一〇メートル、東西一二四〇メートルの城壁が発見され、七つの城門とそれをつなぐ大道が確認されている。[20] そして、城内南部には、土壁を廻らした方形の小城が三つ発見されている。中央の最大の小城内には大型の建築遺跡があることから宮城とされ、他の二つの小城は武器庫と穀物倉を備え、宮城を護る衛城ではないかとされている。また、宮城の周囲には十以上の建築遺跡がとりまき、城内の南部は建築遺跡で満たされている状態という。また、城内には中、小型墓が発見され、城壁の下から銅器製作場遺跡が発見されているが、同時代の製作場遺跡は未発見のようである。西の城門の一つには軍事的防衛施設が設けられていること、そして宮城をめぐる建築遺跡の配置状況から考えて、偃師商城は軍事的な性格の強い都市とする考えもある。[21] この遺跡では、城内や城外周囲に各種の製作場遺跡が見当らず、建築遺跡主体の単純な形式である点注目すべきである。

鄭州商城は、偃師商城の東方の鄭州市内に存在する。方酉生氏によると、早くは第一一代殷王・仲丁の隞都とする説、ついで湯王の鄭亳とする説があるが、近年では偃師商城との関係が問題になっているとする。[22] 現在、両説は対峙したままであるが、ともに殷代の都市とする点では一致している。城壁はほぼ長方形で東西一七〇〇メートル、南北一八七〇メートルあり、現在でも部分的に二メートルの高さで残っている。[23] 城内東北部、東西一〇〇〇メートル、南北九〇〇メートルの範囲にわたって大小の版築基台が分布し、宮殿区とされている。この宮殿区内の溝からは、加工されて容器として用いられた人間の頭蓋骨が百近く発見されている。郝本性氏は、これらは祭祀に用いられたものとしており、[24] 骨器製作場に関係するものではないであろう。城内からは、この他東北部に石を積み上げ、祭祀坑や建築物を伴う祭祀場と考えられる遺跡も発見されている。しかし、製作場と考えられる遺跡は城内からは発見されておらず、現在のところすべて城外で発見されている。銅器製作場は南と北の城外に、陶器製作場は西の城外に、骨器製作場は北の城外に発見されている。また、埋蔵銅器や墓葬も城外に発見されている。しかし、近年になって、これら城外の遺跡を大きく囲むような形で、外郭にあたる城壁が確認された。[25] 外郭の城壁は、上述の内城にあたる城壁の外側、東部と南部に部分的に残っており、一辺が内城の倍以上の長さで内城を取り囲んでいた可能性がある。そうすると、鄭州商城はこの時代としては異常に巨大な都市であったことになる。郭内に人口の密集した居住区が存在したかどうかが問題となるが、内城でさえ南部に殷代の遺跡の発見されない広い空曠地があるとされているので、その可能性はうすいであろう。外郭城壁は、東部と南部の防衛を強化するためにとくに設けられたものであるかもしれない。

小双橋遺跡は、一九八九年に鄭州市西北二十キロメートルのところで発見され、鄭州商城との関係が注目されている[26]。この遺跡は、仲丁の隞都とする説、鄭州商城の離宮別館か宗廟遺跡とする説、鄭州商城末期の祭祀遺跡とする説などがある。遺跡は、東西八〇〇メートル、南北一八〇〇メートルにわたり、版築基台を伴う建築遺跡、祭祀遺跡、銅器製作場遺跡や青銅製の大型建築部品、青銅器、玉器、原始磁器などが発見されている。しかし、城壁は発見されていない。時代は鄭州商城末期の白家庄期にあたり、使用期間は短いとされている。裴明相氏は、この遺跡を鄭州商城廃棄後の新興の都市としているが[27]、遺跡の性格を明らかにするには今少し周囲の調査が必要である。

殷墟遺跡は、解放以前からの調査、発掘によってその様相はかなり明らかになってきている。しかし、その遺跡としての性格についてはまだ問題が存在する。この遺跡は、一般に殷代後期の武丁以後の都城とされているが、城壁が発見されていないことから、日本では早くから伊藤道治氏や宮崎市定氏のように都城でないとする説もある[28]。最近では、中国でも、秦文生氏のように殷王室の宗廟区と祭祀場に過ぎないとする説も出てきている[29]。小屯村東北、洹河の屈曲部には版築基台を伴う多くの大型建築遺跡が発見され、これらの遺跡の西と南は幅七メートルから二一メートルの溝に囲われていたことが明らかになっている[30]。この部分は宗廟宮殿区とされ、洹河を隔てた西北崗付近には、四つの墓道を持つ大墓や祭祀坑が多数発見され、王陵区とされている。祭祀坑や中小の墓葬は宗廟宮殿区の内部にも存在する。小屯の宗廟宮殿区の周辺の広い地域からは、住居址、墓地、製作場遺跡などが一体となった遺跡が多数発見されている。松丸道雄氏は、前節で述べたように、小屯の宗廟宮殿区を王都である「大邑」とし、周辺の遺跡はそれに従属する「属邑」としている。[31] 最近では、鄭若葵氏は、小屯の宗廟宮殿区を中心とする東西六キロメートル、南北五キロメートルの範囲を「大邑商」とし、王室生活区と墓葬区を含む「王邑」をまわりから防御する形で、氏族生活区と墓地が一体になった「族邑」がとりまいていたと考えている。[32] 殷墟遺跡では、宗廟宮殿区の殷王室と、周囲の他の氏族あるいは族的な集団の居住地が分離し、両者が城壁あるいは溝に囲われることにより一体となっていないのが特徴である。

殷王朝の都城以外の地方都市としては湖北省黄陂県で発見された盤龍城がある。この遺跡は、殷代中期の二里崗期のものであり、殷王朝の南方の軍事拠点とされている。[33] 遺跡は盤龍湖に突き出た半島上にあり、城壁は東西二六〇メートル、南北二九〇メートルのほぼ方形をしている。城内東北部に版築基台の大型建築遺跡があるが、城内にはこの他に遺跡は発見されていない。[34] 城外には、銅器製作場、陶器製作場、住居址、墓地が発見されており、その外側三方を湖が取り囲むような形になっている。山西省垣曲県で発見された垣曲商城も殷中期の二里崗期のものとされている。[35] 城壁は東西四〇〇メートル、南北三九五メートルのほぼ方形をしており、城内に版築基台、住居址、祭祀坑、墓葬が発見されており、陶器製作場の存在も指摘されている。[36] しかし、城外の遺跡の調査はまだ不十分なようである。

以上、殷代の都市遺跡を概観してきたが、いくつかの特徴が認められる。まず、二里頭遺跡、小双橋遺跡、殷墟のように、大型建築遺跡が独立して発見されていながら城壁が未発見の遺跡があることである。そして、それ以外の城壁が存在する遺跡でも、城内の構造は比較的単純で、大型建築遺跡以外に製作場遺跡など生産や日常の生活に関わる遺跡はほとんど発見されていないことである。殷代では、大型建築遺跡の存在する地域や城壁内は、政治的、軍事的あるいは宗教的性格が強く、都市住民の生活や生産活動の痕跡が稀薄である。これに対して、城壁外や大型宮殿遺跡から離れた周辺に製作場遺跡、墓地、住居址など住民の生産、生活の場が認められる。二里頭遺跡、盤龍城、殷墟などはその典型的な例である。また、鄭州商城も、外郭を伴っているが同じ類型と考えてよいかもしれない。

要するに、殷代の都市遺跡の特色は、政治的、軍事的、宗教的な側面が顕著で、製作場遺跡など生産、生活の場が分離している点である。この点は、後に述べる戦国時代の都市遺跡が城壁内に製作場遺跡を抱え込んでいるのとは明らかに異なっている。松丸道雄氏や鄭若葵氏が、殷墟で指摘した点は他の都市遺跡でも一般化できると考えられる。殷代では、生産に従事する住民を城壁内に取り込んだ都市はほとんど存在せず、多様な住民から構成される都市社会といったものは存在しなかったと言ってもよい。

②西周、春秋時代

西周時代の周王朝の都城としては、古公亶父の始建になるとされる周原の岐邑、文王の都・豊京、武王の都・鎬京、周公旦が造営したとされる洛邑（成周）などがあり、考古学的探索が進められているが、その概要すら明らかになっていない[37]。候補地とされている地域では、大型建築遺跡や製作場遺跡などが発見されてはいるが、明確な城壁が発見されていないため、都城としての十分な確証が得られていない[38]。

諸侯の国都としては、北京市房山県琉璃河の董家林古城がある。この遺跡は西周時代の燕の国都とされ、東西八二九メートル、南北三〇〇メートルの城壁が残存している[39]。城内と城外に西周時代の住居址が発見され、城内には銅器製作場と大型建築物の存在が予想されている[40]。また、城外東南には大型墓を含む大規模な墓地が発見されている。しかし、住居址出土の陶器と墓葬出土の陶器は文化的に性格が異なり、遺跡の居住者として姫姓の周人、殷の遺民、土着の燕人を想定せざるを得ないとする考えもある[41]。

曲阜魯国故城は、報告書によると、西周前期に溯る遺跡とされ、東西三五六〇メートル、南北二五三〇メートルの城壁内に西周時代の墓葬、銅器や陶器の製作場、灰坑などの遺跡が存在する[42]。しかし、この都市の始建の年代に関しては、陶器の編年などに問題が多く、許宏氏は両周の際としている。[43] また、飯島武次氏も、城内に西周時代に属する都城関係の建築遺物はなく、西周時代に溯れるか疑問としている。[44] この遺跡は春秋時代初期の可能性が高いが、注目されるのは城内で発見された性格の異なる二種の墓葬の存在である。ともに城内西北部にまとまって分布し、副葬品から甲組墓は土着の殷人の墓、乙組墓は支配者となった周人の墓とされている。このことは、『左伝』に見える周人の土地神である周社と土着の人々の土地神である亳社の存在と対応し、城内に異なる集団が居住していたことが確認できる。この点は、上述の燕の董家林古城とも共通し、周代には封建によって都市の居住者の多様化が起ったことを示している。

山東省黄県では、西周晩期から春秋時代の萊国（姜姓あるいは子姓）の国都の可能性がある帰城遺跡が発見されている。[45] 萊国は『左伝』によると襄公六年（前五六七年）に斉に滅ぼされている。遺跡は、内城と外城からなり、内城は東西四五〇メートル、南北七八〇メートルの凸形をしている。内城内には魯国故城の甲組墓と同じ形式の陶器が出土している西周時代の墓葬と春秋時代の車馬坑が発見されている。外城壁は、内城のある盆地を取り囲む山嶺に沿って一〇キロメートルにわたって築かれている。外城内からは、西周時代から春秋時代にかけての墓葬や青銅器がいくつもの場所から発見されている。内城の規模に比べて外城壁の囲む範囲はかなり広く、内部は人口の密集した居住地域ではなく、都市の郊外の地域を広く防御する施設と考えられる。この点、この遺跡は長大な外郭を有する殷代の鄭州商城の形態に近いと言ってよいかもしれない。

西周時代から春秋時代の早い時期にかけての都市遺跡の事例は以上のように少なく、これだけの事例からこの時期の都市の在り方を一般化するのは危険かもしれない。ただし、封建という新しい地方支配の全国的展開により、城壁内に支配集団とそれに従属する集団がともに居住するという状態が生じたことは確認できるであろう。そして、従属する集団の城内居住にともなって、器物製作場も城内に取り込まれることがあったと考えられる。しかし一方、帰城遺跡のように、殷代と同じく都市の郊外にも従属する集団が存在していた可能性も捨て切れない。明確に都市の構造に変化が起り、都市社会というものが出現するのは、次の春秋時代から戦国時代にかけてではないかと考えられる。

三　戦国・秦漢時代の都市社会

(1) 都市の規模と分布

最初に述べたように、戦国時代から前漢時代前半までは、巨大な都市が多数発達した時代として一般に認められている。この点は、都市遺跡に関する最近の考古学的調査によっても確認することができる。(46)

筆者が見ることができた考古学関係の報告書、雑誌に記載された春秋時代のものと考えられる都市遺跡は四九例ある。このうち、規模のわかるものは三四例あり、城壁の長さの一辺が一キロメートル未満のものは二六例、一キロメートル以上二キロメートル未満は五例、二キロメートル以上の巨大な遺跡は三例である。一キロメートル未満の遺跡が四分の三以上と多く、規模の大きいものは少ない。戦国時代の遺跡は二〇一例あり、春秋時代に比べて格段に増加する。規模のわかるものは一五〇例で、このうち一キロメートル未満は六五例、一キロメートル以上二キロメートル未満は五一例、二キロメートル以上は三四例となる。一キロメートル以上を合計すると八五例に達し、規模のわかるものの半分以上、六割近くになる。戦国時代の都市遺跡は、春秋時代に比べると明らかに規模が大きくなっている。そして、個別の都市遺跡をとってみても、一辺が四キロメートル、五キロメートルを越えるものがかなり存在する。確かに、強国の国都の規模が極端に巨大であるのは通例であるが、国都と考えられない地方都市の遺跡の中にも巨大なものがあることは注意する必要がある。(47)秦漢時代の都市遺跡の事例は二五三例あり、規模のわかるものは一八二例と戦国時代とそれほど開きはない。しかし、一キロメートル未満のものが一三〇例と増加し、一キロメートル以上二キロメートル未満は四二例で大差ないが、二キロメートル以上になると一〇例とかなり少なくなる。秦漢時代になると遺跡の規模が小さくなることは明確である。これは、秦漢時代になって形成された都市の規模が小さかっただけでなく、戦国時代の都市の規模が縮小した結果であるとも考えられる。(48)

ただし、ここで問題になるのは、都市遺跡の年代が正確に確定できない場合が多いことである。主として城内の遺物の分量や分布範囲によって時代の推測がなされるが、始建の時期と廃棄の時期は正確にはわからない。しかし、戦国時代に主として使用されたと考えられる都市遺跡には、春秋時代の遺物や秦漢時代の遺物を伴うものが多い。したがって、都市の発達した時期は、戦国時代を中心とした時代、すなわち春秋時代の中頃から前漢時代の中頃までの期間とするのがより現実に近いであろう。

ところで、戦国時代を中心とする時代における都市の発達は、地域的に一律に起ったのではないようである。戦国時代の都市遺跡の分布図を作成してみると、河南省と山西省南部に遺跡の密集した地域が認められる。(49)二〇一例の全遺跡中、河南省内で確認された遺跡九一例と洪洞県以南の山西省南部の一九例とを合わせると一一〇例となり、半分以上に達する。また、この地域では規模の大きな遺跡も多い。一辺二キロメートル以上の遺跡は全部で三四例あるが、この地域では一七例と半分を占める。一キロメートル以上二キロメートル未満の遺跡は五一例中三九例の七割以上に達する。ただし、ここで問題となるのは、遺跡の密集がもっとも顕著な河南省において都市遺跡の調査がもっとも進んでいるという点である。近年、河南省ではもっとも詳細な遺跡リストである国家文物局主編『中国文物地図集―河南分冊』（中国地図出版社、一九九一）が刊行されているが、周辺の省ではまだ未公刊である。ただし、河南省内で遺跡の分布と規模を調べてみると、中心部では密集し規模が大きいことには変りはない。

しかし、これだけでは規模の大きな都市の密集した地域が他に存在しなかったと断定することはできない。これは都市遺跡以外の材料で検証する必要がある。まず、利用できるのは出土文字資料である。[50] 戦国時代になると、器物の製造の責任を明らかにするため、製造者や製造責任者の名前を記すことが行なわれるようになる。[51] 青銅の兵器や容器には製造の県の責任者や製造者の名前、漆器や陶器には製造地名が入れられていることが多い。これらの県名や地名は、以上の器物を大量に製造することができる、ある程度経済力のある都市の存在を示していると考えられる。また、貨幣にも地名を鋳込んだものが多く発見されている。これらの地名の多くは文献史料に県あるいは城の名として見え、貨幣を発行することができる経済力のある都市の存在を示しているであろう。このような地名を地図上に落して分布図を作ってみると、山西省の中央部にまで分布が広がっている。[52] 都市の発達した地域は山西省のかなり北の方まで広がっていたとみなされる。

以上のような都市の分布を念頭に置いて文献史料を見直してみると、都市の発達した地域が、やはり河南省や山西省南部を領域とした韓・魏・趙の三晋諸国の地域であることが確認できる。[53]『史記』魏世家や穣侯列伝には、魏の領域に「大県」や「小県」、大小の「城」が多数存在したとする記述がある。また、『戦国策』趙策三には、趙の将軍趙奢と、もと斉の将軍田単との戦争に関する論争からは、趙を中心とした地域に都市が発達し、斉の領域ではそれほどでもなかったことが読み取れる。さらに、馬王堆出土帛書『戦国縦横家書』第二六章には、魏の都・大梁の東部にも「大県」や「小県の市ある者」が多数存在したとの記述がある。

(2) 都市の構造と性格

以上によって、戦国時代を中心とする時代に、三晋諸国の地域を中心にきわめて顕著な都市の発達がみられることはほぼ承認されるであろう。では、この時代の都市の内部構造はどのようになっていたであろうか。まず、都市遺跡について見てみよう(54)。

都市遺跡の城壁からうかがわれる都市の平面的な形態は大体三種類に分類することができる。第一は、内城外郭型であり、内城が外郭の中央に位置するものと内城が外郭の城壁を一部共有する二つのタイプがある。前者の代表は東周王城であり、後者は臨淄故城である。第二は東城西城型であり、都市の中央部に仕切りの壁が設けられ東西に分割されているものである。この型の代表は、燕下都や鄭韓故城である。第三は内城外郭分離型と言ってよいもので、内城にあたる部分が外郭の外部に配置されているものである。この代表は趙の都・邯鄲（趙王城と大北城）である。全体に第一の型が多く第二、第三の型は少ないが、地域的にどの型が多いとは言えないようである。

以上の三種の型で共通しているのは、版築の土台や基台、大量の瓦の堆積などによって大型建築遺跡の存在が推定される内城部分と、一般住居址や器物製作場遺跡が存在する外郭部分とが明確に分離されている点である。第二の型においても、どちらかの城内に大型建築遺跡が存在し、内城の役割をはたしていたことが確認できる。ただし、戦国時代の都市は、内城部分と外郭部分が分離されていると言っても、外郭部分は完全に城壁で保護されており、内城部分との一体性が強まっている。この点、殷周時代の都市において、内城あるいはそれに相当する部分の外側が拡散的、開放的になっているのとは明らかに異なる。戦国時代の都市は内部充実的、封鎖的な形態に変化していると言ってもよいであろう。

戦国時代の都市の内城部分は、都市の支配層の居住した宮殿区あるいは官署区とされている。強国の国都とされる都市遺跡の内城部分の内部には、現在でも高さ十メートルを越える階段状の版築土台が残っている(55)。この土台は階段ごとに屋根を掛け、高層建築に見せかけた台榭建築の基礎だとされている。国都の内城には広壮な大型建築が林立していたと考えられる。地方都市の遺跡にはこのような版築土台が残っていることは少ないが、内城部分や城内の特定部分に大量の瓦の堆積が見られる場合がある。この部分は地方官府が存在した所とされている。戦国時代の都市遺跡内部では、このような宮殿や官署と考えられる遺跡は発見されているが、宗教的な祭祀遺跡と考えられるものは発見されていない(56)。戦国時代の都市は宗教性が薄いと言わざるをえない。

外郭内には住居址や器物製作場の遺跡が存在し、一般住民の居住区であったと考えられる。表1「戦国都市遺跡器物製作場・貨幣・市表」は、三晋地域では二項目以上確認できる都市遺跡、その他の地域では一項目以上が確認できる遺跡をリストアップしたものである。これを見ると、各国国都では項目が特によくそろっていることがわかる。中山国の国都・霊寿古城はすべての項目にわたって遺跡が発見されている。この他、趙の大北城、韓の鄭韓故城、燕の下都、斉の臨淄故城、秦の雍城など強国の国都の遺跡や東周王城が五項目以上確認でき、よくそろっている。これに対して、地方都市の遺跡は四項目以上そろっているものはほとんどない。これは、国都の遺跡の調査が一般に進んでいることにもよるが、地方都市の生産、経済活動には片寄りがあったことを示している。

なお、「市」の遺跡は、霊寿古城と雍城で想定されているだけである(57)。また、韓の鄭韓故城、秦の咸陽故城や櫟陽故城、雲夢古城では、「市」「亭」の印文のある陶器や漆器からの推定である(58)。しかし、上述のごとく、「小県の市ある者」の表現や、『史記』や『戦国策』に「城市の邑」という表現があるように、表1に挙げたような、ある程度の規模の都市には必ず「市」が設置されていたと考えられる。また、戦国時代においても、器物製作場が必ず城郭内にあったとは限らない。とくに、鉄器製作場は郭外に置かれている場合がある(59)。また、雍城では銅器、鉄器、陶器製作場遺跡が、衛国故城では鉄器、骨器製作場遺跡が郭内だけでなく、郭外でも発見されている(60)。このような事例をどの

表１　戦国都市遺跡器物製作場・貨幣・市表　○印、遺跡／△印、出土文字資料

	銅兵器	銅容器	鉄器	陶器	骨器	玉器	石器	貨幣	市
侯馬古城群（晋都新田）		○		○	○			○	
大北城（趙都邯鄲）	△	△	○	○	○		○	△	
衛国故城（衛国都）			○	○					
東周王城（西周国都）	△	△		○	○	○		△	
鄭韓故城（韓都鄭）	△	○△	○	○？	○	○		○	△
晋陽古城（晋陽）	△							△	
潞城古城（潞）	△							△	
長子古城（長子）	△	△						△	
禹王城（安邑）		△						△	
華陰古城（陰晋）	△							△	
午汲故城（武安）				○				△	
共城（共）	△		○					△	
邘邰古城	△							△	
州城（州）	△	△							
北平皋古城（邢丘）				△				△？	
宜陽古城（宜陽）				△				△	
陽城（陽城）	△		○	△				△？	
滎陽故城（滎陽）			○	△					
小索城（格氏）	△			○△					
鄭州商城（管）				△				△	
燕下都（燕都武陽）	△	○	○	○			○	○△	
霊寿古城（中山国都）	○	○	○	○	○	○	○	○	○
蔡国故城（蔡国都）		○			○				
曲阜魯故城（魯国都）		○	○	○	○				
臨淄故城（斉都臨淄）		○	○	○△	○			○△	
紀南城（楚都郢）		○		○					
雍城（秦都雍）	△	○△	○	○					○
咸陽故城（秦都咸陽）	△			△					△
櫟陽故城（秦都櫟陽）	△		○	○△					△
柏暢城		○							
柏人城								△	
薛城（薛）				○					
莒国故城（莒）								○△	
商水古城（陽城）			○	△				△？	
南利故城			○						
平輿故城			○						
武城故城			○						
雲夢古城（安陸）				△				△	
草王嘴古城		○							

ように考えるか今後の課題である。墓地に関しては、郭内にある場合もあるが、大部分の場合は郭外にある。墓葬の埋葬形式や副葬品の検討は、都市の住民の構成を考える場合の参考になるが、都市遺跡との関係の確定や、発掘調査の不十分さなど問題が多く、検討は進んでいない。器物製作場の設置状況については、特殊な事例もあるが、都市の発達した三晋地域とその他の地域との間には明瞭な差異は見出せない。ただし、三晋地域の地方都市遺跡に銅兵器や貨幣の項目が目立つ点は注目すべきである。この点に関しては後述する。

次に、都市住民の構成について考えてみたい。支配層としては、国都には王、貴族、官吏がおり、地方都市では貴族の封邑には貴族と官吏、県が置かれた都市には県令と属吏、県が置かれなかった都市でも官吏がいたであろう。そして、都市を防衛するための兵士も配置されていた。『戦国策』東周策二によると、韓の宜陽には「材士十万」が置かれていたという。一般住民には、生業を有する者として商人、手工業者、農民がいたと考えられる。『史記』に見える陶の朱公や陽翟の呂不韋は都市の大商人であった[61]。上述のように、ある程度の規模の都市には「市」が設けられていたが、「市」では都市の手工業者の製品が商人によって取引されたであろう。都市遺跡の城内には各種の製作場遺跡が存在したことはすでに述べたとおりである。さらに、「市」には、屠殺業者など、都市生活に必要な各種の技術を提供する職人も居住していた（『史記』魏公子列伝）。城内にはある程度の農地もあり、農民も城内に住んでいたようである[62]。『韓非子』外儲説左上編には趙の中牟という都市に農民が住んでいたことをうかがわせる記述があり、『戦国策』秦策四には、衛の国都内に「芻牧薪采」に関わる人々が住んでいたことを示す記述がある。この他、生業者以外では、有力な貴族や官僚、さらに財力や人望のある人物に依附する食客が居住していたことは『史記』に散見している[63]。

都市には、以上のように様々な職種の人間が住んでいたことは明らかであるが、都市の性格を考える場合、その構成比が問題となる。宇都宮清吉氏は、『漢書』食貨志上に見える魏の李悝の言葉を分析して、前三世紀から前一世紀頃には、農民人口六割に対して官僚と家族一割、商工民を主体とする都市住民三割と推定している。(64) また、古賀登氏も、同じ材料にもとづいて、魏国の階層別人口比は、自営農4：隷農2：役人・軍人1：商工業者2とはじき出している。(65) 前近代において、商工業者が十分の三、あるいは九分の二という割合はかなり高い数字であろう。そして、農村部には商工業者がほとんどいないと推定されるのに対して、都市部に「市」や各種製作場が存在することを考えれば、都市の商工業者の比率は相当高くなるのではなかろうか。とくに、三晋地域の魏においてはこのように推定できるが、その他の地域については材料がなく比較しようがない。

以上のごとく、都市の外形的形態、器物製作場の設置状況、そして住民の構成において、都市の発達した三晋地域とその他の地域との間には明瞭な差異は認められない。しかし、出土文字資料を子細に検討すると、この二つの地域の都市の間には性格の相違を見出すことができる。戦国時代の青銅の戈や鈹などの兵器には、製造責任者や製造の工人の名前をタガネで刻したものがかなりある。とくに、三晋諸国と秦の兵器には詳細なものが多く、県に編成された都市で兵器が製造されていたことがわかる。しかし、両者の銘文には形式的に明確な相違がみとめられる。すでに佐原康夫氏が指摘しているように、(66) 三晋諸国では県令が製造責任者となっているが、秦では上位の郡守が責任者となっているのである。(67) 佐原氏は、この相違を指摘しながらも、県が行政単位をなす軍事的都市としての両者の共通性を強調している。しかし、都市としての性格を考える場合、この相違こそ問題にすべきであろう。秦における県の兵器製造機構は上位の郡に統制されているのに対して、三晋諸国では県令よりも上位の者は銘文には現れず、県の兵器製造機構が独立しているのである。三晋諸国の県に編成された都市は、県令に統括される独立した兵器製造機構を有していたのである。そして、県で製造された兵器は、当然県の軍隊に供給されたものと考えられる。三晋諸国の県、すなわち都市は軍事的に独立していたとみなしてよいであろう。これに対して、秦の県＝都市は独立性は稀薄であったとみなされる。その他の諸国の都市製造兵器の銘文に関しては十分な材料がない。斉では、地名を刻したものが見られるが簡略であり、製造機構の整備は進んでいなかったようである。[68]

次に注目されるのは貨幣である。戦国時代になると、各国で多種多様な貨幣が発行されるようになる。とくに、地名を鋳込んだ青銅貨幣は多くの種類発見されている。鄭家相氏によると、[69]橋形方足布には一六種の地名、尖足布は四〇種、方足布は七九種の地名が認められる。これらの地名を検討すると、多くが三晋諸国の地名である。この他、三晋諸国の地名を有する貨幣とされるものに円足布、三孔布、円孔円銭、直刀銭などがある。これらの地名の種類は多くはないが、中には一〇種を越えるものもある。これらの地名も、文献史料に現れる都市名と一致するものがかなりあり、以上の貨幣は三晋諸国の都市で発行されたものと考えられる。三晋諸国の都市は、独自の貨幣を発行することができる経済的実力を有していたとみなしてよいであろう。そして、三晋諸国では、排他的に流通した国家の統一貨幣と考えられるものは見出されない。[70]すなわち、三晋諸国の都市は経済的に独立していたと考えてよいのではなかろうか。これに対して、その他の諸国では、排他的に流通したと考えられる貨幣が存在する。秦では半両銭、燕では明刀銭、斉では「斉法化」刀、楚では郢爰などである。[71]秦以外の国では、都市発行と考えられる貨幣も存在するが、種類も少なく、時期も早い時期のもので、しだいに国家の統一貨幣が支配的になって行ったと考えられる。三晋諸国以外の諸国の都市では経済的な独立性は稀薄であったと考えてもよいであろう。

文献史料から直接、三晋諸国の都市の独立性をうかがうことは困難である。しかし、『戦国策』趙策一に見える、韓の上党郡の諸県の動向は注目に値するであろう。[72]韓の桓恵王一〇年（前二六三）、秦が韓の国都と上党郡とを結ぶ位置にある諸都市を攻略したため、上党郡は孤立してしまう。そこで、韓王は上党郡守の靳𪏆に郡ごと秦に降るよう命じるが拒否される。そこで、馮亭に代らせたが、馮亭も属下の一七県[73]の吏民の意向に従い、秦に降ることを拒否して趙に降ってしまう。これによって、秦の攻撃の矛先が趙に向かい長平の戦（前二六〇）となるのであるが、注目すべきは上党郡の一七県の吏民が秦の支配下に入ることを望まず、趙に降ることを願っている点である。上述のごとく、秦では県、すなわち都市独自の兵器製造機構を認めず、貨幣の発行も都市で行なわれていた形跡はなかった。それに対して、趙は韓と同様、県＝都市に独立した兵器製造機構が存在し、貨幣の発行が行なわれていた。上党郡の諸県の官吏と民衆は、都市の軍事的、経済的独立性を認めない秦の支配を拒否して、同質的な趙の支配を受け入れたと考えられる。韓の上党郡の都市の住民は都市としての独立性を貫き通そうとしたのである。

秦の支配を容認しない態度は、韓の上党郡の諸都市だけでなく、魏の陜や安邑、趙の屯留などの都市でも見られる。[74]これらの都市は秦に攻略されて支配下に入るが、容易にその支配に屈せず、秦は全住民の強制移住を余儀なくされている。これらの諸都市の抵抗も、都市の制度的独立性を認めない秦の支配方式に対するものであったと考えられる。上述の三晋諸国の都市の軍事的、経済的の独立性も、このような官吏を含む都市住民の独立への意志の制度的現れであったと考えてよいであろう。では、三晋諸国の都市住民の独立への指向性は、いかなる要因によって生み出され、支えられて来たのであろうか。

(3)　三晋諸国の都市の独立性の基盤と限界

戦国時代を中心とする時代に都市の発達が起ったのは、春秋時代中期以後の社会変動と関係があると考えられる。春秋時代中期以後、鉄器と牛耕の普及による生産力の増大は、それまでの氏族制的社会をしだいに解体し、単婚家族を生産の主体とする社会をもたらしたとされている。[75]そしてまた、生産力の増大は人口の増加をもたらし、経済力のある都市への人口集中、それにともなう都市の巨大化が起ったと考えられる。

では、三晋地域に片寄って都市の発達が起ったのはどのような理由によるのであろうか。もっとも注目されるのは、戦国時代において、この地域が商業交通の中心地であったことである。宇都宮清吉氏は、この地域の東部に位置した陶や衛などの都市は、東西、南北の大幹線水路が交わるところに発達した当時の世界的大都市であったとしている。[76]この地域は、すでに春秋時代から商業交通の中心地であったようである。伊藤道治氏は、斉と晋との会盟地の検討から、やはり東部の曹、宋、衛の接壌する地域は、東西、南北の交通路の交叉する商業交通の中心地であったとみなしている。[77]これらの地域は、都市発達地域の東部に片寄っているが、これは史料的片寄りによるもので、前後の時代の交通の中心地から推測して、都市の発達した地域は商業交通の中心地と密接な係わりがあるようである。[78]三晋地域の都市の発達は、商業交通という経済的要因によって起ったと考えてよいのではなかろうか。そして、この地域の都市の制度的独立性や住民の独立性も、このような経済的要因によって生み出され、支えられた可能性が強いであろう。

それでは、春秋時代のこの地域における商人や手工業者の動向はどのようであったであろうか。『左伝』によると、閔公二年（前六六〇）、北狄の侵入にあって亡国に瀕していた衛では、文公が、農民だけでなく「商」「工」に配慮することによって国の復興を果たしたとされている。僖公三三年（前六二七）には、鄭の商人・弦高が周に商いに行く途中、鄭を攻めようとしている秦軍に遭遇し、秦軍を饗応してとどめ、その間に急を鄭に報じた話がみえる。鄭の商人は広く各地で活動していたらしく、成公三年（前五八八）には、楚で捕虜になっていた晋の荀罃を脱出させようと計画した鄭の商人の話がある。また、鄭では、晋の韓宣子が商人から玉環を購入しようとした時、子産は鄭においては君主と商人の間に代々盟約があり、お互いに信頼関係が確立していることを述べている（昭公一六年・前五二六）。

後の三晋地域に含まれる衛や鄭では、商人は国内で重視される存在であり、とくに鄭の商人は各地で活躍していたことがわかる。

手工業の動向については、主として墓葬から出土する青銅器が一つの目安になる。春秋中期頃に、各地から出土する青銅器に多様な変化が起る。(79)器形については、これまでにない新しい器種が多く出現し、かつ大型化する。文様や装飾部品についても複雑化し新しい感覚のものが出現する。そして、このような器形や文様の変化は、蝋型法やスタンプの使用、象嵌技術の駆使など、新しい鋳造技術の出現を背景に生起したものである。とりわけ、このような鋳造技術の出現は、河南省南部で先行しており、変化の多様性も河南省を中心とした地域に顕著である。こうした手工業の新しい動向は、当然この地域の手工業者の地位の向上をもたらしたものと考えられる。

春秋時代後期になると、商人や手工業者が国の動向に直接関与している例が現れる。昭公二二年（前五二〇）、周では王子朝の乱が起った。景王の死後、王子朝が王位継承権を主張して「旧官百工の職秩を喪った者」を率いて反乱を起した。単子と劉子は悼王を擁して「百工」と盟ったが、悼王側の軍が敗北すると「百工」は叛いている。周の手工業者である「百工」は内乱の帰趨を握っているのである。定公八年（前五〇二）、衛の君主は晋に叛こうとして、「工商」を含む国人に同意を求めている。また、衛では、哀公一七年（前四七八）に荘公が卿の石圃を追放しようとしたが、石圃は「匠氏」を味方に附け、逆に公を攻めて死亡させている。衛でも商人や手工業者の動向が国政の方向を大きく規定していることがうかがわれる。

貝塚茂樹氏は、このような商人や手工業者の勃興は、春秋中期以後、『左伝』の中に数多く出現する諸国の「民会」と密接な関係にあるとしている。(80)すなわち、国危、立君、遷国など国の非常時に首都の一般市民が外朝に集まって国策を議する集会がこの時期に顕著に現れるのは、商工業の発展による都市の商工業者の勢力増大によってもたらされた現象であるとする。春秋時代、諸国の首都の商工業者を中心とする民衆は、「民会」という制度を通じて自己の意志を発現する手段を有していたのである。

しかし、このような「民会」は、国の非常時に行なわれ、本来臨時的なものである。貝塚氏も、「民会」は戦国時代には次第に衰退し、秦漢の官僚国家では姿を消すとしている。貝塚氏の言う「民会」は、国の滅亡や官僚制の進展の中で行なわれなくなり、戦国時代の都市には受け継がれなかったと考えられる。

そうすると、戦国時代の都市に、「民会」に代わる住民の意志表示の機関あるいは組織が存在したかどうかが問題となる。戦国時代の都市住民が里を単位に編成されていたことは間違いない[81]。漢代の史料から類推して、里には「父老」に指導された「子弟」からなる相互扶助的団結が存在し、里はある程度の自治的機能を有していた可能性がある[82]。しかし、里を統轄し住民の意志を代表するような上位の自治的組織の存在は史料的には確認できない。

では、すでに触れた『戦国策』趙策一に見える上党郡下の都市住民の意志はいかにして発現されたのであろうか。注目されるのは、秦に降ることを拒否し趙に属することを望んだのは、趙策一では「吏民」となっている点である[83]。そして、趙が恩賞を与えた対象も、「太守」の他、「県令」「諸吏」「民」となっており、意志表示をした者は「民」だけでなく「吏」をも含んでいる。都市住民の意志は、国が県に編成される過程で、県の「吏」が担ったと考えられる。

『戦国策』魏策一には次のような興味深い話がある。西門豹が鄴令になった時、魏の文侯が任地に赴く彼に与えた餞の言葉に、「夫れ郷邑の老者にして先ず座を受くるの士には、子入りて其の賢良の士を問いて、之に師事せよ」とある。「郷邑の老者」とは在地の指導的立場にある「父老」であり、「賢良の士」とは「父老」に指導される「子弟」の中でも優れた人物であろう。魏の文侯は、県令に対して在地社会の意向を重視するように求めているのである。

戦国時代の文献史料には、この例以外に、県令やその属吏と都市住民との関係を直接示すようなものはほとんどない。しかし、戦国時代以後の県令を含む官僚の任用には、民間の評判を重視する傾向が現れる。戦国時代になると、多くの諸子が「賢者」の任用を主張するようになり、各国君主も「賢者」の任用に意を用いるようになる。[84]そして、各国君主が求めた現実の「賢者」とは、血縁的な関係を超越して、個人的な信頼関係を第一義的に重視する、いわゆる任侠的人格であった。[85]このような人間関係は、民間社会においても最も評価されるべき新しい関係であった。

各国君主は、直接自ら「賢」と判断した人物を任用する場合もあったが、「賢」と評判されている人物を評価する場合もかなり見られる。『史記』によると、楚の悼王は、「素より［呉］起の賢なるを聞」いていたため相に任用しており（孫子呉起列伝）、秦の昭王は、斉の孟嘗君の「賢なるを聞」き、召して相に任用しようとしている（孟嘗君列伝）。また、楚の威王も「荘周の賢なるを聞き」、やはり相に任用しようとし（老子韓非列伝）、范蠡も「斉人その賢なるを聞き、以って相となす」とある（越王句践世家）。以上は、すべて宰相の任用の例であり、三晋諸国の例はないが、一国の最高位の官僚にまで「賢」の評判による任用が及んでいたことは注意する必要がある。県令の例としては、「賢」の評判の高かった游侠の張耳が、千里も遠方の客と交流があったことにより、魏の外黄令となった例がある（張耳陳餘列伝）。このような任侠的な人格を「賢者」と評価し、官僚に任用することは漢初になっても継承されており、戦国から漢代にかけての国家が民意を汲み上げる一つの方法として、普遍的な意味をもっていたと考えられる。

しかし、都市住民の意志を県令など官僚を通じて汲み上げるシステムには、住民の側から見ていくつかの限界が存在した。第一は、官僚制は基本的に上からの支配のシステムであり、本来、民意を反映するシステムではない点である。したがって、第二に、民意の反映は官僚個人の資質に依存することになる。民間の「賢」の評判による任用はあくまで一つの任用法に過ぎないし、[86]戦国諸国において、いまだ制度として固定化された証拠はない。このシステム自体、非常に不安定であったといえる。第三に、官僚任用に「賢」の評判が重視されると言っても、県令など官僚は都市住民の代表とは言えず、民意の反映は極めて間接的である。戦国時代の三晋諸国の都市が、軍事的、経済的に独立性を保持していながら、都市住民を主体とする自治的都市に発展しなかったのは、官僚制的都市支配の進行によると考えられる。しかし、なぜ三晋諸国の都市が官僚制的支配を受け入れることになったかは今後の課題として残るであろう。

四　むすび

以上により、殷周時代から前漢時代にかけて、基本的に城壁に囲われた、農村とは区別される都市的空間が、社会や国家の在り方に大きな意味を持っていたことは確かであろう。しかし、春秋時代を境として、殷周時代の都市と戦国、秦漢時代の都市とは明確に区別すべきである。殷周時代の都市は、基本的に一般住民の生活や生産の場が城壁内に取り込まれることはなく、支配の中心としての政治的、軍事的、宗教的な側面が顕著である。これに対して、戦国、秦漢時代の都市は、経済的な側面が強まり、住民を城壁によって囲い込むことによって高い一体性を有する複合的な社会を形成していた。

このような都市社会の形成は、周による封建制的な支配の全国的展開が一つの契機を与えたかもしれないが、より重要な契機は春秋中期頃に始まる社会変動ではないかと考えられる。そして、この社会変動の影響を最も強く受けた地域は、当時の商業交通の中心地域であった河南省を中心とする三晋地域であった。この地域では、このような経済的要因により、巨大な都市が多数発達し、軍事的、経済的に高い独立性を保持することになった。

しかし、このような独立性の高い都市もついに自治的な都市に発展することはなかった。本論で述べたように、これは、春秋中期以後、都市の発展とともに成立する新しい官僚制によって規定されたためと考えられる。ただし、新しい官僚制は民意を反映する独自の機能をも有しており、逆に独立性の高い都市によって規定された官僚制が、漢王朝の国家の在り方を規定することになるのではないかと考えられる。(87)

注

(1)　松丸道雄氏は、「殷周国家の構造」(『岩波世界歴史4　古代4』岩波書店、一九七〇)において、殷周、春秋時代の国家が、これまでどのように捉えられてきたかをまとめている。これによると、中江丑吉氏の「邑土国家」、侯外廬氏の「城市国家」、貝塚茂樹、宮崎市定氏などの「都市国家」、宇都宮清吉、増淵龍夫氏などの「邑制国家」などの考え方がある。日本の学界では、現在でも後二者のとらえ方が大きな影響力を持っている。

(2)　後述のように、この時期の都市の性格については意見が分かれているが、中国史上、都市発達がとりわけ顕著に見られる時期という点では一致している。

(3)　中国においては、マルクス主義の立場で時代区分が行なわれ、奴隷制社会から封建制社会への転換点を何時にするか意見が分かれているが、春秋、戦国の際に血縁的な共同体が解体するとする考え方が一般的である。たとえば、春秋時代までを「城市国家」の時代とする侯外廬氏は、戦国以後、氏族制がしだいに解体し、封建制社会へと転化すると考える(「論中国封建制的形成及其法典化」『中国古代史分期問題討論集』一九五七、五〇六頁)。また、貝塚茂樹氏は、後述のように春秋時代を宗教を紐帯とする部族連合的な「古代都市国家」の時代と考えるが、しだいに異部族出身者による主従関係が出現し、「都市国家」は解体し、中世封建制国家に移行した可能性があるとする(『貝塚茂樹著作集第一巻　中国の古代国家』中央公論社、一九七六、三八〇頁)。増淵龍夫氏は、春秋時代までの「邑」や「国」(「邑」の発達した大聚落)を一種の氏族制的共同体とみなすが、しだいに共同体構成員の私属化が起り、新たに父老的土豪の自律的共同体が形成されるとする(「春秋戦国時代の

社会と国家」『岩波世界歴史4　中国4』岩波書店、一九七〇、一三九頁）。
（4）「中国上代は封建制か都市国家か」（『アジア史研究3』同朋舎、一九五八、六三頁）、「戦国時代の都市」（『アジア史論考（中）』朝日新聞社、一九七六、五六頁）。
（5）同上「戦国時代の都市」六九頁。
（6）影山剛「中国古代における都市と商工業」（『中国古代の商工業と専売制』東京大学出版会、一九八四、四九六頁）、伊藤道治「先秦時代の都市」（研究三〇、一九六三、五九頁）、池田雄一「中国古代聚落の展開」（歴史学研究別冊特集『地域と民衆』一九八一、二四頁）、五井直弘「都市の形成と中央集権体制」（歴史学研究別冊特集『民衆の生活・文化と変革主体』一九八二、五一頁）、同「中国古代城郭史序説」（『東アジア史における国家と農民』山川出版社、二五頁）。杉本憲司「中国城郭成立試論―最近の発掘例を中心に」（林巳奈夫編『戦国時代出土文物の研究』京都大学人文科学研究所、一九八五、一九二頁）など。
（7）「西漢時代の都市」（『漢代社会経済史研究』弘文堂、一九五五、一〇九頁）
（8）楊寛『戦国史』（上海人民出版社、一九五五、九七頁）、兪偉超「中国古代都城規劃的発展段階性―為中国考古学会第五次年会而作」（文物一九八五―二）、張鴻雁「論戦国城市的発展」（遼寧大学学報一九八二―六）、黄以柱「河南城鎮歴史地理初探」（史学月刊一九八一―一）、張南、周伊「春秋戦国城市発展論」（安徽史学一九八八―三）など。
（9）「邑の構造とその支配」（『中国古代王朝の形成』創文社、一九七五、一七二頁）
（10）同上、二二四頁。この点に関しては、伊藤氏は後に修正し、西周時代の「邑」は早くから地縁共同体であり、共王時代頃には、支配の方式は土地を通して民を支配する方式から、民を通して土地を支配する方式へと転化するとしている（『中国古代国家の支配構造』中央公論社、一九八七、二一六頁）。
（11）注（1）論文、五五頁。
（12）林洋美訳「商代の〝邑〟の区画形態についての考察」（五井直弘編『中国の古代都市』汲古書院、一九九五、二四五頁）
（13）注（3）増淵論文、一四七頁、一四四頁。

(14) 注（3）貝塚論文、三八〇頁。
(15) 注（12）論文。
(16)「偃師二里頭遺址第三期遺存与桀都斟鄩」（考古一九九五－二）一六〇頁。
(17) 以下の二里頭遺跡の記述は、趙芝荃「二里頭遺址与偃師商城」（考古与文物一九八九－二）七六頁、中国社会科学院考古研究所夏商周考古研究室「考古研究所夏商周考古二十年」（考古一九九七－八）二〇頁などによった。
(18)「商代王都考古研究綜論」（中原文物一九九一－一）八頁。
(19) 張錯生「関于偃師尸郷溝古城的幾個問題」（江漢考古一九九六－四）四五頁。
(20) 以下の偃師商城の記述は、注（17）の二論文によった。
(21) 注（17）趙論文、八一頁。
(22)「鄭州商城再探討」（華夏考古一九九六－三）八八頁。
(23) 以下の鄭州商城の記述は、裴明相「鄭州商代王城的布局及其文化内涵」（中原文物一九九一－一）八〇頁によった。
(24)「試論鄭州出土商代人頭骨飲器」（華夏考古一九九二－二）九四頁。
(25) 注（23）裴論文、河南省文物研究所「鄭州商城外夯土墻基的調査与試掘」（中原文物一九九一－一）八七頁。
(26) 河南省文物考古研究所等「一九九五年鄭州小双橋遺址的発掘」（華夏考古一九九六－三）一頁。
(27)「論鄭州市小双橋商代前期祭祀遺址」（中原文物一九九六－二）四頁。
(28) 伊藤道治「安陽小屯殷代遺跡の分布復原とその問題」（東方学報二九、一九五九）三三九頁、宮崎市定「中国上代の都市国家とその墓地－商邑は何処にあったか」（『アジア史論考（中）』朝日新聞社、一九七六）三一頁。
(29)「殷墟非殷都再考」（中原文物一九九七－二）五一頁。
(30) 以下の殷墟の記述は、注（17）中国社会科学院考古研究所夏商周考古研究室論文、二二頁によった。
(31) 注（1）松丸論文。
(32)「殷墟〝大邑商〟族邑布局初探」（中原文物一九九五－三）八四頁。

（33）彭明瀚「盤龍城与呉城比較研究」（江漢考古一九九五―二）五二頁。
（34）以下の盤龍城の記述は、注（12）論文、二六二頁によったが、銅器製作場（楊家咀）については、一九九七年に遺跡を見学した際に展示場で確認した。
（35）以下の垣曲商城の記述は、中国歴史博物館考古部等『垣曲商城―一九八五―一九八六年度勘査報告』科学出版社、一九九六）によった。
（36）中国歴史博物館考古部等「一九九一―一九九二年山西垣曲商城発掘簡報」（文物一九九七―一二）四頁。
（37）飯島武次『中国周文化考古学研究』（同成社、一九九八、八八頁）が各遺跡の概要や考古学的調査の現状について詳しく紹介している。
（38）飯島氏は、周原の鳳雛村で版築の城壁の発見を伝え聞いているとしている（注（37）飯島書、九六頁）。筆者も、一九九四年に鳳雛村の甲組建築址を見学した時、この遺跡の北の道路の下に城壁を発見したと聞いたが、正式の報告はないようである。
（39）注（37）飯島書、一一八頁。
（40）北京大学考古系等「一九九五年琉璃河周代居址発掘簡報」（文物一九九六―六）一五頁。
（41）劉緒、趙福生「琉璃河遺址西周燕文化的新認識」（文物一九九七―四）四〇頁。
（42）山東省文物考古研究所等『曲阜魯国故城』（斉魯書社、一九八二）
（43）「曲阜魯国故城をめぐる諸問題について」（東洋学報七七―三三）五二頁。
（44）注（37）飯島書、一一五頁。
（45）李歩青、林仙庭「山東黄県帰城遺址的調査与発掘」（考古一九九一―一〇）九一〇頁。
（46）拙稿「春秋・戦国・秦漢時代の都市の規模と分布」（名古屋大学文学部研究論集一三一・史学四四、一九九八）七九頁。以下の都市遺跡に関する数字はみなこの論文によっている。
（47）魏の禹王城の西城壁は四九八〇メートル、燕の下都の東西は九〇四六メートル、趙の大北城の南北は四八八〇メートル、韓の鄭韓故城の東西は五〇〇〇メートル、斉の臨淄故城の東城壁は五二〇九メートル、楚の紀南城の南城壁は四二〇二メートル、中山の霊寿古城の南北は四五〇〇メートルあり、これらの国都はみな四キロメートルを越えている。上述のように、二キロメートルを越える遺跡は三四例あり、国都以外でも巨大な都市があったことがわかる。

(48) 注（6）伊藤論文、五九頁。

(49) 注（46）拙稿「戦国都市遺跡分布図」

(50) 拙稿「戦国時代の都市とその支配」（東洋史研究四八―二、一九八九）一九五頁、および拙著『春秋・戦国・秦漢時代の都市の構造と住民の性格』（平成元年度科学研究費研究成果報告書、一九九〇）五五頁の2―(2)「戦国出土文字資料地名表」参照。

(51) 拙稿「戦国時代出土文字資料概述」（林巳奈夫編『戦国時代出土文物の研究』京都大学人文科学研究所、一九八五）三五一頁。

(52) 注（50）拙稿「戦国都市分布図」

(53) 注（50）拙稿（東洋史研究）、二二一頁。

(54) 以下の戦国時代の都市遺跡に関する資料は、注（46）拙稿94頁の「表2　戦国都市遺跡表」を参照のこと。

(55) 燕下都の城内には高さ一一メートルの武陽台などいくつかの土台（考古学報一九六五―一、八八頁）、斉の臨淄故城には内城に高さ一四メートル桓公台（文物一九七二―五、五一頁）、趙王城の西城内には高さ一六・三メートルの竜台（考古学集刊4、一九八四、頁一七二）などがある。

(56) 侯馬古城群の東部と南部に祭祀坑をともなう宗廟と考えられる遺跡（考古一九八七―一二、考古与文物一九八八―一）、秦の国都・雍城内でも宗廟と考えられる馬家荘一号建築群遺跡（文物一九八五―二）が発見されている。前者は春秋後期から戦国初期の晋の都・新田の遺跡とされ、後者は春秋中晩期のものとされている。ともに戦国でも早い時期のものであり、宮殿とされる遺跡とは離れていて内城内の遺跡とは考えられない。

(57) 霊寿古城の中央部には版築基礎と大量の各種瓦や磚などの建築資材が発見され、その中央を幅一一メートルの道路が東西に貫いていることから「市」の遺跡ではないかとされている（『中国考古学会第三次年会論文集』文物出版社、一九八四、二三一頁）。また、秦の雍城の城北部に「市」の遺跡があるとされるが、詳細は不明である（考古与文物一九九六—二、五一頁）。
(58) 注（51）拙稿、四二八、四三六頁参照。櫟陽故城については「櫟市」の陶文が出土している（考古学報一九八五—三）。
(59) 表1の陽城や滎陽故城では鉄器製作場遺跡は城外で発見されている。
(60) 李自智「秦都雍城的城郭形態及有関問題」（考古与文物一九九六—二）五一頁。衛国故城については、『中国文物地図集—河南分冊』中国地図出版社、一九九一）二二四頁。
(61) 趙王句践世家、呂不韋列伝。『戦国策』秦策五では、呂不韋は「濮陽人」になっている。
(62) 注（6）伊藤論文、五六頁。
(63) 魏公子列伝、平原君虞卿列伝、張耳陳餘列伝など。
(64) 注（7）宇都宮論文、一一四頁。
(65) 「尽地力説攷」（『漢長安城と阡陌・県郷亭里制度』雄山閣、一九八〇）四一七頁。
(66) 「戦国時代の府・庫について」（東洋史研究四三—一、一九八四）四七、五二頁。
(67) 拙稿「戦国時代における都市の発達と秦漢官僚制の形成」（『岩波講座世界歴史3』岩波書店、一九九八）一八五頁、表1。
(68) 注（51）拙稿、三五四頁。
(69) 『中国古代貨幣発展史』（三聯書店、一九五八）
(70) 注（51）拙稿、四〇一頁。
(71) 注（51）拙稿、三六一頁、三七九頁、四一六頁、四三八頁。
(72) 拙稿「戦国三晋都市の性格」（名古屋大学文学部研究論集ＸＶＣ・史学三二、一九八六）五一頁。
(73) 『戦国策』趙策一では「城市之邑七十」となっているが、秦策一や『韓非子』初見秦篇では「上党十七県」となっている。『漢書』地理志の上党郡の県数は一四であることからも「一七県」が正しいであろう。
(74) 注（72）拙稿、五五頁。

(75) 西嶋定生『中国古代の社会と経済』(東京大学出版会、一九八一)四七頁。
(76) 注(7)宇都宮論文、一一〇頁。
(77)「春秋会盟地理考—両周地理考の二—」(『田村博士頌寿東洋史論叢』一九六八)三五頁。
(78) 注(50)拙稿、二一七頁。
(79) 拙稿「青銅礼器から見た春秋時代の社会変動」(名古屋大学文学部研究論集CⅠ・史学三四、一九八八)七二頁。以下の青銅器の記述はこの拙稿によっている。
(80)「中国古代都市における民会の制度」(『貝塚茂樹著作集　第二巻』中央公論社、一九七七)一一八頁。
(81)『史記』刺客列伝に、聶政は韓の軹という都市の「深井里」の人とある。
(82) 宮崎市定「中国における聚落形態の変遷について」(『アジアの史論考(中)』朝日新聞社、一九七六)、堀敏一「中国古代の里」(『中国古代の家と家族』汲古書院、一九九六)等。
(83)『戦国策』趙策一のこの事件を述べた他の部分では「其民皆不欲為秦、而願為趙」となっており、『史記』白起王翦列伝でも、馮亭は「民」と謀ったことになっている。しかし、『史記』趙世家では「吏民」となっている。
(84) 拙稿「中国古代官僚制に関する一視覚」(谷川道雄編『中国士大夫階級と地域社会の関係についての総合的研究』昭和五七年度科学研究費研究成果報告書、一九八三)二五頁。
(85) 拙稿「「賢」の観念より見たる西漢官僚の一性格」(東洋史研究三四—二、一九七五)一九三頁。以下、「賢」の機能についても本稿参照のこと。
(86) 楊寛氏によると、戦国時代の官僚任用法として、臣下の推挙、上書と遊説による献策、功労(軍功)、郎官からの選抜、官長による任用を挙げている(『戦国史』上海人民出版社、一九八〇、二〇二頁)。この他に父兄の任も加えることができ、多様な任用法が行なわれていた。
(87) 注(67)拙稿、一九九頁以下を参照。

表1資料出典

遺跡

侯馬古城群（考古一九五九－五、文物一九六〇－八・九、考古一九六二－一二、『侯馬盟書』〔文物出版社、一九七六〕、文物一九八八－三等）、大北城（文物一九八一－一二、考古学集刊4、考古一九八〇－一二等）、衛国故城（『中国文物地図集－河南分冊』中国地図出版社、一九九一、二二四頁→以下略称『河南分冊』）、東周王城（考古学報一九五九－二、考古一九六一－四）、鄭韓故城（文物資料叢刊3）／晋陽古城（文物一九六二－四・五）、潞城古城（文物一九八六－六）、長子古城（考古学報一九八四－四）、禹王城（考古一九六三－九）、華陰古城（考古一九五九－一一）、午汲故城（考古通訊一九五七－四）、共城（中原文物一九八三特刊）、邘邰古城（『河南分冊』二〇二頁）、州城（文物一九八三－三）、北平皋古城（文物一九八二－七、『河南分冊』一八〇頁）、宜陽古城（中原文物一九八八－三）、陽城（文物一九七七－一二、『河南分冊』二二頁）、滎陽故城（中原文物一九八三特刊、『河南分冊』四頁）、小索城（『河南考古』〔中州古籍出版社、一九八五、四九四頁〕、『河南分冊』九頁）、鄭州商城（文物資料叢刊1）

燕下都（考古学報一九六五－一）、霊寿古城（中国考古学会第三次年会論文集）、蔡国故城（江漢考古一九八五－一二）、曲阜魯故城（『曲阜魯国故城』斉魯書社、一九八二）、臨淄故城（文物一九七二－五）、紀南城（考古学報一九八二－三、四）、雍城（考古与文物一九八五－二、同一九九六－一二）、咸陽故城（考古与文物一九八八－五・六）、櫟陽故城（考古学報一九八五－三）／柏暢城（文物一九八八－三）、柏人城（『河北省出土文物選集』文物出版社、一九八〇）、薛城（考古学報一九九一－四）、莒国故城（考古一九九四－五）、商水古城（考古一九八三－九）、南利故城（『河南分冊』四二五頁）、平輿故城（中原文物一九九三－一）、武城故城（中原文物一九九二－一二）、雲夢古城（江漢考古一九八三－一二）、草王嘴古城（江漢考古一九八四－四）

出土文字資料

銅兵器、銅容器は主として黄盛璋「試論三晋兵器的国別和年代及其相関問題」（考古学報一九七四－一）、貨幣は鄭家相『中国古代貨幣発達史』（三聯書店、一九五八）によった。それ以外によった資料は以下のとおり。

晋陽古城・銅兵器（『小校経閣金文拓本』〔劉体智、一九三四－五〕一〇・一四）、潞城古城・銅兵器（文物一九八六－六）、禹王城・銅容器（文物一九七五－六）、共城・銅兵器（『三代吉金文存』〔羅振玉、一九三六。以下略称『三代』〕一九・二九）、邘邰古城・銅兵器（『奇觚室吉金文述』〔劉心源、一九〇二〕一〇・二七）、宜陽古城・銅容器（文物一九八七―一二、文博一九八九―一二）、陽城・陶器（古文字研究7）、滎陽故城・陶器（中原文物一九八四―一二）、小索城・銅兵器（文物一九七二―一〇）、鄭州商城・陶器（中原文物一九八一―一）

燕下都・銅兵器（文物一九八二―八等）、臨淄故城・陶器（考古一九六一―六等）、雍城・銅兵器（『双剣誃吉金図録』〔于省吾、一九三五〕下三二）銅容器（考古与文物一九八三―六）、咸陽・銅兵器（『商周金文録遺』〔于省吾、一九五七〕録遺五八四）陶器（考古与文物一九八〇―三）、櫟陽・銅兵器（『三代』二〇・二六、考古与文物一九八三―三）陶器（考古学報一九八五―三、考古一九九一―五）／商水古城・陶器（考古一九八三―九）、雲夢古城・陶器（『雲夢睡虎地秦墓』文物出版社、一九八一）

（一九九八年原稿提出）

国制史

吉本道雅

序言

「国制史」は日本の歴史学、とりわけ中国史学には必ずしも馴染みのある概念ではない。英語の constitution、ドイツ語の Verfassung の原義は、国家など法人の内部構造・対外関係の全体を意味し、成文「憲法」が成立する以前の前近代史では、これを「国制」と訳する。ゆえに「国制史」とは、国家の基本的な法的構造を、歴史的観点から捉えるもので、王権・官僚制などの個別問題、或は法制史・政治史研究を踏まえつつ、より総合的に国家を理解する試みとなる。(1)

先秦期を対象とする「国制史」研究の現状を概観することが本稿の目的だが、ここで問題となるのが、「国家」の概念である。

戦後日本の歴史学で、エンゲルス『起源』などの唯物史観の理念型が「国家」を正面から議論する際の前提として共有されていたことは更めていうまでもない。中国史学においては、甲骨金文学として展開せざるを得なかった殷周史における唯物史観受容が相対的に希薄だったことから、「国家」起源論は、秦漢史により担われた。秦漢史では、秦漢専制国家を古代奴隷制の完成形態と看做す立場から、殷代以降すでに存在していた王朝権力やその基盤となる社会につき、無階級社会より残存した「氏族制」或は「共同体」的要素を強調することが一般であった。即ち、秦漢史においては「国家」起源論を専制国家形成論と実質的に等置したため、先秦期は階級社会でありながら、真正の「国家」が成立する以前の過渡的段階として理解されてきたように思われる。[2] かかる先秦史理解が、殷周史の実証的研究成果に基づくものである以前に、秦漢史の側からの理論的要請に基づくものであったことは明らかである。[3]

しかしながら、今日では、こうした「国家」起源論のありかた自体すでに動揺しつつある。殷代以降を階級社会と看做す従来の理解に対し、とりわけ文革以降の中国考古学の発展の結果、殷代の王朝的要素が龍山文化段階にすでに基本的に出揃っていることが確認され、「国家」の起源を殷代以前に遡らせる理解を、考古学者はすでに共有している。[4] さらに、これら考古学或は人類学の成果に基づく理論的研究の進展は、エンゲルス『起源』をもはや実質的に相対化している。[5] 現状では、「国家」起源論が文献史学の手を離れつつあるとさえいえる。

本稿ではかかる現状を認識しつつも、先秦期における「国家」概念の問題には直接には立ち入らない。そのような理論的研究を実行するだけの実証的研究成果が先秦期についてはなお不十分であると考えるからである。ただ、戦後日本の中国古代史学において、秦漢帝国形成論が実質的な「国家」起源論として扱われたことが、先秦史の全体像に対するすぐれて抽象的な理解、更には殷周史と秦漢史の断絶をもたらし、そのことが中国古代史の通時的理解を阻んできたということはここまでの議論ですでに明らかであろう。

殷周史・秦漢史の断絶を強調してきた。その原因は、先ずは双方の研究関心の懸隔に帰せられる。即ち、①殷・西周史が甲骨学・金文学たらざるを得ず、とりわけ理論的な側面において、秦漢史との問題意識の共有を可能にするような方向への発展が不十分であったこと、②秦漢史の側からのとりわけ春秋期に対する研究が、秦漢的要素を春秋期に遡及して求めることに実質的に関心を限定したため、西周期との連続面をも含めた春秋期独自の歴史的性格の検討が等閑視されたこと、の二点が大きな原因といえる。[6]

先秦史の通時的理解という視点が、殷・西周、春秋、戦国各時代の個別的理解においても今や不可欠であることがすでに了解されたであろうが、資料状況がこれを困難にしている。第一には、各時代を扱う資料そのものの異質性である。

殷・西周史は、今日では甲骨文・金文のみで研究を行うことが可能な水準に達しているが、殷代甲骨文は基本的に殷墟出土のものに限られ、西周金文は初期のものこそ北京房山琉璃河の燕国関係金文の如く、外諸侯の動向を伝えるものがあるが、中・晩期に降っては、渭水流域から洛陽に至る当時の王畿を舞台とするものにほぼ限定される。要するに、殷・西周史の資料は、王朝に関わるものにほぼ限定されるということである。

春秋期の出土文字資料には、金文のほか侯馬・温県載書などもあるが、西周金文に比べて類型的・孤立的であるといわざるを得ない。従って、春秋経伝とりわけ『左伝』が主要な資料となる。『左伝』の成書は戦国中期に降り、後世の潤色の可能性に常に留意せねばならないが、編年性があり内容豊富なので、先秦期の中では春秋期のイメージが最も構築しやすい。しかしながら、春秋経伝が扱うのは中原が中心なので、当時の秦のことなどは殆どわからない。

戦国期の研究は、『史記』の記述が秦に偏すること、秦漢帝国形成論の立場から、商君変法研究に一定の蓄積があること、そして雲夢秦簡など近年、秦関係の出土文字資料が豊富に獲得されたことから、秦史研究がその中心となっている。中原の状況を編年的に窺うには、『史記』の極めて簡略な記述しかなく、出土文字資料・考古資料に基づく研究成果もなお局部的ないしは概括的なものにとどまっている。

資料そのものの性格や記述内容の相違に加えて、第二の問題として挙げるべきは、西周と春秋、春秋と戦国の交代期を扱った資料が量的に極めて乏しいことである。とりわけ、『左伝』の年代記的記述の終わる前四六八年から、秦孝公の立った前三六一年までのほぼ一世紀間を扱った資料は零細で、『左伝』が中原を、『史記』が秦を扱うという記述対象の相違と相まって、春秋・戦国両時代の通時的理解を困難なものとしている。

こうした資料状況において、先秦期を通時的に扱い、かつ一定の均質性を備えた材料として注目されるのが、『史記』に保存された王朝・諸侯の系譜である。殷本紀の系譜が、甲骨文により復元された系譜にほぼ一致することから、とりわけ戦国部分など一部に具体的な問題を孕みつつも、少なくとも君位継承の一般的傾向を反映するものとして取り扱うことは十分に可能である。これらの系譜を相互に比較してみると、若干の偏差はあるものの、①殷末から西周期の父子相続、②西周末から春秋初期の混乱、③春秋中期の父子相続、④春秋晩期から戦国初期の混乱、⑤戦国中期以降の父子相続、という傾向を共有することに気付く。一体、父子相続の場合、幼君の即位は免れない。従って、父子相続が一定期間に亙って継続する場合には、国君の個人的資質に依存しない一個の「体制」として統治機構が安定しているという見通しが立つ。父子相続の有無に関していえば、先秦期は①③⑤の三段階の「体制」とその交代期としての②④という大まかな枠組みで理解しうる。[7] 君位継承の推移は、王権及びそれを支える統治機構のありかたに直接に関わり、本稿の主題たる先秦期の「国制」を概観する素材として適切である。以下ではこうした時代観のもと、殷末から戦国初・中期に至る王朝・諸侯国の統治機構、及び王朝を中心とするより広域な政治秩序の推移を概観することとする。

一　殷

殷代の国制については、松丸道雄氏が一九七〇年に基本的な枠組みを示しており[8]、それ以後、日本で殷代国制全般を専論したものは公刊されていない。殷代の基層社会に「氏族制」的邑共同体を想定し、殷王朝を邑共同体の重層の頂点に立つ邑制国家と規定し、擬制的血縁関係に基づく殷王室に対する諸「氏族」の服属に当時の政治秩序の基幹を見出す氏の枠組みは、個別的な論点については議論の余地もあろうが、殷代国制に対する基本的なイメージを提示するものとしては今なお有効である。ここでは殷王朝系譜に関連するものとして、王朝そのものの構造に問題を限定したい。

殷本紀の系譜では、湯（天乙）以下の歴代諸王が十干をその名にもち、庚丁（卜辞の康丁）以前において兄弟相続が継続している。この現象につき張光直氏は、殷王朝の系譜では、A組（甲乙戊己）・B組（丙丁壬癸）の二組が交代で王位に即き、加えて直系として記される諸王はA組の甲乙、B組の丁に限られることを指摘した上で、①殷王室ではAＢの二大支族がクロスカズン婚を行い、父子相続と記録される場合、王位はオジからオイへと移動した、②兄弟相続と記録されるものは、次の世代のオイが幼少などの理由で適性を欠く場合、同世代の同じ組に属するものが継承した、という仮説を提示した[9]。この仮説によれば、殷王朝においても父子相続（と記録されるもの）がすでに王位継承の基調をなしていたことになる。

更に持井康孝氏は、①殷王室は十個の父系血縁集団から構成されていた、②王室内部では内婚が行われ、その際の外婚単位は十個の父系血縁集団であった、③王室内部では、各父系血縁集団相互の間における緊張が異常に高まって、王室自体が分裂することを回避する目的で、王位継承上、諸種の規制を行っていた、と論じている[10]。

殷王室の構造についてのこれらの議論より、王位継承の不安定、「族」に支持され或は「族」を代表する王、などの王権の性格、更にはそれらを反映した統治機構制度化の未発達[11]が指摘されている。

以上の議論につき、第一に指摘すべきは、「氏族」或は「族」を強調する点である。確かに、殷代の人的結合関係が、血縁的なそれとして「表現」されていることは事実である。しかしながら、秦漢史の専制国家形成論、即ち事実上の「国家」起源論を展望した場合、「氏族」「族」が無階級社会からの「残存」を示唆するものであるがゆえに安易な使用は慎まざるを得ない。殷王室の十個の父系血縁集団も、本来は甲乙丙丁壬癸の六集団しかなかったものが、世代を経るうちに残りの戊己庚辛が形成されたと指摘されるように[12]、当時の歴史的条件の中で政治的社会的必要性から二次的に編成されたものなのである。一体、擬制的なそれをも含む血縁集団の再生産、或は政治的社会的機能は、前近代史では普遍的である。たとえ殷代に遡っても、血縁集団の存在それ自体がただちに「氏族制」の「残存」を証するわけではない。エンゲルス的文脈における「氏族」の解体が殷代以前にすでに認められることが考古学の知見よりつとに主張されている点[13]とも相まって、中国前近代社会一般における「族」的結合、あるいはそれを再生産する「礼」的イデオロギーを、各時代の具体的な政治社会構造において、正に「国制史」的展望のもとに評価する視点が必要であろう。

第二に指摘すべきは、庚丁～帝辛の五代に亙り父子相続（と表現されるもの）の王位継承が継続することである。張氏の想定した兄弟相続（と表現されるもの）をもたらす王の適性欠如といった事態は依然存在したはずなので、従って、父子相続の継続は、王の個人的資質に依存しない統治機構の強化を意味するものとなる。張氏が「氏族の長老による評議会」と表現するように、それは例えば官制として制度的に表現されうるものではなかっただろうが、殷王朝の統治機構が単なる「族」の連合体として質的変容を伴わず推移したものでないことは確かである。

統治機構強化の一つの契機としては、河南輝県琉璃閣・山東益都蘇埠屯発見の殷墟王墓相当の大型墓に示唆される地方王権との競合がある[14]。『竹書紀年』の伝承では周王朝勃興も、庚丁の次の武乙の時代に当たる。殷代の中原は殷王朝の強固な支配下にあったわけではなく、殷王朝は陝西から山東にかけて存在したいくつかの王権のうちの最大のものであったに過ぎず、殷末とはこれら並存する諸王権相互の矛盾が激化した時代であったといえる。王位継承の不安定は総体としての殷王朝の弱体化をもたらす。父子相続への一元化は、そうした危機感のもと、殷の支配層が統合の核としての王権を意識的に構築したものと評価できる。

ここで提示したのは「国家」起源論における「戦争モデル」[15]にかなり近い。戦後日本の中国古代史学において秦漢専制国家形成を論ずる場合、それを第一義的に社会の内部的な発展に基づくものとして説明することが一般であった。これは唯物史観の理念型よりすれば当然の発想であろう。しかしながら、先秦期には、王朝・諸侯国は基本的に一貫して自己と等質の外部の勢力との闘争に直面していたのであり、この要素が十分に考慮されてきたとはいえない。[16]権力機構変遷の要因は実際には多元的であるに違いないが、一つの説明原理として外的要因を看過しえないことをここに確認しておく。

二　西　周

西周期政治秩序につき、松井嘉徳氏は、王都－内服（王畿）－外服三圏の空間構造を提示している。[17]外服には「侯」と称される外諸侯が「封建」され、諸侯国を形成したが、例えば、外服諸侯の邢侯に対し、内服にはその分族に当たる邢伯・邢叔・邢季などの内諸侯が、更に王都たる鄭・豊には内諸侯たる邢某の分族に当たる鄭邢叔・豊邢叔が存在したように、外諸侯の「氏族」は、三圏構造に対応して分節し、西周王朝勢力圏の政治的社会的統合に機能したとされる。また、王朝に伯仲叔季を称する内諸侯が従属する王畿の構造と相似的に、外諸侯の下にも「伯」が従属する。[18]

従って、外諸侯は、王朝を中心とする三圏の政治秩序構造の最外辺に位置するとともに、それ自身、地域的な政治秩序の中心として機能していたということになる。「氏族制」的邑共同体の頂点に立つ邑制国家としての王朝というイメージは、周王朝の場合にも妥当するが、実証研究の進行に伴い、より複雑な構造が確認されるに至っているわけである。(19)

外諸侯「封建」の実態は西周初期の宜侯夨毀銘に見え、外諸侯とその臣或は王朝との関係については、同じく初期の北京房山琉璃河の燕侯関係金文に示唆的な材料があるが、断片的たるを免れず、加えて中・晩期の金文には外諸侯のことが殆ど見えない。こうした資料的制約のため、西周期国制を金文で論ずるには、王朝に対象を限定せざるを得ない。

王朝の統治機構が当初より官制的表現を採る部分をもつことは、西周初期の令彝銘の、

尹三事四方、受卿事寮、…舎三事令、眔卿事寮、眔諸尹眔里君眔百工眔諸侯、侯田男、舎四方令、

に窺われるが、同時代の類似の金文資料が無いため確解を得難く、統治機構の全体的編成を論ずることは困難である。中・晩期では、公族・卿事寮・大史寮・参有嗣・小子・師氏・虎臣などが並列される事例から、これら官職ないしは身分集団の水平的分業が推測され、さらに参有嗣を嗣土・嗣馬・嗣工と等置する事例から、参有嗣がこれらの汎称たることが確認される。統治機構におけるこれら官制的に表現された部分を、分業とある場合に確認されるヒエラルヒッシュな編成から、官僚機構と称することが可能となる。

こうした材料が比較的豊富であることから、西周史では官制が最も主要な研究課題の一つとなってきた。その場合、『周礼』の真偽を検証しつつ金文を用いて官制を復元することが一般の研究方向であった。問題とすべきは、西周官制研究が、統治機構の全体像を十分に考慮することなく進められてきたことである。具体的にいえば、従来の研究は、

『周礼』の個々の要素の後代性を確認しつつも、統治機構の全体を一個の官制として表現する『周礼』的発想そのものは無批判に踏襲しているのである。実のところ、西周期の統治機構における官僚機構はその従属的な一部分であるに過ぎなかった。中期の永盂銘に、

　益公内、即命于天子、公廼出厥命、…厥眔公出厥命、邢伯・焚伯・尹氏・師俗父・趞仲、公廼命鄭𤔲徒圅父…

とあり、益公が王命を、邢伯以下五名とともに鄭の𤔲徒以下に伝達している。師俗父は別の金文では伯俗父を称するので、尹氏を除く四名はいずれも伯仲叔季を称する内諸侯に属することになる。尹氏が官職名のみを専ら称することは、並列される他の四名が称すべき官職をもたなかったことを示す。つまり、この事例では、王と官僚機構の間に官制の外にある内諸侯の執政団が介在し、官僚機構をその外部から統御しているわけである。同様の状況は中・晩期の冊命金文にも認められる。晩期の師兌𣪘一銘に次の如くある。

　隹元年五月初吉甲寅、王才周、各康廟、即立、同仲右師兌入門、立中廷、王乎内史尹、冊令師兌、疋師龢父、𤔲左右走馬・五邑走馬、…

「仲」を称する内諸侯・同仲が受命者・師兌の右者となるように、冊命儀礼では一般に内諸侯が右者を務めるが、内諸侯が受命者となる事例は一つも無く、従って受命者は内諸侯より一等低い身分――内諸侯が春秋期諸侯国の卿に相当するならば、大夫身分に相当しよう――に属すると判断される。ここでは、師龢父を補佐して左右走馬・五邑走馬なる官を管理することが命ぜられている。師龢父は別の金文の伯龢父と同一人物と判断され、「伯」を称する内諸侯となる。正走馬－疋走馬－左右走馬－五邑走馬という官制的ヒエラルヒーを想定した上で、この命令が、正走馬たる師龢父を補佐すべく師兌を疋走馬に任じたものとする説[20]があるが、冊命金文における官職任命を示す表現「作＋官職」をもたず、官職任命説は支持できない。この事例は、左右走馬・五邑走馬なる官を師龢父－師兌が官制の外部か

ら管理することを命じたものと解するべきである。官僚機構の統治機構における従属的地位が、西周初期よりそうであったのか、或は王朝が一旦構築した官僚機構を内諸侯が分割したのかという問題が残るが、官僚機構の存在が、ただちに統治機構全体の官僚制的編成を意味しないことは、先秦期を通じて常に留意されねばならない。

これに関連して、今一つ指摘すべきは、冊命金文所見の官職の性格である。晩期の楊𣪘に「乍𤔲工、官𤔲量田甸、眔𤔲㝭眔𤔲芻眔𤔲寇眔𤔲工司」とあるように、冊命金文で官職就任を命ずる場合、極めて具体的な職務内容を併せて命ずることが一般である。この事実は、官職に予め対応する厳密な職掌が冊命の時点で存在しないことを示す。西周期官職の職掌が本来非常に大まかだったのか、或は本来の職掌が二次的に分割されたのか不明だが、官僚機構の統治機構に占める従属的地位の問題と相まって、やはり先秦期を通じた官僚制に関わる問題となろう(21)。

西周中・晩期の王朝統治機構は、その内実において内諸侯の連合体といったイメージさえ抱かしめるものだったわけだが、その一方で、西周王朝そのものは、全中国的な政治的秩序を維持する機能を保持しつづけた。

近年の動向として、金文或は青銅器そのものを検討対象とする研究が進行しつつある。即ち、王朝による金文製作(22)や、特定器群の製作主体たる「家」の推移を追究するもの(23)である。ここでは視点を換えて、銅資源の獲得・分配の問題につき些かの私見を述べたい。

上述の如く、西周金文の内容は、中・晩期以降、王畿を対象とするものにほぼ限定されるが、例外的に、淮水方面への進出が一貫して認められる。これらの金文に銅の鹵獲・賜与が頻見することは偶然ではなく、王朝の淮域進出は銅資源の獲得を目的とするものであったと思われる。少しく抽象化していえば、王朝は軍事行動による交通路・交通拠点の確保に基づき、遠隔地の財或はそれを獲得する機会を生産・再分配することで、全中国的政権としての実態を曲がりなりにも維持していたということである(24)。

銅の分配は、上級者から下級者への下賜の形態が一般である。下賜の主体は、西周初期には王や大保・周公子明保など王朝の最上級支配層であり、中期には内諸侯の賜与が顕著となり、晩期には内諸侯のその臣に対する下賜が出現するに至り、上述の冊命金文に認められる趨勢に正しく対応する。下賜の契機は、淮域遠征に典型的に認められるように、従軍や奉使に対する恩賞が多く、これらは上級者の命令を人身的に実行する点、上下関係を再確認する場であった。賜与された銅は、祖先神祭祀のための青銅器製作に用いられる。西周金文の大半が、王など上級者の賜与を契機に青銅器を製作した経緯を記録する点は春秋金文の大半が青銅器自作を記すことと好対照であり、西周期の時代的特質の一端を示す。銅が賜与される場合は賜与―青銅器製作の因果関係がとりわけ明白である。作器者はその祭器により、祖先神祭祀を共有する者を祭祀の場に結集し、その集団――「族」と換言しえよう――内部の人的結合関係を再確認する。殷周時代に「氏族制」を想定する立場からは、祭器に窺われる祖先神祭祀を共有する「族」の存在がその論拠の一つとなろうが、祭器の原料となる銅は、王以下の上級者からの供給を仰ぐことが一般であった。即ち、当時の「族」はその紐帯の物質的基盤をすでに集団外に依存せざるを得ない、その意味においてすでに自己完結しえない存在であったというよりない[25]。

銅が賜与される対象は、内諸侯よりは低い身分に属するが、内諸侯についても、王朝が「族」的結合を補完すると評価しうる事例が存在する。即ち、晩期の弭叔𣪘では、弭伯を補佐することが弭叔に冊命されている。内諸侯の弭伯とその分族たる弭叔の間に血縁に基づく協力ないしは主従関係が本来存在し、王朝がそれを官属関係として追認しただけという解釈も可能だが、それがわざわざ冊命なる手続きを採ることを軽視すべきではない。王朝が血縁集団を維持した例証と評価すべきであろう。外諸侯―内諸侯―分族なる結合関係の存在が、全中国的な政治的社会的統合の契機だったことは疑いえないが、そうした血縁関係に依存した結合が、自律的に維持されえたか否かには、再検討の余地がある。

三　春　秋

春秋中期の王朝・諸侯系譜に認められる父子相続の安定を支えた「体制」とは、中原については諸侯国内において特定家系が政権を独占世襲する世族支配体制、及びそれと表裏の関係をなす全中原的政治秩序たる覇者体制である。ここでは、世族支配体制・覇者体制の推移[26]を概観することで、春秋期の国制を考えてみよう。

西周晩期に入る頃から、王朝・諸侯国ではすでに君位継承の混乱が認められ、或は王朝・諸侯間や諸侯相互の矛盾も昂進しつつあった。以後先秦期を通じて想定される不安定要因として、支配層の人口増加に基づく邑田不足が挙げられる。西周王朝の「封建」が、ある場合には全く新規に都城を建設する開拓・植民的なものであったことは金文・文献により証される。西周初・中期の君位継承における父子相続の継続より窺われる政治社会秩序の安定は、開拓に基づく邑田獲得が継続的に可能であったことに基づく。西周晩期以降の混乱は、そうした邑田獲得が限界に達したことを示唆するものとなる。

西周王朝が崩壊し、ある場合には武力行使をも伴った王朝の規制力が減殺された結果、中原諸侯国のあるものは周辺諸国併合により疆域を拡大し、邑田不足に基づく国内的矛盾の解消を図った。拡大された疆域を支配するのに、国君は公子・近臣に邑田を賜与して支配の責を負わせた[27]。

西周王朝崩壊後、春秋初期まで、中原有力諸侯の周辺諸国併合、さらには有力諸国間の対立が激化した。恒常的戦乱は、軍事力の担い手たる国人の負担を増大させ、国君以下の支配層と国人との矛盾が昂進した。この矛盾は当面、国君の個人的資質に依存して抑制するよりない。父子相続は幼君の出現が不可避であるため、国君の個人的資質が要求される状況ではその安定的維持はかなわず、ここに公位継承紛争が頻発し、これに他国が介入して戦乱は一層激化する。こうした状況の中で、疆域拡大に伴い邑田を賜与された有力家系が淘汰され、生き残った家系が春秋中期以降、卿の身分を世襲して諸侯国の政権を独占し、世族に成長していくことになる。

国内の政治的秩序が危機的状況に陥った中原諸国は、紛争抑止を目的とする同盟に結集した。中原東半では、斉の「小伯」を経て、桓公（前六八五～前六四三）の同盟が成立する。洛陽に移動した王朝は、卿士たる鄭を介して斉僖公（前七三〇～前六九九）の「小伯」を追認し、中原東半の再統合を図った。「小伯」を前提に、王朝─卿士─覇者─諸侯なるヒエラルヒーの構築を志向したのである。ところが、周鄭紛争勃発（前七〇七）の結果、中原東半への王朝の影響力行使は不可能となり、以後、王朝は晋・秦など西方諸侯との提携に傾斜する。斉桓公も中原東半を確保しつつ西周王朝に倣って淮域に進出し、独自の勢力圏構築を図る。春秋初期の政治史では斉・王朝の相互不干渉が一つの基調をなす。

斉桓公死後、楚が斉・宋を除く中原東半諸国を制圧したが、宋の請援を受けた晋が城濮の戦（前六三二）で楚を敗り、王朝より「侯伯」（覇者）に任ぜられ、全中原的政治秩序たる晋の覇者体制が発足する。晋には西周晩期以来の勤王の伝統があり、平王を援助した文侯は蔡共侯（前七六一～前七六〇）を率いて淮域に遠征した。晋は初発的には王朝との提携に基づき淮域進出による財の獲得を図ったのであり、中原制圧はその副次的成果であったに過ぎない。すでに一世紀以上に亙り斉の覇権の下で一定程度の統合を経てきた中原東半諸国と晋とは異質の政治的伝統を有していたのであり、晋が城濮の戦の結果という寧ろ外在的な要因で獲得した中原の覇権は、当初より構造的な脆弱さを伴った。晋はその地理的位置から、淮域・中原のいずれに進出するにも、王朝直轄領を通過する。王朝との提携が不可欠なため、王朝－霸者たる晋－諸侯というヒエラルヒーは斉の場合と異なりより現実的に機能した。晋の淮域進出は、前六三〇年に早くも鄭が離反したことで挫折し、以後、晋は中原の霸権そのものの維持を志向するようになる。

同盟国諸侯は、会盟と晋への片務的な朝聘で同盟関係を更新し、晋に対する軍役・貢納を負担したが、これらは王朝への義務に準ずるものとして観念された。王朝－霸者－諸侯なるヒエラルヒーは、同盟国支配を正当化する点で晋の側に有利に作用する一方、晋・同盟国の王朝の下での諸侯としての対等性を保障し、晋の過度の収奪を抑制した。

中原諸国では晋霸成立の頃までに特定家系の世族化が進行していたが、晋霸への加入は晋との交渉当事者たる卿位を保持する世族の地位を、霸者たる晋が、外交関係の継続性に基づく安定を求めて積極的に保全する結果をもたらした。霸者は同盟国間の紛争を抑制し、この同盟内平和の強制により、中原諸国の疆域拡大は最終的に停止され、後発家系の成長を抑制した。このことは、世族と支配層の他の部分に当たる大夫・公子層との矛盾を深刻化させ、大夫・公子層が国君の下に結集した場合、矛盾は国君対世族のそれとして顕在化した。加えて、晋霸発足の際には必ずしも予測されなかった晋楚対立の激化は、世族以下の支配層と国人との矛盾を増大させた。これらの矛盾の結果、前六世紀前半の中原諸国では内紛が続発したが、いずれも世族側の勝利に終わり、世族支配体制が最終的に完成した。この時期は晋の軍事行動の最盛期で、とりわけ国人との矛盾が尖鋭化し、世族の側において支配体制の整備が急務とされたのである。中原諸国における世族支配体制完成の共時性は、かく晋霸の動向に即して説明でき、全中原的な政治的秩序としての晋霸の規定性が看取される。

統治機構の継続性が世族の卿位独占世襲により達成されるようになった結果、国君の個人的資質はもはや要求されず、公位継承紛争など諸侯国の内紛が霸者の制裁の対象となったこととも相まって、公位継承の基本的安定が達成されるに至った。公位継承の安定に伴う国君の地位の非人格化・機関化は、祭祀・軍事の象徴的統括者としての国君の公権性を再確認させた。晋は、王朝を頂点とするヒエラルヒーに国君－卿の君臣関係を組み込むことで、同盟国の政権の連続性、それに基づく同盟国との関係の安定を図った。このことは、国君の恣意による卿位与奪を阻み、世族の卿位独占に有利に作用したが、一方で、諸侯国の統治機構は、世族の存在による継続性のみならず、国君の地位に伴う公権性をも不可欠の要件とした。一方を欠いた状況では国人の支持が得られなかった。世族支配体制における国君－卿の君臣関係は、相互補完的に諸侯国の統治機構を構成し、対外的には覇者体制により、国内的には国人との関係によって他律的に規制され、当面の均衡を保持していたのである。

世族は卿の身分に基づき諸侯国の統治機構の最上級部分を構成した。各諸侯国には員数のほぼ一定した卿が存在した。複数の卿の存在は、世族支配体制の完成後には、体制安定の不可欠の要因となった。卿位世襲の結果、個々の世族については個人的資質の差異に基づく変動が免れ難いが、複数の卿の存在は、人格的要素に基づく変動を希釈する効果を持った。卿は原則的に先任順に序列され、重大な政策決定は卿全員の合意を要した。複数の卿の間には、一定の分業関係が存在し、これは、ある場合には水平的分業により編成された官制上の官職の保有として表現された。しかしながら、卿の権能で官職に由来する部分はより限定的であり、卿の権能は本質的にその卿としての身分に由来した。[28]特定の権能の世襲は、諸侯国の統治機構が、個々の世族に分割された権能－権益の複合体に変質しつつあったことを示唆する。

世族の称謂は、血縁集団としての実態を予測したものだが、国君の同姓分族では、国君に出自する「族」が最大の単位となり、「族」は公子に出自する「氏」に分かれる。異姓世族では氏が最大の単位となる。氏は複数の「室」に分かれる。氏全体の祭祀の主宰者が宗主だが、宗主の属する室が宗室、それ以外の室が側室である。族・氏は政治的権益を共有したが、実のところ集団としての完結性は必ずしも強固ではない。晋では当初、一つの氏に複数の卿が存在した――このことは他の氏との矛盾を激化させた――ため、誰が宗主だったのか、抑も宗主が存在したのかが不分明な事例や、同じ氏に属するものが卿位をめぐり抗争する事例、宗主が氏の意志を代表しない事例などがある。晋では、一氏一卿の傾向の定着後、卿位を世襲する家系が氏の宗主と目されるようになった。換言すれば、卿位なる氏にとって本来外在的な要素が、氏の内部秩序を規制しているのである。諸侯国の政治秩序の前に氏は自律性を欠いたのである。側室への影響力を当然視するような強固な宗主或は氏の集団性といったものを、「氏族制」の残存を証するものと評価することはできない。これらは卿位を世襲する家系が、その政治的地位を契機に氏内部への圧倒的な影響力を構築したことに由来し、要するに、世族形成なる政治過程および世族宗主の特定時点における政治力の強弱といった文脈において理解すべきものとなる。

覇者たる晋でも、統治機構は世族の権能－権益の複合体に分割されつつあった。それでも晋楚対立が続くうちは、晋の世族は三軍六卿制に基づき軍事行動を一元的に遂行しえたのであり、そうした軍事力は、同盟国に対し、既存の世族支配体制を維持せしめる方向に作用した。ところが、前六世紀後半、呉の台頭で楚の中原進出が困難となり、晋楚講和が成立すると(前五四六)、晋の統治機構はその凝集力を喪失し、一元的軍事行動をなしえなくなった。中原諸侯国では世族支配体制の下、大夫・公子層との矛盾が昂進しつつあったが、晋覇動揺の結果、前五四〇年代には内乱が続発し、晋覇の影響力がより希薄であった斉・衛では、世族支配体制が逸早く崩壊する。

晋覇は前五〇六年の会盟を最後に解体に向かうが、覇者体制と表裏の関係にあった世族支配体制の矛盾が一挙に噴出し、これに代わる新しい支配体制が摸索されるようになる。すでに前五四〇年代に世族支配体制が崩壊していた衛では、前五世紀の前半に、国君－卿という従来の身分制的君臣関係の外に形成された家臣団を基盤に、国君専権の構築が志向される。この試みはほどなく挫折するが、戦国初・中期に至り完成される国君専権を先取りしたものとして注目される。衛の場合は、国君自身が専権の核となったが、世族宗主が同様の専権構築の主体となる事例もある。世族宗主の権能がそれ自体としては本来強固でも自律的でもなかったことは上述の如くだが、晋覇の下で邑田獲得が停止され、不断に増加する世族一般成員の経済基盤確保が困難になった結果、卿位に伴う既得権益を有する宗主と一般成員との懸隔が拡大した。前六世紀後半以降、世族対大夫・公子層の内戦の際、世族の一般成員が反世族側に荷担する事例は、宗主対一般成員の矛盾の深刻化を反映するものだが、一方で、一般成員が宗主との間に特に主従関係を設定する事例に看取されるように、宗主の世族内部における専権形成が進行している。戦国期の三晋・田斉王権は春秋晩期以降強化されつつあった世族宗主権の延長上にある。

中原における世族支配体制・覇者体制の推移を概観したが、次に楚・秦の政治過程につき簡単に概観しておこう。[29]先ず留意しておきたいのは、楚・秦の系譜も父子相続と混乱の継起的出現を、中原諸国の系譜と一定の偏差はあるもののほぼ共時的に示しているということである。この事実は、政治過程のより本質的な等質性を示唆する。[30]

楚では、熊勝以前は父子相続が継続するが、西周晩期の熊楊～熊徇の五世八代では、兄弟相続が介在する。周王朝の規制力後退に伴う楚の勢力拡大の結果、獲得された権益の再分配をめぐり、支配層内部の矛盾が昂進した結果であろう。熊咢（前七九九～前七九一）以降、父子相続が継続するのは、楚の支配層が混乱を収束すべく結集の核としての国君の至高性を構築したことを示唆する。楚の本格的な疆域拡大は、中原同様、西周王朝崩壊後である。武王（前七四〇～前六九〇）の政権成員は、公子身分に限られ、世族未形成の状況を示している。公子元失脚（前六六四）を契機に、楚では若敖氏が令尹職を独占する。世族支配体制がかくも速やかに確立したのは、楚が地理的に南方に孤立し、中原諸国の如く他国の干渉を被ることが希薄で、そのため疆域拡大の開始期に成立した有力家系が淘汰を経ることなく生き残り得たためである。最も早い分族たる若敖氏が、後発の家系に対して有利な地歩を占め政権独占を達成したのである。中原世族と比べて特徴的なことは、闘氏と成氏、さらに二氏の分族たる複数の家系に分かれる若敖氏において、宗主権の創出が認められないことである。晋では一氏一卿が定着してのち、卿位を世襲する家系がそれを契機に氏内部に宗主権を構築していくのだが、対立する氏をもたない若敖氏の場合は宗主権創出の契機を抑も欠いていた。宗主権の欠如に加えて、若敖氏単独の政権独占は、世族支配体制の矛盾を若敖氏に集中させる結果をもたらし、若敖氏の世族支配体制は、前六〇五年という中原に比べて極めて早い時点で崩壊した。以後、楚の支配層は特定家系の世襲的政権独占を忌避し、旧世族・公子層など最上級支配層における政権交代が常態化した。霊王（前五四〇〜前五二九）の強権的な国君専権構築は、政権不安定克服の試みだったが、諸勢力の反撃で中絶する。以後も続く政権不安定は、ついには呉の郢攻略（前五〇六）なる楚滅亡の危機をもたらした。以後の再建過程では、相続規範の強化に基づく王の至高性が意図的に再構築され、国君専権が体制的に定着する。

秦は、西周王朝の「附庸」であったが、厲王出奔（前八四二）後の王朝支配体制の動揺で西戎が活発化すると、王朝は、秦仲（前八四四〜前八二二）・荘公（前八二一〜前七七八）を大夫に任じて西戎と交戦させた。秦の君主権は、大夫身分という外在的要素を契機に始めて確立した。西周王朝崩壊で自立した秦では、襄公以降五世代に亙り父子相続による公位継承が継続する。西戎との慢性的交戦なる軍事的緊張のもと、秦の支配層が結集の核たる国君の至高性を構築したものである。疆域を拡大した秦でも、中原と同様に庶長身分を独占する世族が形成された。ところが、渭水流域が平定され、疆域拡大が停止すると、早くも支配層内部の矛盾が昂進した。武公の三庶長誅滅（前六九五）は世族化しつつあった最有力家系が支配層の他の部分によって排除されたものである。世族形成に一旦挫折した秦では、国君の個人的資質に依存して政治秩序を維持するよりなく、武公〜穆公の二世代では兄弟相続が継続する。この状況は穆公（前六五九〜前六二一）に至り転機を迎える。即ち、秦でも中原と同様、国君分族の世族化が確定し、疆域拡大の停止と相まって後発分族の台頭を抑制し、世族支配体制が完成した。躁公（前四四二～前四二九）[31]まで実に十一世代に及ぶ父子相続に基づく公位継承の継続は、かかる体制の安定に裏付けられたものである。

しかしながら、世族支配体制が支配層内部の人口圧による矛盾に直面するのは避け難い趨勢であり、厲共公（前四七六～前四四三）に至り、秦が渭水流域の外への軍事行動を開始するのは、この矛盾が限界に達したことを示す。躁公死後、献公（前三八四～前三六二）即位に至る公位継承の混乱は、世族支配体制の行き詰まりを示すものだが、矛盾を昂進させた要因として、魏との軍事的緊張は看過できない。簡公（前四一五～前四〇六）擁立は、秦の伝統である父子相続を否定し、国君の指導力への依存を世族自身が選択したことを示し、世族支配体制の自発的解体をもたらした対外的危機の深刻化を物語る。簡公以降、三世代に亙り継続した父子相続が一旦中絶し、献公が即位するが、この簡公以降の時期において、国君専権の制度化が進行する。この点で簡公即位は優れて画期的であり、孝公期（前三六一～前三三八）の商君変法も、それ以前に培われた国君専権の延長に位置するものというべきであろう。

結語

以上、春秋期以前の王朝・諸侯国の国制につき概観した。従来「氏族制」の残存と看做されてきた「族」的結合が、単なる残存ではなく、各時代の歴史的条件に基づき再生産されたものであることが了解されたであろう。こうした人的結合を内包する国制の特性を「国家」起源論の文脈に位置付ける理論的検討が今後の課題である。

続く戦国期については、やはり秦漢史ないしは専制国家形成論の立場から専ら研究されてきたため、とりわけ春秋期以前との連続・断絶に関する認識が不十分であるように思われる。[32] 戦国史研究につき些かの課題提起を行うことで、結語としたい[33]。

戦国期の春秋期との連続面を確認すると、先ず第一には、世族支配体制解体後、これに代替する新体制への移行に、かなりの長期間を要したということが挙げられる。専権構築にしても、世族宗主が国君や他の世族宗主を排除して簒奪によりこれを達成した諸国の場合、春秋晩期から戦国初・中期に至る形成過程を要したのであり、その簒奪は、鄭（前三九五）・田斉（前三八六）・衛（前三四三）・宋（前三四〇）と、前四世紀半ばにまで及んでいる。さらに専権構築後は、公位継承紛争の頻発にも関わらず、秦武王（前三一〇～前三〇七）が子なくして卒したといった場合の兄弟相続を除けば、父子相続からの逸脱が、わずかに田斉桓公（前三七五～前三五八）・韓懿侯（前三七四～前三六九）に確認されるに過ぎないことから、王権それ自体の安定化が看取されるが、そのことがただちに新たな支配体制の完成を意味するわけではない。『孟子』が伝える前四世紀末の状況より看取されるのは、各種政策の甚だしい不整合や、その原因となる国君の恣意に委ねられた人材登用であり、当時の国制が制度的安定になおほど遠いものであったことを明示している。これらの矛盾を克服すべく、秦漢専制国家に結実するような統治機構の非人格化・官僚制化が本格化するのは、前三世紀に降るものとなる。

第二に指摘すべきは、戦国期に入っても、個々の諸侯国を超えた広域の政治的秩序が志向され、周王朝が一定の役割を果たしつづけたということである。魏文侯（前四四五～前三九六）・武侯（前三九五～前三七〇）は、晋の正卿として王朝－晋侯を奉じて覇者体制再建を一定程度達成した。魏恵王（前三六九～前三一九）はさらに、前三四九年の晋公室断絶を契機に自らの覇者認証を王朝に求めたが、これを嫌った列国が前三四三年、周王朝を使嗾して秦孝公を覇者に認証させた結果、恵王は称王を敢行して周王朝の克服を図った。この試みは程なく挫折し、秦の覇権は恵文王（前三三七～前三一一）にも継承されたが、前三三四年には、斉威王（前三五七～前三二〇）が魏恵王と王号を相互承認するなど、周王朝を奉ずる覇権の有効性が急速に失われ、前三二五年、恵文王は王号を称して周王朝との関係を公式に断絶した。魏恵王の称王は、当初、周王朝を超克する全中国的政治秩序の創出を図ったものだったが、列国称王で王号の価値は速やかに減退した。ここで、周王が「天子」であることが再確認され、天子を奉ずる覇者としての覇王が諸侯なる王たちを統率する政治秩序が志向された。前三二三年の斉威王の覇王構想は速やかに挫折したが、前三〇八年頃の中山王の製作器が王を自称しながら、「天子」への諸侯朝覲を記すように、少なくとも前四世紀末まで、周王朝の役割は維持されている。

春秋史の実証的理解を前提として春秋・戦国の断絶面もはじめて明らかになる。増淵龍夫氏は、春秋期における「氏族制」崩壊後の人的結合関係として、任俠的結合の形成を主張した。[34] 氏が指摘したように、任俠的結合が漢代官僚制をその内面から支えたことは事実であろうが、こうした人的結合関係は、実のところ春秋期を通じて見出されるのであり、戦国期に連なる画期性は認められない。寧ろ注目されるのは、『論語』にすでに主張される、人格性を排除し客観的規範に従う君臣関係である。[35] 春秋・戦国統治機構の決定的な相違は、「領域」の名に値する支配対象の質量両面における拡大であり、これに伴う行政スタッフの膨大化であろう。膨大化した統治機構の維持運営には人格性を排除した、正に「官僚制的」な編成がその枠組みとして不可欠である。渡辺信一郎氏は「元会」を皇帝・官僚間の君臣関係の更新と規定し、漢代官僚制の人格的側面を強調するが、[36] とりわけ数千単位の地方官と天子との間に理念的である以上の実質的な人格的関係を認めることは困難である。「元会」については寧ろ人格的関係を制度的に擬制した「礼」であることに留意すべきであろうし、「礼」のそうした機能は、「族」的結合の再生産にも通底するものである。

次いで確認すべきは、戦国・秦漢——とりわけ漢武帝以降——の相違点である。第一は、戦国以前の中国が政治的統一以前の時代であり、「国際」関係が各諸侯国の政治過程に対する重大な規定要因として作用したということである。春秋期の中原と楚・秦との政治過程の差異も、覇者体制の内外という「国際」関係の相違に由来するところが多い。上述の如く、楚の世族支配体制が中原に比べて極めて早い時期に確立・解体したのは、楚の南方での孤立に由来した。中原の覇者体制の下では、諸侯国の世族が王朝を頂点とするヒエラルヒーに組み込まれることでその地位を保全した。世族の国君に対する政治的独自性が「国際」的に保障されたことが、世族が専権構築の主体たり得た要因であった。これに対し、晋覇より排除され西方に孤立した秦の世族は、政治的独自性を構築する契機を抑も欠いていた。春秋晩期以降、専権を構築する主体が中原では世族、楚・秦では国君という差異を呈するのは、一面でかく「国際」的契機に裏付けられていた。戦国期における専権の成熟も、秦懐公・簡公・献公擁立が魏の支持に基づき、あるいは田斉の公位獲得が同じく魏の斡旋に係るように、「国際」的契機は看過しえない。

第二は、戦国期における世族ないし国君分族の政治的機能である。楚の昭景屈三氏のほか、三晋・田斉では、ある場合には世族化した国君分族の政権参加が顕著である。これら戦国世族は、春秋晩期以降の国君・世族宗主の専権構築に並行して析出された。漢の同姓諸侯王が呂氏の簒奪を防遏したことを想起すれば、戦国期国制における国君分族の役割は、呉楚七国の乱までの秦漢帝国にも継受されたことになる。秦漢帝国形成論において専ら検討されてきた官僚制との相関関係において戦国世族を評価する必要があろう。

先秦期の通時的理解ということを強調してきた。とりわけ、殷周史・秦漢史の交となる春秋・戦国の連続・断絶両面を明らかにすることは、逆に先秦期各時代の理解を着実なものとするであろう。私見によれば、少なくとも前四世紀末までの戦国初・中期は春秋期との連続性がなお濃厚である。この状況を踏まえた上で、前三世紀以降本格化する専制国家の形成を正に「国制史」の視点で解明することが今後の課題となろう。

注

(1) 井上浩一「ビザンツ帝国の国制と社会」(鈴木正幸他編『比較国制史研究序説―文明化と近代化―』、柏書房、一九九二)

(2) 日本古代史にも同様の状況が認められることは、都出比呂志「日本古代の国家形成論序説―前方後円墳体制の提唱―」(『日本史研究』三四三、一九九〇)参照。

(3) 戦後日本の中国史学における「国家」起源論・専制国家形成論については、飯尾秀幸「「アジア的専制」と戦後中国古代史研究」(『歴史評論』五四二、一九九五)・同「中国古代国家発生論のための前提―時代区分の第一の画期として―」(『古代文化』四八―二、一九九六)・「戦後の「記録」としての中国古代史研究―続・中国古代国家発生論のための前提―」(『中国―社会と文化―』一一、一九九六)参照。

(4) 童恩正(森本和男訳)「中国文明と国家の形成」(植木武編『国家の形成―人類学・考古学からのアプローチ―』、三一書房、一九九六)・岡村秀典「農耕社会と文明の形成」(『岩波講座世界歴史』三、一九九八)

(5) 植木注(4)上掲書。

(6) 最近、戦国史については、秦漢統一帝国からの遡及という従来の姿勢が批判されるようになっている。鶴間和幸「中華の形成と東方世界」(注(4)上掲『岩波講座世界歴史』三)参照。

(7) 斎藤道子「春秋楚国の王と世族―その系譜関係をめぐって―」(『日中文化研究』一〇、一九九六)は、一個の家系として楚世家に記述される楚系譜の後代性を主張する。確かに『史記』系譜の一定の後代性は、殷系譜の父子相続が実際にはかく「表現」されるものに過ぎないことにも明らかである。ただ、殷系譜にしても、父子相続・兄弟相続が弁別され、かつ父子相続が兄弟相続よりノーマルだという一定の相続規範が推定されていることに留意すべきである。実のところ筆者が重視するのは、相続規範の強弱である。このモデルで「父子相続」を「混乱」に対置するのは、父子相続(と表現されるもの)がより一般的な相続規範だったからである。西周期の魯は父子相続ではなく「一世一及」を採用したが、西周晩期に他国の父子相続が動揺するのと共時的に「一世一及」も終焉する。既存の相続規範の動揺という点では、魯の事例もこのモデルを逸脱しない。楚系譜にしても、西周部分においてすでに父子相続・兄弟相続が弁別されている以上、こうした表現上の差異を裏付ける何らかの実態を備えていたはずであり、系譜が表現上父子相続を基調とするという事実から、ただちに後代における機械的な一家系化を想定することはできない。

(8) 松丸道雄「殷周国家の構造」(『岩波講座世界歴史』四、岩波書店、一九七〇)

(9) 張光直「商王廟号新考」(一九六三。小南一郎・間瀬収芳訳『中国青銅時代』、平凡社、一九八九)

(10) 持井康孝「殷王室の構造に関する一試論」(『東京大学東洋文化研究所紀要』八二、一九八〇)

(11) 伊藤道治「殷周時代の政治機構」(『公開シンポジウム　中国古文字と殷周文化―甲骨文・金文をめぐって―』読売新聞社・東方書店、一九八七年一月十日)

(12) 松丸道雄「殷人の観念世界」(注(11)上掲書)

(13) 伊藤道治「殷以前の血縁組織と宗教」(『東方学報京都』三二、一九六二)。最近では注(4)上掲岡村論文・中村慎一「良渚文化の社会考古学」(『日中文化研究』七、一九九五)が注目される。なお、松丸道雄氏は「日本の学界で殷周時代を氏族制社会と見做す一般的見解」に基づき、伊藤論文を酷評している(『史学雑誌』七二―五、一九六三)。

(14) 伊藤道治『中国古代王朝の形成―出土資料を中心とする殷周史の研究―』(創文社、一九七五)一三二頁。

(15) 植木武「闘争・戦争モデル」(注(4)上掲書)

(16) 但し、足立啓二「中国専制国家の発展」(『歴史評論』五一五、一九九三)は、国家形成の本格化を春秋中期以降とした上で、「軍事緊張」の規定的作用を評価している。

(17) 松井嘉徳「西周期鄭(奠)の考察」(『史林』六九―四、一九八六)

(18) 伊藤道治注(14)上掲書二五八、二八〇―二八一頁及び拙稿「春秋五等爵考」(『東方学』八七、一九九四)

(19) そのほか豊田久氏が「周王朝の君主権の構造について―「天命の膺受」者を中心に―」(松丸道雄編『西周青銅器とその国家』、東京大学出版会、一九八〇)を始めとする一連の論著で「成周王朝」論を展開し、王朝支配の理念的構造を検討している。

(20) 木村秀海「西周官制の基本構造」(『史学雑誌』九四―一、一九八五)

（21）拙稿「西周冊命金文考」（『史林』七四―五、一九九一）

（22）松丸道雄「西周青銅器製作の背景―周金文研究・序章―」（注（19）上掲書所収）。松丸説に対しては、伊藤道治『中国古代国家の支配構造―西周封建制度と金文―』（中央公論社、一九八七）が詳細な批判を展開している。

（23）武者章「三式㾓鐘銘より見た西周中期社会の一動向」（『中国の歴史と民俗』、第一書房、一九九一）・竹内康浩「琱伐父段製作の背景」（『釧路論叢』二三、一九九一）・同「裘衛諸器銘文考釈」（『東京大学東洋文化研究所紀要』一二〇、一九九三）・同「西周中期以降における青銅器製作の背景」（同一二五、一九九四）など。

（24）拙稿「淮夷小考」（河内良弘編『清朝治下の民族問題と国際関係』、一九九一）

（25）拙稿「楚公彖鐘の周辺」（『泉屋博古館紀要』一三、一九九七）

（26）拙稿「周室東遷考」（『東洋学報』七一―三・四、一九九〇）・「春秋斉覇考」（『史林』七三―二、一九九〇）・「春秋晋覇考」（『史林』七六―三、一九九三）・「春秋世族考」（『東洋史研究』五三―四、一九九五）

（27）春秋期の邑田支配に関連して「県」の問題があり、松井嘉徳「「県」制遡及に関する議論及びその関連問題」（『泉屋博古館紀要』九、一九九四）が先行研究を手際よく整理している。「県」ならざる邑の理解が観念的なものにとどまっている現況では、「県」ばかり取り出して検討しても、結果的に解明された事象が「県」に固有なものなのか、邑支配一般に妥当するのか不明瞭ならざるを得ない。「県」をも含めた邑田支配の全体像をその多様性や変質をも読み込んだ上で検討していくことが今後の課題となろう。

（28）世族の権力基盤としての邑田の重要性はいうまでもないが、邑に割拠して「国」に拮抗するわけではない。卿の身分に基づき、「国」の統治機構を編成する必要上、世族の本拠は「国」にあった。世族が采邑に移動するのは、その世族としての政治的地位の喪失を意味するものに他ならない。降って戦国期のいわゆる封君についても、その多様性を先ず考慮すべきであろうが、秦の商君や穰侯失脚の事例を見れば、その権力の本質はやはり諸侯国統治機構の成員として国君の側近にあることにこそ存する。春秋期の諸侯―世族や、戦国期の王―封君の関係を西周期の王―外諸侯のアナロジーで理解することはできない。

（29）注（26）上掲拙稿および拙稿「楚史研究序説」（『立命館文学』五四一、一九九五）・「秦史研究序説」（『史林』七八－三、一九九五）

（30）先秦史研究の最近の動向として地域史があり、注（7）上掲斎藤論文も、中原に対する楚の独自性を強調する。方法としての地域史の有効性は否定しないが、全体像を抽象化した実質的な国別史への個別化を危惧する。秦が「統一」した「中華」諸地域に均一な統治が志向され、これら諸地域が以後も「中華」を離脱することなく推移したことを展望すれば、地域的独自性より内在的な次元で「統一」という選択を可能にし、それを支えることになった「中華」全域に普遍的な等質性を追究せざるを得ない。

（31）以下、戦国国君の在位年代など戦国紀年については、拙稿「史記戦国紀年考」（『立命館文学』五五六、一九九八）に拠る。

（32）例えば大櫛敦弘「統一前夜－戦国後期の「国際」秩序－」（『名古屋大学東洋史研究報告』一九、一九九五）が詳細に分析した戦国後期の「国際」秩序から、筆者が看取するのは、そうした政治秩序の春秋期霸者体制との相似性と、大櫛氏自身も指摘することだが、その一方における秦始皇・漢武帝以降の「統一」との断絶である。「国際」秩序→「統一」を連続的な発展として理解することは却って困難であろう。

（33）以下、戦国期に関わる私見については、拙稿「孟子小考－戦国中期の国家と社会－」（『立命館文学』五五一、一九九七）・『春秋戦国交代期の政治社会史的研究』（平成七年度～平成九年度科学研究費補助金基盤研究費（c）（2）研究成果報告書、一九九八）参照。

（34）増淵龍夫『中国古代の社会と国家－秦漢帝国成立過程の社会史的研究－』（弘文堂、一九六〇）

（35）拙稿「春秋国人考」（『史林』六九－五、一九八六）

（36）渡辺信一郎「中国古代専制国家論」（注（1）上掲書）・『天空の玉座－中国古代帝国の朝政と儀礼－』（柏書房、一九九六）

〔付記〕本稿は一九九六年八月に執筆したものである。本年三月になって加筆・訂正の機会を与えられたが、諸般の事情から最低限の補訂にとどめた。この間の斯界の発展を十分には反映しえなかったこと、お断りしておく。

（一九九八年四月）

周の国制——封建制と官制を中心として——

松井嘉徳

はじめに

周の国制を論じようとするとき、最初に参照すべき業績は王国維氏の「殷周制度論」であろう。[1]「中国の政治と文化の変革は、殷周の際より劇しきはなし」と主張した王氏にとって、いわゆる殷周革命とはまず第一に東西文化の交替であり、ついでそれにともなう諸制度の一連の変革であった。王氏は「周人の制度の大いに商に異なるもの」として、一「立子立嫡之制」、二「廟数之制」、三「同姓不婚之制」を挙げ、特に「立子立嫡之制」から「宗法」・「喪服之制」・「分封子弟之制」・「天子諸侯君臣之分」といった周に独自の諸制度が派生したと述べている。

周独自の制度の一つとされる「分封子弟之制」について、王氏は次のように述べる。殷では「兄弟相及」の王位継承法のため、同姓の「封建」はほとんど皆無であった。これに対し、嫡長子制の定まった周においては、王位継承者以外の嫡子・庶子はその貴賤賢否を見定めて、それぞれ国邑に分封された。周初、兄弟の国十五、姫姓の国四十が建てられたが、それらは大体邦畿の外においてであり、のちの周王の子弟もまた畿内の邑を食邑とした。それ故、殷の諸侯がみな異姓であったのに対して、周では同姓と異姓の諸侯があい半ばした。このことは政治・文物の施行と大いに関係があり、天子・諸侯の君臣の分もこれによって定まった、と。

殷代を通じて、王位継承が「兄弟相及」の原則に従っていたとするのは一定の修正を要するであろうが、それをおくとしても、周の「分封子弟之制」に関する王氏の主張には次の二つの認識が含まれている。まず第一に、同姓諸侯の存在こそ周の「封建」の本質的要素であること。周初の「封建」についての記述は、『左伝』昭公二八年の

昔、武王　商に克ち、天下を光有す、其の兄弟の国せる者十又五人、姫姓の国せる者四十人、皆な親を挙ぐるなり

の記事に基づくが、そこに「みな親を挙ぐるなり」とあったように、「封建」とは何よりも血縁関係を基礎とした支配原理であったという認識。第二に、周の支配領域は邦畿の外と畿内に大別されるものの、いずれの領域にも周王の同姓（子弟）が配されたこと。すなわち邦畿の外と畿内には同じ支配原理が働いていたという認識である。

以下には章を改め、王氏の二つの認識の検討をも含めて、周の「封建制」を中心的な課題として論をすすめていきたい。「封建制」を含む周の国制・権力構造はどのように語られ議論されてきたのか。そして今後、どのような問題設定のもとで研究されていくべきか。学説史をふまえつつ、筆者なりの見通しを述べ、あわせて「基本問題」の抽出に努めてみたい。

一　周の「封建制」の評価

周の「封建制」は教科書的常識に属している。今、手許にある高校世界史の教科書から引用すれば、

周は一族・功臣や各地の土着の首長に封土をあたえて世襲の諸侯とし、貢納と軍事の義務を負わせた。周王や諸

侯のもとには、卿・大夫・士とよばれる世襲の家臣がいて、それぞれ領地をあたえられ、そのもとに多くの民が属した。この政治組織を封建制度というが、それは中世ヨーロッパのフューダリズムや日本の封建制度とはちがい、氏族的性格の濃いものである（山川出版社『詳説　世界史』三訂版、一九九二年）

といった具合である。ほぼ常識的な理解を示しているものと判断されるが、要するに周の「封建制」とは、ヨーロッパや日本の封建制とは異なる、氏族的性格の濃い政治組織であると理解されているのである。

周知のように、学問的領域において用いられる封建制概念は、周の「封建制」を除くならば、大きく二つに大別することができる。第一は、ヨーロッパ中世において主従制（家士制）と恩貸地制が結合して成立したレーエン制を規準として形成された、いわゆる法制史的封建制概念。第二は、ドイツ歴史学派経済学や唯物史観に基づくマルクス経済学によって形成されてきた、いわゆる経済史的封建制概念。農奴制・荘園制といった社会経済的要素が封建制の実体と考えられ、あわせて経済的発展段階の一類型として、封建制は古代奴隷制と近代資本制の中間に位置づけられたのである[2]。

先の教科書の引用からも明らかなように、日本の中国史学界においては、周の「封建制」は法制史的封建制とも経済史的封建制とも異なる政治的制度と考えられるのが一般的であった。たとえば、仁井田陞氏の「中国社会の『封建』とフューダリズム」（一九五一年[3]）は、「中世＝封建制社会つまり農奴制社会は一つの発展段階的な社会構成、つまり歴史的範疇である」と述べたうえで、

中国古代のいわゆる「封建」を古代＝奴隷制の上の上層建築として、これをフューダルなものとしないと主張している。農奴制という土台（下部構造）の存否によって封建制の存在が議論され、奴隷制を土台とする周の「封建制」はその「歴史的範疇」に合致しないと判断されているのである。また氏は同時に次のようにも発言してい

る。

周代のいわゆる「封建」とヨーロッパのフューダリズムとは、政治制度の外形が似ているにも拘らず、質的には全く異るものであり、ことに中国のいわゆる「封建」にあっては、忠誠契約の地盤を欠くものである

つまり、周の「封建制」は「契約的・人為的であり、独立対等の主体者間を互いに条件づけ制約する御恩と奉公の忠誠契約的関係」を欠く「血縁的即ち自然的」関係にすぎず、いわゆる法制史的封建制概念にも合致しないというのである。経済史的封建制概念と法制史的封建制概念がやや乱暴なかたちで使用されているきらいがないわけではないが、周の「封建制」はそのいずれにも該当しないものとしてバッサリと切り捨てられている。[4] 周の「封建制」とは、なによりも「秦漢以後に成立した現実の郡県制国家と完全に対立し、これに先だつ制度として頗る観念的に構成された制度」(貝塚茂樹[5])であり、「中国の古典とその学問的伝統のなかで、『封建』という文字で表現され、観念されてきた、中国固有の或種の政治秩序」(増淵龍夫[6])として理解されるべきものであった。

それでは、観念的政治秩序とされた「封建制」の時代、すなわち周の国制はどのように議論されてきたのであろうか。一九七〇年に発表された松丸道雄氏の「殷周国家の構造」は、それ以前の殷周史研究の論点を要領よくまとめており有益である。[7] 以下、松丸氏の整理を出発点として、学説史的検討をおこなうこととしよう。

戦後日本の殷周史研究には、これも周知のことに属するが、都市国家論と邑制国家論という二つの大きな潮流が存在していた。宮崎市定・貝塚茂樹両氏に代表される都市国家論は、若干ニュアンスの相違はあるものの、氏族制度—都市国家—領土国家—大帝国という国家形態の普遍的発展段階のなかに中国殷周史を位置づけようとしたものであった。一方、宇都宮清吉氏に始まる氏族制的邑制国家論は、殷周期の邑はたがいに対立的・独立的な存在ではなく、王城・国・都・鄙が、相互に緊密な精神的・物質的従属関係をもつという松本光雄氏の所説に基づき[8]、秦漢ないしは春

秋戦国期の研究者によって「推測」的に提唱されたものであった。

以上のように学説史を整理したのち、松丸氏は「史料の示すところの名に従うため」、かつ「中国古代史の展開を、まず何よりも直接史料にもとづいてその特殊性を理解していくべきだと考える」ために、殷周期の国家を邑制国家と規定することとなる。氏の論考は、「推測」的に提唱されていた邑制国家論を「直接史料にもとづいて実証的に解明」しようとする試みであったと評価できよう。しかしながら、当時の国家形態を邑制国家と規定しようが、都市国家と規定しようが、さらには中江丑吉氏のように邑土国家と呼ぼうが[9]、侯外廬氏のように城市国家と呼ぼうが[10]、その基本的単位となる聚落が「邑」と表記されていたことは自明の事実に属していたはずである。「邑」という名称のみを根拠として、そこから直ちに邑制国家論を主張できるわけではないだろう。また中国古代の特殊性―具体的には秦漢期の個別人身的支配―が直ちにそれに先行する氏族制的邑制国家の存在を示唆するものでもない[11]。都市国家論（特に貝塚氏）が「邑」内部に市民（あるいは戦士）を見出そうとし、邑制国家論が「邑」の氏族制的側面を強調したように、「邑」の存在に焦点をあてて当時の国家形態を論ずること、それが都市国家か邑制国家かを議論することは、実は松丸氏も問題として指摘していた「個々の邑制国家内部の社会構造がいかなるものであったのか」という問いにかかっていたのである。

しかしながら、殷周期の「邑」内部の社会構造は実はさほど明らかにされてこなかった。一般的に当時の「邑」が血縁的・氏族制的側面をもっていたであろうことは推定できようが、たとえばその氏族制が何らかの再編を蒙ったものであったのか、あるいはより古い時代にまで遡りうるものであるのかは確定されていない。甲骨史料は「邑」内部の構造を探るには明らかな限界をもっている。一方、西周期の金文史料による研究からは、中期から後期にかけて王畿内の「邑」が分断され、その構成員が領主階層の直接的支配に組み込まれていったであろうことが推定されている[12]。

少なくとも西周期に関する限り、「耕地・農民をも含んで一つの聚落を構成する邑がすなわち里であり、またそれが一つの血縁的な族集団によって構成され、里君即ち族長であると一般化して考えることは、西周時代の社会を考える際に、大きな誤りを招くことになる」という伊藤道治氏の指摘が[13]、学界の到達点を示しているといえるだろう。要するに、殷周期の「邑」内部の社会構造にまで踏み込んで、その国家形態を定義することには一定の限界があるといわざるをえないのである。国家形態の普遍的発展段階のなかに殷周史を位置づけようとした都市国家論と、中国古代の特殊性のなかに殷周史を位置づけようとした邑制国家論は、それぞれ全く異なったイメージを提起するが、両者ともに「邑」内部の社会構造に関する限界点の向こう側に立脚して議論しようとする点について、選ぶところが無いといえるであろう。

そしてさらにいうならば、殷（あるいは殷末）から西周（さらには春秋期）にかけてを都市国家あるいは邑制国家の時代として理解することは、この間における社会構造の変化を認めない（あるいはさほど重視しない）ことを意味していよう。「中国の政治と文化の変革は、殷周の際より劇しきはなし」として王国維氏が列挙した諸制度の一連の変革は、社会構造の変化をともなわない、まさに「政治と文化」の領域に限定された変革であると考えざるをえないのである。本稿の主たる関心事である周の「封建制」を、いわゆる歴史的範疇から切り離し、「観念的に構成された制度」あるいは「中国固有の或種の政治秩序」と考えるのは、都市国家論あるいは邑制国家論の理論構成における当然の帰結なのであった。

二　周の「封建制」

西周前期の実際の「封建」を伝える宜侯矢簋は、その儀礼の次第を次のように記録している。

王、宜の宗社に位し、南嚮す。王　虎侯矢に命じて、曰く、ああ、宜に侯たれ（侯于宜）。…を賜う、と

新たな「封建」の地である宜の宗社において、周王は虎侯矢に対して「宜に侯たれ（侯于宜）」との命を発し、続いて「封建」にともなう一連の賜物が記録される。この儀礼を経て虎侯矢は宜の諸侯すなわち宜侯矢となったのであり、銘文末尾の

宜侯矢　王の休を揚し、虎公たる父丁の障彝を作る

は、新たに宜侯となった矢が、先代の虎侯であった父丁を祀る彝器を作成した旨を記している。

宜侯矢簋銘において、移封を命ずる際に用いられた「侯于□」という表現は、

大保罍（盉）　克に命じて燕に侯たらしむ（侯于匽）[14]

麦　尊　王　辟《きみ》たる邢侯に命じて、矿を出でて、邢に侯たらしむ（侯于邢）

伯　晨　鼎　王　甎侯伯晨に命じて曰く、なんじが祖考を嗣ぎ、甎に侯たれ（侯于甎）

の三銘にもみえている。麦尊銘は宜侯矢簋銘と同じく移封を命じたもの、伯晨鼎銘は襲封を命じたものであり、移封と襲封という相違はあるものの、そのいずれにも共通して「侯于□」の表現がみえている。後世に「封建」と称された行為は、当時「侯于□」という表現で命ぜられていたのである。[15]

新たな「封建」あるいは移封の場合、「封建」先における支配対象が示されなければならない。宜侯矢簋銘においては、移封の命令について以下のような一連の賜物が記録される。

秬鬯一卣・商瓚一・彤弓一・彤矢百・旅弓十・旅矢千を賜う

土を賜う、その川は三百□、その□は百又□、その□邑は卅又五、その□は百又卅

宜に在る王人□又七姓を賜う
鄭の七伯、その鬲□又五十夫を賜う
宜の庶人六百又□六夫を賜う

このうち、「土を賜う」以下の四項目は、詳細は必ずしも明らかではないものの、支配の対象となる土地ならびに人民を列挙しているものと考えられる。(16)『左伝』定公四年に衛の子魚の言として記録される魯・衛・唐(晋)の「封建」に関する記憶も、基本的には宜侯矢簋銘のそれに合致しているのである。(17)

一方、伯晨鼎銘にみえる襲封の場合には、支配対象たる土地・人民は記録されず、(18)かわりに

汝に秬鬯一卣・玄衮衣・幽亢・赤舄・駒車・畫□・幬較・虎幃冟衺裏幽・攸勒・旅五旅・彤弓彤矢・旅弓旅矢・□戈・紩冑を賜う、もって夙夜に事え、朕が命を廃するなかれ

とあるように、土地・人民とは別の一連の賜物が記録される。「もって夙夜に事え、朕が命を廃するなかれ(用夙夜事、勿廃朕命)」とは、冊命などの王命を締めくくる際の常套句として使用される「用事」あるいは「敬夙夜、勿廃朕命」の折衷的表現と考えられ、それに先行する賜与の記述と結び付いて、儀礼での賜物(一種の象徴財と考えるべきであろう)を用いて服事せよ、との意味を表わしている。(19)襲封を記録した伯晨鼎銘の場合、上記の賜物を用いて諸侯としての務めを果たすことが期待されていることになる。この伯晨鼎銘に記録された賜物のうち、香酒秬鬯や彤弓彤矢・旅弓旅矢といった兵器の類は先に引いた宜侯矢簋銘にもみえており、諸侯身分にかかわる賜物であったと考えられるが、それと同時に秬鬯を筆頭とし駒車・攸勒などの車馬具を含む賜物のセットは、「封建」とはさしあたり関係のない銘文にも見い出すことができるのである。

一例を挙げるならば、三年師兌簋は師兌への冊命を次のように記録している。

王　内史尹を呼び、師兌に冊命せしむ、余　すでに汝に命じ、師龢父を疋《たす》け、左右走馬を𤔲《つかさど》らしむ、今、余これなんじが命を申豪し、汝に命じて走馬を䟒𤔲せしむ、汝に秬鬯一卣・金車・賁較・朱虢圅蘄・虎冟熏裏・右厄・畫轉・畫輡・金甬・馬四匹・攸勒を賜う

この銘文は、「冊命」という表現をもつ最も厳密な意味での冊命金文であるが、走馬の「䟒𤔲」を命ぜられた師兌への賜物は、伯晨鼎銘のそれと出入はあるものの、秬鬯・車馬具という基本的なセットとしては一致しているのである。既に指摘されているように、[20]賜物と命ぜられた職事には一定の対応関係があったものと考えられる。この点については、今後のさらなる検討をまつ部分が多いが、ここで確認しておきたいのは、「侯于□」と表現される「封建」儀礼と「冊命」と表現される（ないしはそれに類する）職事任命儀礼との親近性である。特定の賜物の賜与を承けて職事を遂行するという点について、「封建」も職事任命も同じ意識を共有しているのである。それでは、そのような意識を支えていた構造とは何だったのであろうか。

小南一郎氏が指摘するように、冊命を含む職事任命儀礼には継承と反復という原理が貫いている。[21]例えば、師酉簋は師酉への冊命の次第を次のように記録している。

王　史牆を呼びて、師酉に冊命せしむ、なんじが祖の啻官せる邑人虎臣・西門夷…を𤔲れ

師酉がこの度の冊命によって命ぜられた職事は、その祖以来の職事とされる邑人虎臣以下の管轄であった。そしてさらに詢簋銘によれば、その職事は師酉の一世代後と考えられる詢へと引き継がれているのである。職事任命にかかわる金文には別に、「更乃祖考（なんじが祖考を更ぎ）」といった表現もみられるように、西周期の職事は世襲的継承性・反復性の強いものであったと考えてよい。小南氏のいうように、職事任命の儀礼とは「先祖と同様の職務にその子孫が就くことを、周王が公式に認めるために行われる儀礼であり、先王が、そのもとにいた先臣に与えた命を、そのま

まに繰り返す形で、今王は、先臣の子孫である現在の臣下に命をあたえた」ものなのであろう。そしてこのような世襲的継承性・反復性は、当然「封建」においても見い出せるはずである。襲封を記す伯䢅鼎銘に「嗣乃祖考（なんじが祖考を嗣ぎ）」とあるのは、まさにその世襲的継承性・反復性を示している。

西周の支配領域は、いわゆる「封建」諸侯の支配領域を指す外服と、周王の直接的支配領域を指す内服に大きく二分される。外服への「封建」は、基本的には周初の軍事的拡大期に集中して行われたものであり(22)、以後、各諸侯国の侯位は世襲的に継承されていくこととなる。一方、内服の地には、内諸侯というべき「封建」的領主も存在したが、そこでの周王による支配が構造化し確定してくるのは、西周中期以降の職事任命儀礼の確立をまたなければならない。貝塚茂樹氏は職事任命にかかわる金文を官職車服策命形式金文、それに先行する宝貝の賜与などが記された金文を宝貝賜与形式金文と名付けたが(23)、宝貝賜与形式金文が軍功などの特別の事件にかかわる賜与を記録するのに対して、官職車服策命形式金文は、右に述べたように、その継続性・反復性において際立った相違を示している。このことは内服における周王の支配が、「封建」と同じ世襲的継承性・反復性を基礎とすることによって初めて確立していったことを示している。言い方を変えれば、世襲的継承性・反復性の原理が外服・内服の地を貫いて周王朝の権力構造を支えていたのである。

以下には、このような原理を周の「封建」原理と呼ぶことにしよう。「封建」原理は常に過去に立ち返ってそれを反復しつつ、代替わりや新たな課題の出現などで変化する支配スタッフを継続的に結び付けていたのである。襲封や職事任命に際して賜物が与えられるのは、代替わりや新たな任務の遂行に対して、周王から与えられる一種の恩寵と考えることができる。伯䢅鼎銘は周王からの賜物の記録につづいて、

䢅　拝稽首して、敢えて王の休を対揚し、もって朕が文考順公の宮障鼎を作る、子々孫、それ万年、永く宝用せよ

と記すが、そこにみえる―そして職事任命の金文にも習見する―「王の休」の「休」とは、伊藤道治氏のいうように、冊命・賜与を含めた恩寵と理解すべきである。[24] 賜物を賜わった者はそれによって自らの任務を遂行し、そしてそれを記念して青銅器を作成するのである。

周の「封建」原理とは、周王からの恩寵とそれに対する任務遂行・記念の念によって支配スタッフを結び付ける、人的結合原理である。第一章でみてきたように、周の「封建制」とは、王国維氏の言葉を借りるならば、周の「政治と文化」に属する概念なのである。しかしながら、それは決して秦漢の郡県制と対立する観念的に構成された制度などではなく、外服・内服の地を貫いて支配スタッフを結び付けていた現実の人的結合原理であった。

農奴制といった下部構造を本質とみなすいわゆる経済史的封建制概念はおくとしても、法制史的封建制概念は本来、下部構造をその本質としない概念であったと考えてよいはずである。[25] 周の「封建」原理は確かに、仁井田氏のいう「独立対等の主体者間を互いに条件付け制約する御恩と奉公の忠誠契約的関係」を欠いていたかもしれない。しかしながら、それは決して単なる「血縁的即ち自然的」な関係などではなく、封建儀礼・職事任命儀礼を通して意図的に再生され確認される人為的関係なのである。人為的な儀礼によって供給される支配スタッフが、中世ヨーロッパのように忠誠契約的関係でもって結ばれていようが、周のように世襲的継続性・反復性でもって結ばれていようが、それは支配スタッフの人的供給のチャンネルの相違を意味しているにすぎないのではないだろうか。「政治制度の外形が似ている」ことこそより積極的に評価すべきである。一定の歴史的条件のもとで要請される支配スタッフの供給・結合の一類型として封建制をとらえるならば、周の「封建制」を歴史的範疇としての封建制概念から抹殺する必要はないものと考える。

三　周の官制

金文史料に多少とも触れたことがある者ならば、そこに数多くの官職名が見い出せることに気付くはずである。たとえば、免簠銘の

王　周に在り、免に命じて嗣土と作し（作嗣土）、鄭還の林と虞と牧とを嗣《つかさど》らしむ（嗣鄭還林眔虞眔牧）

にみえる嗣土・林・虞・牧がそれぞれ、『周礼』地官の司徒・林衡・山虞（沢虞）・牧人に相当する官職名とされるように、(26)西周期にはすでに後世の文献史料にみえる官職名が数多く存在していた。しかしながら、戦後の殷周史研究の二つの潮流をなしていた都市国家論も邑制国家論も、実際のところこの官制の存在にはあまり注意をはらってこなかった。というよりも、都市国家論が「邑」内部に市民（あるいは戦士）を見出すことを課題とし、一方の邑制国家論も「邑」の氏族制的側面を強調する傾向をもっていた以上、官制の存在はそのいずれの射程にも入ってこなかったといったほうが正確であろう。(27)

しかしながら、たとえば右に引いた免簠銘にみえる嗣土・林・虞・牧などの官制を無視して、西周期の国制を語ることは片手落ちといわざるをえないだろう。さらに、第二章で述べたように、冊命を含めた職事任命が周の「封建」原理に支えられていたとするならば、周の封建制と官制とが如何なる関係にあったのかということも当然問題になってくるはずである。われわれは、ここでしばらく封建制の問題を離れ、周の官制を検討しておく必要があるだろう。

あらためて、右に引いた免簠銘をみてみよう。この度の儀礼において、免は嗣土に叙任され（「作嗣土」）、鄭還の林・虞・牧の「嗣」を命ぜられたのである。この場合に注意すべきは、免簠銘が嗣土への叙任を記録したあと、改め

て鄭還の林以下の諸官の「𤔲」に言及することである。このことは、𤔲土への叙任のみでは王命は完結しえず、改めて「𤔲」という表現によって具体的な職事を指示する必要があったことを示している。一体、職事任命にかかわる金文において、免簠銘のように「作―」という表現でもって直接的に官職叙任に言及するものはむしろ稀な例に属している。(28) たとえば、免簠銘と同じく牧・虞の「𤔲」を命ずる南宮柳鼎銘では、

王　作冊尹を呼びて、柳に冊命せしむ、六師の牧・場・虞・□を𤔲れ（𤔲六師牧場虞□）

とあるように、南宮柳の官職叙任には言及せず、ただ「𤔲―」の表現でもって具体的な職事を指示するのみである。王命の中核をなしていたのは、官職への叙任ではなく、具体的な職事の指示であったことは明らかであろう。(29)

具体的な職事を指示する「𤔲」には、右二例の「𤔲―」という表現のほかに、「官𤔲―」「啻官𤔲―」「死𤔲―」「覣𤔲―」などといった表現上のヴァリエーションがある。これらの表現が各々どのような意味内容をもっていたのかは必ずしも明確ではないが、これら「□𤔲―」の表現によって指示される具体的な職事は、その内容によっていくつかのグループに分類することができる。(30) それぞれの例を挙げておくならば、

伊　簋　康宮の王臣妾・百工を　覣官𤔲せよ

截　簋　藉田を官𤔲せしむ

頌　鼎　成周の貯廿家を官𤔲し、新造の貯を監𤔲せしむ

といった事例では、周王に属する宮廟の臣妾や百工、藉田、成周に置かれた貯（屯倉の類）が「□𤔲―」の対象とされている。頌鼎銘に、右の引用部分に続いて「用宮御（宮御に用いよ）」とあり、宮廷での需要を充たすべきことが命ぜられるように、これらの事例では周王家の入用充足にかかわる職事を担当すべきことが命ぜられているのである。

一方、

害　簋　夷僕・小射・底魚を官嗣せよ

元年師兌簋　左右走馬・五邑走馬を嗣れ

といった事例では、射儀に関わる夷僕・小射、軍旅に関わる走馬が「□嗣－」の対象とされている。これらの事例では、周王家の儀礼・軍旅の管轄にかかわる職事を担当すべきことが命ぜられているのである。全体として、「□嗣－」という表現によって指示された職事は、周王家の入用充足を担う部分と、それによって支えられた儀礼・軍旅の管轄を担う部分に大別することが可能である。「□嗣－」の指示対象とされたのは、周王の需要とそれに対する組織化された実物充足という目的をもった大家計、すなわち周王のオイコスにかかわる職事であったと理解してよいであろう。

さて、冊命を含む職事任命が周王のオイコスにかかわる具体的職事を「□嗣－」の表現によって指示したものであるとするならば、「嗣」字を構成要素にもつ官職名の存在もその文脈のなかで理解することが可能となる。西周期官制を代表する嗣土（嗣徒）・嗣馬・嗣工のいわゆる参有嗣についていえば、嗣土とは「土を嗣る」、嗣馬とは「馬を嗣る」、嗣工とは「工を嗣る」といった職事が官職名化したものと考えられるからである。[31] 現時点において、嗣土は西周早期から、嗣馬・嗣工は西周中期からその存在を確認することができるが、これら参有嗣は西周早期から中期にかけての支配領域の拡大、さらには軍事的・政治的拠点の経営といった具体的職事を担当するものとして、王家の入用を充足するとともに、それによって支えられた儀礼・軍事行動などを担当していたものと考えられるのである。そしてさらに、具体的な職事を指示する「嗣」は、参有嗣以降にも新たな官職名を作り出す力をもっていた。西周後期に断代される揚簋銘の

王　内史史年を呼びて、揚に冊命せしむ、王若く曰く、揚よ、嗣工となり、量田の甸と嗣居と嗣芻と嗣寇と嗣工の司（事）を官嗣せよ

にみえる𤔲居・𤔲茨・𤔲寇はそれぞれ、周王のオイコスに属する量田の行屋・幄舎・治獄を担当するものとして、[32]甸や𤔲工とならぶ官職として銘文に登場しているのである。

職事任命において具体的な職事を指示する「𤔲」は、甲骨文にはみえず、西周金文にいたって初めて登場する文字である。周は新たに「𤔲」という概念を獲得することによって、当面する具体的な課題を指示するとともに、それを基礎とする新たな官職を生み出していったのである。[33]周の官制に作冊・卿事・史・宰など殷より引き継いだ官職が存在していたことも事実ではあるが、具体的な職事を指示する「𤔲」概念こそ、周的な権力構造・官制を基本的な部分で支えていたものと評価することができるであろう。

四　周の官制と封建制

冊命を含めた職事任命とは、「□𤔲—」の表現によって周王の組織化された大家計—オイコス—にかかわる具体的な職事を指示するものであった。本章の課題は、この具体的職事—さらにはそこから派生した「𤔲」職を中心とした周の官制—と第二章で述べた周の封建制の関係を検討することである。M・ウェーバーの「オイコスを基盤として—換言すれば分化した家権力を基盤として—生まれるところの支配構造の形式、すなわち家産制的支配」という指摘を参照するならば、[34]オイコスにかかわる具体的職事さらにそこから派生した官制は、家産制的支配にかかわる職事ならびに官制として理解することが可能である。本章の課題は、周における家産制と封建制が如何なる関係にあったのかという問題を検討することになろう。

最初に、周王のオイコスの存在形態を確認しておこう。第三章で引用したいくつかの銘文から列挙するならば、

免　簠　鄭還の林と虞と牧
伊　簋　康宮の王臣妾・百工
揚　簋　量田の甸と嗣居と嗣芻と嗣寇と嗣工

にみえる「鄭還」「康宮」「量田」などが、周王のオイコスを構成していた単位であったと考えられる。「還」「宮」「田」といった名称が示すように、周王のオイコスはさまざまな形態をとっており、鄭・宗周・量といった政治的・軍事的さらには経済的に重要な拠点に分散していたのである。そして、複数地に分散していた周王のオイコスに属し、その維持に直接かかわっていたのが、職事任命において「□嗣—」の対象とされた諸官であった。右に挙げた三銘では、林・虞・牧・臣妾・百工・甸・嗣居などの諸官がそれに相当する。林が『周礼』地官の林衡、虞が山虞（沢虞）にあたる官職名とされるように、これらの官は山林藪沢の管理などを通して、オイコスの維持に直接かかわり、周王の家産制的支配の底辺を構成していたのである。

これらオイコスの全体を総称する（あるいはその中核的部分を指す）のが、毛公鼎に「王曰…我邦・我家」とある、周王の「家」すなわち「王家」であろうと考えられる。周王の「邦」（すなわち「周邦」）が周王の直接的支配領域（内服）を指し示す概念であるならば[35]、「王家」とはその下位の概念区分として、周王に直接属する「家」を指していたことになろう[36]。そして周王の邦—家と同様の概念区分が、たとえば叔向父禹簋銘の「叔向父禹曰…我邦・我家」のように、周王の臣たる内諸侯においても確認できることは、周王と内諸侯（さらには外諸侯）がその構造において同質性をもった存在であったことを示唆している。内諸侯虢仲による職事任命を記録した公臣簋銘に

虢仲　公臣に命ず、朕が百工を嗣れ

とあるように、内諸侯のオイコスにおいても、周王と同様にそこに属する百工の存在を確認することができるのであ

る。周王そして内諸侯（外諸侯）は、自らの家産制的支配下にあった「家」を拠点として、それを包み込むかたちで存在した直接的支配領域（邦）を支配していたのである。(37)

王朝の執政クラスの地位にあった井一族の Localized Lineage として、鄭の地に分族していた鄭井叔康の作器にかかる康鼎は、(38)周王による康への職事任命を次のように記録している。

王　命ず、王家を死嗣せよ（死嗣王家）

内諸侯の鄭井叔康に「死嗣王家」との命令がくだされたように、冊命を含む職事任命とは、周王と同質性をもった―すなわち周王の家産の外にある―受命者たちに、「□嗣―」の表現でもって周王のオイコスにかかわる具体的な職事を命ずるものであったと考えてよいであろう。周王と受命者たちとを結びつける原理は、周王の家産制的支配のなかから調達されるのではなく、その枠組みの外側に家産制的支配原理とは別の形で用意されなければならないのである。そして、その役割を担っていたものこそが、第二章で述べた周の「封建」原理であったと考えられる。世襲的継承性・反復性に基礎をおき、周王からの恩寵とそれに対する任務遂行・記念の念によって支配スタッフを結びつける「封建」原理は、周王の家産制的支配の枠組みの外側にあって、周王の家産制的支配を担当するスタッフを継続的に供給する役割を担っていたのである。

以上のように考えてきた場合、周の官制と封建制との関係はどのように理解されるべきであろうか。先ず第一に指摘すべきは、周の官制は当時の権力構造全体を覆っていたのではなく、その一部を構成していたにすぎないということである。従来の官制復元研究は、ともすればそこにヒエラルヒッシュな構造を想定し、権力構造全体を貫いて周王へと連なる官制を復元しようとする傾向にあった。しかしながら、いままで見てきたように、周の職事任命とは周王のオイコスにかかわる具体的職事を、「封建」原理を介して受命者に命ずるものであった。したがって、受命者の権力構造における地位が官制によって示される、すなわち職事任命によってヒエラルヒッシュな官制が構築されると考えなければならない必然性はないはずである。吉本道雅氏が指摘したように、職事任命で命ぜられる職事の大半は、「官僚機構を外的に統御するもの」なのであり、[39] 受命者の地位は周王と彼らを結びつける「封建」原理によって示されていたと考えることも可能なのである。

しかしながら、たとえ少数であったとしても、職事任命において官職への叙任に言及する金文が存在することも事実である。たとえば、先に引いた免簠銘は

王　周に在り、免に命じて𤔲土と作し、鄭還の林と虞と牧とを𤔲らしむ

とあるように、作器者免が𤔲土の職に叙任されたことを記録している。またそのほかに、𤔲馬・𤔲工・𤔲士・宰といった官職が、職事任命儀礼の場において「作―」の表現によって叙任の対象とされている。さらに受命者を儀礼の場に導く「右者」のなかにも、たとえば𤔲土毛叔・𤔲馬井伯・𤔲工液伯や宰弘などといった官職を帯びた人物を見い出すことができる。𤔲土・𤔲馬・𤔲工といったいわゆる「𤔲」職は、周王のオイコスにかかわる具体的職事を指示する「𤔲」概念を基礎として派生したものであり、宰もまた周王のオイコスの管理維持にかかわっていた官職であったように、[40] これらの官職は基本的に周王の家産制的支配にかかわるものである。[41] 本来は、周王と同質性をもち、「封建」原理によって周王に結び付いていた階層に、周王の家産制的官職が拡大適用されていることになろう。このことは、西周中期以降の職事任命儀礼の確立と並行するかたちで、当時の権力構造が家産制的原理によって再編成される方向にあったことを示しているように思われる。この現象こそ、ヒエラルヒッシュな官制の復元研究に一定の展望と基礎を与えることになるのだろう。しかしながら、この家産制的原理による権力の再編成も、結局のところは権力構造全体を貫徹することはなく、西周晩期から春秋期にかけての時期に終息へとむかっていったと考えられる。春秋期にな

ると、宰職の存在は確認できるものの、「嗣」職の存在は全く確認することができない。春秋期における周の権力構造は、もはや官制を利用することはなく、その出自氏族によってそれぞれの地位を示す方向へと傾いていくのである。(42)

おわりに

前二二一年の天下統一をうけて、始皇帝は統一国家の支配体制のあり方を臣下に諮問した。丞相王綰らが燕・斉・荊などの地に王を建てるべき事を提言したのに対して、廷尉の李斯は次のように封建制の非を説き、郡県制を採用すべきことを主張した。

周の文・武封ずるところの子弟・同姓甚だ衆し、然れども後属疎遠にして、相攻撃すること仇讐の如し、諸侯更に相誅伐し、周の天子、禁止すること能わず

血縁原理に基づいた封建も、世代の経過とともに次第に疎遠となり、ついには同姓相攻撃するに至ったという彼の主張は、子弟・同姓の封建を周の封建制の重要な要素とみる点を含めて、後世の一般的な封建制理解に連なるものがある。

たしかに、春秋戦国期の周王朝に諸侯国を完全にコントロールする力量はなかった。さらに西周君・東周君の存在にみられるように、周王室自身も分裂し解体の方向へと向かっていた。皇帝の直接的支配を基本とする郡県制からみれば、封建制とは「後属疎遠にして、相攻撃すること仇讐の如」き制度と映ったとしてもいたしかたないのかもしれない。しかしながら、この李斯の評価は、建国後約八百年を経過した周王朝の末期的様相を見た者の評価であったことを忘れてはならないだろう。本論でも述べたように、かつての周の封建制とは、世襲的継承性・反復性を基礎とし、

周王からの恩寵とそれに対する任務遂行・記念の念によって支配スタッフを結びつけていた制度なのであった。そこには支配スタッフを継続的に供給するための機能が盛り込まれており、かつそれによって周王のオイコスにかかわる家産制的支配も維持されていたのである。李斯の評価には、周を支えてきた「封建」原理に対する理解が完全に欠落している。

李斯による周の封建制の評価は、フランス革命当時における封建制の評価に似ているように思われる。革命当時、かつての中世社会の権力構造を支えてきた人的結合原理としての封建制はすでに変質しており、そこに存在し、かつ否定の対象とされたのは貴族の土地所有としての「封建制」でしかなかった。それと同じように、李斯の目の前にあったのは、世襲的継承性・反復性を基礎とし、周王からの恩寵とそれに対する任務遂行・記念の念によって支配スタッフを結びつけていた封建制ではなく、「後属疎遠にして、相攻撃すること仇讐の如」きことのみが強調される「封建制」でしかなかったのである。

われわれは、この李斯の評価から自由にならなければならないだろう。約八百年におよぶ周王朝の存在とは何だったのか、またそれはどのようにして維持されてきたのであろうか。封建制と官制を結びつける、決して熟しているとはいえない本稿の試みも、周の政治体制を中国史のなかに改めて定位するための第一歩にすぎない。

注

（1）一九一七年。『観堂集林』（一九二一年）所収。

（2）上原専禄「封建制度研究に於ける一傾向」（『一橋論叢』一―三、一九三八年。上原専禄著作集二『ドイツ中世史研究　新版』一九八八年に再録）。

（3）『東洋文化』五（『中国法制史研究　奴隷農奴法・家族村落法』一九六二年に再録）。
（4）近年の著述をあげておくならば、たとえば『アジアの歴史』（藤家禮之助編、南雲堂、一九九二年）第Ⅰ篇「中国」一章「先秦」には「これは中国の文献で『封建』と呼ばれるが、周王室と諸侯とが血縁を絆として結ばれている政治体制という点で、ヨーロッパ中世の封建制とも、唯物史観で言うところの、農奴制を主たる生産関係とする社会発展の段階である封建制とも異なっている」とあり、仁井田氏とほぼ同様の認識を認めることができる。
（5）貝塚茂樹『中国古代史学の発展』（一九四六年、『貝塚茂樹著作集』四、一九七七年、一五頁）。
（6）増淵龍夫「先秦時代の封建と郡県」（一橋大学研究年報『経済学研究Ⅱ』一九五八年。『新版　中国古代の社会と国家』一九九六年、三七七頁）。
（7）『岩波講座　世界歴史』四（一九七〇年）所収。
（8）松本光雄「中国古代の邑と民・人との関係」（『山梨大学学芸学部研究報告』三、一九五二年）ならびに「中国古代社会における分邑と宗と賦について」（『山梨大学学芸学部研究報告』四、一九五三年）。
（9）中江丑吉「中国古代政治思想史」（『中国古代政治思想』一九五〇年）。
（10）侯外廬『中国古代社会史論』（一九五五年）（邦訳として、太田幸男・岡田功・飯尾秀幸訳『中国古代社会史論』、一九九七年がある）。
（11）いわゆる西嶋旧説と新説は、「世界史の基本法則」追求の時代と「特殊性」追求の時代に対応するが、前者の家父長制的家内奴隷が析出される母体も、後者の自営小農民が析出される母体も、いずれも氏族制的邑共同体と規定されている。
（12）伊藤道治「邑の構造とその支配」（『中国古代王朝の形成』一九七五年）、拙稿「西周土地移譲金文の一考察」（『東洋史研究』四三－一、一九八四年）。
（13）伊藤道治「土地と農民の支配」（『中国古代国家の支配構造』一九八七年、一七〇頁）。
（14）「北京琉璃河出土長銘銅器座談紀要」（『考古』八九－一〇）・「新出太保銅器及其相問題」（『考古』九〇－一）などを参照。
（15）魯国の「封建」を回顧した『詩経』魯頌閟宮には「王曰、叔父、建爾元子、俾侯于魯、大啓爾宇、為周室輔、乃命魯公、俾侯于東、錫之山川、土田附庸」とあり、「侯于□」の表現が保存されている。

(16) 解釈はわかれるが、大保罍（盉）にも人民ならびに土地にかかわる記録がある。

(17) 伊藤道治「西周封建制度の形態」（『中国古代国家の支配構造』一九八七年）。

(18) あくまで記録されていないことをいっているのであり、地図ないしは記録によって、支配対象の土地・人民が「封建」儀礼の場で再確認される可能性を排除しているのではない。

(19) 拙稿「西周官制研究序説」（島根大学法文学部社会システム学科紀要『社会システム論集』一、一九九六年）。

(20) 吉本道雅「西周冊命金文考」（『史林』七四—五、一九九一年）、小南一郎「天命と徳」（『東方学報』京都　六四、一九九二年）。

(21) 小南一郎「天命と徳」（前掲）。

(22) 伊藤道治「西周『封建制度』考」（『中国古代王朝の形成』一九七五年）。

(23) 貝塚茂樹『中国古代史学の発展』（前掲）。

(24) 伊藤道治「西周金文とは何か」（『中国古代国家の支配構造』、前掲）。

(25) 堀米庸三「中世国家の構造」（一九四九年、『ヨーロッパ中世世界の構造』一九七六年に再録）に「さし当たり、封建制の概念はその下部機構を含むべきであるが、これを以てその本質とする必要はないと考える。…要は封建領主がその封建的義務ないしは封建的な社会的職分を遂行するに要する経済的基底でありさえすれば良いのである」（四八頁）とある。また上横手雅敬「封建制概念の形成」（『牧健二博士米寿記念　日本法制史論集』、一九八〇年）参照。

(26) 張亜初・劉雨撰『西周金文官制研究』（一九八六年）。

(27) そのなかにあって、増淵龍夫氏はやや例外的な存在である。氏は戦国期以降の官僚制研究の「前提的仮説」としてではあるが、邑制国家論の立場から西周期の官制にも言及する。氏は本章冒頭に挙げた免簠銘などを引用し、そこにみえる林・虞・牧などを宗周の畿内の山林藪沢を管理するためにおかれた役職と考えている。周知のように、山林藪沢は君主権が専制権力へと飛躍するための経済的基盤を提供するものとして位置付けられており、西周金文にみえる役職は、春秋期以降に本格化する君主による山林藪沢の家父長制的領有化の「端緒的形態」と見なされたのである。西周期（少なくとも周王室）において、邑制国家の崩壊が始まっていたことになろう。しかしながら、氏族制の崩壊をメルクマールとし、そこに春秋戦国期の新たな展開を見い出そうとする氏の理論構成においては、西周期における邑制国家の崩壊は「端緒的」という表現でしか評価できず、それ以上の追及は放棄せざるをえないのである（「先秦時代の山林藪沢と秦の公田」、『中国古代の社会と文化』一九五七年所収。『新版　中国古代の社会と国家』一九九六年、三三九〜三四四頁）。なお、増淵氏の理論構成については、拙稿「『県』制遡及に関する議論及びその関連問題」（『泉屋博古館紀要』九、一九九三年）参照。

(28) 吉本道雅「西周冊命金文考」（前掲）。

(29) 武者章「西周冊命金文分類の試み」（『東洋文化』五九、一九七九年。のち『西周青銅器とその国家』一九八〇年に再録）は、冊命金文における「𤔲」字の使用頻度の高さを指摘する。

(30) 拙稿「西周官制研究序説」（前掲）。

(31) 庚季鼎銘に「用て俗父を左右《たす》け、□を𤔲れ」とある。この□を寇と読むことができれば、揚簋銘にみえる𤔲寇とは「寇を𤔲る」という職事の官職名化したものである。

(32) 陳夢家「西周銅器断代」六（『考古学報』一九五六―四）九八揚簋参照。

(33) 𤔲馬・𤔲工の「馬」「工」は、それぞれ馬政（軍政）・工作（作業）を指し示す職事概念であったと考えられる。「馬」「工」概念は殷代から周代へと引き継がれたものであるが、その担当者（あるいは担当集団）を示す場合、殷では「多馬」「多工」といった「多□」という語彙が用いられる。陳夢家『卜辞綜述』（一九五六年）第十五章「百官」参照。

(34) 世良晃志訳『支配の社会学』第四節「家父長制的支配と家産制的支配」一五一頁。

(35) 豊田久「周王朝の君主権の構造について」（『東洋文化』五九、一九七九年。のちに『西周青銅器とその国家』一九八〇年に再録）。

(36) 望簋銘に「畢王家（畢の王家）」とあるように、「王家」は複数地に分散して存在していた。

(37) 周王支配領域には、周邦―王家のさらに上位概念として、外諸侯の所領を含む「四方」という概念が存在している。文王・

武王による受命・克殷、そしてその継承者としての地位が、周王を他の内・外諸侯と区別していたと考えられる。

（38）拙稿「西周期鄭（奠）の考察」（『史林』六九―四、一九八六年）。
（39）吉本道雅「西周冊命金文考」（前掲）。
（40）拙稿「宰の研究」（『東洋史研究』五四―二、一九九五年）。
（41）右者には、他に公族・士・仲大師などの称号を帯びる者がいるが、これらの称号は身分呼称にかかわるものと考えられる。
（42）拙稿「宰の研究」（前掲）。

殷周時代法制史研究の問題点

竹内康浩

一・本章で扱われる対象について

本章は、その課題を「殷周時代法制史研究の問題点」というテーマで設定した。以下、このテーマに即して述べていくこととなるけれども、まず最初に触れておかねばならないことが二つある。その一は、日本において「殷周時代法制史」なる分野に関する業績は数の上でもとりわけ少なく、その意味で、現在における研究の到達点・成果を示すという形で述べることは難しい、ということである。従って、以下も、諸家の説をいろいろ並べた上で何が議論の中心にあるか、といった叙述にはならず、むしろ今後の研究上の留意点や解明すべき点について述べることが多い。そのことをまずはじめにお詫びしておきたい。その二は、ここに言う「殷周時代法制史研究」なるものが、どのような内容を指して言っているのか、ということである。即ち、「殷周時代法制史研究」として取り上げられる対象は、次に示すような二通りがあり得る。その一は、広く殷周時代に関わる事柄万般の中で法制分野に関係する事項の研究を含んで言うものであり、もう一つは、古代から現代に至る中国法制通史の中の一部分としての殷周時代部分、である。本章の扱う「殷周時代法制史研究」なるものは、そのいずれを（あるいはその両者を含んで）言うものなのであろうか、という点について、まず確認しようと思うのである。ある時代の法制史をこのように分けて考える作業は他の時代については通常はなされておらず、妙なことを言い出すものとあるいは不審の念を持つ向きもあろう。しかし、こと殷周時代についてはやはりこのような区別をするべきだと私は考える。両者は重複する部分もあるとはいえ、その違いは研究それ自身に直接具体的に表れてくる。まず、前者は、当面考察しようとする問題やそこで取り扱われる資料（内容）が、何らかの理由・根拠で殷周時代に関係するとみなされればそれでその条件を満たす、といったものを指す。因って、後世の編纂物である文献資料、例えば『尚書』呂刑や『周礼』を扱った論考もこの内に入ることとなる。それらの資料が西周時代に書かれてそのまま伝わって来たものではないことは周知のことである。しかしながら、それらが全くの虚構ばかりで成り立つものでもなく、検討を経て留保をつけ慎重に利用される限りにおいて、歴史研究に有効であることもまた周知のことである。後世の夾雑物が入ることを承知の上での殷周法制史がそこに存在することとなる。一方、後者は、中国法制史、それも古代（原始）から現代に至る長期にわたる時代を対象とした通史を描こうとするものの中の殷周時代部分を指し、長い中国の歴史の中でさまざまな法制度・法意識がどのように生み出され変化して来たか、その展開、筋を追うことが主眼となる。この場合には後世の夾雑物が入ることを絶対に避けなければならない。そうでなければ、通史的に法制度・法意識の生成・展開を正しく追うことは不可能であるからである。そこで、この場合には、殷については甲骨文、西周については金文といった同時代資料たる出土文字資料が用いられねばならない、ということになる。出土資料が含む内容については限界があるので、この場合には不明とせざるを得ない部分が実は相当に多くなる。そうした不充分さを甘受しながら、中国法制通史の中の殷周時代部分は存在し得ることとなるのである。

漢代以降であれば、編纂物の文献資料でもほぼ同時代に書かれた資料と言い得るものが多いので、殷周時代について示したようなこうした区別は殆ど意味がない。しかし、殷周時代については極めて重大な違いを生み出すこととなる。例えば、西周時代について、前者の方法をとり、もし『周礼』を利用して考察したならば、西周時代には刑罰の体系も執行官の機構もよく整っていた、という結論に到達してしまうであろう。加えて、『周礼』の編者が周公であるとする説に依拠すれば、法思想史上における周公の地位が極めて高く評価されることとなろう。しかし、それはやはり今求められる西周史研究とは違うものであろう。『周礼』に含まれる史実とそうでないものとの弁別そのものが確固たる基準によっていまだに確立し得ていない以上、西周時代の実態を考えようとするならば、『周礼』を資料からひとまず除外して考えるのが方法的には適切である。(1)

本稿は中国通史の一部という意味を持つものであるから、法制度・法意識の生成・展開をわかる範囲において確実に追うことを目的とする。それ故、『周礼』を材料としたものは『周礼』研究ではあっても西周史研究ではない、という理由で、それらは一切取り上げない方針を採る。ほか、戦国時代あるいはそれ以降の文献資料を中心とした殷周法制史研究も、若干の例外を除き、同様に取り上げない方針を採る。あくまでも、出土した同時代資料による研究を対象とし、言及していくこととする。

なお、付言しておくと、中国法制史はどこまで古く時代を溯って対象とするか、という問題がある。近年中国において公刊される中国法制通史は、夏の実在を当たり前の前提としてそこから始めているものが普通である。そこで引用されるのは主に戦国以降の編纂に係る文献資料であり、「夏に乱政あり、而して禹刑あり。」(『春秋左氏伝』昭公六年)といった文が夏代に刑法があった証明にされたりするのである。しかし、中国における法制度の生成・展開をこうしたところから始めて不安を感じないであろうか。こうした方法を用いて得られた結論からは、中国において法制度・法意識がどのように生み出され、そしてどのように展開したかについて、何一つ確実なことがわかったとは言い得ないであろう。まして、通史として漢代以降と連続させてみた場合、あるいは比較した場合、なんら筋道が立つものではないことは、充分に予想されるところである。

二・従来の殷周時代法制史研究の主な傾向

近年、法制史の概説に類する本が、特に中国において何種類も公刊されている(2)。単純に考えると、それは当該分野に関する研究が進展しつつあることを示すものであるはずである。しかし、実際それらの本を手にとって内容を確かめてゆくと、必ずしもそのような楽観的な見方は正しくない、ということをむしろ感じないわけにはゆかない。

理由の一つは、前の節で述べたように、後世の編纂物を多用して構成された「殷周時代法制史」が極めて多い、ということである。例えば、「周有乱政、而作九刑。」(『左伝』昭公六年)「周文王之法」(『左伝』昭公七年)といった記事、あるいは「成康之際、天下安寧、刑措四十年不用。」(『史記』周本紀)などが並べられ、西周時代に法律や刑罰制度があったことは、全く疑いのないこととして叙述される。さらにこれに加えて、西周時代に関しては『周礼』を引かないものはない、と言ってもよいほどの状況にある。こうして、それらはまことに整然と、秩序だてて西周時代の法制度について論じてゆく。しかし、いかにもそれがまとまっていればいるほど、西周時代の実態とは掛け離れているのではないかとの不安感が募ってゆくのである。

理由のもう一つは、それらの本に於ける問題の設定・叙述の仕方にある。例えば、専ら西周時代を対象とした法制史の概説としては唯一のものであろう、胡留元・馮卓慧両氏の『西周法制史』(陝西人民出版社、一九八八年)の目次を次に掲げてみる。

第五節　監獄
第十章　比較奴隷制法
第一節　比較奴隷制立法、第二節　比較奴隷制刑法、
第三節　比較奴隷制民法、第四節　比較奴隷制婚姻法、
第五節　比較奴隷制法院組織、第六節　比較奴隷制訴訟法

一見して明らかなように、「刑事」「民事」「所有権」といったいかにも近代法に対して習用の語が頻出している。現代の我々が用いるこうした概念が、西周時代においてはどのようであったかということがまずは問題として設定されるべきではないであろうか。まず、その点が疑問であろう。そして、右のような内容構成を充足させようとすれば当然『周礼』を大量に引用せざるを得ず、結果、二重の意味で西周時代の実態及びその理解から離れる傾向を持つと言わねばならない。しかし、殷周時代法制史に関する概説のほとんどが、実はこうした叙述方法を採っている。

また、中国側の研究では仕方がないこととはいえ、右の例でも、西周時代を奴隷制社会と規定し、それを前提として話が始まっている。しかし、そのこと自体について確かに論証されたものとして異論がないわけではなく、特に日本においてはむしろ否定的見解の方が多いのではないだろうか。そうしてみると、そこで述べられている様々な事どもが、極論すれば、我々日本人研究者にとってはほとんど何の意味も持たない、空論の塊ということにすらなりかねない。当該社会の性質を実証以外のところから先に決定し、さらにそれから演繹的に説を捻出するのは、我々の求めるところではない。それでは、日本における、殷周時代法制史研究はどのようなものであろうか。

法制史が含む内容は多様であり、後の時代になるほどそれは著しくなる。その意味からは、予想される通り殷周時代については豊富であるとは言えず、だいたい三つの問題が取り扱われてきただけと言ってよい。一つは刑罰制度で

あり、一つは身分制度であり、もう一つは土地制度である（さらに付言すると、刑罰制度については、それに付随して裁判制度が問題とされることがある）。この三つのうち、前二者については殷・西周両時代とも対象となり、土地制度についてはほぼ西周時代に限られる。以下、この順序に従い、またそれぞれの中で殷・西周に分けて述べていくこととする。

こうして、取り扱う対象と手順とが決まった。しかし、日本における「殷周時代法制史研究」は、分野としておよそ未開拓と言ってよい状態にある。甲骨文・金文という特殊な資料を用いる関係上、研究者がそれらによく通じていなければならないことは言うまでもない。ところが、甲骨学・金文学の分野で先学たちがこれまで上げてきた多くの業績には、この分野に関心を持ったものは極めて少ないと言わざるを得ない。一方、法制史の専門家は、甲骨文・金文といった特殊な資料の扱いに必ずしも慣れておらず、敬遠する向きが多かった。残念なことに、以下触れることになる論考の数は多いとは言えない(3)。むしろ、以下では、問題点や反省点を並べることが主な作業となる。現状に鑑み、了解いただきたい。

三．刑罰制度について

まず、刑罰制度について述べる。最初は殷代の刑罰制度についてである。甲骨文資料によって殷代における刑罰について論じたものは、中国では、趙佩馨「甲骨文中所見商代五刑」（『考古』一九六一年第二期）、胡厚宣「殷代的刖刑」（『考古』一九七三年第二期）あるいは殷金文の図象銘を用いた陳佩芬「一個刑人形字的認識」（『上海博物館集刊』第五期、一九九〇年）などをはじめとして、それほど多くはないながらも、いくつか存在する。それらは、概ね、甲骨文の字形（いかにもその象形文字的な要素）を分析し、刑罰行為特に身体毀損刑に注目し、殷代に存在した刑罰について述べる、という方法をとっている。あるいは、後世において刑に関係する語（字）を甲骨文の中に求め、それによって殷代の刑罰について述べる、という方法をとっている。日本におけるほぼ唯一と言ってよい殷代の刑罰に関する専論である籾山明氏の「甲骨文中の〝五刑〟をめぐって」[4]は、そうした論への批判を展開したものである。前述の趙氏の説に対して、籾山氏は、「（いくつかの字形を挙げ）…がそれぞれ、鼻・足・陽物を毀損する行為であることは疑いない。しかし、たとえそうだとしても、これをもって〝五刑〟存在の証左とみることが可能だろうか。…同一の制裁行為であっても、背景となる社会の歴史的段階が異なれば、その行為の意味は全く相違する。」（三頁）と批判する。その上で、「甲骨文中の〝五刑〟なるものについても、奴隷制論へ短絡させて事足れりとする前に、はたして各々が〝刑〟と呼びうる実体を備えているのか否か、より具体的な検討を行なうべきであろう。」（同上）と述べ、以下、籾山氏は字形にとどまらずそれらの字が現れる辞を検討する。その結果、趙氏らが挙げる例は刑罰ではないこと、身体毀損行為もその後に奴隷とすることを併せて意味を持つものであり、「伐」なども異族を用いた人身供儀の挙行を意味するものである、との考えを提出した。籾山氏の言うところはまさにその通りであると私も考える。文字の形から知られるのは、実はある行為の存在した痕跡である、ということをやはり改めて認識する必要がある。例えば、鼻を切る形の字が甲骨文の中にある。その字の存在そのものは、「鼻を切る」という行為がその時代に存在する（ないしかつて存在したこと）を示すだけであって、権力や権威を背後に控えて制度的に確立した刑罰としてそれが執行されたという事実は、その形からは全く知ることはできない。甲骨文においては、既に字の原義から外れた用法が当たり前のように見えているのであるから（例えば否定詞「不」）、それはなおさらである。また、殷墓に多く見られる殉死者が断首されている例が直ちに刑罰を意味するものでないことも、籾山氏が言うとおりであり、甲骨文の字形から殷代の刑罰を探ろうとした試みは、大体ほぼこうした陥穽に落ち込んでいる、と言わざるを得ない。

我が国では、白川静氏に「辠辜関係字説」(5)があって、まさに同様な古文字学的方法を駆使しつつ、刑罰に関係する字を甲骨文・金文から集めて論じている。しかし、白川氏の目的は、特に殷周時代の刑罰を明らかにするということではなく、むしろその関係の文字を集成することで、古代における文化の一端を考えてみようというところにあり、その意味では大変興味深い考察がなされている。(6)とはいえ、字形分析という方法の持つ問題点は上に述べた通りであり、また、氏がそこで殷あるいは周というように時代を特定することをせず、常に「古代」の語によって論を進めているのは、結局、それらの文字の背後にある時代（世界）の歴史性を曖昧にしてしまっている。やはり、そもそも、甲骨文に見られる身体毀損行為が本来的に刑罰であったのかどうか、という根本が、字形の分析だけによってではなく、さらに様々な角度から問われねばならないと思う。

文字資料以外で出土遺物中に注目に値するものがあり、例えば殷墟出土の人形がある。手を前であるいは後ろで縛られ、髪は剃り上げられているようであり、首の部分には枷があるようにも見える像が三体発見されている。(7)手を縛るに際し道具を使っていて、まさにそれこそが「執」に当たると考えられ、当時の拘禁の方法を示す大変珍しい貴重な実例である。但し、これもある種の拘禁状態を示すものではあるけれども、それが刑罰に当たるかどうかは断定できない。先のいくつかの文字の場合についても言えることとして、後の世において刑罰として行われた行為が卜辞やこうした遺物の中に見えており、その類比においては確かに刑罰の歴史の流れを追跡し得るようにも見える。「殷代の五刑」といった言い方は、まさにその典型であろう。しかし、先に引いた籾山氏の言にもあるように、問題は「ある行為の存在」にあるのではなく、その行為がなされた社会的な背景であり意味である。一般人による野放図な暴力の発露ではなく、社会の合意の下での措置であるのかどうか、それがまず明らかにされねばならない。そのことに留意せずして刑罰制度研究は成り立つことはない。しかし、殷代の刑罰についての研究は大体このような状況下にある。全ては今後、と言わねばなるまい。

続いて西周時代に入ろう。西周時代については、青銅器銘文、即ち金文を材料として検討することとなる。先の甲骨文と同様、金文の場合も文字の古い形がかなり残っているので、その形に即して西周期の刑罰を考えることもできようが、この場合にはそうしたアプローチはむしろほとんど無い。というのは、金文の場合、文章それ自身が比較的長く、紛争なり事件なりの顚末をある程度まで記しているので、字形のみに頼らず、一層具体的な考察が可能であるからである。こうした事情もあり、西周時代の法制については、そうした事件を記した個々の銘文に対する考釈という形で検討されることが多い。法制史関係の材料として挙げられる金文の数は多いとは言えず、十件程があるのみである。それら西周金文中の法制史関係資料についてはかつて別稿にまとめたことがある[8]ので、各銘文の名前、詳細な内容や関係論文はそれに譲ることとし、以下、まずは、本節のテーマである刑罰について見る。

殷代（甲骨文）についてとは違い、西周時代の場合には、ある行為が刑罰として存在したということが比較的明らかに言える。それは、そうした行為に至るまでの経過が述べられているからである。例えば、師旂鼎においては軍事における命令違反があり、牧牛匜（𠈘匜）では直接力に頼った訴えがあり[9]、それらに対して銘文の後半に「罰金」のことを言う。これらの例は、まさにある行為に対する処罰が行われていることを示すと見るのが適切であろう。西周金文中、こうした形で刑罰であると認定できるものには、罰金と入れ墨・鞭打ちがある[10]。但し、実際に執行されているのは罰金のみで、他の刑罰は名前が見えるのみである。後者の入れ墨・鞭打ちのような身体刑が実際に執行されていないことは、あるいは極力それらを回避しているようにも見え、当時身分差に応じた刑罰の体系があった可能性もある[11]。しかし、牧牛匜（𠈘匜）の例によれば、判決に示される刑は明らかにまず身体刑であり、それがたび重なる赦

（大赦）のおかげで罰金に落ち着くのであるから、上のような現象は、厳格なる刑の執行を必ずしも求めず、被告の側にとっても利があるように措置しようとする当時の法意識の在り方を示すものと見る方がよいように思われる。[12]

この時代の罰金の持つ意味について考察したものに、古くは貝塚茂樹氏の「西周時代に於ける罰金徴収制度」がある。[13]西周後期金文中、王から臣下に下される命令中に「[訊訟]取△孚（[訊訟には]△孚を取らしむ）」（△は数字）という句が現れることに注目し、これは、臣下がある官職に任命される際、その被統属者の訴訟に関して罰金の徴収権が周王から賦与される慣例があったことを示す、とする。その上で、これは、分封された臣下のもとの民も基本的には王臣であることを王室側が確認し、王室の上位裁判権を確立し、罰金徴収権を恩典として特定臣僚に賦与した、と貝塚氏は解釈したのである。「取△孚」という句の解釈には、例えば郭沫若の薪俸とする解釈[14]もあり、近年、伊藤道治氏は、「△孚」で表されるものは訴訟が行われるに必要な供託金に類するものと見、「△孚を取らしむ」の句は、裁判担当者が一種の手数料としてその一部を入手することを公認されたものと解すべきである、との解釈を提出した。[15]西周後期にこうしたことを記した銘文が現れることは、王の名による裁判権が、貴族によって占有され、「私有」化されることになる途を開くことになった、と伊藤氏は考えるのである。金文では△に当たる数字に五が入るものが5例あって多く、他の数字も五の倍数であることは既に郭沫若が指摘している。[16]貝塚氏の説を採ると罰金の額が殆どの場合一定であったとすることになるけれども、罰金の金額は罪の重さに応じて変化し得るから、氏の説はそこに難点がある。一方、伊藤氏の説のように訴訟が行われるに必要な供託金であったとすると、「孚」が実は相当大きな額であったと考えられること、また裁判関係金文中にその手続きを言う例が一つもないことはやはり不審と言えよう。そもそも、私がかつて論じたように、裁判は常に王廷で行われたとは限らず、諸侯の下でも行われている。[17]周王の権威・権力がそうした場面にまで強く働いていたとも必ずしも言えず、「取△孚」なる句が金文中に現れてくることについて、周王と諸侯との力関係のせめぎ合いと関連づけて解釈し得るものかどうか、その点が根本的に問題であると思う。要は、罰金を、それのみを対象として検討したのでは不充分であり、それがどのような状況下で出てきたものであるか、広く裁判制度について見、その中において考察してみなければならない。

裁判制度については、やはり伊藤道治氏に総合的な考察がある。(18) 関係金文を詳細に検討しながらの論であるので、一部だけ抜き出すのは適当ではないけれども、氏の結論されるところは次のようである。

当時の裁判は、原告の提訴によって開始される。その場合、事件がある官職の内部で起った場合には、その官職の長によって裁判が行われる。それ以外の貴族間の土地に関する訴訟では、古くは王による裁定が原則であったと推測されるが、王の任命する複数の貴族によって行われるようになったものと考えられる。さらに西周後期には単独の貴族によって行われるようになった。…貴族のなかから任命された裁判官或いは官職の長は、原告・被告の申立てを検討して裁定を下すが、その裁定は、原告に対する被告の制約という形式で文書化され、中央の官吏に報告され、効力をもつようになった。このことは、誓約に法的な効果をもたせることになり、当時の裁判が王権によって裏付けされていたことを示すものと考えることができよう。しかし、…当時の裁判が、当事者である原告・被告のものとして取り扱われていたこと…、したがって王権といえども、官職の内部への直接的な介入は、当時の通念としては認められてはいなかったと言うことができよう。(二〇七~八頁)

伊藤氏によるならば、西周時代、王の下における裁判と諸侯の下における裁判との両方があり、限界はありながらも、周王の権威を裏付けとして有効なものであったこと、また、裁判については(ある程度)整った手続きや制度があったこと、になろう。この問題に関する伊藤氏の説の基礎にあるのは、西周時代は、西周王朝(特に周王)を頂点とした一つの統一された価値観の下にあり、それが服属する諸侯らの世界をも覆っている、という時代観であるかと思われる。その点の見直しも含めて、西周時代の裁判制度については私自身検討したことがある[19]。その考察結果によれば、当時の裁判は確固たる司法制度があってそれに基づいて行われたとは言えず、君主の行政権の一部として存在していたにとどまること、しかもそれは周王を究極の根源として有効となったものでは必ずしもなかったこと、また、当時何らかの規範（法）はあったらしく推測されるとしても、刑罰を科するにもその厳密な適用を目指すというよりは、原告・被告の当事者双方にとってともに実利のあるような形にもっていく傾向が見てとれる、ということになる。私がそこで問題としているのは、西周王朝の支配の実態とはいかなるものであったかということであり、今後の更なる検討にも委ねるべきであろうから、ここではあまり深入りはしないでおく。但し、伊藤氏が西周王朝の支配を比較的広く強くかつ整ったものとして把握しているのに対し、私はそれを狭く弱くかつ未整備なものとして把握している、という根本的な差があることは言っておかねばなるまい。そのことは、ひいては中国古代史の展開をどのように見るかという大きな問題にも連なるものであり、始皇帝による中国統一がどういう流れの中から達成されたものであるのかを理解することにも影響を及ぼすものである。

以上、殷周時代の刑罰に関して、出土資料に依拠した研究を挙げてみた。その数はまことに少なく、今後進展が強く望まれると言わねばならない。なお、最後に付け加えておきたいことがある。中国古代の刑罰や裁判に関して文献資料の方面から分析を加えた滋賀秀三氏の有力な見解があり[20]、氏によると、中国の刑罰の起源は社会からの追放にあり、また、裁判制度は春秋時代（『左伝』による）ですら充分に確立していない、ということになる。こうした氏の見解は、まことに精緻な分析の上で提出されたもので、極めて強い説得力を持つものであるけれども、実はここまで述べて来たような、特に西周時代に関する研究の成果とは必ずしも合致せず、むしろ齟齬する部分が大きいとも言い得るのであって、この点についてどのように考えればよいのか、問題として残っている。滋賀氏にあっても、先の白川氏と同様、文献から窺うことのできる時代を（殷周などと）特に限定せず、「上代」と表現し、「上代」について、滋賀氏は「上代すなわち春秋以前の時代」という規定をしている。しかし、それはいかにも長い時代を含み、氏の結論は結局現実の中国史の中ではいつのことに当てはまるのであろうか。出土資料から窺える殷周時代の様相とは必ずしも一致しないから、「上代」とは殷周時代をさらに溯る時代（夏?）のこととなってしまうのであろうか。滋賀氏の提出された結論に誤りがないとするならば（氏の考察は確かに強い説得力を持っている）、そして出土資料から伺える殷周時代の状況と滋賀氏の結論とを齟齬が無いように考えるならば、結局、滋賀氏の言うところは春秋時代以降の状況について当てはまるもので、殷周期については別、とするのが妥当ではないだろうか。そして、法意識・法制度は、殷周時代から春秋時代へと一貫した流れ・同じ傾向の下に展開したのではなく、その間に変化を見せたと考えるべきなのではないであろうか。春秋時代、列国が競い合う中、西周期までの言わば「牧歌的」な仕方では対応できなくなり、代わってむしろ権力の強い発揮が必要となり、当事者双方が言い争いをした上でできるだけ双方の利害が一致するようにとの配慮は後方へ退けられ、一つの秩序構造とその厳密な維持とが求められるようになった、ということである。即ち、中国古代の法意識の生成・展開には時代状況による屈折があると考えることになる。こうした理解の仕方が、中国古代史の展開の理解に妥当であるかどうか、今後も検討が必要である。

四．土地制度・身分制度

土地制度及び身分制度は、いずれもその時代の社会の根幹にかかわる重大な問題である。それは殷周時代についてもそうであり、中国においては膨大な業績が蓄積されている分野である。しかし、日本においては決して多かったとは言えないし、冒頭に述べた理由により、その中でもさらに数を減じてここでは述べることになってしまう。

従来西周時代の土地制度といえば『孟子』に現れる井田制が問題とされることが多かったけれども、それについては最初に述べた理由のとおりここでは触れる必要がない。ここでは、扱う資料によって大体二種類に分けておく。その一は『詩経』の農事詩を扱うものである。そこでは、いわゆる土地「所有（利用）」はもとより、集団による大規模耕作を想定するなど当時の農耕形態を探ることが関心の中心となっている場合も多い。もう一つは、金文に現れる「田」関係の記述を扱うものである。そこでは、田の移動に関する記事の分析が中心となり、加えて、田の移動に人の移動が伴うかどうかが問題とされる。即ち、土地と人との結び付きはどのようであったのか、その両者に対する支配の形態はどのようであったか、ということが関心の中心となっている。いずれにしても、単なる土地の問題にとどまるものではなく、そこに住むあるいは耕作するひいては「所有する」人間のことが同時に問題となるのであり、それ故、本節では、身分制度のことも併せて触れておきたいと思う。

『詩経』の農事詩に関する研究については、周知の通り、松本雅明[21]・白川静[22]両氏の大著に詳細な論が展開されており（特に白川氏の著により詳細に論じられている）、また、白川氏の方法を受け継ぎ、さらに詳細な議論を展開したのは谷口義介氏[23]であり、その所論も周知のものであろう。いずれについても、ここで縷説する必要はあるまい。但し、思うに、『詩経』という資料について、そもそも経学の時代より近年の中国側の研究も含めて、詩の年代やその解釈（文学的修辞も併せ）について必ずしもまだ充分な共通認識がないとも言え、それが過去に多くの点で議論が現れた原因となってきたのであるから、『詩経』それ自体に対する検討が今後も続けられねばならず、また、本来的な関心が西周時代の農業形態の解明にあるならば、それは『詩経』の記事だけでカバーできうるものでもない。その意味でも、この問題については『詩経』研究を越えて、今後も検討が続けられることが期待される。[24]

金文に見える田関係の記述を対象とする研究にあっては、だいたい、個々の金文考釈に於いて各銘文の内容に即した形で論が展開されることが多い。しかもそれは新出金文、具体的には一九七五年出土の裘衛関係器（五祀衛鼎・九年衛鼎）[25]によって触発された部分もあり、研究が始まってさほど間がない、というのが実状である。

金文中には、田（土地）が賜与あるいは譲渡されたことを記すものがいくつかあり、そこから当時の土地所有を考えようとするのが課題の中心であり、中国側の研究では、直ちに「所有権」の語を振り回して「王の所有だ」「貴族の所有だ」「使用権に過ぎない」等々と論じ立てるけれども、そのことは金文の記述からだけでは充分にはわからない。[26]日本ではそうした議論にはむしろ深入りせず、田（土地）が賜与ないし譲渡されるということそれ自体の社会的意味を考えてみようとする研究が目につく。即ち、誰から誰へ田が移動したかに着目することで、田を獲得した方の社会的地位を考え、また何故に田を獲得しようとしたのか、換言すれば田の獲得はその人物にその後どのような利益を与えることになるのか、といった点に関心が集まっていると言ってよかろう。[27]なお、そこで問題となるのは、賜与・譲渡されるのは田（土地）だけなのかそれとも人もいっしょであるのか、ということであり、説が分かれるのは主にこの点についてである。[28]また、田（土地）が賜与ないし譲渡される際に、邑なり里なりがその中で寸断されて支配者を異にしてしまうという事態が当然想定され、[29]それは結局村落（共同体）の崩壊へとつながることが予想されるので、その意味で、この問題は、西周社会の変質と密接につながる重大な問題である。こうした問題意識を含みつつ、田（土地）制度についての研究は進められている、と言ってよかろう。そこであらためて念頭に置いておくべきは、周王が臣下へ土地を賜与する場合と、臣下（諸侯）が自分の臣へ土地を賜与する場合とは、同列に論じてはならないのではないか、ということである。最も上位に立つ存在としての周王の行為には、各諸侯レベルとは異なる、政治的配慮が働いていたと考えることは、必ずしも不当ではあるまい。例えば、「封建」された諸侯との接点を絶やさぬため、王は諸侯に周都周辺に土地を敢えて賜与するといったことがなかったであろうか。[30] 金文中の地名研究が必ずしも進んでいないのが遺憾ながら、今後の検討に待ちたいと思う。

身分制度については、堀敏一氏に『中国古代の身分制』[31] の大著があり、そこに殷周関係部分がある。日本における殷周時代の身分制に関するまとまった研究としては唯一と言ってよく、また、中国・日本における身分制に関する研究・学説が要領よくまとめられていることからも、貴重な業績である。詳細はそこに尽くされているので、堀氏の言うところをここで繰り返すよりも、該書を直接参照していただいた方が早い。ここでは、注意すべき点についてだけ若干触れておく。殷周時代の身分制が問題とされる際、何より関心の中心となるのは奴隷の存在である。当時奴隷は存在したのか、存在したとするとその来源はどこか、そしてどのような条件下でどのように処遇されていたか、ということが主に議論されてきた。但し、そこで、奴隷に当たる身分が存在するということと、その社会が奴隷制であるということとが、充分なる考慮を以て弁別せられず、循環論のように繰り返されて来た嫌いがあるのは否めないところであった。まして、殷と周とで社会に変化があったとするなら、その点は注意を要するところであろう。

殷の場合には、甲骨文中に見える大量の犠牲者、集団農耕に従事し（させられ）ている者や墓葬中の殉死者が、主に考察の対象とされてきた。それらの関係する辞は、当時、他者に生殺与奪の権を握られた人々あるいは自由を奪われた人々がいたことを示している。西周金文中では、王から臣下へ賜与される対象として鬲・人鬲・庶人・臣妾・僕庸等の語が見え、場合によってはそれは大きな数ともなっている（宜侯夨𣪘には「人鬲の駿より庶人に至る六百又五十又九夫を賜う。…人鬲千又五十夫を賜う。」とある）。さらに、曶鼎の銘文からは、それらの人々が売買の対象ともされたことがわかる。自由に賜与や売買の対象とされるこれらの人々の存在は、西周の場合にも、自由を奪われた人々がいたことを示している。殷周いずれについても、当時の社会がいくつかの身分（階層）に分かれていたことは確実であろうし、王を頂点として、下へ行くほど自由度が低くなったということも確かであろう。下層民たる彼らがどうしてそのような状態に陥るに至ったのかということ（来源の問題と重なる）が明らかとならねば、制度として確立していたかどうかも、当時の社会における意味も疑問とせざるを得ない。身分というものが、権力・権威の発揮によって生み出され、維持・固定されていたのか、それが問われねばならない。今後の検討を待ちたい。以上、土地制度・身分制度という極めて重要な問題を取り扱いながら、中身の薄い記述となってしまったことは誠に遺憾である。

五．今後の殷周時代法制史研究について

法制史の専門家でもない私が言うのは、私自身適切ではないとも思うけれども、最後に、今後の殷周時代法制史研究がどうあるべきか、何を課題とし、どのような方法を以て行われねばならないかについて、やはり一言しておくべきであろう。

最初にかなり強調したように、この分野に於いても甲骨文・金文といった出土資料を用いて研究が行われねばならない。勿論、出土資料が万能なわけではなく、甲骨文も金文も特殊な状況下において残された記録なのであるから、特に含まれる内容には限界がある。しかし、その隙間を後世の文献資料などで補ってはならないし、そもそもそれは正しい意味で「補った」ことにはならないのである。まずなされねばならないのは、同時代資料によって、確実に知り得る当時の状況を確認することではなかろうか。それこそが今後の研究の基礎になるのである。また、そういった文字資料のみならず、考古学上の成果も充分に活用されねばならない。先に挙げた殷墟出土の人形は一つのよい研究材料であるし、西周時代についても青銅器の中に刖刑を受けた門番の姿を象ったとされる鬲がある[32]（但し、写真がい

ずれも不鮮明ないし小さすぎて細部がわからないものが多いのは大変残念である)[33]。また、被葬者の様子から何らかの情報を得ることもある。それらを利用しない手はない[34]。そのためにも、発掘報告は簡報ではなく詳しいものがぜひ望まれる。

あらためて感じるのは、資料を正しく読むということがいかに難しいか、ということである。甲骨文も金文も、勿論、それなりの研究史を持つ。しかしながら、個々の辞・銘文の読み方や解釈については、研究者間に何と大きな差があることか。その原因として大きなものは、字の隷定とその解釈の方法にあると思われる。甲骨文・金文の元の字形を正しく把握すること、そして隷定された文字の意味を特にその文脈の中で考えること、が今後一層注意深くなされねばなるまい[35]。殷周時代に用いられた文字が全てそのまま後世に伝えられ現在でも生きているのではない、という極めて当たり前の事実(例えば、西周金文に関する知識は、前漢の張敞の話[36]に明らかなように、前漢で既に殆ど失われていた)を念頭に置けば、古籍の訓詁の知識から仮借を多用して読んだ気になるという事態は今後は少なくなって然るべきであろう。かつて甲骨文について島邦男氏がまず辞として検討せねばならないことを言い大著『殷墟卜辞綜類』を編したように、金文についても同じく、辞として考える方法をまずは採らねばなるまい(なお、甲骨文についても島氏のせっかくの努力がその後に氏の期待どおりの成果を上げているとはあるいは言い難いかもしれない)。甲骨文・金文についての研究は、前者についてはは字釈や個別の問題を扱うものが多く、後者においても同じく字釈や特定銘文の考釈が多く、新しい総合研究がなかなか現れていない、というに近い状況である。右に述べたように、個々の辞・銘文をどう読むかという基礎作業は継続的に積み重ねられつつあるけれども、しかしそれは一方では、甲骨文・金文をますます一般には近づき難い特殊資料にしてもいる。要は、甲骨文・金文の専門家以外には到底手出しができない状況をさらに作り出しつつあるとも言え、いつかこれでは閉塞に至るのではないかと恐れるものである。甲骨文・

金文の専門家の関心が、殷周時代のありとあらゆる分野に行き渡らないのであれば、殷周時代研究は、ここで触れた法制史に限らず、明るい見通しはないという悲観的な予測もないわけではない。甲骨文・金文が特殊な資料であることは事実であるとしても、それらについて広い分野の研究者が関心を持ち、検討・利用することが可能になるような状況を作り出さねばならない、と考える。『甲骨文合集』『殷周金文集成』といった大型の資料集が出版されたとはいえ、編集の仕方に問題があったり、(予告された) 索引類がなかったり、等々、肝腎の資料がまだ充分に信頼して利用し得る段階にまで達していないとも言え、殷周時代研究 (甲骨金文研究) は、これからもさらに多くの基礎的な仕事が必要とされているのである。

注

(1) 平勢隆郎氏が指摘するように、特に戦国期の文献資料には特別な思想の体系がある (『世界の歴史 2 中華文明の誕生』「本書前半をひもとく前に」中央公論社、一九九八年)。そのことに留意するならば、『周礼』の用い方にはやはりよほど慎重であるべきであろう。

(2) 若干の例を挙げておく。蒲堅主編『中国法制史』光明日報出版社、一九八七年。法学教材編輯部編審『中国法制史教程』法律出版社、一九八七年。法学教材編輯部『中国法制史資料選編』編選組『中国法制史資料選編』群衆出版社、一九八八年。張晋藩『中国古代法律制度』中国広播電視出版社、一九九二年。韓国磐『中国古代法制史研究』人民出版社、一九九三年。鄭秦『中国法制史』文津出版社、一九九七年。

(3) 例えば、山根幸夫編『中国史研究入門』においても、「法制史研究」の項目が並ぶようになるのは秦漢時代以降についてである。

(4) 籾山明「甲骨文中の〝五刑〟をめぐって」『信大史学』五、一九八〇年。

（5）　白川静「皐辜関係字説」『甲骨金文学論叢』八、一九五八年。

（6）　白川静氏は、のち、『漢字の世界』第八章　原始法の問題、平凡社東洋文庫、一九七六年、また、『中国古代の文化』第四章　原始法の問題、講談社学術文庫、一九七九年、に氏の考えをまとめている。

（7）　一九三七年の第十五次発掘で得られた（胡厚宣『殷墟発掘』学習生活出版社、一九五五年、一〇三～一〇四頁及び図版五七）。李済（国分直一訳）『安陽発掘』新日本教育図書、一九八二年、二六五～二六六頁。中国美術全集編輯委員会『中国美術全集　彫塑編　1　原始社会至戦国彫塑』人民美術出版社、一九八八年、図四六。中国歴史博物館編『中国古代史参考図録』奴隷社会、上海教育出版社、一九八九年、二七頁。大体掲げられる図は男女二体であるが、出土したのは三件である（中国社会科学院考古研究所編著『殷墟的発現与研究』科学出版社、一九九四年、二四六頁）。

（8）　松丸道雄・竹内康浩「西周金文中の法制史料」滋賀秀三編『中国法制史　―基本資料の研究―』東京大学出版会、一九九四年。殷代も含め、そこに掲げた文献目録を参照していただきたい。なお、背景となる事情などがわかるほどの事例がそこに挙げた十銘なのであって、例えば「獄」の字が現れる金文は他にもある。

（9）　これは私の解釈である。従来は、上司を訴えたことが罪とされたと解してきたけれども、その説には従い得ない。そもそも作器者についての解釈に問題がある（竹内康浩「牧牛匜銘文考釈」『東京大学東洋文化研究所紀要』一二四、一九九四年、八～九頁、一六～七頁参照）。

（10）　竹内「金文から見た西周時代の裁判制度」『史学雑誌』一〇三―八、一九九四年。

（11）　伊藤道治『中国古代国家の支配構造』中央公論社、一九八七年、第五章　裁判の意味するもの、にそうした指摘がある。また、松丸道雄氏は西周金文中の罰金の額がかなり大きいことを指摘し（「西周時代の重量単位」『東京大学東洋文化研究所紀要』一一七、一九九二年）、また、『尚書』呂刑に見える罰金の規定も極めて重く、「衆庶にとっては、当然支払い不能な高額であって、彼らに対しては躊躇うことなく身体刑・生命刑が科せられていたものと考えられ」ると言う（注（8）前掲論文、四三頁）。

（12）　竹内、注（10）前掲論文。

(13) 貝塚茂樹「西周時代に於ける罰金徴収制度」『東方学報　京都』七、一九三六年（のち『貝塚茂樹著作集　第二巻』中央公論社、一九七七年、に収む）。
(14) 郭沫若『両周金文辞大系』考釈五七葉、趞鼎。
(15) 伊藤氏、注（11）前掲著、第五章　裁判の意味するもの、第三節　罰金とその社会的意味、三〇六頁。
(16) 郭氏、注（14）前掲著。
(17) 竹内、注（10）前掲論文。
(18) 伊藤氏、注（11）前掲著、第五章　裁判の意味するもの。
(19) 竹内、注（10）前掲論文。
(20) 滋賀秀三「中国上代の刑罰についての一考察」『石井良助先生還暦祝賀　法制史論集』一九七六年、及び、「左伝に現われる訴訟事例の解説」『国家学会雑誌』一〇二―一・二、一九八九年。
(21) 松本雅明『詩経諸篇の成立に関する研究』東洋文庫、一九五八年。
(22) 白川静『詩経研究　通論編』油印、一九六〇年（のち朋友書店、一九八一年）。
(23) 谷口義介『中国古代社会史研究』朋友書店、一九八八年。
(24) 最近の注目すべき業績に、佐竹靖彦氏の「籍田新考」唐代史研究会編『中国の都市と農村』汲古書院、一九九二年、があり、上記三氏の論もそこで検討されている。また、土地制度とはやや離れるけれども、原宗子氏の最近の研究は、あらためて生産技術に関する従来の研究の見直しを迫り、その上で今後の方向をも示唆する優れた業績と考えられる（ここで直接関係するのは以下の二編である。「豳風七月に寄せて」『学習院史学』三五、一九九七年、及び、「生産技術と環境」『岩波講座世界歴史　3　中華の形成と東方世界』岩波書店、一九九八年）。
(25) 岐山県文化館・陝西省文管会等「陝西省岐山県董家村西周銅器窖穴発掘簡報」『文物』一九七六年第五期。松井嘉徳「西周土地移譲金文の一考察」『東洋史研究』四三―一、一九八四年。
(26) 西周後期の器で十二年大𣪘と呼ばれる青銅器の銘文には、趞睽が現在持っている土地を王が大に賜与（転賜）したと解される記事がある。『詩経』小雅、北山の「溥天の下、王土にあらざるなし」の句と、この十二年大𣪘の銘文とを証拠として、「西周時代には土地はすべて王の所有であった」と論じる例がこれまで珍しくなかったのであるから、状況は推して知るべし、である。

（27）伊藤氏、注（11）前掲著、第三章　土地と農民の支配、に従来の諸説の紹介及び伊藤氏の見解がまとめて示されている。この問題について検討する際、必ず参照せねばならない業績である。

（28）例えば伊藤道治氏は土地と人は一緒であると見、松丸道雄氏は別々と見る。そうした議論は、松丸氏の「西周後期社会に見える変革の萌芽」『東アジア史における国家と農民』、一九八四年、参照。

（29）西周後期の大克鼎と呼ばれる青銅器の銘文には、王が克に田（土地）を賜与したことが記されている。その賜与の際、「汝に田を埜に賜ふ。汝に田を渒に賜ふ。…」というような形式の言い方で、七カ所もの地点（邑か？）に田は与えられている。この銘文の書き方に言う賜与される田が、もしも一地点（邑）全ての田を意味するものでないとしたら、賜与によって克が獲得した田は、当然複数の地点に散在することになるはずである。克はそれらの田に対してどれだけの力をを行使し得たのであろうか。

（30）この点について、平勢氏、注（1）前掲著、一〇一～六頁に示される見解は大いに注目に値する。

（31）堀敏一『中国古代の身分制』汲古書院、一九八七年。

（32）胡留元・馮卓慧『長安文物与古代法制』法律出版社、一九八九年、「一、西周金文法初探（三）西周刖刑」参照。なおこの〝刖刑奴奴隷守門方鬲〟はこれまで三件が知られ、内一件は伝世品（現在、北京故宮蔵）で二件は新出である（国家文物局主編『中国文物精華大辞典青銅巻』上海辞書出版社・商務印書館（香港）、一九九五年）。

（33）もっとも鮮明で大きい写真を掲げているのは、中国青銅器全集編輯委員会編『中国青銅器全集　5　西周1』文物出版社、一九九六年、図版一五である。それによると、確かに門番を象った人物の一足は短いように見える。

（34）呂智栄「従考古資料試論商周的刖刑」『文物研究』総第五輯、一九八九年、は短文ながらその試みである。但し、一面、考古資料は解釈の段階で困難も生じる。郭宝鈞『濬県辛村』は、車馬坑中に後ろ手に縛られた状態で埋められた人の存在を報じ、その人物を「御者」としている（該書、一四～五頁）。黄展岳氏もその人物を「御奴」とする（『中国古代的人牲人殉』文物出版社、一九九〇年、一四八頁）。仮に郭・黄氏らの言うようにその人物が御者でなおかつ殉死であったならば、縛られていることそのこと自体は必ずしも刑罰とは関係がないこととなろう。殉死は刑罰ではないし（後世、『詩経』秦風、黄鳥に見える秦の穆公の話を想起せよ）、刑罰ならばこの被葬者を御者と解するのは正しくないかもしれない。この例よりすれば、先に言及した殷墟出土の人形も、必ずしも刑罰による姿とはならなくなる可能性もある。

（35）「刑」字は金文中にはよく現れる（原字形は「井」）。但し、「帥刑（＝型）」即ち「（祖先の功業に）のっとる」の意味で用いており、刑罰とは関係がない。「法」字も金文中にはよく現れ、灋と書かれる。但し、これも「勿灋（＝廃）朕命」即ち「朕（王）の命令をないがしろにしてはならない」のように用いられており、法律とは関係がない。こうしたことからも、後世、法制史に関する用語として現れるものでも、殷周時代には必ずしもそれと直結しないことは明らかであろう。それ故に、刑罰の項で述べたような後世の「五刑」関係の字を見つけだすといった方法は適切ではないのである。

（36）『漢書』郊祀志。

暦と称元法について

平勢隆郎

はじめに

本書に掲載される諸賢の文章が、膨大な研究史を背景として、実りある成果をまとめるのに比較すると、本論は、いささか趣を異にしなければならない。

関連する研究史をまとめて、問題の所在を明らかにするのではなく、私見を提示して、たたき台にしていただこうとするものである。

本論に述べる内容的基礎は、①拙著『新編史記東周年表』[1]と②『中国古代紀年の研究』[2]、および③『左伝の史料批判的研究』[3]にある。これらにおいて、筆者は暦の変遷と国ごとの相違、戦国中期における踰年称元法の出現と立年称元法への影響を論じた。

幸いにして、前二書は、下記の書評を得ることができた。すなわち、①について、江村治樹[4]、周振鶴[5]、藤田勝久[6]の各氏、①②について、原宗子氏[7]、②については堀池信夫氏[8]の書評がある。また、①②については、対談の機会があった。宮城谷昌光氏の口調はわかりやすい[9]。

『史記』を編纂した時点で、司馬遷ら編纂者は、踰年称元法がいつ成立したかは知らなかったし、戦国各国それぞれに独自の正統観があったこと、それが暦に反映していたことにも気づかなかった。そのため、膨大な紀年矛盾を前にその収拾をはかることができぬまま、整理を敢行して『史記』を作らざるを得なかった。その結果として、『史記』にはおびただしい数の紀年矛盾が残されたのである。この紀年矛盾は、矛盾が生じた過程を復元した上での構造的な説明をまって始めて解消される。

さて、『史記』や先秦文献に関する研究は膨大に存在するが、上述したような構造的矛盾を念頭に置いての作業はなかった。本論が、いわゆる研究史を背景として叙述するのに力点を置かなかったのは、実は、このことがあるためである。そもそも出発点が異なるのだから、そのことを考慮しないままの批判作業が、今後の研究の進展にプラスになるとは思えない。今後何が継承できるか、僭越との批判を承知の上で、筆者なりの見通しをつけつつ、下記に論を展開することをご了承願いたい。

紀年矛盾はなぜ生じたか

紀年矛盾を解消する過程で明らかになったのは、踰年称元法（前君主死去の年は、その前君主の年代とし、踰年して〈年を越して〉正月に元年を称する）が前三三八年をもって斉において開始され、以後各国が用いるようになったことと、それ以前は、この称元法が存在せず、すべて立年称元法（前君主死去にともない、年の途中ですみやかに元年を称する）だったことである。

『春秋』や『左伝』は、踰年称元法が議論されるにいたってから、すなわち前四世紀半ば以後に世に出た年代記であり、魯国君主の年代記の体裁をとりつつ、その年代を踰年称元法によってきれいに置き換えている。

漢代の整理者は、このことに気づかなかった。秦の始皇帝の統一後、楚漢紛争の過程で踰年称元法が一般化し、漢代には、かつて立年称元法が一般的であった事実はわからなくなってしまっていたからである。

それゆえ、彼ら漢代の整理者は、『春秋』に示された踰年称元法が、太古以来の伝統的称元法であるとみなして疑うことがなかった。

彼らは、春秋時代の各国俯瞰年表、例えば『史記』十二諸侯年表のようなものを作るのに、『春秋』と『左伝』を基礎とした。『春秋』・『左伝』の記事を抜粋して並べ、その記事の年代に相当する各国の年代に転写することにした。その各国の年代は、やはり『春秋』・『左伝』を用いて割り出した。『春秋』・『左伝』には、各国君主死去の記事が満載されていたから、それを各国に転写し、それを代々確認して、死去の翌年を元年とし、在位年を計算して記載した。これに記事を転写する。かくして、本来の立年称元法とは異なる踰年称元法による年代を冠した記事が大量に作り出されたのであった。この創出された紀年と、本来残されていた立年称元法による紀年とが矛盾を引き起こすのである。『左伝』の記載が終わった後については、漢代の整理者のてもとには零細な記事しか残されていなかった。比較的まともだったのは、秦国の年代記と趙国の年代記である。そこで、彼らはこれらを基準に据えて春秋時代と同様の作業を始めた。

しかしながら、彼らがいざ整理をはじめてみると、孔子の死去（『左伝』に見える）の年と彼らの年代との間に、年代的だぶつきを発見した。彼らの年代が孔子の死去した何年後に当たるかは、伝承により残されていた。また、これに当時の暦の研究を加えることによって、『春秋』や『左伝』に示された年代が、当時を遡ること何年に当たるかは、正確にわかっていた。それゆえ、だぶつきの存在は疑いえないものとなったのである。

そこで、漢代の整理者は、だぶつきの理由を考えた。「卅年」とあるが「廿年」の誤りだろう、とか、「五年」とあるが「三年」の誤りだろう、といった説明を加え、だぶついた年代を結果的には削除する形で、整理がすすめられた。

この作業で、戦国時代の基準年表はできあがったが、秦や趙の年代記には、各国君主の死去の記述はほとんど記されていなかった。それゆえ春秋時代と違って、戦国時代の各国君主の死去を基準にし、在位年代を算定することは不可能であった。そもそも、『春秋』に各国君主の死去の記述が豊富に残されている、というのが実は異常だったのである。この異常の存在する原因も、戦国時代における整理にある。

ところが、戦国時代については、各国の系図に在位年が少なからず記され、残されていた。その年代は、戦国中期に称王した国では、称王するまではすべて立年称元法によるものであり、踰年称元法を採用しなかった国では、すべて立年称元法によるものだった。したがって、それらの年代を踰年称元法によると誤解して整理すると、年代の確かな戦国中期以後と『春秋』・『左伝』によって得られる年代との間に、幾重にもだぶつきを生じることになった。

これらのだぶつきも、上記の方法によって年代削除の作業が進められた。

中には、だぶつきに気づくこともなく下へ下へと年代を押し下げてしまった場合もある。衛の場合は、本来前二二一年に滅ぼされていたのに、立年称元法による歴代君主死去の年代を踰年称元法によると誤解して並べたため、滅亡年が統一後になってしまい、さらに手が加えられて前二〇九年、二世皇帝の時に滅ぼされたことにされている。

以上のような整理を経て戦国時代の各国俯瞰年表ができあがった。この俯瞰年表を使い、秦紀・趙紀を基準年表として利用つつ、他の諸国の零細な紀年記事まで含めて、相互に記事を転写した。そのため、ここでも多くの紀年が創出されることとなり、その創出紀年を冠する記事と本来の紀年記事との間に、通常は考えがたいような年代的開きが生じてしまったのである。

紀年をもっていたのは、いわゆる王や諸侯だけではない。戦国時代に諸侯の扱いを受けた封君にも紀年が存在した。封君の名称が冠されていれば、誤解されることはなかったのだが、往々紀年だけが一人歩きして記事に冠されていた。漢代の整理者は、これを一律に関係する君主の紀年と誤解している。そのため、本来の君主紀年との間に矛盾を生じることとなった。

この種の矛盾は、楚漢紛争時期についても、また漢代についても指摘することができる。将来、あの紀年は、実は皇帝紀年ではなく、諸侯王のものでした、などということが起こらないとは限らない状況下にある。

君主を誤った場合も紀年矛盾を生じる。例えば、秦の恵文王も、魏の恵成王も、いずれも「恵王」であったことを知らないまま一方を他方に誤る、といった類の誤りである。同じ国においても、例えば、斉の威宣王も湣宣王もいずれも「宣王」であった。これについても取り違えが見られる。

暦は国ごとに違った

紀年矛盾が生じる原理は、上記のとおりであるが、これに加えて説明を要するのが暦である。

経典類をひもといて学んでいると、いにしえの暦には夏正・殷正・周正の三正があり、それらが正統なる暦であったとついつい誤解しがちである。ところが、これらの暦は戦国中期に理念的に整理されて出現したものであり、それまでは、観象授時の暦だったのである。

この観象授時の暦については、戦前の新城新蔵(10)・飯島忠夫(11)両氏の論争が戦わされたころ、すでに常識的に語られていたが、戦後継承されずに今にいたった経緯がある。

暦の問題は、大きくは二つある。第一は、この観象授時暦を国ごとにどう復元するか、という問題である。復元の手がかりは、現代の天文学によって復元される朔の時刻、および冬至の日時である。地球の自転速度がきまぐれなため、この現代の復元は、多少の誤差をみこむ。前後一時間程度であり、いくつかの復元が為されている。

観象授時暦は、おおむね冬至を基準として作られた。多くは冬至が過ぎたと判断された段階で正月とした。判断により、縁起のいい日を正月にもってきたりなどの操作もあり、まれに十四月という記録も残っている。閏月を年中に入れるのは、計算による暦になってからのことである。計算による暦が始まっても、しばらくは年末に閏月を置いている。年中置閏は、漢代になって始まった。それまでは、閏月はすべて年末に置かれている。

最新の計算というわけではないが、現在我々が利用し得、かつ便利なのは、張培瑜『中国先秦史暦表』[12]である。冬至月を一月に配列し、冬至の日干支と時刻が示されている。毎月の朔の日干支と時刻も示されている。これらを目安にして観象授時暦を復元する。張培瑜表がすなわち当時の暦だということにはならないので、くれぐれも注意されたい。

冬至月は冬至を含む月である。この月の中で、冬至が前の方やなかほどにある年は、張培瑜表では一年が一二ヶ月であり、冬至が月の後ろの方に来ると、一三ヶ月になる。だから、一三ヶ月ある年には、冬至月（張培瑜表の一月）の翌月ではなく、さらにその翌月になって、やっと正月を置く、一二ヶ月ある年は、冬至月の翌月に正月を置くということになっていたようである。それが、「冬至が過ぎたら正月を置く」という方法を、現代の計算から復元するひとつのやりかたである。「冬至が過ぎた」というのをより遅めに判断する場合は、冬至が月のなかほどにある年でも、冬至月の翌々月になって正月を置く、として検討すればよい。

第二は、戦国中期に計算によって未来まで及ぼされる暦が出現したことである。この暦は、過去に向かっても遡るものだったが、その計算定数は現在の計算に比較して不正確であり、また大小月の配列もその計算に基づく一定のパターンによるものだったから、遡るほどに天象とずれが生じ、その暦によって得られる朔付近の暦日と実際に残されている記事の暦日とが、往々齟齬を引き起こすことになった。

観象授時暦は、冬至が過ぎたという判断が早いか遅いかによって国ごとの年始にずれが生じた。縁起の担ぎ方（いい日の選び方）も相違を生み出した。すなわち、正月に縁起のいい日がほしいとき、普通より一ヶ月遅く正月を始めたりしている。冬至の到来を星座で判断するようになると、冬至に先んじて正月を置くことも始まる。

計算による暦の場合は、王国ごとに独自の部分を有するという特徴があった。暦が正統の具体的証であったため、他国と同じものを用いることができなかったからである。相違するのは、①閏月の置き方、②起点、③月序である。

これらの相違によって、戦国各国の暦はどれひとつとして同じものがなかったのである。

計算の起点が異なれば、大小月の配列パターンが違ってくる。ある国の月末が別の国の月初といったことが起こる。月序や閏月の置き方が異なれば、年初が異なってくる。ある国の年末が別の国ではすでに翌年となっている年初といったことが起こる。

いにしえの記録のほとんどは、月と日干支を欠いていたので、年末か年初かがわからなかった。実はある国の年末の記事、別の国ではすでに翌年となっている年初の記事という場合、前者の記事と後者の記事では、一年の違いができて当然なわけである。

一見矛盾があるように見えるが、実は矛盾ではない。

ところが、従来の常識では、春秋戦国の世においては周正が用いられていた。唯一の正統なる暦である。これを基準として、諸侯国の中には、時に変な暦日を用いることがある、と見なされたわけである。この常識によれば、年末

①紀元前352年末冬至を朔《ついたち》とする
②紀元前366年の立春を朔とする
③紀元前352年末冬至を晦《みそか》とする（翌日の朔が起点）

76年周期の起点（76年周期は153頁参照）

		冬至月											
楚正（①楚）	正月	2月	3月	4月	5月	6月	7月	8月	9月	10月	11月	12月	
夏正Ⅰ(①魏②斉③中山)	10月	11月	12月	正月	2月	3月	4月	5月	6月	7月	8月	9月	
夏正Ⅱ(①韓②趙③燕)	10月	11月	12月	正月	2月	3月	4月	5月	6月	7月	8月	9月	
顓頊暦(②秦)	10月	11月	12月	正月	2月	3月	4月	5月	6月	7月	8月	9月	
楚正(楚)	正月	2月	3月	4月	5月	6月	7月	8月	9月	10月	11月	12月	閏月
夏正Ⅰ(魏・斉・中山)	10月	11月	12月	閏月	正月	2月	3月	4月	5月	6月	7月	8月	9月
夏正Ⅱ(韓・趙・燕)	10月	11月	12月	正月	2月	3月	4月	5月	6月	7月	8月	9月	10月
顓頊暦(秦)	10月	11月	12月	正月	2月	3月	4月	5月	6月	7月	8月	9月	閏月
楚正(楚)	正月	2月	3月	4月	5月	6月	7月	8月	9月	10月	11月	12月	
夏正Ⅰ(魏・斉・中山)	10月	11月	12月	正月	2月	3月	4月	5月	6月	7月	8月	9月	
夏正Ⅱ(韓・趙・燕)	11月	12月	閏月	正月	2月	3月	4月	5月	6月	7月	8月	9月	
顓頊暦(秦)	10月	11月	12月	正月	2月	3月	4月	5月	6月	7月	8月	9月	

戦国中期に始まった王の暦　上表は王を名のった各国の月序を比較して３年分示したもの。冬至月を基準に月を並べると、２～３年に一度、１年が13ヵ月になる年ができる。冬至月を楚正は常に２月に、夏正Ⅰは常に11月にした。夏正Ⅱは冬至月を固定せずに、冬至月の翌々月を常に正月とした。顓頊暦は冬至月を常に11月とした。どの暦も閏月は年末に置かれた。太字は年初の月で普通は正月だが、顓頊暦は10月を年初とし、年末は９月であった。それゆえ冬至月と正月、閏月の関係は上の一覧のようになる。戦国中期の暦学者は、暦が76年を周期とし、それはちょうど940ヵ月になると考えた。76年周期の起点には、①②③の３通りが考えられた。だから同じ夏正といっても、Ⅰ、Ⅱのそれぞれに①②③の３通りあって、合計６種類あった。起点が異なると、ある月が国によって大月になったり小月になったりの違いが生じる。また、ある国の晦日が別の国の朔日になったりする。だから、戦国中期に相次いで出現した王の暦は、他と同じものがひとつとしてなかった。

と年初は国ごとに違うことは、通常あり得ないわけであり、月末と月初が国ごとに違うことも考えられなかったわけである。だから、本来一年の違いがあってよかったのだという発想は生まれなかった。

漢代における暦の議論を基礎として、前頁の表に示したような、各国の暦を想定復元し得た。

これまでも、春秋戦国時代において、すでに夏正や殷正が用いられていた、という議論はあったが、この夏正・殷正という言い方自体が問題である。観象授時暦と計算による暦とは本質的に異なり、相違も多々生じる。その計算による暦が戦国中期にできた、という発想自体は、新城新蔵・飯島忠夫両氏においてすでに常識的に語られている。しかし、上述したようにこの常識が必ずしも戦後継承されたわけではない。また、この種の暦が王国ごとに異なるという発想がなかった。古典に記された周正の呪縛といってよい。そのため、せっかく出土史料の中に年代決定に役立つ暦日の記述があっても、おさまりどころのないまま放置されてきたのである。

暦日から年代を推定する

出土遺物があり、それに年代が記されているとしよう。その遺物が春秋時代のものであれば、当然そこには、その当時使用されていた称元法による在位年代が記される。これは立年称元法（即位の年を元年にする）によっている。この年代は、上記の踰年称元法（即位の翌年を元年にする）によって書き換えられた在位年代ではないのである。

従来、このことがわかっていなかったため、せっかくの貴重な出土遺物が、西暦何年に配列するかを決めることができないまま、うろついていた。

例えば、安徽省寿県蔡侯墓から、年代を記述する青銅器が出土して注目を浴びた(13)。蔡侯〓の名を記す盤（蔡侯〓盤）

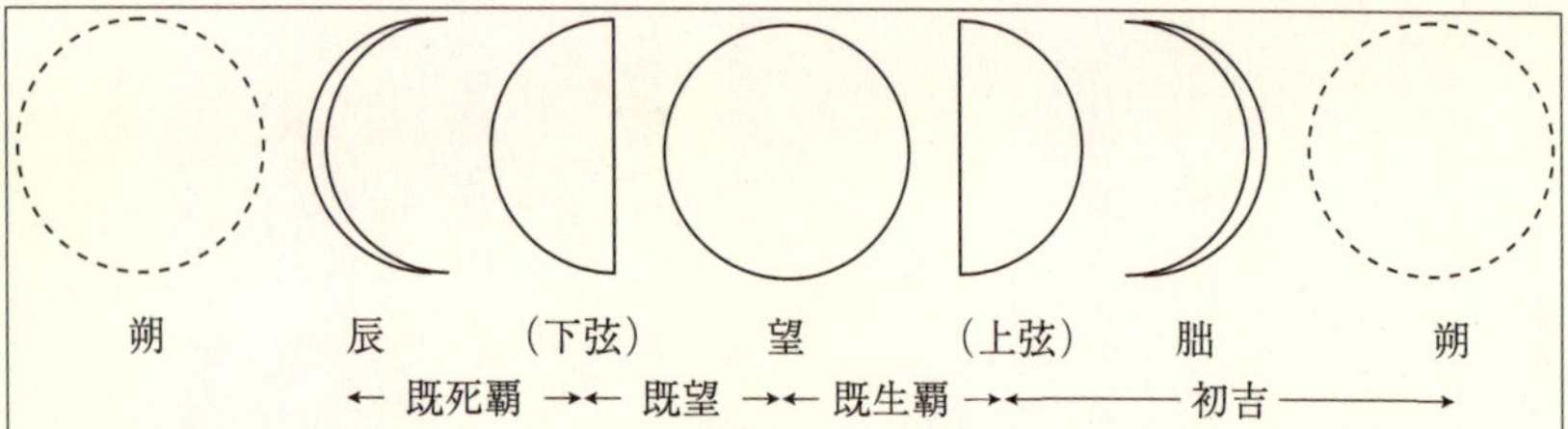

筆者は月相はこうだと考えて配列した（上弦・下弦は後代の言い方）

であり、これには、「元年正月初吉辛亥」という暦日が記されている。初吉というのは、月の満ち欠けの状態を表す用語であり、新月から上弦まで（◌→◗）を表現する。元年ということは、即位の年である。これは年の途中から始まる。だから正月というのは一月のことではない。こういう発想からして従来は皆無だった。

正月は一月ではない、という観点から青銅器銘文を整理しなおしてみると、従来意味がよくわからなかった「正二月」・「正五月」といった表現も意味が通る。正月というのは例年は一月なのである。しかし、君主即位の年は、年の途中であっても正月と称する。だから、「正二月」・「正五月」という表現も可能になるのである。これらの表現を使えば、「元年」といわなくても、それだけで元年であることがわかるしかけである。

さて、元年正月は、即位の月である。月の満ち欠けの状態が初吉である期間に、辛亥の日があり、その日と問題にしている。

では、この元年とは誰の即位を問題にするのか。従来は、当然のこととして蔡侯を議論し、これに適当なものが見いだせないため、周王の元年、楚王の元年、呉王の元年などを問題にしてきた。しかし、当然ながら、すべてだめだったのである。理由は簡単である。本来、即位の年を問題にしなければならないのに、「元年は即位の年の翌年だ」と固く信じて検討していたからである。

この種の検討にとても便利な『史記』の十二諸侯年表も、踰年称元法を用いて年代を示してあった。この年表は、例えば呉王闔廬については、以下のように年代を決めている。

『春秋』・『左伝』の記録をもとにして、踰年称元法により元年を決めているのである。

	『春秋』・『左伝』	十二諸侯年表・呉表
前五一五	呉の君である僚（闔廬の前君主）が殺された	
前五一四		呉王闔廬元年

従来、諸国の君主の元年が検討された際、呉もその検討の対象となったのだが、呉王闔廬については、前五一四年が元年として検討された。そのため、「元年正月初吉辛亥」に合わなかった（正月が一月だという誤解も重なった）。実際は、前五一五年について検討しなければならなかった。いまあらためてこの年について検討してみると、みごとにおさまる。西暦として古代研究に用いられるユリウス暦で言えば、前五一五年四月六日が戊申朔である（朔の判断は現代天文学による）。この戊申朔の月の第四日が辛亥の日になる。上弦は七日または八日で、初吉はそれ以前であるから、条件に合致する。当時の暦は冬至を過ぎたと判断したころに年を改めて正月（一月）とする、ということをやっていたから、問題の「正月」は「四月」または「五月」と判断される。問題になる君主の元年で、これ以外に条件に当てはまるものはない。

このことから、「元年正月初吉辛亥」の「元年」は呉王闔廬の元年であることが判明した。この時の蔡の君主は、昭侯である。彼は『左伝』等の記録によって呉王闔廬に付き従う存在であったことが知られている。蔡侯〓の「〓」は現代のどの字に相当するか、については諸説あったのであるが、この字も昭侯の名である「申」であることがわかった。「〓」が「申」である、という説はすでに提出され、文字学的検討、および文献史料に記される昭侯の事跡からする客観情勢としては有力視されていたのであったが、いかんせん他説を圧倒するにはいたらなかった。しかし、いまそれが強力な裏付けを得ることとなったのである。

同時に、これまでの踰年称元法に基づく年代体系ではおさまりどころのなかった出土遺物が、新しい年代体系においてはじめて年代決定に成功したことにより、この新しい年代体系（立年称元法による）の正しさも証明される形となった。蔡侯𬺈盤といっしょに出土した蔡侯鐘の「正五月初吉孟庚」も従来おさまらなかったのに、新たに前五二九年におさまった。この年は楚の平王の元年に当たる。すでに述べたように「正五月」は元年の月の表し方である。蔡はかつては楚に付き従う存在であった。それが一転して呉にはしる。かつて楚王との蜜月時代を祝った器は、都合のわるい代物となった。そこで、ということであろう。銘文からは蔡侯の名前の部分が削り取られている。時の蔡侯は平侯だった。昭侯の前代君主である。蔡侯の名前が、銘文からなぜ削り取られているのか、従来わからなかった謎も、これで解けた。

西周青銅器・甲骨文における紀年材料の組み上げ

西周紀年の組み上げも、以上に述べた二つの器と同じ作業を繰り返すことでできあがる。厲王や宣王の時期だと論じられているものを中心にまず組み上げ作業を行う。組み上げができないものは、その上の可能性を考えてとりあえずペンディングにしておき、その上で、順次遡って組み上げ作業を進めていく。最終的には、ペンディングはなくなった。(14)

この西周紀年の組み上げに用いられる青銅器銘文は多数存在する。それだけに、従来組み上げが難しかった。年・月・月相・日干支をすべて具備するものを網羅する必要がある。任意のものを用いて組み上げる作業であれば、当てはまる年代は複数出てくる。しかし、すべてを扱っての作業は、上記の年・月・月相・日干支という条件によるしばりが想像以上にきつい。筆者は、一応その試案を提示した。しかもその試案については、器種ごとにということだが、林巳奈夫氏の編年[15]に沿って青銅器を並べることができた。

なぜ器種ごとに、ということになったのか。筆者の編年では、林巳奈夫氏のいうⅠ期・Ⅱ期・Ⅲ期の境目が、器種ごとに時期がずれるのである。これは、いま対象としている青銅器が、この境目において一括遺物として提供されていないことによる。だから、林巳奈夫氏の検討は、現実には、器種ごとの変化を追うという作業を基礎としているのである。器種ごとの変化を追う、という点では、林巳奈夫氏の分類は大変意味を持ち、器の時期を知るための情報を得るツールとしては、大いに優れている。従って、三期区分の境目付近に関する一括遺物の事例が増えた際、林巳奈夫氏の分類を器種相互に調整するには、微妙な判断が要求される。

いずれにしても、材料をすべて扱う必要がある。実際には、調べの残しや新出の器が未収のものとして出てくることになる。幸いにして、現在のところ、それらはすべて筆者の試案に適合する。

任意の少数材料を相手では、いくらでも異説が提示できるから、対案提示の際は、筆者の作業に匹敵する網羅性と、説得性を発揮していただくことを希望する。

ある程度の網羅性をもって、甲骨文に見える紀年材料を組み上げたのは、董作賓氏である。[16]ただし、氏の方法には、問題があった。それは、復元した暦が戦国時代と同じ計算された暦だったこと、および年中に閏月を設けたことである。また、近年出土した青銅器銘文が適合しない、という結果をも招来している。

筆者は、観象授時暦をもとに、閏月は年末に置き、暦を復元して上記の金文銘の検討結果と連動させた。その結果、試案を提示することができた。殷代の月の始まりを従来の「朔」から「朏」（いわゆる三日月）に想定しなおした。この結果、一ヶ月に三十一日の月も議論できるようになり、閏月を不規則に年中におくという場当たり的な方策も必要なくなった。

新出の青銅器銘文に見える暦日も適宜、その暦に位置づけられた。

甲骨文に見える紀年材料というのは、具体的には、第五期の「卜旬」である。これは、癸の日に翌日からの十日を占うものである。その祭祀は順を追って祖先を祀り三六〇日で一巡するものである。その癸の日が何年の何月に属するか、をまとめて暦に位置づけていく。

これも金文に似た網羅性が要求される。恣意に基づく少数選択は絶対に不可である。そして組み上げる暦は観象授時暦でなければならない。

正統観と史書

従来の史料批判において、決定的に欠落していた認識がある。戦国時代に複数の正統観があり、その正統観にそって史料が整理され、かつ史料整理には、多かれ少なかれ、正統観を底流とするバイアスがかかっているということである。

『春秋』は単なる年代記ではなく、爵位を整理して微言を施し、暦日を選択して戦国斉の暦に適合させ、孔子を意識した賢人の名に借りて、来るべき正統なる君主が斉の威宣王（威王にして宣王。その事跡には従来の研究において威王とされていたものが多い）であることを予言した。『公羊伝』は、もともとその予言を知らしめるためのいわばサブテキストであり、それを漢代に再利用したものである。再利用の際は、来るべき正統なる君主は漢の皇帝であるとされた。

『左伝』も同じく単なる年代記ではなかった。『春秋』の微言を逆手にとって自らの微言を施した。未来に対する配慮ができる者に「君子」、それができない者、そのため未来において子孫が滅びる者に「夫子」・「吾子」という言葉を用い、その用語使用によって美談を凶兆に変えるという手法を用いている。いくつかの微言の総体として、韓宣子と鄭の子産、とりわけ前者が特別に位置づけられた。暦も、冬至の記事や閏月の置き方についての批判を通して、韓の暦が唯一正統なるものだと暗示する。来るべき正統なる君主が韓の宣恵王であることを予言した。

『穀梁伝』は、中山を「中国」と称し、晋を夷狄として扱う特異な正統観をもっている。暦の起点・閏月の置き方にも独自の微言を施す。中山王が来るべき正統なる君主であること予言する。

『史記』は、本紀・世家をそれぞれ編年史で記述し、天子と諸侯を俯瞰する年表を作った。十二諸侯年表は、周を天子として十二諸侯とは別に位置づけ、六国年表は、周と秦を天子として、六国とは別に位置づける。始皇帝による統一が目に見える形としてまとめられている。

その始皇帝の天下は、再び分裂して漢がこれを統一した。秦楚之際月表は、秦の二世・子嬰（三世）・楚の義帝を天子とする。すべて本紀では天子の扱いをうけていない者たちである。この時期は、本紀では始皇本紀の末尾と項羽本紀、および高祖の本紀の最初が受け持つ。項羽本紀を「谷間」の時期として「負」と表現すれば、本紀に示された正統なる天子は、始皇帝（正）→項羽（負）→高祖（正）→呂后（負）→文帝（正）→景帝（負）→武帝（正）となるようにまとめてられており（呂后は皇后にすぎない）、諸侯王を扱う漢興以来諸侯王年表と、「侯」を扱う高祖功臣侯者年表・恵景間侯者年表・建元以来侯者年表・建元以来王子侯者年表が諸侯のことを俯瞰して武帝にいたる。この種の「形」が『史記』の正統観を表す微言となっている。『史記』は正統なる君主の筆頭として漢の武帝を位置づけるために作られた史書である。

『史記』が利用した年代記は、そもそもその成書された国の正統観を背負っており、『史記』はそれらを再利用している。『史記』の整理において、それらの正統観によるバイアスは、気づかれぬまま生き残っていることがある。これらに『史記』独自の正統観を加えた複数の正統観によるバイアスを取り去る作業が要求される。この作業にも、暦の検討と称元法の相違という視点は、有効なツールとなるのである。

暦に関わる従来の研究をどう継承するか

暦に関する従来の研究をひもとく上での注意は、上記のことを念頭におく、ということにつきる。

まず、戦国中期において、計算により、大小月配列のパターンを定めて構成される暦が出現するまでについて述べよう。

戦前の新城新蔵氏や飯島忠夫氏の研究では、この時期の暦は観象授時暦だったと考えており、その意味では、この認識を継承せねばならない。むしろ問題なのは、この認識がともすれば無視されてきたことである。無視してどうだったかといえば、夏正・殷正・周正という戦国中期に議論が始まった暦を、実際に夏代・殷代・周代において存在していたかのごとくみなしていた。この種の議論が架空のものだという認識が必要である。

また、『春秋』について暦を構想した際、これを春秋時代の一国の暦だと考えた点は、是正しなければならない。『春秋』は戦国斉国の正統観をもとに戦国斉国において作られた年代記であるが、漢代に再利用されて漢の正統を支える役割を担った。このため、漢の正統観を底流とする解釈、『春秋』が実際に孔子の時期に作られたという解釈が以後永く継承されて現在にいたっている。実際『春秋』の暦日はかなり雑多なものを含んでいる。戦国時代の整理、

戦国四分暦の大小月配列

76年周期、940ヶ月の大小月配列のパターンは、以下のようになる。上が従来から議論されているもの、下が本書提示のものである。15は大小月配列15ヶ月のまとまり、17は同じく17ヶ月のまとまりである。

17 17 15	17 17 15 17 15	17 17 15 17 15
17 17 15 17 15	17 17 15 17 15	17 17 15 17 15
17 17 15 17 15	17 17 15 17 15	17 17 15 17 15
17 17 15 17 15	17 17 15 17 15	17 17 15 17 15

17 小大小大小大小大小大小大小大小大大　　小　小月29日
15 小大小大小大小大小大小大小大大　　大　大月30日

↓

17 15 17 15 17	17 15 17 15 17	17 15 17 15 17
17 15 17 15 17	17 15 17 15 17	17 15 17 15 17
17 15 17 15 17	17 15 17 15 17	17 15 17 15 17
17 15 17 15 17	17 15 17 15 17	17 15 17

17 大小大小大小大小大小大小大小大小大　　大　大月30日
15 大小大小大小大小大小大小大小大　　小　小月29日

という前提で検討すれば、『春秋』の暦日は、「朔」に注意を払い、戦国斉の暦に適合的になるよう巧みに選択されている、ということがよくわかる。

『左伝』に見える「閏月」の議論は、一見年の途中に閏を置く議論のように見えるが、それは周正を用いて夏正の月を説明したためである。実際は、夏正の議論において年末にどう閏月を置くかを論じている。この議論の実際を含め、年の途中に閏月を置く事例は、皆無である。観象授時暦は、すべて閏月を年末に置いた、というのが紀年矛盾の整理作業を基礎とする結論である。だから、年の途中に閏月を置いた、という議論をはぎ取って、従来の議論の継承をはかる必要がある。

戦国中期に始まった新しい暦の時期については、戦国時代の各国の王が自らの正統観をもち、その具体的証として独自性を主張し得る（どこか他の国の暦と違いができる）暦を用いていた、という認識が必要である。また、この新しい暦が計算によって朔を得た、と見なしてきたことが、問題を複雑にしてきた。唐代に算定された大小月のパターンは、「計算」を前提に小月から始まる。そのため、大小の順序が狂って漢初の暦日と齟齬をきたし、いずれかの時期に改暦があったとしなければならなかった。大月・小月の順序を逆にするための改暦が論じられてきた。ところが、実際は、七六年周期の最初は大月から始まるパターンを作っていたのであり、改暦などなかったのである。以上の認識がこれまでなかったため、考古遺物に見える暦日は、納まりどころを失ってきた。

戦国中期の新しい暦が、一年を三六五、二五日とし、七六年を周期とする暦であることは、従来の見解を踏襲する。大小月の配列をパターンとして修正（本文一五三頁参照）して、従来の研究を継承する必要がある。

このパターンに基づく各国の月と朔を求める一覧は、拙著『中国古代紀年の研究』の横組み表Ⅱとして示してあるのでご参照ねがいたい。

武帝まで使われた戦国秦国の暦は、武帝によって改められて太初暦となった。この太初暦については、すでに居延漢簡を用いての研究が進んでおり[17]、戦国以来の暦を大胆に改めたものであることがわかっている。やや複雑な定数を用いた暦で、八十一分暦という。この暦は、後漢において四分暦（一年を三六五、二五日とする）が復活するまで続いた。暦そのものは、近代以来天文に明るい人たちが個別に計算した結果を用いて議論してきたが、吉村昌之氏による一覧[18]が刊行される由である。今後、これを参照するとよかろう。

太初暦を承けた三統暦は、暦自体は、太初暦と同じである。ただ、惑星とりわけ木星周期を説明として組み込んだ。この時に参照利用されたのが『左伝』である。王莽の意図が反映されている。王莽は丑月を正月とする殷正を用いた。陳垣『廿史朔閏表』[19]は、かつてはよく使われた一覧（現在的検討においては使うべきでないもの）だが、この王莽時期について夏正で月を配列している。

　木星周期と『左伝』をめぐっては、かつて『左伝』の成立時期をめぐる論争が盛んであった。しかし、筆者の紀年矛盾整理作業の結果、漢代を遡ったとの仮定は成立しないことがわかっている。王莽が『左伝』を利用した背景も説明できる。すなわち、上述した王莽使用の殷正が、『春秋』所載の暦日に比較した場合、一ヶ月ずれる事例が多く、『春秋』の暦を周正として議論した場合に殷正を正統とみなすのに便利だったということである。だから、『左伝』漢代偽作説を底流とする議論は、少なくとも暦の議論をはぎ取る必要がある。その上で、継承を議論せねばならない。

おわりに

　本論は、筆者の最近の研究成果をまとめ、史料批判における種々の局面において、暦の検討と称元法の相違という視点が、有効なツールをなり得ることを述べてきた。以上の推論を支えるのは、『史記』等に存在する膨大な紀年矛盾が解消されるという筆者の作業結果である。紀年矛盾の解消作業は、微にいり細にいり今後も継続される（この際、誤植訂正に等しい作業は、研究上の議論としては当面別の次元のこととしていただくことにして）。しかし、大枠は現在のものでいいのではないか、というのが筆者のささやかにして希望的な観測である。[20]

注

（1）拙著『新編史記東周年表――中国古代紀年の研究序章――』（東京大学東洋文化研究所、東京大学出版会、一九九五年）。
（2）拙著『中国古代紀年の研究――天文と暦の検討から――』（東京大学東洋文化研究所、汲古書院、一九九六年）。

(3) 拙著『左伝の史料批判的研究』(東京大学東洋文化研究所、汲古書院、一九九八年)。
(4) 江村治樹「『史記』の東周関係紀年の全面的再検討・新編史記東周年表」(『東方』一八五号、一九九六年八月、東方書店)。
(5) 周振鶴「評日本学者平勢隆郎『新編史記東周年表』」(『中国史研究動態』一九九六年五期)。
(6) 藤田勝久「書評:平勢隆郎著『新編史記東周年表――中国古代紀年の研究序章――』」(『古代文化』四八、一九九六年一二月)。
(7) 原宗子「書評:平勢隆郎『新編史記東周年表――中国古代紀年の研究序章――』・平勢隆郎『中国古代紀年の研究――天文と暦の検討から――』」(『中国研究月報』五〇、一九九六年一一月)。
(8) 堀池信夫「律暦宇宙の形成と古代紀年――平勢隆郎『中国古代紀年の研究』を読む――」(『出土資料研究』創刊号、一九九七年三月)。
(9) 対談「春秋戦国について」(『季刊歴史ピープル』〈小説現代増刊号〉一九九七年四月号)。
(10) 新城新蔵『東洋天文学史研究』(弘文堂、一九二八年九月)。
(11) 飯島忠夫『支那暦法起源考』(岡書院、一九三〇年一月、復刊第一書房、一九七九年一〇月)。
(12) 張培瑜『中国先秦史暦表』(斉魯出版社、一九八七年六月)。
(13) 白川静『金文通釈』三七―二一二(巻四、白鶴美術館、一九七三年六月。『白鶴美術館誌』一九七二年六月)。
(14) 前掲(2)拙著刊行後、新出の器など補うべき事例がいくつかあったが、例外なく一覧中に収まることがわかった。例えば、山西省天馬曲村遺址から出土した『晋侯穌鐘』がある。これには「王三十又三年……正月既生覇戊午……二月既望癸卯……二月既死覇壬寅……六月初吉戊寅」という暦日の記述がある。「二月既望癸卯」のみは、前後の関係から一連の暦日としては収まらないため、誤刻が想定されているのであるが、他について、黄盛璋氏は「『史記』十二諸侯年表が一年ずれている」(同表のいう三十四年〈前七九四年〉がすなわち三十三年である)と述べている(「晋侯蘇鐘重大價值與難拔丁子指迷與解難」『文博』一九九八年四期〉)。これは、前掲拙著(2)(に直接言及しているわけではないが、結果として)の金文配列が当該部分において正しいことを述べるものである。ちなみに、「二月既望癸卯」については、「癸卯」の誤刻が想定されているが、筆者の見るところ、問題なのは「既望」と釈されている「望」の字の方であり、これは一般に知られる「望」の字ではない。

「二月既死覇壬寅」の「死」の字（残字）と比較しても、むしろ「死」である可能性が濃い。「二月既死（死覇）癸卯」なら矛盾なく収まる。暦日が「二月既死覇壬寅」と順序逆転するが、これは「二月」を繰り返していることからもわかるように、行程について、一日遡って言い直しているのである。「望」は誤刻ではあるまい（これにより明確な誤刻あるいは鋳銘誤記の事例は皆無となる）。年代（七九四年）の確定により、晉侯鮇は拙著（1）に想定するところ、晉穆侯ということになる（「鮇」は「蘇」〈索隠引く『世本』に言う獻侯の名〉ではない）。

（15）林巳奈夫『殷周時代青銅器の研究――殷周青銅器綜覧一――』（吉川弘文館、一九八四年二月）、同『殷周時代青銅器紋様の研究――殷周青銅器綜覧二――』（吉川弘文館、一九八六年一一月）。

（16）董作賓『殷暦譜』（中央研究院歴史語言研究所専刊、四川南渓、一九四五年四月。『董作賓先生全集』六・七所収、芸文印書館、台北、一九七七年）。

（17）飯島氏前掲（11）書に定数の説明がある。氏の想定に沿って、出土史料などの暦日が集まってきた。陳久金「敦煌、居延漢簡中的暦譜」（中国社会科学院考古研究所『中国古代天文文物論集』〈考古学専刊甲種第二一号、文物出版社、一九八九年一二月〉所収）参照。

（18）吉村昌之「漢代太初暦考」（大庭脩編『漢簡の基礎的研究』〈思文閣、一九九九年三月〉所収）。

（19）陳垣『廿史朔閏表』（中華書局本がある。一九六二年七月）。

（20）今後前掲（1）拙著に対する反論が為される場合について、これもささやかな希望を述べておけば、従来問題にし得る年代（始皇統一以前の『史記』に示された年代）の約三割という膨大な数について、年代矛盾があり、それを体系的に解消し、かつ矛盾の生じた由来をこれも体系的に解明した試案に対する反論、ということになろうから、その反論は、当然ながら、すべての年代矛盾について「体系的に」取り組まれた上で、「独自に」矛盾を解消し、矛盾の生じた由来を「独自かつ体系的に」解明されるだろうと期待するものである（ひとつの可能性として述べれば、従来の研究を折衷したり、その延長上の議論を展開しても、矛盾が「体系だって」〈従来膨大に示されている版本異同の実際を離れたような書き換えを恣意的に想定することは不可〉激減するものとならなければ、期待に沿ったものではない）。前掲（2）拙著にまとめた金文・甲骨文・竹簡銘など出土史料中の暦日についても同様である（これについては、すでに本文にも述べた）。前掲（1）に示された年代の延長上において網羅的に配列してある（前掲（14）参照）から、これに対する反論においては、前掲（1）についての対案の延長上に、出土史料中の暦日がもれなくかつ林巳奈夫氏の考古学的検討（前掲（15））をも加味してきれいに並ぶことであろう。筆者には幸いなことに、その期待に沿った研究は、今日までひとつも提示されていないようである。なおもちろんのこと、部分修正を提案される場合も、体系的矛盾解消は必要である。その場合、拙著の検討はおおわくにおいて是認されることになるから、筆者にとってはおおいに歓迎すべきことでもある。

中国古代社会と水利問題

藤田勝久

はじめに

人間が水を利用して、自然に働きかける社会的行為を水利開発とするなら、その歴史は古くさかのぼる。中国で最初の水利史にあたる司馬遷の『史記』河渠書は、禹の治水からはじまり、とくに華北の黄河治水に努めた姿が描かれている。また『史記』夏本紀によれば、伝説の堯の時代に洪水があり、鯀に治めさせて失敗したが、ふたたび舜の時代に鯀の子である禹に治水させて成功したという。このような治水伝説は、いくつかの伝承が重なって歴史的に整理されたといわれるが(1)、そこには洪水を避けていた居住から、しだいに丘陵地に移る定住の変化や、漢代までの黄河問題を反映しているのであろう。このほか河渠書では、春秋・戦国時代に航行用の水路が建造され、水量に余裕があると灌漑にも利用されたと述べている。これらの水利事業は、どのように解釈すべきであろうか。

かつて戦後の歴史学界で注目されたのは、古代帝国成立の基礎条件として、とくに専制国家が行う治水灌漑とその管理という側面であった。その説は一九六〇年代に、木村正雄・西嶋定生・増淵龍夫氏らの相互批判によって総括され、つぎのような国家像が描かれている(2)。すなわち華北では、あらたな平野部の開墾によって新県が設置されたが、そこでは国家の規制が強く、その管理がゆるめば崩壊の道をたどる。しかし旧来の邑制国家の基礎であった山間河谷・小丘陵地や、小規模な陂池灌漑が発達する江淮・江南では、国家の規制が少なく、自律性のたかい地域として豪族の強大化がすすむと展望している。これらは古代国家の特色を理解する視点として、水利開発が位置づけられたものである。

しかしこの国家論には、風土・農業技術などの方面から異論があった。たとえば華北の畑作は、必ずしも大規模な灌漑を前提とせず、旱地農法の発達や天水農業の地域があるといわれ、江淮・江南の稲作についても多くの論争がある。(3) また一九八〇年代になると、水利灌漑は国家が小農民の再生産に関与する一形態として再検討され、私も漢代の大規模水利事業には、黄河治水・京師漕運・郡県の水利灌漑などの諸機能があり、多くは前漢以降に発展したことを論じた。(4) つまり秦漢帝国の成立期では、さまざまな水利開発の形態があり、すべてを国家による水利支配の前提にはできないのである。

このような水利開発は、治水・水運・灌漑の範囲だけにとどまらない。いま現代中国における水利史研究でも、そこには人々の定住・生活から、城郭・都市の建設や、洪水の防止、農業生産の向上、交通・交易、環境の保全などと結びつき、あらたに大きな問題として注目を集めている。(5) また近年では、考古学の発掘による水利遺跡も増加し、社会との関連が明らかになりつつある。したがって水利史の考察では、その機能に注目するだけではなく、いつ社会的な意義をもつようになったかという歴史背景を明らかにする必要がある。

ここでは殷周時代から春秋・戦国、秦・漢時代まで、水利開発と技術の発展を概観し、その問題点を考えてみたい。そのときとくに国家・地方の水利政策を中心とし、また華北と江淮・江南の地域的な相違に注意しながら、社会的意義を展望してみよう。

一、殷周時代の水利開発（前一六〇〇ころ～前七七〇）

　華北各地の集落では、新石器時代からアワ・黍などの畑作が営まれ、陝西省西安の半坡遺跡などでは、その居住区のまわりに環濠がめぐらされていた。そしてしだいに国が形成されてゆくが、そのとき最初に社会的な水利事業として注目されるのは、城壁をともなう居住区の水利施設である。それはすでに龍山文化期の平糧台遺跡や、河南省偃師商城遺跡に排水施設がみえるが、その典型的な例は河南省鄭州商城の水利遺跡であろう。(6) ここには殷代二里崗期の宮殿の建築基礎が密集する地区に、東西一〇〇メートル、南北二〇メートルの貯水池があり、その底は石板を敷き詰め、側壁には卵石が積んであった。これは宮殿内部の生活用水を確保するためと推測されている。また飲料の水源として宮殿区の内外に水井が設けられ、これらは新石器時代の集落が河川傍らの段丘上に位置したのに対して、居住範囲が広がった延長にあるという。そして宮殿地区の北部には、地下に石板で築かれた水管道と水井の給水施設が報告され、わずかな陶水道管から排水施設の建造も想定されている。とすれば殷代の組織的な水利建設は、城郭の防禦とともに、宮殿・居住地で飲料水・給水・排水の施設であったことが確認できよう。これはいわば王国の公共事業として、後世の都市水利の先駆である。

　それでは城郭・居住地と、その周辺の農業生産とは、どのように関係するのであろうか。これについては、殷代後半期の殷墟の水溝を例とした佐藤武敏氏の考察がある。(7) そこでは殷墟の主要な水利工事は、小屯中央部の水溝のように邑中の排水溝であり、断面は逆台形で柱杭のある幹溝や、水門による水量調節の装置あとがみられるという。また小屯村をとりまく範囲には、幅七～二一メートル、深さ五～一〇メートルの大規模な水溝があり、これは邑の防禦用と推測されている。しかし殷代の甲骨文では、人工的な灌漑用水をあらわす文字がなく、畑作は雨を占う記事が多いことから、なお雨水に依存する形態であったといわれる。したがって殷代の水溝は、技術的に水運や灌漑用に転用できる可能性をもっていたが、その建造はなお問題になっていないと想定された。その後の甲骨文の研究では、[8]灌漑を想定する説もあらわれているが、少なくとも作物の実りと、降雨・日照りなどの天候に関する占いが多いことは事実である。また甲骨文の「舟」の記載は、水上交通のあり方を示唆するであろう。

このような城郭・居住地と、その周辺の環境・農業生産との関係は、周代にも続いていたようである。その一例は、西周から春秋時代にあたる曲阜魯国故城にみえる。[9]ここでは東西約三・五キロ、南北約二・五キロの城郭の外側に城濠があり、内部には井戸・排水施設が発見されている。これはそれまでの城郭内外の都市水利がいっそう整備され、あわせて道路・水路、井戸などの水利事業が行われたであろう。そして城郭都市の水利は、殷・周王朝の支配地域における拠点に普及していったとおもわれる。

いま参考までに伊藤道治氏の研究によると、[10]周代に封建された諸侯は、古代交通路にそって位置しており、淮水とその西側をほぼ境界とする範囲を想定された。それは渭水流域、汾水流域、洛陽周辺、山東地方を中心とし、のちに楚・呉越文化が存在する南方社会は境界の外にある。これによれば華北から江淮の地域に、これまでみた国を単位とする水利技術の伝播を想定することができよう。

ところで南方の長江流域には、どのような水利開発がみられるのであろうか。近年では、これまでの黄河文明という華北中心の理解に対して、長江文化の遺跡が多く発見され、水利開発の視点からも注目すべき事例がある。

その一つは河姆渡文化であり、ここでは新石器時代から江南の稲作文化が明らかになった。佐藤武敏氏の総括によれば、[11]遺跡は背後の丘陵地から平原にいたる中間に位置し、沼沢に面したと推測されることから、こうした沼沢を利

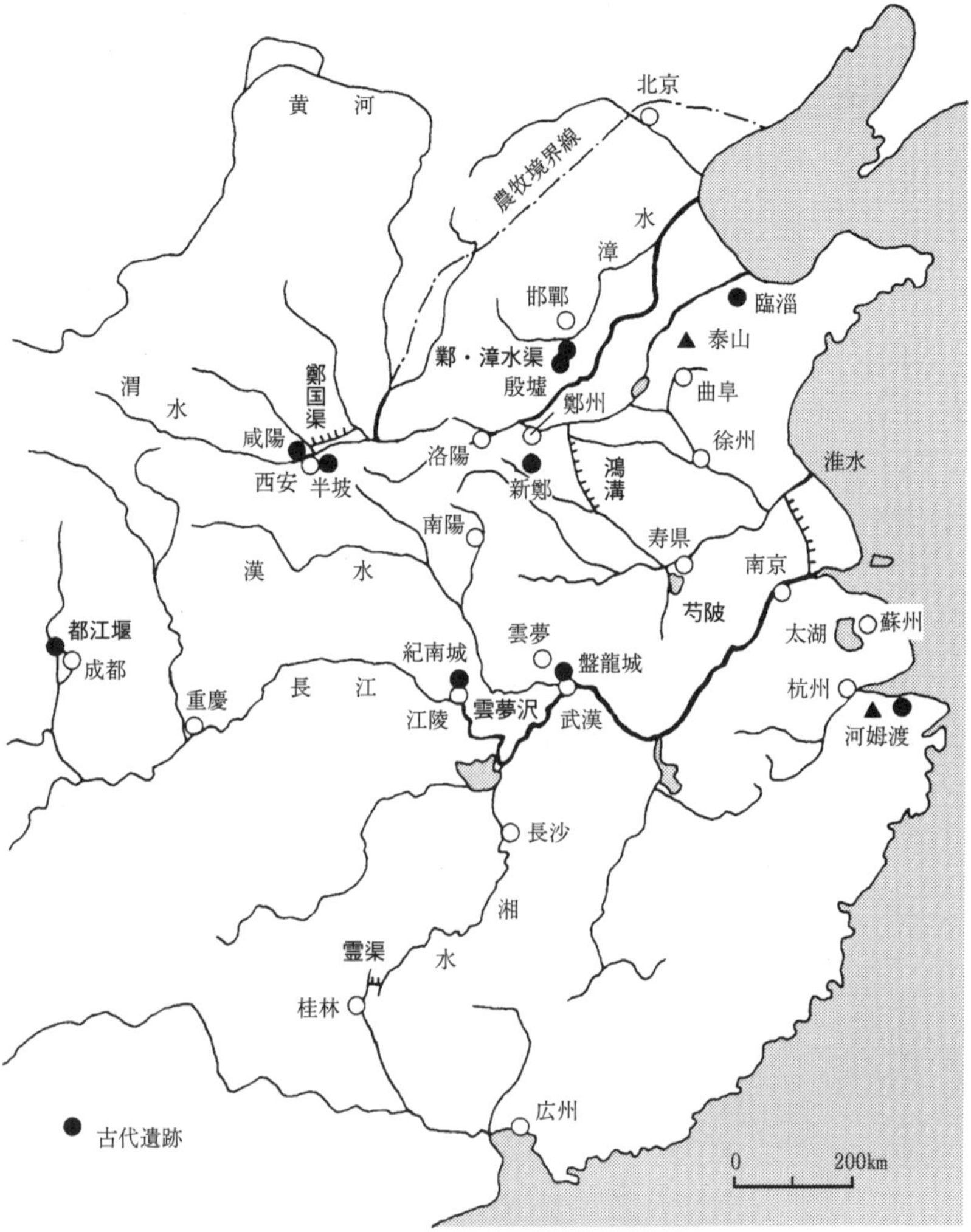

図　殷周・秦漢時代の主要水利遺跡
（郭沫若主編『中国史稿地図集』上冊、及び史念海『河山集』秦漢時代農業地区図より作成）

用して稲作栽培が行われたという。ただし引水があったとしても、傾斜地の自然な流れに手を加える程度で、なお稲作以外の採集・漁猟・牧畜の比重が大きかったと考えている。このほか新石器時代では、馬家浜文化・良渚文化の稲作遺物をもつ遺跡の水利が検討され、良渚文化のある住居址には幅三メートルの水溝と木の杭の発見がある。また河姆渡遺跡で注目されるのは、木構の水井一基の発見であり、このほか江南では蘇州市の東南から、良渚文化をふくむ時代の土井と漢代の陶圏井の古井戸群の発掘が報告されている。(12) これらは南方においても、早くから居住地の水利施設を建設した状況を示唆している。

一方で、長江流域における城郭の形成も、しだいに明らかになりつつある。(13) たとえば長江上流の成都平原では宝墩遺址があり、中流では湖北省荊州市の陰湘城が屈家嶺文化時期から建造され、周囲数十キロの範囲にある集落遺址の中心として注目されている。また長江下流域にも、太湖地区に城址の性格をもつ集落遺址が指摘され、春秋晩期には三重の環濠と城壁をもつ淹城がある。このほか武漢市の北に位置する盤龍城は、長江支流に面して版築で築かれた城垣と、城内遺跡の残存によって、殷王朝の江漢地区に対する統治と土木技術の実状を示している。西周時代の城郭は、湖北省天門市の土城・笑城が紹介される程度であるが、そこには城外に城濠がめぐらされ、春秋・戦国時代には河南・湖北・湖南・安徽省に分布する楚城に継承されている。(14) これらの楚城は、都城・別都、県・邑、軍事城堡クラスに分類され、それぞれ部分的に城濠・水門・水井・排水施設などが報告されている。したがって長江流域でも、新石器時代からの居住・生産を基礎としながら、諸侯国の城郭がしだいに拡がってゆく様子がうかがえ、それが土木技術の最先端であったろう。

このように近年の考察によると、新石器時代の黄河流域の畑作とともに、長江流域の稲作遺跡が発見され、それぞれに農耕が営まれていたが、最初に社会的な水利事業として現れるのは、城垣・城壁をともなう居住区の生活用水・

飲料水の確保と、排水・防禦などの施設であったとおもわれる。それは中国古代における王朝・諸侯国の形成と対応しており、水溝・版築の土壁などの技術は他の水利施設にも応用できるものであった。ここから城郭付近では、小規模な治水・水運・灌漑などの水利開発が行われたことが想定できよう。しかし今までのところ、殷周時代に王朝から一般民への公共事業は確認できず、それは王国内の水利問題にとどまっている。それが明確になるのは、やはり春秋・戦国期より以降のことである。

二、春秋・戦国・秦代の水利開発（前七七〇～前二〇七）

この時期になると諸国は富国強兵をすすめ、城郭都市の建設と、その水利施設においても大いに進展があった。[15] 周や戦国七国の都城は、その代表的な例である。そこでは河川の傍らに立地し、一辺数キロの巨大な城壁・城濠をめぐらした内に、宮殿・官府などの建築物とともに、道路・水路、排水溝、陶製の水管を地下に埋設した水路、井戸などを建造している。とくに長江流域にある楚紀南城では、少なくとも二ヶ所の水門が設置されている。また水利事業に関連する施設として、糧食を貯蔵する倉庫や、手工業の工房跡、財物を商う市などが整備されてくる。そのほか戦国晩期に属する韓の陽城には、都城以外の特殊な例として、地下に埋設した輸水管道で、小河川の上流を城内に引水する給水施設が確認されている。[16] これらは春秋以来の工事形態が拡大したもので、その水利施設は地方の城郭にも共通する要素をもつ。したがって今日の城郭遺跡からみれば、その規模に大小の差がみられるが、華北・長江流域ともに水利施設をともなう都市建設が進展したとみなしてよかろう。そして戦国中期に、趙・魏・韓の諸国が山西省の汾水流域から、河北・河南省の黄河流域に遷都したことや、楚において淮水流域の比重が増すことは、その背後に平野部の開拓を示唆するであろう。

この土木技術と計画について、春秋時代では『左伝』宣公十一年（前五九八）条の事例がある。[17] ここでは楚国が沂に築城するとき、令尹が「封人」に計画させ、「司徒」に担当させている。その内容は、仕事量や日数・財用をはかり、板・幹・もっこ・築などの道具をそろえ、土の分量と運ぶ道のり・基礎の位置・食糧を計算するもので、この場合は三十日で完成したという。したがって春秋時代では、すでに日程やノルマを算出していたことがわかる。

城郭都市の発達は、また軍事的な攻城・守城の技術からも説明できる。たとえば『墨子』備城門篇・備穴篇などには、城壁の規模や、戦闘に参加する人員の配置などを記しており、銀雀山竹簡の「守法守令等十三篇」にも類似の記載がある。[18] このほか銀雀山竹簡には、「雄城」「牝城」と呼ばれる区別があり、それらは地形の立地とともに、流水を飲料とする攻めにくい城と、死水をめぐらす撃つべき城を指している。[19] これらは一般の城郭にも防禦がほどこされ、城内の水利施設が整備される要因を示すといえよう。

それではこの時期に城郭周辺では、どのような水利開発が行われたのであろうか。まず生活環境の整備から考えてみよう。これには斉桓公と管子との問答を記した、『管子』度地篇が参考になる。[20] この篇の反映する年代は不明であるが、そこには国内の行政区分・都城の建設のほか、もっとも重要である水害と、治水の組織・道具の準備・作業の方法などを伝えている。それによると斉では、水を習う者を水官吏とし、また都匠水工に水道・城郭・堤川・溝池・官府・寺舎などを巡行させる。これはすでに述べた都市の建造とともに、周辺の水利施設を管轄させているようである。その労働力は、秋歳末のとき三老・里有司・伍長によって、その「民」の人数・男女・免除される者などを調べ、同時に籠・臿・板・築・土車などの道具が里中に準備される。これは地方の力役にあたるであろう。これと並行して冬に、州大夫が「甲士」を率いて河川の傍らに薪を積み、この「甲士」が場合によって水官に編成されるのは、兵士の土木事業への転用とみなせよう。またこのほか臨時の労働力として徒刑囚が想定されている。このように度地篇では、すでに城郭周辺をこえて、官吏による領域内の環境整備への関心がうかがえる。しかしここでは耕地の開拓や、あらたな灌漑施設の建設は記されていない。

このような城郭周辺の領域の整備は、その他の文献や出土資料にもみえている。たとえば『荀子』王制篇では、

隄・梁を脩め、溝・澮を通じ、水潦を行《や》り、水蔵を安んじ、時を以て決塞す。歳に凶敗・水旱あると雖も、民をして耘艾する所有らしむるは、司空の事なり。

とあり、それを「司空」の役割という。その任務は、堤防・橋梁・水路などを補修維持し、民に安定した農業をさせるというが、具体的な水利管理をしているわけではない。同じような記述は『呂氏春秋』十二紀にもみえ、[21]ここでも「司空」は国邑を循行して、堤防・水路・道路の維持を任務としている。

是の月や、司空に命じて曰く、時雨将に降らんとし、下水上騰せん。国邑を循行し、原野を周視し、隄防を修理し、溝瀆を導達し、道路を開通して、障塞有ること無からしめよ。（季春紀）

この文献にみえる任務は、四川省青川県戦国墓から出土した木牘の内容とも共通する。そこでは戦国秦の武王二年（前三〇九）に、丞相・内史が定めた項目として、八・九・十月の農閑期に、封・境界の維持や道路・水路、橋梁・陂隄の修築を規定している。[22]したがってこの範囲は、秦内史の管轄下とすれば、その県の領域が想定できる。ここから少なくとも斉・秦の国では、その表現が異なるものの、県の領域にあたる環境整備が官吏の手によって行われていたことになる。

そこでつぎに注目されるのは、諸国の領域にある山林・藪沢とその開発である。すでに増淵龍夫氏は、樹木や禽獣・軍需物資などを産出する山林藪沢を、諸国の君主が経済基盤として領有し、のちにそれを開発して公田とする重要性

を指摘された。[23] このような山林藪沢は、今日、戦国秦と秦代の規定が知られている。[24] たとえば睡虎地秦簡《秦律十八種》田律には、春に山林の伐採や狩猟の制限が規定されている。また新出の雲夢龍崗秦簡には、秦代の禁苑の規定があって、そこには禁苑の出入りに郡県の官庁が交付する割符が必要なこと、禁苑の維持・管理が要求されていること、獣の捕獲に関する制限などが記されている。しかしこれらの竹簡には、山林・藪沢の耕地化と水利灌漑の実施を示唆する記述はみえない。したがってその管理は、中央・県の管轄にふくまれるとしても、なお動植物の捕獲と採集などが主要な目的であり、のちに開拓が進むとおもわれる。

それでは春秋・戦国時代に、諸国で建造された陂池（ため池）は、どのような役割をもつのであろうか。これまでの研究によれば、[25] 谷間の一辺を堤防でせき止めて造る陂池は、淮水・長江中流域に多くみられ、当初の機能は水利灌漑が主目的ではなく、その社会関係は複雑であるといわれる。つまり春秋時代では、沢の蓄水で水災を防ぐ目的や、軍事上の防衛施設として用いられた。そして戦国時代になると、養魚など水産物を採取するとともに、のちに小規模な灌漑に利用するのではないかと推測されている。そのとき建造は、国家が担当するものと、巨大な富をもつ商工業者の場合があげられている。

以上は、いわば国内の直轄地や地方における水利開発である。これに対して、この時期では諸国間の軍事・経済関係において水利事業が行われている。

その一は、まず軍事的な攻防から軍事土木の発達があり、たとえば河川に堤防を築いて隣国に被害を及ぼす例がある。これは春秋時代の有名な葵丘の会に「防を曲ぐる毋かれ」とあることや、『漢書』溝洫志に戦国時代のこととして、斉・趙・魏の各国がそれぞれ黄河の堤防を築いたことを述べている。またこれに関連して戦争の際に、堤防を決壊し敵国の軍隊・城郭を攻めることがみえている。

その二は、諸国間の糧食の輸送や交易などのために、水陸の交通路が整備されたとおもわれる。春秋時代で著名なのは、呉の江淮運河の建造であるが、その経過についてはまだよくわかっていない。また『史記』河渠書には、黄河から淮水に通じる鴻溝、楚の漢水・雲夢沢に通じる運河、呉の三江五湖に通じる運河、斉の菑水・済水に通じる運河、蜀の成都の運河（都江堰）などが記されている。そのほか戦国中期の楚の領域を示した「鄂君啓節」からは、各国で水陸交通路と関所の整備が行われたことをうかがわせる。[26]

これらは諸国間で、あらたに生じた事態に対応する水利問題といえよう。その組織についても、その規模からみれば、より多量の労働力を集結できるようになっている。ただしこれらの事業は、秦が諸国を統一するとき長城・城郭を破壊し、あらたに郡県統治として再編することで、全体的な視野をもつことになったとおもわれる。

このように春秋・戦国時代では、華北・長江流域にかかわらず、諸国の内外で水利開発の進展があった。しかしこの時期以降に、重要な意義をもちはじめるのは、未耕地の開拓や水利灌漑施設の建造である。つぎにこの点を、国家による地方の再編とあわせ考えてみよう。

三、戦国・秦漢時代の水利問題

春秋・戦国時代における水利灌漑は、その普及の過程が明確ではない。ただし大勢として、春秋時代の華北では旱災が多く発生したが、前漢では水害・旱災がほぼ同数となる水害の増加が指摘されているのは、なお戦国以前に水利の社会的関心が薄かったことを示すものであろう。[27]しかし『呂氏春秋』上農等四篇などの考察では、戦国時代に粟・小麦・大麦・大豆は必要に応じて水分が補給され、稲田の灌漑とあわせて、戦国・秦代に大規模な灌漑事業が施行されるようになる。(28) そこで具体的な水利開発の形態から、その発展の一端がわかるのである。

最初に伝えられる水利は、戦国初期に魏の鄴で西門豹が建造したという漳水渠である。この地は黄河扇状地に進出する丘陵に位置し、漳水をへだてて趙と国境を接する軍事的要地で、当初の目的が灌漑にあったか不明である。しかし『呂氏春秋』楽成篇や『漢書』溝洫志には、戦国中期に同じ鄴の地で、県令の史起が灌漑をしたといい、漢代にも修築されていることから、のちに灌漑が主要な用途になったとおもわれる。また魏では、大梁に遷都したとき圃田沢の建造が伝えられ、これは都城周辺の直轄地での水利事業にあたる。

つぎに戦国末の秦では、有名な鄭国渠の建造がある。これは韓の水工・鄭国が秦を疲弊させるために開始したと伝えるが、秦王政（始皇帝）の親政後も継続して工事が行われ、その生産が六国を統一する経済基盤になったといわれるものである。その工事区域からいえば、首都の咸陽の周辺で、もう一つの要地である櫟陽の領域内を通過する。したがってこれは数県レベルで本拠地の農業生産の拡大を目的とするものであり、開発された耕地には公田や私田をふくむものであろう。

さらに戦国末の秦では、あらたに占領地とした蜀（成都）に、長官の李冰が都江堰を建造した。それは泯江を分流して、これまで人々が居住していた扇状地の洪水の害をのぞき、のちに灌漑にも利用して蜀の地域の生産基盤になったといわれる。これも軍事拠点の整備と、渠（運河）による郡レベルの灌漑事業といえよう。

このほか秦代では、統一後に南越を攻めるため、長江中流から遡った湘水と、桂林の上流を結ぶ霊渠という運河が建造されたが、これは交通・輸送路の確保が目的であった。ただしその技術は、河川をせき止めて渠に分流するという方法で、蜀の都江堰と共通するものがある。

こうして戦国・秦代の大規模水利開発をみると、それは都城と軍事拠点となる要地の付近で行われ、その目的は治水・生産力の向上・交通などであった。したがってその性格は、霊渠の水運をのぞけば、まったく新たな地を開拓したのではなく、旧来の居住地を拡大する情勢のもとで開発が進められている。その水利施設は、華北の魏・秦ともに渠の建造が主体であり、秦の占領地の蜀と霊渠では、同じく分流の堰（壩）と渠である。そして鄭国渠を建造したのは韓の水工で、『管子』にも都匠水工の任務を記していることからすれば、ほぼ華北の諸国と秦の占領地で、渠による水利灌漑を前提とし、それが秦の場合は労働力の集結によって大規模化したものとみなせるのではなかろうか。このことは戦国期の水利灌漑の記事が少ないとしても、すでに小規模な灌漑が試みられていた背景を推測させよう。ただし小規模な灌漑施設は、それが国や民間の組織のもとで、どこまで補修・維持の安定性をもっていたかは不明である。

これに対して淮水・長江中下流域では、水路の建造をのぞいて、渠による大規模な水利事業は施行されていない。わずかに大規模な工事として、楚の領域にあたる安徽省寿県で芍陂など、数県レベルのため池の建造が伝えられている(29)。しかしこの地域も、のちに楚の首都となる寿春の上流に位置し、その洪水防止と給水の安定とともに、農業灌漑が想定されるものである。それでは南方では、そのほかに農業灌漑はみられないのであろうか。

江南の稲作については、とくに「火耕水耨」をめぐって論争があった。しかし今日では、もし戦国時代までの稲作技術を低くみなせば、すでに日本で縄文時代末から弥生時代に、さまざまな地形に応じた水田遺跡が報告されている水準と合わなくなる(30)。そこであらためて研究の争点をみると、江南では火入れをしたあと耕し水によって除草をするという低湿地の「火耕水耨」が唯一の農法ではなく、さまざまな稲作の形態があり、それは山地から丘陵地の陂塘灌漑が進展するにつれて生産力が増加すると考えられている(31)。とすれば江淮・江南の稲作は、新石器時代の延長として、春秋・戦国時代の陂池よりさらに小さな低地の小型水田を想定してもよいのではなかろうか。そして小型の水田は、今後その遺跡が発見される可能性があり、前漢後半にはしだいに大きな陂塘の建設によって、各地の灌漑が進展してゆくのであろう。また四川省では、おそくとも前漢末から後漢時代にかけて、個人所有の陂池をもつ水田が経営されていたことが、陶製の水池・水田模型の副葬からうかがえる。(32) このように江淮・江南では、稲作を中心とする灌漑の具体的な実態は不明であるが、春秋・戦国時代に小型水田をふくむ一定の生産の拡大を想定すれば、楚と呉・越が興起する歴史背景を理解できるとおもわれる。ただしここでも水田経営の安定性は別の問題であり、山林藪沢の物産などが食料の補給源となったであろう。

このような戦国・秦代の水利開発には、華北・長江流域ともに共通の要因として、春秋末から鉄製の工具・農具の出現があげられる。(33) また一般には、鉄器の出現とあわせて戦国以降に水利灌漑・牛耕が普及し、生産力が上昇したといわれる。これについて、たしかに鉄器は耕作を容易にする農具でもあるが、同時に臿などは水溝を掘り、未墾地を開拓する用具でもある。木材の加工も、鉄製工具の出現によって容易になったであろう。しかし当初の鉄器の製造・管理は、多くが国都や大都市の城郭内に限られていた状況からすれば、それは諸国の直轄地と要地、あるいは軍事土木での使用が大勢を占めたとおもわれる。そして戦国期に、民間の冶鉄業者が生産経営をはじめると、しだいに集落・民間レベルに普及するといわれている。とすれば鉄器の出現は、たしかに農業・土木工事の効率を向上させるが、大規模な水利開発を可能にする条件としては、むしろ目的に応じた測量・計算や、水利施設を建造する技術、労働力を編成できる機構にあると考えるべきであろう。

それでは水利開発と、国家による地方統治のあり方は、どのように関係するのであろうか。それはおそらく諸国の租税・軍賦の徴収や、労働力の再編と関連するであろうが、ここでは水利政策にかかわる背景をみておきたい。

春秋時代の諸国では、その直轄地において農産物が納入され、力役が徴発されたことが想定できる。しかし直轄地以外の地域に、力役や兵役の徴発をうながすことは、新たな政治的関係を必要とするであろう。それは従来の封君を置く封邑のほかに、中央から官僚が派遣されるという統治システムの出現であり、春秋・戦国期の楚・秦・三晋では県が、斉では州がそれにあたるものであろうか。やがてそれは郡県制という、さらに拡大した地方統治機構として、とくに戦国秦と秦・漢王朝で展開してゆく。

そのとき注目されるのは、直轄地・地方で生産を安定させるために、力役を徴発するという根拠である。秦代に編纂された『呂氏春秋』十二紀には、「司空」などの官吏が水利事業を担当しているが、それは大きくみれば、時節に合う施策をすれば成功し、合わない施策をすれば失敗するという時令の思想と関連している。したがってここでは、官僚が遵守すべき項目の一つとして、先の水利事業があることになる。これと共通する考えは、睡虎地秦簡《為吏之道》に「除害興利」の思想としてみえ、そこには以下のような項目がある。(34)

均徭賞罰……墾田仞邑、賦斂毋度、城郭官府……除陛甬道……阡陌津橋、困屋墻垣、溝渠水道……倉庫禾粟……作務員程……苑囿園池、

これらは郡県の職務に関連して、官吏が遵守すべき心構えの対象となっている。また睡虎地秦簡《秦律十八種》田律では、県に対して墾田や災害の状況を中央に報告するよう規定しているが、これは戦国秦の県において、租税の基準となる耕作地の実態を掌握することが重要な任務であったことを示している。ここから管轄された県領域で墾田の安定を保つことは、富国強兵のために収益増加を図ると同時に、民の「除害興利」という側面において必要とされたのであろう。とすれば民の労働力の徴発は、その生産安定と環境整備という名目において根拠をもつことになる。

この秦代までの情勢からみれば、たしかに諸国の直轄地・地方の水利開発は官吏の遵守すべき職務にふくまれたが、水利灌漑による農民支配や、農耕地の国有は必ずしも前提となっていないようである。しかし漢代になると、さらに

戦国・秦代の水利開発をうけて拡大し、それを種々の水利事業として成立させた点が重視される(35)。

たとえば第一は都市の建設で、それは長安のような首都のほか、皇帝の陵邑、上林苑のような苑囿が設けられ、そのほかに都市を結ぶ道路の整備も秦始皇帝の馳道（高速道路）建設を継承するものであろう。第二は黄河治水で、これは秦の統一によって初めて全体が視野に入り、実際には前漢になって漕運路の確保や、関東諸郡の治水とあわせて重要な問題になった。第三は京師漕運で、これも前漢になってしだいに漕運路の確保が重要となり、それは余りがあれば灌漑にも使用された。したがってこれらの大規模水利事業は、漢王朝による国家プロジェクトであり、それは形をかえて歴代の王朝に継承される事業となっている。

これに対して、戦国諸国の各地方の水利開発は、前漢初期の郡国制の時代をへて、前漢後半から郡県制を基本的なシステムとする地方統治のなかで施行されるようになる。そこでは郡県の小農民の安定と、賦税の増収をはかる必要があり、その関連において社会的な水利開発が問題となる。

その一は、郡県・都尉の治所、官府、軍事拠点の建設であり、そこには城郭・倉庫の建造と、物資・財物の保管などをふくむ。また県領域内の環境整備や洪水の防止なども、従来の施策を継承するものといえよう。

二は、山林藪沢の開発と経営、道路・関所などの水陸交通路の整備、郡国間の糧食援助や、その他の物資の輸送などは、さらに郡県の領域に拡げたものである。ここでは山林藪沢と公田との関係が問題となるが、漢代では「公私共利」の考え方がみえており、国家・郡県に所属する公田のほかに民間の利用がある(36)。

三は、郡県の開発と水利政策の施行で、これが農耕地の拡張と生産増収につながる。いまこれを地域別に考えてみよう。まず華北では、小河川・泉水・陂沢の灌漑が干ばつに備えて開発される。その一例は、長安周辺の官府による涇水流域の水利灌漑であり、このほか関中の県内では一般の農業経営がある。また関東では、高田の粟・黍作から下田の麦作への灌漑がみられ、小河川の治水が整備されるとともに、前漢後半期から黄河流域の河川敷への進出と居住が広がっている。これに対して巴・蜀の地域では、都江堰のように郡県の治水・灌漑工事が行われる地域と、一般県の小規模な陂池による農業経営の形態がみられる。そして江淮・江南では、丘陵地に防禦・漁猟採集のために造られた陂池が、しだいに灌漑用として利用されるようになり、郡県による大小規模の陂塘が建造され、流域の水利管理が行われるようになる。つまり全国的には、前漢後期から後漢にかけて水利灌漑の認識が高まり、水利事業が進展したようである。ただし漢代では、なお水旱災に対する直接的な対応が少なく、依然として田租の減免が多いことは、農業灌漑の不安定を示すものかもしれない(37)。

漢代の水利組織は、それぞれ中央の諸官府に、水利の必要に応じて都水官のような役職が置かれていたが、前漢後半期に諸陵が郡県に移管することに並行して、やがて各地の郡県に都水官が設置されるようになっている(38)。そして後漢の郡県下で都水官は、水利管理と祭祀などを行った可能性がある。そのとき労働力は、中央や郡県に所属する農民の徭役のほかに、徒刑の労働が利用され(39)、のちに徭役は一部を免役銭で代納するようになる。また水利施設をはじめ土木建築物の測量・形状・ノルマなどは、『九章算術』という算数書の例題によって、漢代の水利機構・技術の進展を知ることができる(40)。

以上、戦国・秦漢時代の水利問題を展望してみると、すでに戦国諸国では県レベルの水利開発が行われており、とくに秦では労働力を結集した郡レベルの水利事業があったことが特色である。しかし漢代の華北・長江流域では、なお生産形態のちがいによる郡県の地域性が明確ではなく、また漢代郡県制では、水利開発と豪族・農民との関係や、郡県の長吏による水利規約・調停の出現などの解明が、今後の重要な課題として残されている(41)。

おわりに

ここでは中国古代社会の変遷について、水利問題という限られたテーマから考えてきた。そこでは殷周時代の都市水利をはじめ、国単位の機構を備えた城郭内外の水利施設が充実してゆき、春秋・戦国時代の諸国では都市周辺をふくめた公的事業・軍事土木として進展する状況がうかがえる。しかし治水・灌漑・水運にかかわる水利事業が大きな問題となるのは、やはり春秋・戦国時代からである。

中国の水利開発の発展は、第一に春秋末から戦国期と、第二に前漢後半から後漢時代に分けられる。そのうち春秋・戦国期に水利事業が重要な課題となったのは、諸国が富国強兵をすすめてゆく過程において、本拠地の生産力の増大、環境・水陸交通路の整備、山林藪沢の利用と管理などが、社会的に重要な意義をもちはじめたからである。その背景には農民に対する賦役の変化や、土木用具としての鉄器の製造も貢献したであろう。この意味において、戦後の論争となった国家の手による未墾地の開拓は、一部において実施されたことになる。しかし修正すべき点は、それを国家全体の水利支配に結びつけたことであり、なお水利灌漑の普及は地域が限定されていた。そのとき社会編成に関していえば、三晋・斉・楚などが県レベルの水利開発にとどまるのに対して、すでに秦では郡レベルにあたる労働編成が可能となっていた。これは春秋時代までの国が、のちに戦国諸国の県・邑レベルの領域として編成され、それがさらに秦・漢の郡県制という統治システムに再編される過程を示唆するものであろうか。

戦国期では、軍事目的による河川工事や、各国間の交通路・関所が整備されたが、華北の黄河流域と江淮・江南を視野に入れた水利事業は存在しなかった。それは秦始皇帝の統一によって、はじめて全体の問題となったのであり、ふたたび前漢になって黄河治水・京師漕運が、国家的事業として注目されたのである。そしてこれらの水利事業をめぐる社会関係は、その比重は異なるが歴代王朝にうけつがれることになる。

漢代になると、このような大規模な水利事業のほか、華北・江淮・江南の各地域に、風土に適した水利灌漑の施設が多く建造されるようになり、それは郡県レベルにおける地方統治のあり方にも関係する。たとえば中央から管轄される郡県では、官府の公共的な建設・水利土木事業が施行され、そのほか租税の増収と農民の安定のために、勧農政策と救荒対策・水利開発が行われる。しかもそれは官府による以外に、集落・有力者の一族レベルの開発も想定できる。そこで漢代社会では、とくに地域の水利機能として、農業生産と水利灌漑のかかわりが重視されるようになるとおもわれる。

それでは以上の概観をふまえて、今後はどのように古代水利史の考察を進めてゆくべきであろうか。

その一は、水利技術史の研究をすすめることである。これまでの論争では、戦国期に水利・鉄器・牛耕が重要な要素といわれながら、その水利技術・組織、作業工程、鉄器の意義、農業生産における水利灌漑の役割などが、なお具体的に明らかにされていなかった。したがって近年の農業技術の研究をふくめて、地域別に水利開発の実態を考察する必要があろう。

その二は、国家・郡県の水利政策の側面とともに、水利機能の社会的な視野をもつことである。そこには治水説話の伝承から、山川祭祀、財政・賦役、商業・交易、災害史、人口史、環境整備など多くの側面をもつはずである。また中国の水利開発は、官府・民間ともに自然環境に対して良い方向に進んでいたか、あるいは戦争による破壊・影響などの分析も水利史研究の一方向といえよう。そしてとくに漢代以降では、国家と郡県社会・豪族・農民のあり方という、地方統治と社会構造の解明が課題となろう。

そして三に、さらに広い視野の問題として、日本の水利灌漑施設と稲作との比較をあげておきたい。すなわち日本では、すでに縄文時代末から弥生時代にかけて、多くの水田遺跡が報告され、多様な地形にあわせて稲作が展開したことが論じられている。これに対して春秋・戦国、秦漢時代の農業では、とくに江淮・江南の生産力が低くみなされているようにおもわれる。南方の楚文化、呉・越文化の隆盛や、その後の江南の発達をみると、もう少し東アジア全体の中で、中国水利史を位置づけることが必要ではないかと考える。

このように水利問題を、広義の「水利開発史・政策史」とみなせば、それは技術的な独自のテーマにとどまらず、古代国家の成立と社会の形成・構造にかかわる一課題であることがわかるであろう。またそれを技術の社会史としてみるとき、理論的な側面とともに、地形条件や生産形態をふまえた地域的研究によって、具体的な中国古代社会のイメージが描けるのではないかと思うのである。

注

(1) 顧頡剛・童書業「鯀禹的伝説」(『古史弁』第七冊下編)、小南一郎「大地の神話―鯀・禹伝説原始」(『古史春秋』二、一九八五)。

(2) カール・A・ウィットフォーゲル著、湯浅赳男訳『オリエンタル・デスポティズム』(一九六二年版、新評論、一九九一)、また冀朝鼎著、佐渡愛三訳『支那基本経済と灌漑』(白楊社、一九三九)、冀朝鼎著、朱詩鰲訳『中国歴史上的基本経済区与水利事業的発展』(中国社会科学出版社、一九八一)。木村正雄『中国古代帝国の形成』(不昧堂、一九六五)、西嶋定生『中国古代帝国の形成と構造』(東京大学出版会、一九六一)、同『中国古代の社会と経済』(東京大学出版会、一九八一)、増淵龍夫「中国古代国家の構造」(『古代史講座』四、学生社、一九六二)など。

(3) 天野元之助「中国古代農業の展開―華北農業の形成過程」(『東方学報』京都三〇、一九五九)、『中国江南の稲作文化』(日本放送出版協会、一九八四)、米田賢次郎『中国古代農業技術史』(同朋舎出版、一九八九)など。

(4) 鶴間和幸「秦漢期の水利法と在地農業経営」(『歴史学研究』別冊特集、一九八〇)、拙稿「漢代における水利事業の展開」(『歴史学研究』五二一、一九八三)。

(5) 武漢水利電力学院・水利水電科学研究院《中国水利史稿》編写組『中国水利史稿』上冊(水利電力出版社、一九七九)、長江流域規画弁公室《長江水利史略》編写組『長江水利史略』(水利電力出版社、一九七九。高橋裕監修・鏑木孝治訳『長江水利史略』古今書院、一九九二)、姚漢源『中国水利史綱要』(水利電力出版社、一九八七)、熊達成・郭涛編『中国水利科学技術史概論』(成都科技大学出版社、一九八九)、汪家倫・張芳編『中国農田水利史』(農業出版社、一九九〇)など。

(6) 杉本憲司『中国古代を掘る』(中央公論社、一九八六)、曾暁敏「鄭州商代石板蓄水池及相関問題」、宋国定「試論鄭州商代水井的類型」(以上、河南省文物研究所編『鄭州商城考古新発現与研究1985—1992』中州古籍出版社、一九九三)、「鄭州商城考古又有重大収穫」(『中国文物報』一九九五年七月三〇日)。

(7) 佐藤武敏「殷周時代の水利問題」(『人文研究』一二—八、一九六一)。また前掲『中国水利史稿』上冊では、殷墟の陶製下水管道を紹介している。

(8) 温少峰・袁庭棟著『殷墟卜辞研究—科学技術篇』(四川省社会科学院出版社、一九八三)、末次信行『殷代気象卜辞の研究』(玄文社、一九九一)など。

(9) 山東省文物考古研究所等編『曲阜魯国故城』(斉魯書社、一九八二)。

(10) 伊藤道治『中国古代王朝の形成』第二部第四章「姫姓諸侯封建の歴史地理的意義」(創文社、一九七五)。

(11) 佐藤武敏「古代江南の稲作と水利」(『佐藤博士退官記念中国水利史論叢』、国書刊行会、一九八四)。

(12) 南京博物院・呉県文管会「江蘇呉県澄湖古井群的発掘」(『文物資料叢刊』九、一九八五)。

(13) 任式楠「中国史前城址考察」(『考古』一九九八—一期)、荊州博物館・福岡教育委員会「湖北荊州市陰湘城遺址東城墻発掘簡報」(『考古』一九九七—五期)、宮本一夫「呉越の文化」(『福岡からアジアへ5』西日本新聞社、一九九七)など。

(14) 王崇礼『楚国土木工程研究』(湖北科学技術出版社、一九九五)は、楚の城邑・長城、宮殿、墓葬建築、水井、礦井と礦冶、

水利、工具・材料などを概説している。また陳振裕「東周楚城的類型初析」(『江漢考古』一九九二―一期)。

(15) 楊寛「戦国時代水利工程的成就」(『中国科学技術発明和科学技術人物論集』三聯書店、一九五五)では、堤防・長城と運河の発展を基礎とする。また江村治樹『春秋・戦国・秦漢時代の都市の構造と住民の性格』(科学研究報告書、一九九〇)、拙稿「戦国・秦代の都市水利」(『中国水利史研究』二〇、一九九〇)。

(16) 河南省文物研究所等『登封王城崗与陽城』第二篇、東周陽城(文物出版社、一九九二)。

(17) 大島利一「中国古代の城について」(『東方学報』京都三〇、一九五九)。

(18) 渡辺卓「墨家の守禦した城邑について」(『古代中国思想の研究』、創文社、一九七三)、また『銀雀山漢墓竹簡〔壱〕』守法守令等十三篇(文物出版社、一九八五)。

(19) この資料は当初、『孫臏兵法』(金谷治訳・注、東方書店、一九七六)の一部とされたが、のちに『銀雀山漢簡釈文』(文物出版社、一九八五)では「論政論兵之類」に分類されている。

(20) 佐藤武敏「『管子』に見える治水説」(『中国古代史研究』三、一九五九)。また原宗子『古代中国の開発と環境』(研文出版、一九九四)は、『管子』地員篇をめぐって斉地方の産業環境を考察している。

(21) このほか『呂氏春秋』孟秋紀に、「是の月や……百官に命じ、始めて収斂せしむ。隄防を完くし、壅塞を謹み、以て水潦に備う」など類似の例がある。

(22) 拙稿「中国古代の関中開発」(『佐藤博士退官記念中国水利史論叢』国書刊行会、一九八四)。

(23) 増淵龍夫「先秦時代の山林藪沢と秦の公田」(一九五七、のち『中国古代の社会と国家』弘文堂、一九六〇)。

(24) 睡虎地秦墓竹簡整理小組編『睡虎地秦墓竹簡』(文物出版社、一九九〇)、湖北省文物考古研究所等「雲夢龍崗6号秦墓及出土簡牘」(『考古学集刊』八集、一九九四)、劉信芳・梁柱編著『雲夢龍崗秦簡』(科学出版社、一九九七)。

(25) 佐藤武敏「古代における江淮地方の水利開発」(『人文研究』一三―七、一九六二)。

(26) 船越昭生「鄂君啓節について」(『東方学報』京都四三、一九七三)、拙稿「戦国楚の領域形成と交通路」(『「史記」「漢書」の再検討と古代社会の地域的研究』科学研究報告書、一九九四)。

（27）佐藤武敏編『中国災害史年表』（国書刊行会、一九九三）、同「春秋時代の水旱災」（『人文研究』三三―一二、一九八一）、同「秦漢時代の水旱災」（『人文研究』三五―五、一九八三）。
（28）佐藤武敏「『呂氏春秋』上農等四篇と水利灌漑」（『中国水利史研究』一二、一九八二）、渡辺信一郎『中国古代社会論』（青木書店、一九八六）。また黄耀能『中国古代農業水利史研究』（六国出版社、一九七八）、鶴間和幸「漳水渠・都江堰・鄭国渠を訪ねて」（『中国水利史研究』一七、一九八七）。拙稿「西門豹の水利事業」（『中国水利史研究』一九、一九八九）、同「関中地域の水利開発」（『「社会科」学研究』二一、一九九一）、同「古代蜀の水利開発と社会」（『日中文化研究』一〇、一九九六）、同「霊渠と相思埭」（『「社会科」学研究』一三、一九八七）など。
（29）岡崎敬「漢代における池溝開発とその遺跡」（『末永先生古稀記念古代学論叢』一九六七）。
（30）工楽善通『水田の考古学』（東京大学出版会、一九九一）、和佐野喜久生編『東アジアの稲作起源と古代稲作文化』（佐賀大学農学部、一九九五）など。
（31）渡辺信一郎「火耕水耨の背景」（『中国社会・制度・文化史の諸問題』中国書店、一九八九）、福井捷朗・河野泰之「『火耕水耨』再考」（『史林』七六―三、一九九三）など。
（32）岡崎敬「漢代明器泥象にあらわれた水田・水池について」（『考古学雑誌』四四―二、一九五八）、渡部武「漢代陂塘稲田模型に見える中国古代稲作技術」（『白鳥芳郎教授古稀記念論叢アジア諸民族の歴史と文化』六興出版、一九九〇）。
（33）佐藤武敏『中国古代工業史の研究』第六章「春秋戦国時代の製鉄業」（吉川弘文館、一九六二）、五井直弘「鉄器牛耕考」（『三上次男博士喜寿記念論文集・歴史編』平凡社、一九八五）。
（34）注（24）。
（35）鶴間和幸「秦漢比較都城論」（『茨城大学教養部紀要』二三、一九九一）、同「漢代皇帝陵・陵邑・成国渠調査記」（『古代文化』四一―三、一九八九）、劉慶柱・李毓芳著、来村多加史訳『前漢皇帝陵の研究』（学生社、一九九一）。拙稿「漢唐長安の都市水利」（『中国水利史研究』二二、一九九二）、同「漢代の黄河治水機構」（『中国水利史研究』一六、一九八六）、同「前漢時代の漕運機構」（『史学雑誌』九二―一二、一九八三）など。

（36）重近啓樹「中国古代の山林藪沢」（『駿台史学』三八、一九七六）、好並隆司「中国古代山沢論の再検討」（一九八一、のち『商君書研究』渓水社、一九九五）。
（37）西村元佑「漢代の勧農政策」（一九五九、のち『中国経済史研究』東洋史研究会、一九六八）、平中苓次「漢代の田租と災害によるその減免」（一九五九～六一、のち『中国古代の田制と税制』東洋史研究会、一九六七）。
（38）拙稿「漢代関中の県と水利開発」（『中国水利史の研究』国書刊行会、一九九五）。
（39）拙稿「前漢の徭役労働とその運営形態」（『中国史研究』八、一九八四）、重近啓樹「秦漢における徭役の諸形態」（『東洋史研究』四九―三、一九九〇）など。
（40）『九章算術』には、城壁・堤防・溝・渠・池の計算や、作業ノルマなどが記されており、漢代土木事業の復元が可能となる。また近年、前漢初期といわれる江陵張家山漢簡の「算数書」も出土している。
（41）好並隆司「漢代の治水灌漑政策と豪族」（一九六五、のち『秦漢帝国史研究』未来社、一九七八）、拙稿「『四民月令』の性格について―漢代郡県の社会像」（『東方学』六七輯、一九八四）、東晋次『後漢時代の政治と社会』（名古屋大学出版会、一九九五）、拙稿「漢代郡県制と水利開発」（『岩波講座世界歴史3　中華の形成と東方世界』岩波書店、一九九八）。

中国古代の社会史研究と出土文字資料——包山楚簡卜筮祭禱記録簡を中心に——

工藤元男

はじめに

一九七〇年代以降、中国各地で先秦～秦・漢時代の多種多様な文字資料が出土するようになったが、われわれはそれらを使用するための方法論も併せて研究して行く必要がある。[1] そこで出土文字資料が今後中国古代史研究にどのような影響を与えるのかをやや自己の体験に引きつけて述べてみると、次のような諸点をあげることができる。①出土文字資料を効果的に解読するため、既存の学問的枠組を越えた学際的研究が今後ますます促進されると予想される。例えば一九九五年四月に発足した中国出土資料研究会（現在名は中国出土資料学会）はそのような潮流を背景に生まれた学会といえる。②出土文字資料の中には文献資料からは容易に窺い知れなかった日常生活のディテールを裸出したものが含まれ、例えば「日書」など各種の占書は人々が無意識に行っている習俗的行為の術数理論を解読するのに貴重な資料となっている。③出土文字資料は出土地および年代の下限が確定できるので、習俗における時間性（年代）と空間性（地域性）の位相を検討するのに基礎的なデータとなる。④そうした出土文字資料の中でとくに注目されるのは、包山楚簡・睡虎地秦簡・竜崗秦簡・張家山漢簡などに秦律・漢律あるいは爰書など法制史料が多数含まれ、また睡虎地秦簡に典型的にみられるように、しばしば一つの墓葬から法制史料と占書が伴出することである。それは生前地方官であった墓主が在地社会で直面した習俗との関係を反映する史（資）料として利用できる。したがって如上の出土秦律・漢律は法制史研究として以外に、国家とその律文が適用される対象（在地社会）との諸関係、換言すれば〝法と習俗〟という視座から分析されるべき側面をもっている。[2]⑤そのような出土文字資料の解読に大きな役割を果たすと期待されるのがコンピュータである。すでに漢籍のデータベース化は着実に進み、それらは語彙検索に便利というだけでなく、用例・構文などの言語学的分析においても有効性が発揮されるだろう。[3]

このようにみてくると、出土文字資料を利用した研究は今日の歴史学の大きな潮流になっている〝社会史[4]〟の分野でもっとも可能性を発揮しそうである。とくに〝歴史の中の日常性〟というコンテクストで言えば、占書に内在する資料的可能性に注目される。そのような占書の出土例としては、すでに一九三四年に湖北省長沙の戦国楚墓から出土した楚帛書があり[5]、その他にも五九年に甘粛省武威県磨咀子六号漢墓出土の「日忌、雑占木簡」が知られている。[6]この種の占書の出土は七〇年代以降になると急激に増加するようになった。そこで小論ではそれらの中からとくに包山楚簡「卜筮祭禱記録簡」をとりあげ、そこに現れた貞人たちの活動内容を分析し、さらにおなじ楚文化圏から出土することの多い「日書」との関係を考察し、占書の社会史的可能性を紹介してみたいとおもう。

一、近年における占書の出土例

近年の出土文字資料の中で、とくに占書の出土例を年代順に追って行くと、ほぼ次のようになる。

1　「日書」の出土例

①定県漢簡「日書」　一九七三年初、河北省定県八角廊村西南部の四十号漢墓で出土。墓主は前漢末の中山懐王劉修と推測され、副葬品の中に「日書・占卜などの断簡」があった。[7] ただしこの墓葬についての発掘簡報が出たのは八一年で、七五年末に出土した睡虎地秦簡以前に「日書」の名は知られていなかったはずなので、この〝日書・占卜〟とは秦簡「日書」に拠った命名とみなされる。

②睡虎地秦簡「日書」　七五年末、湖北省雲夢県睡虎地の十一号秦墓から出土。墓主は秦昭王二九年（前二七八）に秦が楚の都郢を陥落させ、その一帯に置いた南郡の県官。埋葬年代は始皇三〇年直後。棺内に一一五〇余枚の竹簡が副葬され、その中に秦隷で記された甲乙両種の「日書」があった。[8]「日書」とは乙種簡末尾背面に墨書された原表題である。[9]

③阜陽漢簡「日書」　七七年春、安徽省阜陽県双古堆一号漢墓から出土。墓主は前漢初の汝陰侯夏侯竈と推測され、その墓葬から「刑徳・日書」数百余片、干支表の残片が発見された。[10]

④湖北江陵九店東周墓竹簡「日書」　七八年、湖北省江陵県で九店公社磚瓦廠が雨台大隊施家窪で採土していたとき多数の楚墓が発見され、八一年～八九年の発掘調査でその中の五六号墓から「日書」二〇五枚が出土。年代は「戦国晩期早段」、墓主の身分は「庶人」。書体は楚系文字、字数は二七〇〇字ほど、そのうち識別可能なものは二三三二字。とくに第一三簡～第二四簡は「術数面の内容を記したもので、雲夢秦簡《日書》の性質とおなじ」という。[11]

⑤江陵張家山漢簡「日書」　八三年末～八四年初、湖北省江陵県張家山で、前漢初期の二四九号墓・三二七号墓が発見され、各墓葬から「日書」が出土。[12] 原簡に表題はないが、その内容が秦簡「日書」と類似するのでそのように命名されたという。[13] 二四九号墓の竹簡は四〇〇余枚。三二七号墓の竹簡の総計は三〇〇枚、そのうち残簡は一三〇枚。

散乱していて配列の順序は失われていた。字体は隷書。睡虎地秦簡の「日書」に類似しているという。[14]

⑥放馬灘秦簡「日書」 八六年三月、甘粛省天水市北道区党川郷放馬灘一号秦墓から両種の占書が出土。甲種は七三枚、乙種は三七九枚。[15] 甲種の字体は篆書を主体とし、戦国古文の遺風を残す。乙種は睡虎地秦簡「日書」と類似し、多分に秦隷の跡がみられる。何双全氏によれば、墓葬の下限は始皇八年九月から九年はじめにかけてであるという。[16]

⑦江陵王家台十五号秦墓「日書」 九三年、湖北省江陵県荊州鎮郢北村王家台十五号秦墓から出土。竹簡八〇〇余枚の中に含まれている。[17] 秦隷で記され、墓葬の年代は秦の南郡設置以後～秦の六国統一以前とされているので、睡虎地秦簡「日書」とほぼ同時代である。

⑧その他 胡文輝氏は七二年～七四年、甘粛省居延（甲渠候官）で発見された居延新簡に一枚の「日書」残簡（破城子探方五・五七A）を発見したとして、それを睡虎地秦簡「日書」乙種の「嫁子□」との共通性を指摘されているが、[18] このような占卜断簡までもただちに「日書」とみなすことには疑問がある。睡虎地秦簡の占書に「日書」の二字が墨書されていたことから、占書イコール「日書」とみなすことが当然であるような傾向を生じているけれども、右にあげた「日書」の出土地の多くが、とりわけ戦国時代に溯るほど楚文化圏に集中している傾向に注目する必要がある。そしてそのような楚文化圏出土の文字資料の中で「日書」との関連でさらに注目されるのが、いわゆる「卜筮祭禱記録簡」なのである。その出土例は以下のごとくである。

2　「卜筮祭禱記録簡」関係の出土例

①望山楚簡 一九六五年冬、湖北省江陵県紀南城西北の望山一号楚墓から出土。椁室内が水に浸かり竹簡はみな

断簡であったが、それらを接合して二〇七枚が復原された。それによると墓主の名は邸（昭）固、楚の悼王の曾孫で、年代は戦国中期である。内容は貞人が墓主邸固のために卜筮祭禱した記録で、この種の竹簡としては最初に出土したものである。[19]

②**江陵天星観楚簡**　一九七八年一月～三月、湖北省江陵県観音壋公社五山大隊の一号楚墓から出土。簡文の内容は〝卜筮記録〟と遣策。完全な簡は七〇余枚で、その他は残簡である。卜筮記録簡の方が分量が多く、字数は二七〇〇余字。大部分は墓主のために卜筮した記録で、祭祀にかんする記事も一部含まれている。墓主の名は邸鴋君番勅。邸鴋は封地、君は封号、番勅は名。墓葬の年代は楚の宣王あるいは威王の時期と推定されている。[20]

③**江陵秦家嘴楚簡**　一九八六年五月～八七年六月、湖北省江陵県の秦家嘴で「春秋晩期～戦国晩期早段」の一〇五基の楚墓が発見され、その中の一号・十三号・九十九号墓から総計四一点の竹簡断簡が出土。内容は祭禱や占卜にかんするものであるが、仔細はほとんど不明である。[21]

④**その他**　彭浩氏は「湖南省常徳と湖北省江陵の小型墓の中からこの種の竹簡が少量発見されている」[22]と指摘されているが、後者はあるいは右記③の江陵秦家嘴楚簡を指すのであろうか。

ともあれこれらの「卜筮祭禱記録簡」はほとんど断簡で、その内容も断片的で、全容がよくわからない。その意味で包山楚簡の「卜筮祭禱記録簡」は、生前に墓主にたいして行われた卜筮祭禱の内容を詳細に記録しているとみなされ、「日書」との関連を検討するのに画期的な資料なのである。

二、包山楚簡「卜筮祭禱記録簡」について

そこであらためて包山楚簡について検討してみたい。一九八六～八七年、湖北省荊門市（紀南城より一六キロほど北方）で一号～八号の八基の墓葬が発見され、このうち二号墓が最大で、そこから大量の竹簡が出土した。その発掘簡報は翌年の『文物』一九八八年第五期に発表され、現在までに以下の発掘報告書とテクストが公刊されている。

1　包山楚簡のテクスト

①湖北省荊沙鉄路考古隊編『包山楚墓上下』（文物出版社、一九九一年）。上冊三四八～三九九頁に劉彬徽・彭浩・胡雅麗・劉祖信の各氏による釈文・考釈、他二五篇の論文／下冊図版九一～二一一に原簡の写真、図版二四九～三〇四に字表がある。(23)

②湖北省荊沙鉄路考古隊編『包山楚簡』（文物出版社、一九九一年）。右の釈文・考釈・写真を収録したもの。原簡の写真がより鮮明である。

③張光裕主編・袁國華合編『包山楚簡文字編』（藝文印書館、民国八一年）。文字編（正文・合文・待考字・残字）／部首索引／筆画索引／待考字索引／釈文／与其他戦国文字対照資料通検／図版（原簡写真と釈文を並列させている。ただし原簡写真の複写による一字索引にはしばしば漏れがあって、印刷もかんばしくない）

④張守中選集『包山楚簡文字編』（文物出版社、一九九六年）。本書は②のテクストから単字・合文・存疑字・残字（付録に卦辞）を選び、③のテクストとおなじく『説文』の順序にしたがって配列し、「検字表」で検索できるようになっている。字は臨摹されているのでみやすい。

2　包山楚簡の概要

包山楚簡については『江漢考古』誌を中心に中国ですでにかなりの論考が発表されているが、日本では池田雄一氏がはじめて専論を発表され[24]、その後、藤田勝久氏も楚簡全体の中でこの包山楚簡の位置づけを紹介された[25]。報告書ならびにそのような内外の研究成果によると、墓主および竹簡の内容は以下の如くである。墓主の姓名は卲（昭）㸃、その名のしめす如く昭王（在位、前五一五～前四八九）を祖とする楚の世族である。生前の官名は左尹で、宰相である令尹の補佐役と解され、同時出土の法制文書からみてその職掌は司法官であったようである。地位は令尹・大司馬よりは低く、身分は大夫級とみなされている。死亡年齢は三五～四〇歳、埋葬年代は遣策の記事から前三一六年（楚暦六月二五日）と推定されている。そしてこの墓葬から合計四四八枚の竹簡（有字簡二七八枚、総字数一二四七二字）が出土したが、その内容は次のように区分されている。

（一）文書類

集箸（一三枚）：名籍の取り調べにかんする訴訟案件の記録。

集箸言（五枚）：名籍の紛糾にかんする告訴および主管官吏に送られたその記録。

受期（六一枚）：各種の訴訟案件を受理した期日と審理期間およびその論決を要約した記録。

疋獄（二三枚）：起訴にかんする簡潔な記録。

その他：篇題のない九四枚の竹簡がある。

（二）卜筮祭禱記録簡（五四枚）：全体は二六組に分けられ、各組の簡は貞問あるいは祭禱の時期の順序に配列され、各組ごとに一まとまりの事項が記され、それに使用される簡は多いもので四～五簡、少ないもので一簡。内容は貞人が墓主のために吉凶禍福を貞問し、また鬼神と祖先に賜福・加護を願ったもの。

（三）遣策（二七枚）：副葬品の目録。

（四）竹牘（一枚）：葬儀に使用された車六輌について記したもの。

睡虎地秦簡と包山楚簡を比較してみると、秦簡の法制史料とくに「封診式」の爰書が包山楚簡の（一）文書類に、秦簡の「日書」が包山楚簡の「卜筮祭禱記録簡」にそれぞれ対応するようにみえる。しかしそれは両人がたまたま治獄をつかさどる法官であったという偶然かも知れない。

ともあれこのうち「卜筮祭禱記録簡」についてみてみると、それは墓主が病没する三年前からの占卜の記録で、前三一八年に始まり、翌年から墓主の病気が重くなり、翌々年に墓主が死亡するまでのもので、その間貞人たちが墓主の病状を求問し、吉凶禍福を貞問し、さらに鬼神・祖先に賜福・加護を願った内容となっている。文献の中にもこのような貞問にかんする記事がある。すなわち『周礼』春官の大卜の条に、

邦事を以て亀の八命を作る。一に曰く征。…（中略）…八に曰く瘳。

とあり、国家の大事にさいして亀卜に問う必要のある八つの命辞の一つとして「瘳」があげられ、その鄭司農の注に、

瘳は、疾の瘳《い》ゆるや不《いな》やを謂うなり。

とあり、「瘳」を病気の治癒を貞問することとしている。その具体例としては、『今文尚書』金縢篇にみえる武王にたいする周公旦の卜瘳がよく知られている。むろん包山二号楚墓の墓主は王ではない。しかしその祝告や祭祀の内容に共通する部分のあることも事実である。

また包山楚簡では「以事紀年」つまりその年の重大事件をもって年を表記する独自の紀年法を採用しており、すべて七種類ある（表一）。以事紀年の例は前述の楚簡[26]や金文史料の鄂君啓節[27]にも一部みえてはいた。七種類あるその以事紀年の中で「卜筮祭禱記録簡」は後三者の前三一八年～前三一六年に属し、全部で二六段の文となっている。そこに記された内容はほぼ定型化された貞問なので、とりあえずその中の第一年度（前三一八年、原文の第一段～第三段）

表一　包山楚簡の以事紀年

大司馬邵陽敗晉師於襄陵之歳	前三二二年
斉客陳豫賀王之歳	前三二一年
魯陽公以楚師後城鄭之歳	前三二〇年
□客監固逅楚之歳	前三一九年
宋客盛公鷃聘於楚之歳	前三一八年
東周之客許緹帰胙於栽郢之歳	前三一七年
大司馬卓滑救郙之歳	前三一六年

の文を中心に検討してみたいとおもう。なお楚系文字は字形が複雑で、省文や異体字も多く、そのため通行字体に代替できるものはできるだけそれに置換し、重文・合文記号の字もそれにしたがって二字分に釈している。また字の読み替えは断りのないかぎり、上記テクスト①の釈文・注釈にしたがい、ここではそれを「整理者」によるものとする。

〈第一段〉

宋客盛公鷃の楚に聘するの歳、𦊆𡰥の月乙未の日、盬吉、苞蓍を以て左尹𦨶の為に貞う、「𦊆𡰥の月より以て𦊆𡰥の月に抵《いた》[28]るまで、出入して王に事うること卒歳を尽すに、躬身に尚お咎有る毋からんか」と。之を占するに、「恒貞吉、少しく躬身に憂有り、且つ志事は少しく遅るるも得られん」と。其の故を以て之を敓す。攻解を人〈大〉悪（禹）に思《もと》む[29]。之を占するに「吉に当たる。期中に喜有り」と。

「宋客盛公鷃聘於楚之歲」は前三一八年、型层は楚の月名。「日書」甲種の「歲」にみえる秦楚月名対照表によると、(30)「型层之月乙未之日」は四月乙未の日であることが知られる。その日の貞卜者は盬吉・石被裳・応会の三人で、貞卜の次第は次の如くであった。盬吉は苞著（占具名）を用い、墓主のため次のように貞問した、「今月の四月から翌年の四月までの宮廷に出仕し王に仕える一年の間、自らに災いがあるだろうか」と。筮竹で占うと「恒貞吉（永遠に正しい道を守り変わることなければ吉が得られる）。やや健康に難あり。願いごとは少し遅れて叶う」とでた。その災いを祓うために祭禱し、さらに禳除を大禹に求めて占うと、(31)「吉。年内に憙あり」とでた。こうして盬吉による貞問・占卜が終わると、つづいて石被裳による貞問・占卜がおこなわれた。

〈第二段〉

（同年同月同日）石被裳、訓䕷を以て左尹舵の為に貞う、「型层の月より以て型层の月に抵るまで、卒歲を尽して躬身に尚お咎有る毋からんか」と。之を占するに、「恒貞吉、少しく外に憂有り、志事は少しく遅るるも得られん」と。其の故を以て之を敓す。邵王を罷禱するに特牛もて之を饋す。文坪夜（輿）(32)君・郚公子春・司馬子音・蔡公子豢を罷禱するに各〻特豢・酒飤もてす。夫人を罷禱するに特腊もてす。志事兼《おな》じく得んとして、皆な兼じく之を賽す。之を占するに、「吉。亯月・夏柰に喜有り」と。

石被裳が訓䕷（占具名）を用いて亀卜すると、盬吉とおなじ内容だったので、その災いを祓去するため罷禱とよばれる一連の祭祀をおこなった。まず昭氏の始祖である昭王のための供犠として徳牛（牛一頭）を用いた。またそれ以後の祖先である文坪輿君・郚公子春・司馬子音・蔡公子豢のために豕・酒食を用いた。また亡妻のため豕一頭を用いた。願いごとがおなじく叶うようにいっしょに祭祀した。そのうえで占うと「吉。六月・七月に喜あり」とでた。以上の祖先祭祀の後、さらに次のような筮占が行われた。

〈第三段〉

（同年同月同日）鄺会、央筮を以て子左尹炝の為に貞う、「𦋹𡰥の月より以て𦋹𡰥の月に抵るまで、出入して王に事うること卒歳を尽すに、躬身に尚お咎有る毋からんか」と。☱☱☳☷。之を占するに、「恒貞吉、少しく躬身に憂有り、且つ爵立は遅《おもむ》ろに踐《のぼ》らん」と。其の故を以て之を敓す。宮地主を挙すること一羖もてす。親父の蔡公子豙を舎する𝄁と肥豣・酒飤もてす。東陵連囂を挙禱すること肥豣・酒飤もてし、之を饋す。親母を舎すること特牛・腊・酒飤もてし、之を饋す。文坪輿君・郚公子春・司馬子音・蔡公子豙を罷禱するに各〻特豢・酒飤もてし、夫人には特腊・酒飤もてす。鄺会、之を占して曰く、「吉なり、九月に至らば喜あり、爵立せられん」と。　凡て此れ遍《あまねし》し、既に尽く逐《うつ》す。親父既に城《おわ》る。　親母既に城る。

すなわち最後に鄺会が筮占すると、『周易』では豫・兌にあたる☱☱☳☷の卦がでた。そこでその卦辞を求めると、「恒貞吉、やや健康に難あり。爵位は徐々に進められる」とでた。その祓除のため宮地主の神を黒い雄羊一匹で挙禱した。亡父の蔡公子家には牛一頭・腊・酒食で祭った。亡母には肥えた三歳の豕と酒食で祭った。親族の東陵連囂は肥えた三歳の豕と酒食で挙禱した。さらに先の石被裳の祭祀を承けて卲王を罷禱するのに一匹の豕と酒食、その亡妻には一匹の腊と酒食をもって祭った。そのうえでふたたび鄺会が占うと、「吉、九月になれば喜あり、爵位に昇る」とでた。かくて三度にわたり重ねて行った亀卜・占筮はここにすべて終了し、昭炝の亡父・亡母にたいする祭祀も終了した。

この第三段の内容からわれわれは、貞人が祖霊などにうったえて少しでも良い卦がでるように種々の祭禱を行っていたことを具体的に知ることができる。整理者は近祖や直系先祖にたいする祭祀を「罷禱」、先祖・父母・兄弟および山川や各種の神祇にたいする祭祀を「挙禱」、神霊の賜予する福佑にたいして報いる祭祀を「賽禱」としている。[33]

3 卜筮祭禱の体例

以上が前三一八年の卜筮祭禱記録のすべてであるが、前三一七~前三一六年のばあいも基本的にはこれと同様の形式で記述されている。「卜筮祭禱記録簡」の体例についてはすでに彭浩氏によって初歩的な整理が試みられているが、[34]その後李零氏は以下のように整理された。[35]

(一) 第一次の占卜

(1) 前辞

××之歳(以事紀年)、××之月(楚月名の使用)、××之日(干支の使用)、××(貞人名)以××(占卜道具)爲××(墓主名)貞:(:以下に命辞を引く)

(2) 命辞

自××之月(楚月名の使用)以抵××之月(楚月名の使用)、出入事王、盡卒歳(あるいは集歳)躬身尚毋有咎(あるいは病状がどうであるか)

(3) 占辞

占之恒貞吉、少有憂於躬身(あるいは宮室)、且間有不順(あるいはその他の不利)。以其故奪之。

(二) 第二次の占卜

(1) 命辞

a.×禱(翌禱・與禱・賽禱)××(多種の神祖名)、××(多種の供物名)饋之(あるいは郊之、享祭、郊祭

之）

b．思攻解於××（各種の鬼怪妖祥名）

（2）占辞

××占之、曰吉（あるいは神祖をもって既城（成）、期中有喜、期中尚毋有恙、無咎無奪などの語が綴られる）

4　墓主の病気の発生

こうして行われる卜筮祭禱の記事の中で、邵舵の病気にかんする記事がはじめて出現するのは翌年（前三一七）の第六段で、以下の如くである。

東周の客許緹、胙《ひもろぎ》を栽郢に帰《おく》るの歳、遠柰の月の癸卯の日、苛光、長則を以て右〈左〉尹邵舵の為に貞う、「肪腹の疾は気少なきを以てせんか。尚お咎有る毋からんか」と。之を占するに、「貞吉。少しく未だ已《おわ》らず」と。其の古（故）を以て之を敓す。埜地に宔一豭を薦し、宮地に宔一豭もてし、行を賽するに一白犬・酒飤もてし、之を占して曰く、「吉なり、⿱幵田⿸尸示に⿺辶且《ゆ》きて王に見えん」と。

これ以後何度も邵舵の病状が貞問され、災いを祓除し鬼神・祖先霊の加護を求める賽禱の記事が増えてゆく。そして副葬品の目録である遣策の記事により、最後の占卜が行われた前三一六年五月の一カ月後に邵舵が埋葬されたことが知られる。

このように「卜筮祭禱記録簡」は戦国時代の卜瘳の内容を具体的にしめす史料としてまことに貴重なものであり、その史料的価値は先秦宗教史にとどまることなく、さらに文化史の諸分野に波及することが予想されるので、次にその一端を検討してみたいとおもう。

三、「卜筮祭禱記録簡」の史料的可能性をめぐって

1 『楚辞』離騒篇との関連

竹治貞夫氏は「卜筮祭禱記録簡」と『楚辞』離騒篇との関係を指摘する湯炳正氏の解釈を紹介しておられる。(36) すなわち湯氏は「卜筮祭禱記録簡」の体例を、①卜筮の年月日を記す、②卜筮人および誰のために卜筮するかを記す、③占われたものは何事であるかを記す、④占卜の答案を記す、⑤吉に趨き凶を避けるため祈禱を行うことを記す、⑥卜筮人がふたたび吉凶を占する、の六つに整理されている。そして湯氏はそれを離騒篇の構文と比較し、その結論として「離騒の六つの卜筮順序は、詩人の自我抒情の部分以外は基本的に楚簡と一致する」(37)と指摘されるのである。『楚辞』に収められた諸篇とその作者をめぐって従来さまざまな解釈がなされてきたが、湯氏の所論は文学作品としての離騒篇のオリジナリティにたいして新たな一石を投じたものである。

2 占筮法および『周易』との関連

さらに湯氏は「卜筮祭禱記録簡」と『易』の関係についても言及されている。それを要約すると次のようになる。すなわち「卜筮祭禱記録簡」には易卦符号が六箇所みえ、それらはすべて数字卦で、『左伝』や『国語』の文に本卦・変卦の法がある内容とも一致する。例えば第七段に、

之を占するに、「恒貞吉、少しく躬身と宮室とに憂有り、且つ外に不順有り」と。

とあり、末尾の数字卦は『周易』では☷ ☱ ☶ ☰の卦画にあたり、その本卦は下兌上坤、すなわち六十四卦の「臨」

である。しかし本卦の最上の陰爻「--」によって変じて陽爻「—」となり、下兌上艮となるので六十四卦の「損」となる。これより楚簡の占法も中原と同一であったことが知られ、本卦より変卦にいたって占断を得ていたことがわかる。しかし臨卦の上六が変卦であるとすると、『周易』の臨卦の上六の爻辞は「敦く臨む、吉にして、咎無し」で、それにたいして楚簡は「恒貞吉……不順有り」とあるので、楚簡の占辞は『周易』に拠るものでないことになる。以上が湯氏の所論であるが、数字卦にかんする資料はすでに殷墟の四盤磨遺跡出土甲骨文や周原甲骨にもみえ、[38] 卜筮記録の断片は春秋末期の侯馬盟書にもみえている。[39] たしかに包山楚簡の卦辞は直接『周易』に拠るものでないけれども、筮占の占辞であることは明白なので、それは『周易』の成立過程との関連で今後本格的に検討されなければならない。

ちなみに『論語』述而篇には、

　子曰く、「我に数年を加え、五十にして以て易を学ばば、以て大過無かる可し」と。

とあり、おなじく子路篇にも、

　子曰く、「南人、言えること有り、曰く、人にして恒無くんば、以て巫医を作す可らず、と。善いかな。其の徳を恒にせざれば、或《つね》に之が羞を承く」と。子曰く、「占わざるのみ」と。

とあり（ともに古注の読み方にしたがう）、孔子と『易』の関係をめぐっては古来議論が絶えなかったが、今次の包山楚簡の出土によって述而篇の「易」を「亦」の通仮字かと疑う説や、子路篇で孔子が引用している「其の徳を恒にせざれば、或に之が羞を承く」（『周易』恒卦の九三）にたいする疑問は、一段と解決に近づいたようにおもわれる。[40]

3　睡虎地秦簡「日書」との関連

さらに検討すべき問題はおなじ楚文化圏から多く出土している「日書」との関連である。とくに注目されるのは、次の第一〇段の記事である（【】内は体例によって筆者が補った句）。

東周の客許綎、胙を栽郢に帰るの歳、寅月己酉の日、䇷吉、苞著を以て左尹邵𦥔の為に貞う、「其の下心を以て而《すなわ》ち疾《や》む。気少なからんか」と。【之を占するに、】「恒貞吉、甲寅之日」と。（以下不詳）

すなわち「卜筮祭禱記録簡」の記録がはじまる二年目の前三一七年十一月己酉の日、貞人䇷吉は苞著を用いて邵𦥔のために貞問した、「下心（整理者は胃の部分と推定）を病んでいるが、気が少ないためであろうか」と。そこであらためて筮占すると、「恒貞吉、甲寅之日」とでた。以下は不詳。

さらにつづけて苛光が貞問した。

苛光、長則を以て左尹邵𦥔の為に貞う、「其の下心を以て而ち疾む。気少なからんか」と。【之を占するに、】「恒貞吉、庚辛に間有らん」と。（以下、不詳）

すなわち苛光は長則を用いて左尹邵𦥔のために貞問した、「下心（胃）を病み、気が少ないためであろうか」と。そこで筮竹で占うと、「恒貞吉。庚辛に病気は好転する」とでた（以下、不詳）。

これは病没の前年における貞卜であるが、文中に「庚辛に間有り」とある句に注意しなければならない。それは睡虎地秦簡「日書」甲種の「病」に、

甲乙有疾、父母為祟、得之於肉。從東方來、裹以桼（漆）器。戊己病、庚有【間】、辛酢。若不【酢】、煩居東方、歳在東方。青色死。（以下、丙丁・戊己・庚辛・壬癸の条が続くが省略）

とある占辞を想起させるからである。甲乙〜壬癸の構文はまったく同一なので、かりに甲乙条を例にとって説明すると、この「病」は五行説（相生説・相勝説）を縦横に組み合わせながら、第一段で発病した日（甲乙有疾）、第二段で病気の由来とその直接の病因とを記し（父母為祟、得之於肉。從東方來、裹以漆器）、第三段でふたたび発病日を

記し（戊己病）、第四段でその小康状態をしめす間日（庚有間）とそれに報いるために祭る酢日（辛酢）、第五段でその祭祀を怠ったばあいに生じる災禍にかんする煩や歳の方位（若不酢、煩居東方、歳在東方）、第六段でその災禍の方位に対応する色彩と死の関係（青色死）をしめしたものである。[41] この「間日」はさらに「日書」乙種の「有疾」にも、

甲乙有疾、禺（遇）御於豕肉、王父欲殺、生人為姓（眚）。有病者必五病而☐有間。不間死、煩☐色亡。（以下、丙丁・戊己・庚辛・壬癸の条が続くが省略）

とあり、みられるように「病」「有疾」の両者は基本的に同一占法とみなされる。すると楚簡において貞人苛光が貞問によって得た「庚辛に間有り」という占断は、「日書」における「病」「有疾」などの卜瘳占辞の源流をなすとみなすことができる。ただ秦簡「日書」と基本的に異なるのは、包山楚簡に五行説の要素が認められない点である。[42] ともあれ両者に共通するこのような卜瘳占辞は、楚文化圏になぜ「日書」が集中して出土するのかという問題に深くかかわるようにおもわれる。

四、「卜筮祭禱記録簡」から「日書」へ

そこで最後に「卜筮祭禱記録簡」と「日書」の関係について検討してみたい。前者の第一段で貞人は「𠛱𡰪の月より以て𠛱𡰪の月に抵るまで、出入して王に事うること卒歳を尽すに、躬身に尚お咎有る毋からんか」と貞問しているが、このことは貞人の卜筮祭禱が必ずしも最初から卜瘳を目的とするものでなかったことを示している。卜瘳の記事が現れるのは翌年以降だからである。この貞問は当時巫祝が貴人の屋敷に招かれ、災いの有無の貞問や祖先祭祀を定

期的に行うような社会的習俗が存在したことを示唆している。また殷代の卜旬が十日の最後の癸日に次の十日の吉凶を貞卜するように、邵阸の健康にたいする貞問が前三一八年四月~翌年の四月であることも注意を要する。ただし翌年の前三一七年三月癸卯の貞問(第六段)において邵阸の病気がはじめて言及され、同年五月乙丑の貞問(第七段)に、

出入して王に侍するに、夏层の月より以て集歳の夏层の月に抵るまで、集歳を尽すに、躬身に尚お咎有る毋からんか。

とあり、ここでは五月(夏层の月)から集歳五月までの期間を貞問の範囲としている。集歳とは整理者によれば三年のことである。[43] さらに翌年の前三一六年四月己卯に行われた貞問では、その年の四月から集歳の四月までの期間を範囲としている。このように貞問の基点が四月→五月→四月と変化し、またその期間の範囲も卒歳→集歳へと変化しているようにみえるのは何故なのか。第一段の貞問のように人の健康の吉凶を貞問するばあいは当該年の四月から翌年の四月までの期間を範囲とするが、邵阸はその期間の最後の月(前三一七年三月)に病気になったので、新たに四月に行うべき貞問が五月に延長されたのであろうか。また邵阸が発症して以後、翌年(前三一六)の吉凶貞問はふたたび四月(己卯)に戻っている。しかしその期間の範囲は集歳、つまり整理者の注釈によれば三年間の邵阸の身体の吉凶が貞問されている。陳偉氏はこの集歳を一年の意と解するが、[44] 今後の大きな検討課題となっている。

次に問題となるのは、如上のような貴人宅における巫者の卜筮祭禱が社会的習俗によるものだとすれば、その記録が貞問や祭禱の行われたやや後のものであることにも注意を要する。なぜなら冒頭の以事紀年は当年度が終わってから前年度を代表する出来事をもって命名されたであろうからである。つまり「卜筮祭禱記録簡」はじっさいに行われた貞問や祭禱の記録(一次資料)を材料として、副葬品として納棺するために書かれた二次資料と解されるのである。

望山楚簡などに墓主の貞問や祭禱にかんする記録がみえるのも同様の事情によるものであろう。

以上を要するに、楚文化圏では貴人が巫祝を屋敷に招き、災いの有無の貞問や祖先祭祀を定期的に行う社会的習俗があったと想定され、当主の死後は死に到るまでのその祭禱記録を編集して墓葬に副葬したのではないかと解される。もっとも池澤優氏のように、禱辞が表す祭祀儀礼は必ずしも現実に行われたのではなく、複数の貞人が各自提出した災禍などにたいする解釈と処方箋であって、そのうちどれを選択して現実に実行するかはクライアント側に委ねられたとする解釈もある。(45) その実体はともかく、その記録を竹簡に記して副葬するのが楚文化圏の葬送習俗だったことは事実であろう。ところがそのような葬送習俗は時代とともに廃れ、おそらくより簡便な手段として「日書」の副葬がそれに取って代わったのではあるまいか。その過程の具体的な諸相はまだほとんど不明で、今後の新たな文字資料の出土に委ねられるわけであるが、戦国末期以後における五行説の広範な流行もその傾向を促進したことであろう。(46)「日書」が楚文化圏を中心に出土し、その出土年代が包山楚簡より後の、すなわち戦国末期以後のものであることも、「日書」が「卜筮祭禱記録簡」にみられる楚の葬送習俗を継承したものであることを示唆している。

むすび

小論はその冒頭でも述べたように、七〇年代以降急激に出土数が増加している占書に注目し、とくに包山楚簡「卜筮祭禱記録簡」を社会史的な角度から検証し、そこに伏流する資料的能性をいくつか具体的に紹介し、最後に筆者がこれまで研究に従事してきた「日書」との関連を展望してみた。むろん「卜筮祭禱記録簡」にはそれ以外の可能性がないわけではなく、また紙幅の関係上これまでの研究を網羅的に紹介したわけでもない。さらに資料の性格上どうしても宗教史的な分析に傾いてしまった。そのような問題点はあるけれども、小論で試みたささやかな努力は、〝歴史の中の日常性〟という社会史的パラダイムの中で出土文字資料を研究しようとするとき、「卜筮祭禱記録簡」に代表される占書関係資料がきわめて豊かな資料的可能性をもっていることを紹介したかったことである。小論が占書研究のさらに新たな資料的可能性の発見と開拓に寄与できれば望外の幸せである。

〈附記一〉小論は第四〇回国際東方学者会議（一九九五年五月二七日）の報告「包山楚簡の資料的性格についてーとくに卜筮祭禱簡をめぐってー」、および中国出土資料研究会第一回例会（同年七月五日）の報告「包山楚簡卜筮祭禱記録簡の資料的位置づけに関する試論」を骨子とする。前者は早稲田大学福井文雅教授、後者は東京大学池田知久教授のご推薦を得て報告することができた。厚く感謝申し上げる次第である。

〈附記二〉小論は平成八・九年度三菱財団助成金「楚文化圏出土の竹簡資料による中国古代宗教史研究」による研究成果の一部である。

注

（1）最近の試みとして、冨谷至「二一世紀の秦漢史研究ー簡牘資料ー」（『岩波講座　世界歴史』３　中華の形成と東方世界、一九九八年）をあげることができる。

（2）拙著『睡虎地秦簡よりみた秦代の国家と社会』（創文社、一九九八年）は秦簡をそのような視座から解読することを試みたものである。

（3）われわれは楚系文字のような複雑な字についても、それを数個のパーツに分け、その一部もしくはその組み合わせで検索できるデータベースを試作中である。その内容は一九九八年三月一四日、学習院大学で行われた中国出土資料研究会九七年度第三回例会で報告した（工藤元男・小澤正人・岩本篤志「包山楚簡データベースの構築と運用について」）。

（4）　ここで言う社会史とはいわゆる「新しい歴史学」の概念とほぼ同義に使用しているが、福井憲彦『「新しい歴史学」とは何か』（日本エディタースクール出版部、一九八七年）はその全体像を理解するための優れたガイド書である。

（5）　この楚帛書については、銭存訓（宇都木章他訳）『中国古代書籍史―竹帛に書す―』（法政大学出版局、一九八〇年）の一三七～一四一頁の本文および二三九頁の注（三七）の解説が有益である。

（6）　中国科学院考古研究所・甘粛省博物館編『武威漢簡』（文物出版社、一九六四年）。

（7）　河北省文物研究所「河北定県四〇号漢墓発掘簡報」（『文物』一九八一年第八期）、定県漢墓竹簡整理小組他「定県四〇号漢墓出土竹簡簡介」（同上）。

（8）　《雲夢睡虎地秦墓》編写組『雲夢睡虎地秦墓』（文物出版社、一九八一年）。

（9）　睡虎地秦墓竹簡整理小組『睡虎地秦墓竹簡』（大型精装本、文物出版社、一九九〇年）は、全簡の原寸大写真を入れた基本テクストである。

（10）　安徽省文物工作隊・阜陽地区博物館・阜陽県文物局「阜陽双古堆西漢汝陰侯墓発掘簡報」（『文物』一九七八年第八期）、文物局古文献研究室・安徽省阜陽地区博物館・阜陽漢簡整理組「阜陽漢簡簡介」（『文物』一九八三年第二期）。

（11）　湖北省文物考古研究所編著『江陵九店東周墓』（科学出版社、一九九五年）三三九～三四〇頁。

（12）　荊州博物館「江陵張家山三座漢墓出土大批竹簡」（『文物』一九八五年第一期）、張家山漢墓竹簡整理小組「江陵張家山漢簡概述」（同右）。

（13）　彭浩「湖北江陵出土前漢簡牘概述」（関西大学東西学術研究所　大庭脩編輯『漢簡研究国際シンポジウム'92報告書漢簡研究の現状と展望』所収、関西大学出版部、一九九三年）一〇八頁。

（14）　中国考古学会編『中国考古学年鑑一九八五』（文物出版社、一九八五年）一九三頁。

（15）　甘粛省文物考古研究所・天水市北道区文化館「甘粛天水放馬灘戦国秦漢墓群的発掘」（『文物』一九八九年第二期）。

（16）　「天水放馬灘秦簡綜述」（『文物』一九八九年第二期）、同「天水放馬灘秦簡甲種《日書》考述」（甘粛省文物考古研究所編『秦漢簡牘論文集』所収、甘粛人民出版社、一九八九年）。

（17）荊州地区博物館「江陵王家台15号秦墓」（『文物』一九九五年第一期）。
（18）「居延新簡中的《日書》残文」（『文物』一九九五年第四期）。
（19）湖北省文化局文物工作隊「湖北江陵三座楚墓出土大批重要文物」（『文物』一九六六年第五期）、湖北省文物考古研究所・北京大学中文系編『望山楚簡』（中華書局、一九九五年）、湖北省文物考古研究所『江陵望山沙冢楚墓』（文物出版社、一九九六年）。
（20）湖北省荊州地区博物館「江陵天星観1号楚墓」（『考古学報』一九八二年第一期）。
（21）荊沙鉄路考古隊「江陵秦家嘴楚墓発掘簡報」（『江漢考古』一九八八年第二期）。
（22）「包山二号楚墓卜筮和祭禱竹簡的初歩研究」（第二節で紹介する『包山楚墓上』所収）。
（23）小論作成中、中国武漢大学の陳偉氏より『包山楚簡初探』（武漢大学出版社、一九九六年）の御恵与をえた。厚く感謝して記す次第である。同書は包山楚簡全体にわたって詳論された文字通りの大作であるが、ただその付録二に掲載された包山楚簡の全釈文と簡番号は、テクスト①とかなり異同がある。また陳偉氏は李零氏の所論に従って（注28）、「卜筮祭禱記録簡」と称することに異義を唱えている。小論ではとりあえず原則として①のテクストに拠り、陳偉氏のテクストについては稿をあらためて検討する予定である。
（24）「戦国楚の法制－包山楚簡の出土によせて－」（中央大学文学部『紀要－史学科－』第三八号、一九九三年）。この論文については筆者に書評「（書評）池田雄一　戦国楚の法制－包山楚簡の出土によせて－」（『法制史研究』四四、一九九五年）がある。
（25）「情報豊かな戦国楚の新資料」（『東方』一九九二・十二）。
（26）江陵望山一号楚墓竹簡、江陵天星観一号楚墓竹簡等々。
（27）鄂君啓節については、藤田勝久「戦国楚の領域形成と交通路」（『『史記』『漢書』の再検討と古代社会の地域的研究』所収、平成5年度科研費一般研究（B）報告書）に、これまでの日中の研究史がよくまとめられている。
（28）整理者の釈文では「庚」に作り「続」に読み替えるが、李零氏にしたがって「祇」と釈し、「抵」字の訛変と解する（「包

山楚簡研究（占卜類）」『中国典籍与文化』所収、中華書局、一九九三年）。

(29) 原文は「忠攻解於人愚」に作り、整理者の注は「忠」を「鬼」の仮借と解して「鬼攻とは先祖及び鬼神を祭祀する称」とあるが（前掲書上三八五頁）、李零氏は「忠」「由」を共に「思」と釈し、「攻解」を「禳除を表す語」と解す。ここでは李零氏にしたがう（前掲論文）。

(30) 劉彬徽「従包山楚簡紀時材料論及楚国紀年与楚暦」（前掲『包山楚墓上』所収）。

(31) 李零氏は「人愚」を「人害」と釈されるが（前掲論文）、「大禹」と釈すべきとおもわれる。禹が治癒神であったことは、馬王堆漢墓帛書「五十二病方」にみえる（拙稿「睡虎地秦簡『日書』における病因論と鬼神の関係について」『東方学』第八八輯、一九九四年）。

(32) 文坪夜君は平輿（河南省汝南東南）の封君で、「文平輿君」に作るべきであることは、李零前掲論文、『曾侯乙墓上』（文物出版社、一九八九年）五一九頁注一四五を参照されたい。

(33) 前掲書上三八五～三八六頁。

(34) 「包山二号楚墓卜筮和祭禱竹簡的初歩研究」（前掲書『包山楚墓上』所収）。

(35) 前掲論文。

(36) 「包山楚簡と湯炳正氏の『離騒』新解」（『東方』一九九五年三月号）。

(37) 「従包山楚簡看《離騒》的芸術構思与意象表現」（『文学遺産』一九九四年第二期）。

(38) 末次信行「『西周』時代の甲骨」（『考古学ジャーナル』二八一、一九八七年）。

(39) 山西省文物工作委員会編『侯馬盟書』（文物出版社、一九七六年）二八八～二八九頁。

(40) 拙著『中国古代文明の謎』（光文社文庫、一九八八年）八六～八七頁。

(41) 拙稿「睡虎地秦簡『日書』における病因論と鬼神の関係について」（『東方学』第八八輯、一九九四年）。

(42) このことは必ずしも墓主左尹舵が埋葬された前三一六年（戦国中期）にまだ五行説が成立していなかったことを意味するものではないけれども、その理由については検討を要する問題である。

(43) 前掲書上三八七頁注(四〇一)。

(44) 前掲書一五二～一五三頁。

(45) 「祭られる神と祭られぬ神―戦国時代の楚の「卜筮祭禱記録」竹簡に見る霊的存在の構造に関する覚書―」(『中国出土資料研究』創刊号、一九九七年)。

(46) 彭浩氏も「卜筮祭禱記録簡」の貞人と『墨子』貴義篇にみえる日者の関係を指摘しておられる(前掲論文)。

戦国秦漢史総説

古賀　登

はじめに

戦後の中国古代史学史上もっとも衝撃的な出来事は、孔子批判運動である。はじめ一九七二年七月、中国科学院院長の郭沫若氏が『紅旗』同年第七期に「中国古代史の時代区分問題」と題する論文を寄せられ、中国における古代から中世への分期点は春秋・戦国の移行期にあると論じられた。が、氏のこうした考えは、既に一九五二年に刊行した『奴隷制時代』で詳論されており、氏がこの時点で、何故に中国共産党中央委員会の最高権威をもつ理論誌『紅旗』に同じことを再論されたのか、大半の者には解らなかった。ただ、氏が一九六六年に行った自己批判をきっかけにプロレタリア文化大革命がはじまったのをふりかえると、何かが起こるかも知れないということを予感させられた。そしてその年の暮、楊栄国氏が同じ『紅旗』同年第十二期に「春秋戦国期の思想領域内の二つの路線の闘争——儒法論争から看た春秋戦国期の社会変革」なる論文を発表、春秋戦国の転換期に奴隷制を復活しようとする儒家と新興地主階級の要請に応じて社会を変革しようとする法家とのイデオロギー闘争があったとし、翌七二年七月『人民日報』に「孔子——この頑迷なる奴隷制擁護者」という一文を寄せ、孔子の言動を逐一個条書きで非難し、これを皮切りに中国全土に嵐のような孔子批判運動が起った。腐儒が社会の進歩を妨げる反動派であるという儒教批判は、五・四運動のときにもあった。が、孔子そのものに対する直接的攻撃は、未だかつてなかった。これは重大な出来事である。台湾の蔣介石国民党総統は「わが国歴史上最大の痛恨事」と慨嘆した。かくして儒家が批判され、かわって法家が賞揚され、「批儒尊法」の声が全国を覆った。

それにしても、郭氏が、なぜあの時点であのような論文を発表したのか。あとで解ったことだが、その前年九月、国防総長林彪が毛沢東暗殺の武装クーデターに失敗、飛行機で国外に逃亡途中、モンゴルのウンデルハンで墜死するという事件があった。林彪といえば、六九年の中共九全大会で採択された新党規約で「毛沢東同志の親密な戦友であり、後継者である」と明記されたナンバー2である。その林彪事件が「批儒尊法」の大合唱の中で発表され、七三年七月、「林彪は尊孔反法である」といった毛沢東の談話が紹介され、七四年春より批孔批林運動となり、同年八月の十全大会で林彪派を一掃、毛沢東夫人の江青と張春橋・姚文元・王洪文の上海派が「四人組」を結成、主導権を握った。

「四人組」の主張は、毛沢東のあとは法家が権力を握るべきであるというものであった。そして「梁效《リャンシャオ》」(四人組が宣伝機関に利用していた北京大学・清華大学批判組両校《リャンシャオ》を捩ったペンネーム)が、秦始皇帝は新興地主階級の側に立って法家路線を遂行した者、と評価したことから、中国古代史の時代区分問題は、秦始皇の天下統一をもって古代から中世へと移行したということになり、その他の説はすべて異端として退けられた。しかし事態は急転し、七六年九月、毛沢東主席が死去、十月「四人組」逮捕。七七年八月、十一全大会でプロレタリア文化大革命の終結が宣言された。そして中国歴史学界では、『歴史研究』『社会科学戦線』誌の主催により、七八年の暮、全国の重だった学者が吉林省長春市に集まり「〝禁区〟をつき破り、百家争鳴しよう——中国古代史の時代区分問題学術討論会」を開いた。

しかし結論は、紀元前一一〇〇年ごろ、周王朝の成立をもって古代から中世へと替ったという説から、紀元後三世紀の漢魏の交替期まで古代奴隷制社会が続いたとする説まで並び立ち、文字通り百家争鳴に終った。

周知のように、日本では、史的唯物論に立つ学派は、十世紀、唐末までを古代奴隷制とし、社会文化史的立場から、魏晋の交をもって中世に移行し、宋以後を近世とする「京都学派」に分かれている。一九五五年十二月、郭沫若氏を団長とする戦後はじめての中国訪日学術交流団を迎えて開かれた「中国古代史の時代区分問題討論会」の席上、翦伯賛氏が、宋代以降を封建社会とする説を日本に来て始めて知ったと言い、中国では「すでに宋の時代に資本主義の萌芽が芽ばえていたという意見もあり、そうすると中国には封建制はなくなってしまう」と言って笑われた（鈴木俊、西嶋定生編『中国古代史の時代区分問題』）。時代区分に対する認識のズレは、その後も歩み寄ることなく、解決の糸口すら見出されていない。一方、日本の歴史学界では、七〇年代になり、しきりに「戦後歴史学の終焉」とか「新しい歴史学のために」とか言われはじめた。「戦後歴史学」とは、いうまでもなく唯物史観による継起的発展説である。「新しい歴史学」とは、ドイツに興った「社会史」、フランスの「アナール学派」などである。だが、中国史研究の分野では、そうした方法は未消化で、成果があがっているとは言えない。それよりも、外国人であるわれわれが、中国の、しかも古代の、記録にあらわれない庶民レヴェルの日常的な「心性」（こころのありよう）を捉えることは、至難なことと言わざるを得ない。では、われわれに出来ることは何か。日本の中国史研究とりわけ日中間の時代認識のギャップに直接関っている戦国秦漢史研究は、深刻な問いに直面している。

一　続出する考古遺物

プロ文革により、歴史学界をまきこむ政治劇が繰りひろげられている間も、考古遺跡・遺物の発掘・発見は続いた。河北省満城県の前漢の中山靖王劉勝とその妻竇綰の墓から出土した二着の「金縷玉衣」(多数の玉片の四隅に孔を開け、金の針金で綴り合わせ、遺体を包んだもの)と玉をちりばめた漆棺は、人びとを驚かせた。今日までに発見された戦国秦漢期の考古遺跡・遺物のうち、世間の注目を集めたものは少なくないが、何と言っても圧巻は、陝西省臨潼県の秦始皇帝陵で発見された兵馬俑である。三つの坑中に整然と並べられていた八千にも及ぶ実物大の兵士・軍馬のテラコッタと武器類は、天下を統一した秦軍そのものであり、当時の彫塑技術の高さを示している。湖南省長沙市馬王堆の一号漢墓から、漢初の軑侯夫人の遺体が、生きてるがごとき姿で発見されたのは驚きであった。軑侯の三号墓出土の帛画「車馬儀杖図」は、一つの画面に数百人の人物や車馬の検閲・出行場面を描いたもので、当時の風俗を知る貴重な写実画。河北省平山県の中山王国王墓からは、世界最古の酒が発見された。同墓出土の鉄足大銅鼎には四百六十九字、銅方壺には四百五十字、銅円壺には二百四字の銘文が彫られていて、それらは中山国をめぐる戦国期の国際関係、中山国の王系を知る重要資料。また青銅板金銀象眼の「兆域図」(墓域図)は、建築平面図で、各建築物の場所・構造・規模が記されており、当時の建築様式を知る貴重な文物。「山」字状の巨大な青銅製儀杖や写実的な金銀象眼青銅獣は、少数民族白狄の伝統文化を継いだものと見做されている。湖北省随県の戦国初期の曹侯乙墓から出土した楽器は、銅編鐘六十四点、鈕鐘十九点、甬鐘四十五点、鎛鐘一点、全重量二・五トン余に及ぶもので、これらは三層の鐘架に吊されていた。編鐘には金象眼の銘文が二千八百余字、甬鐘は正面の鉦部に「曾侯乙乍時」とあるほかはすべて音楽についての記事、鈕鐘の銘文には音律名と音階名、甬鐘の正面の隧・鼓の部分に音階名が記されている。これによって、古代音楽の復原の道が開かれた。広州市街で発見された南越王墓は、前漢嶺南文物の宝庫で、出土した「糸縷玉衣」は第二代南越王趙昧の葬服。「金縷玉衣」「銀縷玉衣」は文献にみえ、出土例もあるが、朱の絹糸で綴った玉衣は唯一無二のもの。この南越国は、漢に対しては「王」を称し、国内では「帝」を称していた。出土した二十三点の印璽のうち、竜紐の金印「文帝行璽」はそのことを示している。これらは、わが国でも展示され、人びとに深い感銘を与えたものである。

しかし、これらの文物にもまして、歴史研究に価値ある遺物は、簡牘帛書である。山東省臨沂県の銀雀山一号前漢墓出土の竹簡中、既に失われていた『孫臏兵法』がみつかり、これによって呉の孫子と斉の孫子の二人がいたことが実証された。同竹簡群の大部分は兵書で、『孫臏兵法』のほか『孫子兵法』『尉繚子』『晏子春秋』『六韜』『守法守令等十三篇』が含まれ、二千年来の重大発見である。とは言え、出土した佚書の白眉は、長沙馬王堆三号墓の帛書である。内容は古代哲学・歴史・科学・医学など多方面にわたり、二十種以上の書籍が含まれている。帛書『老子』甲本・乙本、『周易』経伝、『戦国縦横家書』の内容の一部は今本と対比することができるが、他はすべて遙か以前に失われてしまったものである。『戦国縦横家書』も『史記』『戦国策』『韓非子』にみられない佚文が多く、『史記』等を校訂・補完すべき貴重な資料がある。『老子』甲本巻後古佚書は「五行」「九守」「明君」「徳聖」。『老子』乙本巻前古佚書は「経法」「十大経」「称」「道原」。乙本巻前古佚書の「経法」等四書について、『漢書』芸文志にみえる『黄帝四経』ではないかという見方もあり、あるいは前漢はじめに流行した黄老学派中の黄学の経典ではないかと見做されている。史書に『春秋事語』があり、天文書に『五星占』『刑徳』「天文気象雑占図」があり、医書に『足臂十一脈灸経』『陰陽十一脈灸経甲本』『同乙本』『五十二病方』「導引図」『養生方』『雑療方』『胎産書』『十問』『合陰陽』『雑禁方』『脈法』『陰陽脈死候』『却穀食気』『天下至道談』がある。馬王堆出土の医書は甘粛省武威県旱灘坡漢墓出土の医薬簡をはるかに上まわる完備したもので、これにより漢代の中医学解明の途が得られたと言ってよい。なお馬王堆帛書の『相馬経』は、漢代の獣医学に関する希覯書である。

簡牘には、辺境出土のものと、墓中出土のものとがある。解放前の簡牘は、中国西北辺境、新疆・甘粛・内蒙等の軍事拠点からもたらされたもので、その多くはヨーロッパの〝中央アジア探険隊〟によって発掘されたものである。解放後も中国の研究者によって再発掘され、漢代の辺境出土簡は、未発表のものも含めて敦煌漢簡約一万八千点、居延漢簡約三万点に及んでいる。それらは、辺境の軍事拠点という特殊な地域で作られた文書であるが、漢代の軍事・行政組織下の生きた公的記録であり、もっとも信頼できる一級資料であると言える。一九七三、七四年に発掘された居延新簡は、すでに二十数年を経た今日でも、発表されたのは約一万点で、それを上廻る数の漢簡は未だ発表されていない。公表が待たれる。

右の辺境出土の簡牘に対し、墓中出土の簡牘は解放後に急増したものであり、現代化政策による地方の開発に伴い、今後ますます増加するであろう。墓中出土簡の多くは、副葬品リスト（遣策）が主であって、絢爛たる副葬品や貴重な佚書に較べると、資料的価値は低くみられ、行論の参考として使用される程度でしかなかった。しかるところ、湖北省雲夢県睡虎地の第十一号秦墓から出土した一連の竹簡は、そうした通念を覆した。竹簡はすべてで千百五十余点。内容は、秦の昭襄王元年から墓主が死んだ始皇帝三十年までの間に起きた重大事および一家の出来事を記した「編年記」、南郡守騰が県道嗇夫に下した布告文の「語書」、秦律の一部の「秦律十八種」「効律」「秦律雑抄」、律の解釈に関する質問とそれに対する答えを記した「法律答問」、各種の事件の調査・裁判方式を集めた「封診式」、役人たる者の心得を記した「為吏之道」、日の吉凶を占う「日書」である。「編年記」によると、墓主は、名は喜、二十七歳のとき鄢（楚の鄢は、今の湖北省宜城県）の治獄（裁判官）となり、四十五・六歳で死んだ者である。『晋書』刑法志によれば、戦国魏の文侯の師李悝が諸国の法を参考して「盗」「賊」「囚」「捕」「雑」「具」六篇からなる『法経』を著わし、商鞅がそれをもって秦の宰相となったとある。しかし何分にも『晋書』は唐の太宗時代の篇著であり、それ以前に李悝が『法経』を著わしたという記録がなく、また商鞅は李悝を去ること百年あとの者であるから、この記事は古くから疑われていた。それが、雲夢秦簡によって実証されたのである。本竹簡が発見されたのが、七五年十二月、「日書」を除く「編年記」および法律・行政文書の全釈文が発表されたのが、翌年の八月である（『文物』七六年第六期・第七期・第八期）。これは異例の早さであり、中国の歴史・考古学界がこの発見を如何に重大視したかがわかる。秦律・法律・答問・封診式をみると、近代法ではないかと疑われる程法理にかなったものであり、古典法家の理論と政策の根本的な見直しが要請される。いうまでもなくこれは、ローマ法と同時代であり、これによって同時代資料による東西両世界の比較法研究の道が開かれたといえる。ただし、何故か大分遅れて公表された「日書」をみると、施法の実態は、成文法にあるがごとくであったかどうか。たとえば「封診式」に「凡そ訊獄は、必ず先に尽く其の言を聴きてこれを書せ。各ゝ其の辞を展べ、其の訑（欺り）を知ると雖も、詰を庸輒する勿れ。其の辞已に尽く書し、解なければ、乃ち詰者を以てこれを詰せよ。……これを詰して極（窮）して数ゝ訑り、言を更め服さず、其の律笞掠に当る者は、乃ち笞掠せよ。これを笞掠するに必ず書して曰え、『某数ゝ言を更め解辞なきを以て、某を笞訊す』と」とあるが、「日書」の「盗者」の条に、十二支の日の盗難事件について「子、鼠なり。盗者は鋭口、稀鬚。善く手を弄す。黒色、面に黒子有り、疵は耳に在り。垣の内中の糞蔡の下に蔵す。名は鼠・孔・午・郢」云々とあり、後者によれば、それらしい者を、有無を言わさず捕えてきて処罰したであろう。両方とも、裁判官が持っていたものである。

その他、墓中出土簡中主要な法制資料に、包山楚簡、張家山漢簡、武威漢簡がある。包山楚簡は湖北省荊門市の包山崗の戦国楚墓から出土した竹簡で、墓主は卲㝈といい、楚の左尹、司法官である。竹簡中法制資料の内容は、名籍の取り調べに関する「集箸」、名籍の紛糾に関する「集箸言」、各種の訴訟案件を受理した期日と審理期間、その論決を要約した「受期」、起訴に関する「疋獄」その他である。張家山漢簡のそれは、湖北省江陵県張家山の前漢墓群中二四七号墓出土の「漢律」および「奏讞書」である。『晋書』刑法志によれば、蕭何が秦制をうけ「興」「廐」「戸」三篇を増益して九篇（『九章律』）とし、叔孫通がその及ばざる所を補って「傍章十八篇」を作ったとある。張家山出土の「漢律」は、それを裏付けるものである。「奏讞書」の「讞」とは、刑獄上疑問が生じた場合、上級官署に差出す質問状で、これによって漢代における裁判が具体的にみられる。「日書」もまた張家山二四九号墓、三二七号墓、その他から出ているが、詳細不明。先述の包山楚墓から出土した「卜筮祭禱記録」は、卜筮の具体的やり方を示したものとして興味深いものである。

出土文物は、その時代の生の情報を伝えるものであるから、断簡零墨といえども貴重な資料であることは疑いない。私たちは、何よりも先ず、それらを発掘し、整理し、公表するまでに苦労された関係者各位に、感謝し、敬意を表さなければならない。が、しかし、正直なところ、日本の戦国秦漢史研究者は、陸続と出土する文物の対応に苦慮しているのではないだろうか。少なくとも、個人で対応できる能力の限界を超えている。そこで、われわれに求められるのは、㈠正確で良質な情報を、早く入手できるような組織ないし機関作り。われわれは、出土地の景観をみたり、発掘状況・保存状況を見学することが不可能に近い。それらに関する情報・映像は、中国のしかるべきところにある筈であるが、それを日本で手に入れる組織ないし機関がない。私案ではあるが、国立歴史民俗博物館内に、そうした情報サーヴィスをするブランチを設けるよう、働きかけてみてはどうであろうか。㈡出土文物を綜合的に検討する研究組織作り。遺物を遺跡から切り離して考えても意味がないし、遺物をバラバラに研究しても、そこに含まれている情報を充全に捉えることはできない。出土文物の研究には、考古・科学技術・美学・哲学等々の専門家による多角的な考察が必要である。㈢そうした組織を作るための情報交換・雰囲気作り。中国哲学の池田知久氏と本巻に執筆されている平勢隆郎・工藤元男・鶴間和幸氏らが、昨年（九五年）「中国出土資料研究会」を組織し、年に数回研究発表会を行っている。研究会は予想外に盛況で、そうした要請の強さを感じさせられる。

二　情報科学の利用

現在は、情報社会であると言われている。情報科学は、日に日に進歩している。そして、ペーパーレス時代に入ろうとしている。書写材料としての紙が二千年来文化の普及・発展にはたしてきた役割りは量り知れないが、その紙がもはや必要がなくなるというのである。情報は、すべて電子化してしまうからである。歴史学の分野でも、コンピュータの利用が盛んとなり、利用方法も多岐にわたっている。

コンピュータを使えば、資料はほとんど無限に蓄積できる。整理・保存も簡単である。そして、必要とあらば、自由にそれを引き出すことができるし、検索もしてくれる。台湾の中央研究院歴史語言研究所がデータ・ベース化した『二十五史』(『新元史』を含めず『清史稿』を加えた正史類)がワシントン大学にあると聞き、たまたま同大に行かれた福井重雅氏に「部曲」という項目を拾ってもらったところ、僅か十七分で八四四例を打ち出し、送ってくれた。ひと昔まえならば、数十例を探して論文を書けば、労作だと言われた。これからは、博引旁証は困難でなくなる。中央研究院と各研究所が協力して進めている「中文全文検索系統」中、すでに入力を終えた戦国秦漢史関係資料は、『十三経注疏』(ただし注疏は未断句)、『抱朴子内篇校釈』『荘子集釈』『法言義疏』『東観漢記校注』『墨子城守各篇簡注』『潜夫論箋校正』『国語』『荘子集解』『荘子集解内篇校正』『古本竹書紀年輯証』『墨子間詁』『列子集釈』『晏子春秋集釈』『管子軽重篇新詮』『四書章句集注』『新語校注』『戦国策』『八家後漢書輯注』『老子校釈』の諸子、『典論』『中鑒』『中論』『漢官六種』『山海経校注』『風俗通義校注』『後漢紀校注』の古籍である。アメリカでは、ハーヴァード燕京研究所が『二十五史』全文検索データ・ベースを設置したとのことであるが、日本でも導入して欲しいものである。対外価格は二万ドル、『十三経注疏』も二万ドルと聞く。絶大な利用価値からいえば、高くないのではないか。

また、コンピュータを使えば、面倒な計算を繰り返し、誤りなくしてくれる。手作業だと、気の遠くなるような時間と労力を要する作業でも、コンピュータならば、データを操作し、方法を変え、あれこれ分析を試みることができる。平勢隆郎氏の近著『新編史記東周年表――中国古代紀年の研究序章』は、もちろんその着想のすばらしさに価値があるものであるが、コンピュータを駆使してあげ得た成果の好例である。また、コンピュータを使えば、戸口統計を地図に描き、編戸の移動をヴィジィアルに捉えることもできる。コンピュータで遺跡の復原図を作ることもできる。『NHKスペシャル始皇帝』の始皇陵のコンピュータ・グラフィックは、やはり説得力がある。コンピュータの利用は、今後ともますます盛んになり、利用法もいろいろ考え出されてくるであろう。ただし、歴史情報資源をどう活用すれば、どのような成果が得られるか、それは歴史家だけでは解らない。情報科学の専門家の協力がなければ出来ない。歴史家と情報科学者とが共同して歴史情報資源の利用法を研究開発する施設なり機関ができないものだろうか。

しかしながら、戦国秦漢史研究者にとって香港中文大学中国文化研究所編『先秦両漢古籍逐字索引』の刊行は、有難いことである。全六十五種九十冊中すでに四十冊が出された。かつて京都大学人文科学研究所で『後漢書一字索引』を作るためカードをとっていたのを思い出すと、時代の進歩を思い知らされる。顧みると、「新しい歴史学のために」と言われはじめた七十年代初期には、まだコンピュータは小型化していなかった。その頃普及しはじめた新工具は、コピー機である。希覯書の影印本から史料を複写しているときは、宮内庁図書陵とか静嘉堂とかに通い、面倒な手続きをして借り出した本は、顔を近付けぬよう三十センチ離し、鉛筆で書き写していた恩師先輩に何とも申しわけない気がしてならなかった。その後も、コピー機・コンピュータがますます改良され、拡大・縮小自在なコピー機で必要個所をカード化し、カード化した史料は分類してファイルに入れ、あとはどこに入れたか忘れぬようパソコンに覚えさせておけば、何時でも使えるようになった。便利になった。では、それによって勝れた研究成果が出るようになったかと言うと、必ずしもそうではない。著書・論文の数は増えたが、「よくここまで読みとったものだ」と感心させるようなものは、少なくなった。なぜだろうか。便利になり過ぎたからではないだろうか。恩師先輩たちは、ようやくにして見せてもらった本を、見落しがないよう、睨み据えて調べ、誤写がないよう、細心の注意を払って写した。今は、影印本がどこにでもあるから、そうそう真剣に見る必要はない。コピー機が誤りなく写してくれるから、一字一字を気にする必要はない。が、これは気をつけなければならない。こうして省いた手間の得失は、解らない。漢籍は、筆写しているとき、手が読んでくれるし、手が覚えてくれる。写しているとき、いろいろな考え方が去来する。写すことによって、史料が頭の中にこびりつくから、時ならぬ時に、「アッ、これだ」と気付くことがある。恩師先輩たちは、史料を写しながら、史料の奥にある世界を読みとったのであろう。戦国秦漢時代の研究は、出土文物を多用しなければならないから、情報科学をフルに活用する必要がある。と同時に、恩師先輩が残してくれた史料批判の技術を、どのようにすれば継承することが出来るのか、これが、これからの戦国秦漢史研究に携わる研究者に課せられた課題である。

三　A・ウェーバーの三分法の有効性

戦国秦漢時代は、これを中国四千年の歴史の中に位置づけて評価しようとすると、先に紹介した「中国古代史の時代区分論争」にみるように、諸家意見がまちまちで、とうてい統一した見解は得られない。このように複雑で矛盾に満ちた歴史過程を考察する場合、どのような方法をとるのが、より有効であろうか。A・ウェーバーは、人間の歴史の流れを、三つの大きな流れに分け、社会的な流れを「社会過程」、科学・技術的な流れを「文明過程」、精神的文化的流れを「文化運動」と名づけ、これら三者を厳密に区別しつつ、三者の相関関係から、歴史過程を考察することを提唱し、「わたくしは、文化社会学的考察のために、また一般の歴史学的考察のために、歴史過程をつぎのようにときほぐすことを提唱する。すなわち、(1) われわれが歴史体の社会過程と名づけたもの、つまり、なにはさておき自然の衝動力および意志力の世界、それらの形成される世界を別箇に立て、そのうち、(2) この社会過程にどのように文明過程、すなわち人類の合理化の過程が、影響するかを一方ではかんがえ、最後に、(3) 他方では、本来の文化運動が以上二つのものに、またそれらの相互作用にどう関係するか、それら二つが形成され、かたまる際の相互作用のなかから、文化運動がうまれ出るものかどうか、それとも文化運動はこれら二つのものから独立しているとすれば、どの程度であるのか、さらに、文化運動はこれら二つにどのくらいの範囲で逆作用するものか、こう自問すること、以上の三点がわたくしの提唱するところである。……この三分法（社会過程、文明過程、文化運動）によって、歴史進行の内的構造について、統一的な観念がえられ、……とりわけ、その背景をなす文化現象と人間の運動の歴史的な固定と変動の社会学的分析がえられる」（A・ウェーバー著、山本新・信太正三・草薙正夫訳『文化社会学』）といっている。A・ウェーバーの提案は、評価の著しく異なる戦国秦漢時代を考察するとき、有効な方法ではないだろうか。戦国時代が弱肉強食の乱世であったというのは、社会過程からみての話である。

では、文明（科学・技術）過程からみたらどうか。戦国秦漢時代とりわけ戦国時代に科学・技術が未曾有の発達をとげたことは、在来資料でもわかるが、近年の考古学的成果により、その実態が明らかになった。殷代にかずかずの逸品を残した青銅器の鋳造技術は解っているが、採鉱・精錬技術についてはよく解らなかった。しかるところ、一九七三年以来、湖北省大冶県銅緑山で、春秋戦国時代から漢代にかけての銅坑と精錬所の遺跡が発見され、調査発掘が行われた。それによって、戦国以前のタテ坑の深さは二〇－三〇メートル、戦国以降には五〇メートルに達し、また炉も、すでに春秋時代に送風式熔鉱炉の形式をそなえており、銅滓に含まれている銅の分量も〇・七パーセント前後で、極めて高い技術水準にあったことが解った。鉄器の出現は、人類史に一大変革をもたらした重要事である。中国では、いつごろから鉄器の精錬・使用をはじめたか。これも考古学の調査発掘によって解明されることであり、それによると人工精錬をした鉄器の出現は春秋末期に確認でき、いまのところ、春秋末・戦国はじめに鉄器の使用が開始されたと考えられている。江蘇省六合県の春秋末期の墓から出土した鉄塊は、鑑定の結果、灰白色の銑鉄であることが解った。一般に、中国の鉄器は銑鉄が先で、銑鉄は堅いが脆いため、農具にしか用いられなかったと言われている。しかし、一九七八年、湖北省長沙市楊家山の春秋末期の墓から出土した鉄剣は、鑑定の結果、含炭率が〇・五パーセントの中炭素鋼の鋼剣であることが解った。中国における鉄の精錬・冶金・鋳造の起源の問題は、今後の考古学の成果によってかわって来るであろうが、戦国時代に鉄製農具がひろく用いられるようになったことは確かである。

一方、農業技術に関していうと、浙江省余姚県河姆渡の紀元前四九〇〇年前後の遺跡から籼稲粒が出土したことにより、水稲栽培の起源が長江下流域にあったことは動かせなくなったが、戦国時代には、山東・河南・河北の各地でも、かなりの規模の水稲栽培を行っていたことが、それら各地の籾の出土によって明らかになっている。江西省新干県界埠で戦国時代の大型食糧倉庫が四つ発見された。それぞれの面積は約六〇〇平方メートル。これは今までに発見されたもののうち、もっとも古くもっとも大きい食糧倉庫である。中に大量の炭化した粳米が残っていて、放射性炭素で測定した結果、二五〇〇年前のものであることが解った。湖北省江陵県の漢墓から出土した四束の稲の穂は、二一〇〇年前のものであるが、主穂の長さは一九センチ、一穂粒数は七十二粒あった。つまり収量が播種量の七十二倍ということで、ヨーロッパ中世の小麦のそれがようやく数倍というのと較べると、いかに優れた栽培技術であったかがわかる。『戦国策』趙策に「秦は牛を以て田す」とあり、雲夢秦簡には、田牛を飼育する田嗇夫に対する考課を定めた廐苑律がある。牛耕は漢代になると広く行なわれるようになり、趙過が行なった「代田法」では、大型犂を農民に頒布している。また、後漢には、通常田の百倍「一畝に百石」を収穫できる「区種」という特殊な集約農法が考案されたという。

では、文化運動からみたらどうか。この時代の文化運動は、百家が争鳴した戦国時代に黄金時代を現出し、秦始皇の焚書坑儒の思想弾圧を経て、漢武帝の儒教国学化によって終焉する。戦国時代に思想家が輩出し、他者と論争し、自己の主義・主張を文章に残したのは、戦国七雄が、それぞれに富国強兵をめざし、政治・軍事体制を変革・整備するため、有能な思想家・実務家は、出身地や身分を問わず重用したからだと言われている。事実、魏の文侯は、孔門十哲の一人、衛の子夏を招いて師事し、その弟子李悝が『法経』を著わし、「尽地力法」を行ない、兵法家呉起は魏から楚に入って土地改革を行ない、新しい法制を作り、衛の公孫鞅は、秦の孝公に仕えて変法を断行し、「且つ耕し、且つ戦う」耕戦制度を確立し、斉の宣王は、天下の学者を都の臨淄に招き、孟軻・淳于髡・騶衍・環淵・田駢・慎到・宋鈃・尹文らが稷下の館で講学談論した、等々のごとくである。が、この時代のことをK・ヤスパースが「この時代には、驚くべき事件が集中的に起こった。シナでは孔子と老子が生まれ、シナ哲学のあらゆる方向が発生し、墨子や荘子や列子や、そのほか無数の人びとが思索した、——インドではウパニシャットが発生し、仏陀が生まれ、懐疑論、唯物論、詭弁術や虚無主義に至るまでのあらゆる哲学的可能性が、シナと同様展開されたのである、イランではゾロアスターが善と悪との闘争という挑戦的な世界像を説いた、——パレスチナでは、エリヤから、イザヤおよびエレミアをへて、第二イザヤに至る予言者たちが出現した、——ギリシャでは、ホメロスや哲学者たち——パルメニデス、ヘラクレイトス、プラトン――更に悲劇詩人たちや、トゥキュディデスおよびアルキメデスが現われた。……この時代に始まった新しい出来事といえば、これら三つの世界全部において、人間が全体としての存在と、人間自身ならびに人間の限界を意識したということである。人間は世界の恐ろしさと自己の無力さを経験する。人間は根本的な問いを発する」（K・ヤスパース著、重田英世訳『歴史の起源と目標』）と言っているのは、検討に価する。地球的規模で、何かが起こったからかも知れない。

このように見て来ると、歴史過程における社会過程、文明過程、文化運動の因果関係は、戦国秦漢史の場合、これを前後関係、たとえば文明（科学・技術）過程すなわち生産諸力の発展が生産関係の矛盾を激化し、社会過程の混乱をきたしたとか、あるいは上下関係、たとえば社会過程における階級の対立を反映しているのが、文化運動における儒法論争であるというような関係で説明するわけにはいかない。なぜならば、文明（科学・技術）過程で著しい発展をみせているのは、先に見たように長江流域であり、これと中原で鹿を追う諸侯の争い、すなわち社会過程の混乱とは、直接関係があるとは思えないからであり、文化運動における諸子百家の活動は、ただ単にそうした社会過程に起因するものではなく、先述のように地球的規模で何かが起きたことに関連しているのではないかと考えられるからである。では、どうすれば三者を因果関係で説明し、歴史過程に対して統一的見解が得られるか。

四　地域史研究への道

戦国秦漢時代は、A・ウェーバーの社会過程からいうと、戦国が分裂時代、秦漢が統一時代である。分裂というのは、周の封建制によって分邦されていた諸侯が台頭し、独自な体制を作って争ったということであり、統一というのは、それらのうち郡県制をとった秦が他国を併合し、漢がそれを受けついだということである。これをI・ウォーラースティンの言葉を借りて言えば（Ct.I.Wallerstein : The Politics of the World-Economy, The States, the Movements and the Civilizations）、成周洛陽を中心とした周エコノミーシステム、周世界システムが崩壊し、咸陽を中心とした秦エコノミーシステム、秦世界システムがこれに代り、漢がそれを継承したということになろう。そこで問題となるのは、一つは、周を中心に周辺化されていた諸地域が、どのようにして独自のシステムを作り、それによって全体が多極化し、やがて中心が西北辺境の秦に移り、秦および秦を継いだ漢が、どのようにして他地域を周辺化して行ったか、ということ、いま一つは、秦漢の統一といっても、漢代の編戸の数は、北九に対して南一であり、南方は「化外の地」つまり秦漢エコノミーシステム、秦漢世界システムに繰り込まれていなかった、その地域のシステムがどうなっていたのか、ということである。

つぎに文明（科学・技術）過程からいうと、未曾有の発展期であった。が、さきにみてきたところによると、顕著な発展をみせたのは、長江流域である。そこは、社会的・文化的後進地帯であり、「蛮荒の地」と見倣されていたところである。そこで問題となるのは、なぜこの地域が科学・技術の先進地帯となったのか、ということである。私は、資源問題を除いては考えられないと思う。資源とくに鉱物資源は、有る所には有るが、無い所には無い。湖北省銅緑山で開発された採鉱・精錬技術は、そこに銅鉱床があったから開発されたのである。青銅器鋳造に必要な銅・錫・鉛の鉱物資源が豊富に分布しているのは、長江流域である。湖北省陽新県港下、安徽省南陵県江木沖、広西省瑞昌県銅嶺・麻陽県九曲湾等で、古い銅鉱山遺跡が発見されている。銅緑山は銅鉱が良質で豊富だったから、春秋以前から漢代以後まで、延々と掘り続けられた。近年、江西省新淦県大洋洲の殷代の大墓から、大量の青銅器が発見された。その量の多さといい、その技術の精巧さといい、そのデザインの漸新さといい、江南では抜群である。その大洋洲遺跡の西北西の樟樹市（旧青江県）呉城村の殷代の遺跡で、七〇年代に、大量の青銅器と石製鋳型が発見されている。殷代の青銅器が土製鋳型で鋳造されていたのに対し、ここでは古くから異なる鋳造技術が開発されていたことが解る。そうした諸技術が、戦国秦漢時代の江南に受けつがれていたものと思われる。なお、先述の青江県の殷代の遺跡から原始青磁器が発見されたのは有名である。陶質土器を焼くためには、一、二〜三〇〇度を出せる「登り窯」が必要であるが、鄱陽湖の周辺は、彼の景徳鎮にみられるように良質のカオリンの産地であることを忘れてはならない。技術は資源と結びついてはじめて開発されるものであるから、文明（科学・技術）過程の考察に、地域性を無視することはできない。たしかに、鉄は、他の金属に較べて稀少ではない。それでも、鉄山あっての製鉄技術である。『史記』貨殖列伝に紹介されている蜀の卓氏・程鄭を想起されたい。二人は臨邛で鉄山を開き、冶鉄して巨富を致した。臨邛は成都の西方、邛崍山の麓の僻地である。そこで後世に語り伝えられるような富を致したという話は、地域を無視して全体を語ってはならない、ということである。

さらに、農業技術についていうと、先に紹介した江西省新干県の戦国期の大型食糧倉庫の発見、湖北省江陵県漢墓から出土した稲束の意義は、極めて重大であることを知らなければならない。稲にせよ、小麦にせよ、粟にせよ、脱穀した仁の蛋白質の含有量は余り変らないが、（稲）米の蛋白質の生物価（その仁に含まれている植物性蛋白質が動物性蛋白質に変り得る率）は九一、これはパンのそれが二七であるのに対し、三倍以上である。しかも、江陵漢墓出土の稲束の一穂粒数が七十二粒すなわち一種子に対する収量が七十二倍（稲や粟は一種子に対して一穂）というのは、ヨーロッパ中世の小麦の収量が播種量の数倍（小麦は分蘖するから一穂粒数はそれ以下）であるのに対し、十倍以上である。当時の江南の水田の単位面積の食糧供給量は、華北の畑作地帯のそれの数倍あるいは十数倍であった。因みに、漢代の予章郡新干県の編戸（政府の戸籍に把えられていた戸口）数は、全予章郡が六七、四六二戸、三五一、九六五口、一八県であったから、一県あたり数千戸、数万人に過ぎなかったであろう。とすると、新干県には、その数倍、数十倍の人間が生き、かつ働いていたことになる。そして、彼らが食べ、かつ必要物資と交換するために消費した米を除いて、厖大な量の米が県外に運び出されていたことになる。この新干県は、青銅器が大量に出土した殷墓のある新淦県、原始青磁器が発見された殷代遺跡のある青江県、今の樟樹市の南に隣接した贛江沿いの都市であるから、戦国秦漢史の表面舞台には現れないが、古くから科学−技術の先進地域であったのであろう。それにしても、この地域に、どうして優れた稲作技術が生まれたのか。産米の流通システムはどうなっていたのか。農業技術を考える場合、地域情報を総動員して検討する必要がある。

　つぎに文化運動からいうと、戦国時代は黄金時代であった。それというのは、戦国諸侯が生き残りをかけて国内外に人材を求めたからであり、また諸子百家も、それぞれの国に応じた現実的・具体的提言をした。だから、彼らの言説は、彼らが活躍した国ぐにの社会状況、その国が置かれた国際環境をふまえなければ理解できない。しかしながら、彼らの論争は、単なる政策についての論争ではなく、理念をめぐる論争である。「人間はいかに生くべきか」「社会はどうあるべきか」について議論を闘わせたのであり、いうならば、それは、「あるもの」と「あるべきもの」の対決であり、地域を超克し、全体へと止揚するための自己否定である。では、なぜこの時代に、そのような問いが澎湃として興ったのか。K・ヤスパースが炯眼にも指摘しているように、そうした問いが、中国とインドとギリシャで同時におこった。三つの地域で相互に関係なくおこった。とすると、中国における諸子百家の出現の理由は、中国の国内状況から考えるだけでなく、グローバルな視野に立って考察する必要がある。地球的規模で何かがおきたのではないか。K・ヤスパースは「《この同時性は何がゆえに?》の問いに対し、今までのところ、方法的に論議可能な唯一の答えは、アルフレート・ウェーバーの仮説である。戦車を有した民族ならびに騎馬民族が中央アジアから侵入し——侵入は事実シナ、インド、西洋に及んだ――、これが古代高度文化に馬を持ち込んだのである、――そしてウェーバーの説くように、三地域に類似の結果を生んだ。すなわち、騎馬民族の人間は、馬のおかげで広大な世界を経験する、彼らは征服しながら古代高度文化を同化する、冒険や破滅とともに、彼らは生存の懐疑を経験し、君主的人間として、叙事詩に表現されているような英雄的悲劇的な意識を育て上げる、という結果になったのである」（K・ヤスパース前掲書）と、A・ウェーバーの騎馬遊牧民インパクト説を紹介している。諸子百家の活動を考える場合も、こうした視角からの考察は欠かせない。騎馬遊牧民の出現によってもたらされた異質文化との接触・摩擦がいかに衝撃的なものであったかは、趙の武霊王が胡服騎射をしようとしたとき、老臣の趙造が、服装の乱れは礼を損う、礼が損われれば国は亡ぶ、と言って反対した話が、端的に物語っている。にも拘らず中国は、騎馬文化を採り入れ、秦から漢へと文化変容をとげて行く。その具体的姿を、地域に即して追求する必要がある。

あたかも、七〇年代はじめ、アメリカで地域研究 Aria Studies なるものが唱えられはじめた。「戦後歴史学の終焉」の危機にさらされていた日本の歴史学界でも、普遍史に対する個別史の道を開く研究法ではないかと、注目した。しかし、地域研究なるものの実態は、実のところ今でも明瞭でない。いろいろな考え方があるが、比較的共通している点は、㈠　地域の設定について　たとえば東南アジアとか、南アジア・西アジア・アフリカ・中南米とか、所謂A・A圏、端的にいえば発展途上国を対象として区画している。㈡　ディシプリンについて　学問であるからディシプリンが無いわけはないが、地域学という専門科学はない。通常は経済学とか社会学とか既成の学問分野で訓練を受けた者たちが集まって学際的、インターディシプリンに研究している。㈢　インフラストラクチャーについて　学際的研究と言っても、その地域の事情に通じていなければならない。しかし単なる事情通ではなく、各自が専門知識をもち、かつその地域のインフラストラクチャー、社会共有資本を共有しているスタッフで行う、ということである。では、歴史学との関係はどうか。歴史学も地域研究におけるディシプリンの一つであるかどうかについて、地域研究者間で意見が異なるが「歴史研究自体は地域研究の一部ではない、地域研究とは現代についての研究である。しかし、それは、歴史研究は地域研究にとって不要であるという意味ではない。むしろ、両者を区別することによって両者の間の緊張関係を確認しようというのである」（山口博一『地域研究論』）という意見もある。私も、地域研究と歴史研究とは別だと考える。

歴史学における地域研究の起点は、郷土史である。郷土史家の協力を得なければ、その土地の詳しい情報は集まらない。その郷土史の特徴はどういう所にあるか。まず、郷土史の担い手は、郷土の人である。郷土の人は、余所者には伺えない情報を持っている。つぎに、境域は、その者が郷里と思っている範囲。つぎに、「私の生まれ故郷の歴史」を書くのであるから、主体的である。つぎに、見方は主観的でも可である。東京人は可笑しなズーズー弁と思っても、「ふるさとのなまりなつかし」である。つぎに、全体史との関係は無くてもいい、のごとくである。だから、郷土史家は視野が狭いとか、情緒的だとか悪口を言われるのである。こうした郷土史を乗り越えようとしたのが、地方史である。地方史の特徴は、まず、研究のスタッフは、外部者でも可であるが、専門家でなければならない。つぎに、境域は、都道府県市区等地方行政単位。つぎに、主体性は「中央に対する地方」なのであるから、必ずしも主体的でない。つぎに、見方は、客観的・科学的でなければならない。中央および他の地方と比較できるように構成される。つぎに、地方史を集めれば全体史ができるような仕組みに編集される、のごとくである。これらの点は、中国の地誌・地方史も大体同じである。地方史は、その地方のことを知るためには便利である。構成が大体同じであるから、知りたい事項はすぐに調べられる。が、難を言えば個性がない。全国に共通した問題意識にかかわらないものは取り上げないからである。いうならば、主体性に欠ける。

では、どうすれば、歴史における地域の問題を、主体的にとりあげ、それを全体史の見方にかかわるような研究になし得るか。まず、問題の提起者とそのスタッフは、土地の人でも外部者でもかまわないが、専門家でなければならない。つぎに、境域は、問題によって異なってくる。例えば、某年の大水害の被災地はどことどこ、というように。つぎに、スタッフは、各自の専門に応じて主体的にとりくまなければならない。つぎに、当然客観的、科学的でなければならない。かくして境域が設定されたら、要因が調べられなければならない。そして最後に、それが全体に及ぼした影響とか結果すなわち歴史が調べられなければならない。このようにすれば、社会過程・文明（科学・技術）過程・文化運動の因果関係を無理なく説明でき、歴史過程に統一的見解が得られるのではないか。こうしたプロセスを踏んで、地域史研究が成立すると考える。これを表示すると、

	郷土史	地方史	地域史
①参加者	郷土の人 素人でも可	土地の人 外部者も可 専門家	問題提起者とそのスタッフ 専門家
②境域	郷里	地方行政単位	問題によって異なる cf.〝水害被災地域〟
③主体性	主体的 〝私の郷里の歴史〟	必ずしも主体的でない、 〝中央に対する地方〟	参加者各自が、役割りに応じて主体的にとりくむ
	主観的でも可	客観的・科学的	当該の専門的立場からみて、客観的

④客観性	cf.〝ふるさとのなまりなつかし〟	中央および他地方と比較可能な編集法	・科学的でなければならない。
⑤全体史との関係	必ずしも関係なし	地方史を集めて全体史となるような仕組	地域史から全体史の再編を迫るもの

のごとくである。もし、こうした考え方に立った地域史研究が成り立ち得るとすれば、戦国秦漢史研究に有効であろう、と私は考える。先述のように、戦国秦漢時代は、これを社会過程からみると、洛陽を中心とした周エコノミーシステム、周世界システムが崩壊し、多極化し、やがて中心が西方の秦に移り、秦漢エコノミーシステム、秦漢世界システムによって他地域が周辺化された時代であり、文明（科学・技術）過程からみると、秦漢エコノミーシステム、秦漢世界システムにも繰り込まれていなかった江南に、顕著な発展をみたのであり、文化運動からみると、北アジアの乾燥地域にいた遊牧民からのインパクトが大きかったと考えられる。それならば、それぞれの地域のサイドに立って全体史を見直すと、今までには解らなかった新しい戦国秦漢時代史像が見えて来るのではあるまいか。

結　び

顧みれば、戦後五十年の日本の社会の変化、歴史の見方の変化、歴史学の研究体制の変化は、驚きという以外にない。が、「戦国秦漢史総説」を書かせて頂いたのをチャンスに、ひと言いいたいのは、一九三七年七月七日を境に、日本が中国に対し何をしてきたのか、ということである。歴史の見方は、皇国史観から唯物史観へ、唯物史観から某々史観に変ってもいい。否、くるくる変っては困るのであるが、中国史研究に携わる者が、それを忘れては困るのである。中国人にいわれなき被害を与えたことへの反省が、日本人の中国史研究の原点である、と私は考えている。

戦国秦漢史研究に地域史研究が必要とあらば、中国の、現地の研究者の協力を得なければならない。私事に亙るが、私たち（巴蜀古代文化に関心を持つ早稲田大学東洋史・考古学研究室のメンバー）は、四川聯合大学文学院と成都市文物考古工作隊との協業で、長江流域の歴史・民族と巴蜀の埋蔵文化財の調査を行っている。実際に調査してみると、文献研究では解らないさまざまな事実が解ってくる。昨年（九五年）夏、三峡ダム建設による水没予定地中、四川大学が埋蔵文化財の調査を分担している雲陽県の遺跡の考察を行った。雲陽鎮は河岸段丘に作られた町で、舟着場から這うようにして登った高台にある。そこから一五キロ西に行った旧県坪が漢代の朐忍県城址と考えられている。急傾面にある遺跡で、陸路の便がないため、無理して作った港町であったことがわかる。『漢書』地理志に「朐忍、橘官、塩官有り」とある。塩井は、雲陽鎮から北約一五キロ行った雲安鎮にあり、今でも稼行している。言い伝えによると、劉邦の軍が当地に来たとき、板楯蛮の扶嘉が樊噲に塩井のあることを教えたという。『華陽国志』によると、板楯蛮は秦昭襄王のとき「白虎復夷」と称されたもので、扶氏は朐忍県の大姓とある。扶姓は、現在は長江を渡った南の普安宝坪方面に千戸ばかり残っているだけであるが、彼らの間に今でも白虎信仰が残っているとのことであり、その附近に塩井・塩坡の地名がある。板楯蛮は、古くから巴地方の塩井を握っていたものと思われる。その板楯蛮が、後漢のとき、五斗米道に入信した。五斗米道が長江下流域にまでひろがったのは、魚塩の利をもって長江で活躍した彼らに負う所が多かったのでなかろうか。四川聯合大学の張勲燎教授の話によると、五斗米道の印璽が江陵でみつかったとのことである。それは、張魯が曹操に降る前の時代のもののことであるから、五斗米道は、意外に早くに三峡を越えて長江を降っていたことになる。雲安鎮で板楯蛮扶嘉の話を聞いたとき、五斗米道の歴史を洗い直してみる必要がある、と思った。今年の春は、岷江を遡り、茂汶羌族自治区に入り、羌寨の碉楼・火葬場、羌族のシャーマンの踊り、石棺墓を調査した。石棺墓は、戦国秦漢時代、「縦目人」と呼ばれた者たちが残したもので、岷江・大渡河・雅礱江、金沙江上流の海抜三～五、〇〇〇メートルの丘陵部に分布している特殊な墓である。その「縦目人」の王が、蚕叢で、蚕叢が中国人に養蚕を教えたことになっている。茂県は海抜三、〇〇〇メートル前後であり、雪が降っていたが、朝日に輝く雪山は神々しい程美しい。年中曇天の「蜀犬日に吠ゆ」成都では、とうてい見られぬ光景である。私は、三星堆出土遺物にみられる太陽信仰は、古代の羌族が持っていたものではないかと考えた。

現地調査、とりわけ僻地でのそれは、容易ではない。個人でなし得ることは、高が知れている。これからは、現地のしかるべき機関ないし組織と、こちらの機関なり組織とがよく話し合い、役割り分担を明確にして、組織的に、かつ長期的に行なう必要がある。戦国秦漢史研究に限ったことではないが、研究体制の整備が急がれる。

――追記――

稿了してからだいぶ時間が過ぎ、内容が時代おくれのものになってしまった。とくに、情報科学技術の進歩は、一年前のことは昔話になってしまう。今では、台湾の歴史語言研究所の二十五史が自宅のパソコンで検索できるようになった。遺跡・遺物の発見も相継ぎ、(殷代のものであるが)四川省三星堆出土遺物の整理復原がすすみ、その偉容をみせ、九八年には日本で「三星堆―中国五〇〇〇年の謎、驚異の仮面王国―」展が催され、来館者を驚倒させた。また長沙王馬堆漢墓出土の帛書『周易』の釈文が発表され、周易研究がにわかに活発化し、中国・日本で注釈が相継いで発表されている。近年の帛易の研究動向については、近藤治之「馬王堆漢墓帛書『周易』研究概説―帛書『周易』研究二十年の動向―」上、中(一九九四年、九八年、『中国哲学研究』第八号、第十号、下は未刊)が有益である。

国制史

大櫛敦弘

一、戦国秦漢国制の形成

中国において、早くより主権的権力が確立し、官僚機構を媒介として一元的に領域を支配するような集権体制が整備されていたことは、その国制構造の顕著な特徴をなすものである。小口彦太氏によれば、紀元前三世紀にはこのような、主権的権力者のもとへの権力の一元的集中化が基本的になしとげられたとされているのであり[1]、その意味で本稿で対象とする戦国秦漢期は、以後清末まで継続するところの中国前近代の集権的国制構造の初期的段階として理解することができるであろう。

それでは、こうした国制構造はどのようにして形成されてきたのか――この点について小口氏は、春秋時代までは天子━諸侯━卿・大夫層それぞれが軍事権、財政権、裁判権などの行政諸手段を独自に領有し、重層的な統治機構を構成していたのに対して、戦国以降、あらゆる権力を国君のもとへと集中化してゆくような国制構造の転換があったとする。そしてその「権力の集中化」の具体的な内容としては、従来は有力世族の私的軍隊が武装を自弁していたのが、武器は国家の所有と化し、軍符により将帥任免や軍の発動が行われるような①武器の所有形態および軍事指揮権の集中化、そして②租税徴収権、③裁判権・立法権の集中化などが挙げられているのである。[2]

こうした「権力の集中化」をめぐる論点は、以後の研究によって、いくつかの面から、より具体的な様相が明らかにされてきた。たとえば①の武器の所有形態という点に関しては、宮本一夫氏が青銅武器の銘文や副葬状況から、三晋などにおいては、戦国後期には国家が武器を直接的に管理する機構化が、それまでに見られた士人層による武器の管理形態を排除しながら進行していったこと、これに対して楚では、士人層の個としての武器管理のあり方が存続し、国家的管理機構の枠組みには入らなかったことなどを指摘しており、[3] これなどは考古学の分野から、時代や地域などの点についてこの論点をより一層具体化、精密化したものといえるであろう。

また籾山明氏は、春秋時代の訴訟構造について、それを弁論主義、当事者主義で、いわば実力行使の延長上にある「あらそい訴訟」であると規定し、その背景には「氏」を単位とした権力の分散所有、その反転像としての、隔絶した高権力の不存在といったこの時代に固有の国制があったこと、そしてこの「あらそい訴訟」はやがては官僚行政機構の中に組み込まれた「獄吏主導型」の裁判制度へと移行してゆくが、その過程は同時にこうした権力分有の否定、対する王権への権力集中の過程であったこと、などを論じている。[4] このようにここでは①の武器の所有形態および③の裁判権の集中化とを有機的に関連づける形で「権力の集中化」のありようが明快に述べられているのであるが、それとともに、武力を分散所有しない(「室」を所有しえない)階層は春秋時代の訴訟構造から除外されており、戦国時代にかけてこれら人民に対する支配がより組織化されてゆくとの指摘は、本章後段での議論との関わりにおいても重要なものである。

これ以外に、堀敏一氏が秦律の検討から、そこに見られる家父長の裁量の幅が後世のそれよりも広く、また村落共同体的な規制力を代表する長老の権力の残存していることを指摘している点なども注目されよう。[5] そこからは、家父長権や共同体の規制力などをも吸い上げ、制約してゆく形で国家への権力の一元化・集中化の進行——秦律段階では一部なお過渡期としての性格を残す——していったであろうことがうかがわれるのである。ちなみに堀氏も主張するように、中国の場合、国制上の家長・尊長の権力がさほど強固でなく、家の独立性も弱いと思われることは、ローマ等でのそれと大きく異なる点なのであった。

　ところでこうした「権力の集中化」という動きと並んで、当時における国制構造変換のもう一つの重要な側面として見逃すことのできないのが、「広範な庶民層の国制へのダイレクトな取り込み」という現象であった。先にふれた訴訟構造の変化や、家父長権や共同体の規制力の問題などもこのことと関わるものではあるが、たとえば渡邊信一郎氏が指摘するような、春秋時代には諸侯の「国」とその臣下たる卿大夫層との関係を表示したにすぎなかった「公家」の語が、戦国時代にはより広く被支配者層まで包括する国家一般を示すものとして用いられるようになっていることなどは、[6]こうした動きを象徴的に反映した例といえるであろう。

　これに関連してとくに注目されるのが、「法秩序の拡大」という観点からの籾山氏の研究である。[7]そこでは春秋時代の社会において、少数の教養者によって担われる、場当たり的で非公開な「伝統的規範による秩序の原理」と、規範が公布され、刑執行の専任者が存在するという点で合理性を有する「軍事集団における秩序の原理」とが併存していたとされる。そして前者が支配者層のものとして民を直接に規制するものでなかったのと同時に、それを次第に圧倒してゆく後者においても、兵士身分は「士」以上の支配者層であったために、人口の圧倒的多数を占める「民」はその埒外に置かれていた。ところが春秋中期からの社会変動によって民が兵士として従軍する存在として台頭してきたことから、「刑鼎の公開」に代表されるように、かつては軍事集団のみに行われていた「規範の公開」を、平時においても、しかもこれら民を包含する形で挙行する新たな秩序原理が生まれてきたのであった。ここにおいて、公開という手段を通して、民と支配者とは平等な法主体として位置づけられる。しかしながら戦国国家は、公開の原則に立脚しつつも、法を支配の手段として権力者の側に引きつけるべく、強制装置としての官僚群を創出し、さらには軍事集団における厳格な秩序原理を平時において社会全体にまで拡大する形で被支配者層（民）を再編成していった——このような見通しが示されているのである。民を直接取り込む形で法秩序が拡大していったこと、そしてそこには軍事的秩序としての色合いが濃厚に認められること、これらの論点は、以下に見てゆく議論の中でも幾度となく確認されることとなるであろう。

以上、本章では戦国秦漢国制の形成をめぐって、「権力の集中化」ならびに「広範な庶民層の国制へのダイレクトな取り込み」という二つの側面から見てきた。それではこうした新たな地平の上にうちたてられた、当時の国制構造の具体相はどのようなものであったのか——以下に、「社会の区分と編成」という点を基軸として見てゆくこととしたい。

二、戸　籍

その極盛期において、およそ千二百万戸、六千万人もの人口を擁したこの古代史上まれなる大帝国は、その基盤となる社会をいかなる制度的枠組みのもとに区分し編成していたのか——本論での問題関心をとりあえずこのような形で設定する時、これらの要素を集約的に反映したものとして、まずもって注目されるのが、当時における戸籍のあり方であろう。まことにこの戸籍の制度こそは、「個別人身支配」なり「郡県支配」とよばれるこの時代の国家支配を基底において支えるものとして、その国制構造の特徴的なあり方を端的に示すものなのであった。これについては池田温氏の体系的な研究があるので[8]、それによりながら以下に見てゆくこととしよう。

　この戸籍の制度は秦では献公期より始まったとされるが、こうした戦国時代の造籍を通じて父系家族を唯一の基準とする族制が定着し、戸口把握が徹底化してゆく。商鞅変法など、古代統一帝国の形成を志向する国制改革は、その上に始めて可能となったものとされている。漢代では、人頭税徴収とも関連して毎年八月には全国的な人口調査（案比、算人）が施行されており、その戸口把握率はかなり高いものであった。近年、江蘇省東海県の尹湾漢墓から出土した前漢後期の東海郡の「集簿」には、当時の郡レベルでの戸口数とその増減、男女・年齢別人口とその増減などが記載されているが[9]、これなどもこうした造籍作業のデータに基づくものであろう。ちなみに六朝時代には、人頭税が消滅する一方で、貴族制の発達や士・庶の分化の明確化、賤民身分の細分化などによって、戸籍の身分表示が重視され、その身分台帳としての性格がきわだってゆくとされており、こうした点からも逆に、戦国秦漢期における戸籍の特徴を照射することが可能である。

　ところでこの時代の戸籍の実物は現在のところ知られていないが、雲夢秦簡・封診式の記事から、秦の戸籍の形式は、戸口配列が戸主・妻・子・奴隷の順であり、子は男女順ではなく年齢順であったこと、各人について「大女子」「小男子」等の類別が記入される原則であったことがうかがわれる。身長登録が年齢に優先していたことはその特徴的な点であった。

　一方、その特徴が「名県爵里」などの語で示される漢代の戸籍の具体的な形式については、前漢後期から後漢初期にかけての、西北辺境における兵士の名籍がその具体的なあり方を知る手がかりとなる。ここに挙げる一例は永田英正氏によって「吏卒名籍」に分類されるものであるが[10]、

　　戍卒張掖郡居延平明里上造高自當年廿三　□（五五・六、図二五二、甲乙・甲三八九）

ここから戍卒の高自當なる人物が、「(張掖)郡・(居延)県・(平明)里」という行政区画の系統、「上造」に示される爵制、そして年齢などの各要素において国家に把握されていたことが知られるであろう。そして当然の前提として特に明記はされていない「身分」などの要素をも加えて考えれば、当時の国家による社会の区分と編成の要素はここにほぼ出揃っているといえるのであり、そこで以下に、これらの要素についてそれぞれ見てゆくこととしよう。

三、身　分

戦国秦漢社会の区分や編成について考える時、そこにはまず、身分を画定する太い線が引かれていたことに注目しなければならない。この問題については、すでに西嶋定生[11]、堀敏一[12]、尾形勇[13]の諸氏による研究がなされており、それぞれ若干のニュアンスの相違をともないながらも、当時の社会には一般庶民(庶人)とは区別される奴婢身分が存在していたこと、そしてそれは奴隷制などの隷属関係の発展を前提としながらも、その一方で「国家的身分」として規定される側面もあったこと、などが明らかとされてきた。このうちの後者を重視する立場からすると、奴婢身分が「国家的身分」であるとは、すなわち当時の基本的な階級関係はあくまでも皇帝と一般庶民との間の支配・被支配関係にあり、こうした秩序構造を保持する上で、その外辺に一般庶民とは区別される奴婢身分が設定されたということなのであり、そこでの重点は被支配者層としての一般庶民の確定にあったということになる。ちなみに、一般庶民と奴婢身分との区別は礼的秩序の及び方の違い、具体的には後述する爵制秩序への帰属の有無という点に求められるのであるが、その意味でこうした身分制的秩序の形成も、(その軍役供出を背景とする)一般庶民への爵制的秩序、礼的秩序の拡大という国制構造転換の流れの一環であったと見ることができるであろう。[14]

なお、この時期の一般庶民層の下層には、七科謫など賤視される階層が存在していた。七科謫とは、「吏の罪ある者、亡命、贅壻、賈人、もと市籍ある者、父母に市籍ある者、大父母に市籍ある者」の七者であるとされているが、この問題については堀氏の研究に詳しい(15)。

以上がこの時期、とくに漢代社会における身分制的秩序構造のあり方であるが、三国以降になると、一般庶民下層のこうした賤視される階層は消滅しており、良民身分が法的にも確立する。その一方で、奴婢身分のほかに部曲や雑戸などが現れて賤民身分も形成され、ここに良賤制という新たな身分制が成立するのであった(16)。同時に士・庶の別もより強く意識されるようになるが、これらの動向は、先に見た戸籍制度の変化の上に端的に反映されているのである。

四、社会的分業に基づく区分

そこで次に、奴婢身分などを除外した一般庶民層について見てゆくと、そこでは先の七科謫とはまた異なる形で、さらなる区分がなされていた。それが農・工・商という社会的分業に基づく区分である。この点についてたとえば飯尾秀幸氏は、秦律の分析から、農民が里内に居住し伍に編成されるのに対して、商工業者は居住、編成形態ともに別系統であったこと、農民は爵制的秩序内の存在として兵役義務を通して爵を獲得し、任官権なども有していたが、商工業者はその枠外にあってこれらを有していなかったこと、など具体的な点を挙げて、そこでの国家支配の特徴として、各社会構成員に対して一律に支配する形態をとらず、農民、商工業者など社会的分業を前提とする支配がおこなわれていたことを指摘している(17)。

一方、国家観・国家意識の検討を通して、それに照応する、国家による社会の政治的編成のあり方について探求する渡邊氏は、秦漢期におけるその基軸が、戸籍編成をつうじて把握された国家成員である百姓を社会的分業を指標として農工商に区分するところにあったとして、このうち農民社会については什伍制を基礎とする軍事的編成によって維持され、原則として農民の全成員男子が社会の共同業務に従事するよう編成されていること、一方、商工民に対しては農民と系統を異にして編籍するとともに、政権・公権力への参加を否定し、その営業活動を抑制したこと、などを論じた。さらに、このような分業論的社会編成は秦漢隋唐期の国家に共通するものとして、所有の有無多寡に基づく唐宋変革期以降のそれとは区別されること、またこのような点で共通の基盤に立ちながらも、農民社会に対する軍事的編成をその原理とする秦漢期の社会編成は、戸等制による社会編成を副次的にともない、かつ統治という精神的労働にのみ従事する士の階層の社会的成立をみている魏晋隋唐期のそれとも区別されるものであったこと——以上のようなことが論じられているのである(18)。

このような渡邊説のメリットは、何よりもその通時代的な風通しのよさであり、他の時代との比較からこの時代の特徴や制約、位置づけが比較的明瞭に理解できるという点であろう。そしてこうした検討から、「農民社会に対する軍事的編成」という点が（戦国）秦漢期の社会編成を特徴づける要素として浮かび上がってくるわけであるが、このことについて考える上で避けて通ることのできないのが、次に見る爵制秩序の問題なのである。

五、爵　制

先に例示した辺境兵士の場合のように、漢代、一般成人男子が広く爵を有していたことはその国制構造の顕著な特徴をなすものであるが、こうした爵制構造の枠組みは、戦国や秦代においても基本的に共通するものであった。雲夢秦簡や、湖北省江陵県張家山の前漢前期墓より出土の「奏讞書」[19]など出土文献資料では、官職にない人物を表わすのに「公士甲」や「大夫明」など名の前に、官職の代わりに爵称を冠する例が多く見えているのであり、当時の国家が個々の民を把握してゆく上で、こうした爵制がいかに重要な要素となっていたかがうかがわれるのである。

漢代の爵は一級の公士から、

公士、上造、簪褭、不更、大夫、官大夫、公大夫、公乗、五大夫、左庶長、右庶長、左更、中更、右更、少上造、大上造、駟車庶長、大庶長、関内侯、徹（列）侯

の二十等があり、さらにその上に「諸侯王」の位があった。このような二十等爵制については、周知の通り西嶋定生氏の体系的な研究があり、一般庶民がこれらの爵を獲得するのは、多くの場合、改元や立太子など国家の慶事に際しての一律な賜与によるものであり、それは前後漢を通じて約九十回にも及んだこと、賜与の対象となるのは、「編戸の民」とか「郡県民」などとよばれる一般成人男子であり、奴隷や医・工・商などの賤民、罪人・刑徒は除外されたこと、爵称は一級、二級と級数が累積加算された合計によって決定されるものであったが、一般庶民は第八級の公乗まで（民爵）しか与えられなかったこと、などが明らかとされている。またこの二十等爵制の形成に関して、それは戦国以降、一般庶民が軍役義務を負担するようになるにつれて、軍功による授爵が彼らにまで及ぶようになる、すなわち爵制秩序の一般庶民への拡大として理解されること、さらに爵の本質的機能について、それは秩序編成を媒介することにあるとして、この爵制によって里の身分的秩序が形成される点に当時の国家支配構造の関鍵が求められること――等々の諸点が論じられたのであった[20]。

このうち最後の点については、その実証面での問題を指摘し、民爵賜与の意義はあくまで皇帝と庶民との間に存するものであったとする籾山氏の見解が対立している。籾山氏によれば、民爵賜与とは、皇帝が個々の庶民に対し直接

奉仕を期待することの表現であり、爵の等級は従って、王権奉仕の度合い（王権との距離）を示すものであった。そして王権への奉仕とは具体的に辺境防備や治水・漕運などであるが、これら社会の存続に不可欠な、しかも個々の私的権力では果たし得ぬ公共的事業の組織者として、皇帝権力は公権的性格を賦与されていたのであり、その組織化を遂行するための一手段が民爵賜与なのであった、とされているのである。(21)

ところでこの二十等爵制の下には、「士伍」とよばれる位があった。「士伍」とは、単なる無爵者を指すのではなく、いわば「ゼロ位の爵」(22)を有する者として、爵制秩序内に包含される存在である。これについては多くの研究がなされているが、その中でも関連諸史料を最も整合的に解釈しうると思われる秦進才氏の研究によれば、秦では爵の獲得が困難で庶民の多くが士伍であったのに対して、民爵賜与の機会の多い漢代には庶民の多くが有爵者となり、士伍はそれよりは一段低い、大部分を奪爵者によって占められる存在となっていった、という。(23)ここで注目されるのは、第一に（戦国・）秦代における士伍のあり方であり、第二に漢代にかけてのその地位の変化である。

戦国・秦代において有爵者が一般庶民の中でごく限定された存在であったことは、雲夢秦簡や奏讞書などからも明らかであるが、かといってそれ以外の大部分の一般庶民が爵制秩序とは無縁の存在であったわけではなく、こうした無爵者のためにわざわざこの位が設定されていたことからも明らかなように、彼らは士伍であることによってこの秩序の中に包含されていたのである。(24)その意味で、この士伍という「爵位」の存在こそは、当時における「爵制秩序の一般庶民への拡大」を端的に象徴するものであったといえるであろう。奏讞書には、奴婢身分から解放された人物が「士伍」とされている事例（案例五）——漢のごく初期（前一九七年）の、戦国・秦代と状況はほぼ同じと見てよい時期のもの——が見えているが、ここからもうかがわれるように、士伍は奴婢身分とは明確に区別される一般庶民層の底辺を構成していたのである。そして漢代には有爵者が圧倒的多数を占めるに至ること、前述した通りであり、士伍の地位の変化もまさにこうした動きを反映したものなのであった。

このように、その周縁に位置する「士伍」を通して見るとき、この二十等の爵制が戦国から秦漢にかけて――ある程度の変容をともないながらも――基本的には広範な一般庶民層を包括する秩序として設定され、機能するものであったことが、さらに明瞭となる。ここで問題となるのはやはりその「機能」の中味であるが、それが秩序編成の媒介であるにしても、あるいは「王権への奉仕」の組織化のための手段であるにしても、その「より具体的なレベルでの」あり方を明らかにすることが、現在もっとも必要とされていることなのではなかろうか。もとよりそれは困難な課題ではあるが、近年のいくつかの研究は、こうした方向につながるものとして注目される。

すなわち戦国秦の郡制下における軍事編成について述べた藤田勝久氏の研究では、秦の農民男子は兵籍につけられ従軍することで軍功爵の秩序に組み込まれるが、兵役を終えて帰農した後も爵をそのまま保持することで、再び徴発される際にもそのまま軍功爵の秩序に組み込まれるような「耕戦の士」として把握されていたことが想定されているのであり[25]、爵制秩序と実際の軍隊組織とがどこまで対応するものであったかなどなお明らかにすべき点は残るものの、爵制秩序の役割を具体的な局面において追究する試みといえよう。また冨谷至氏は、従来ややもすれば漠然と考えられていた、有爵者の特権としての刑罰減免の実態について検討を加え、秦では爵による減免の対象となる刑罰は死刑・肉刑に限られており、肉刑を伴わない労役刑・財産刑などはその適用外であったこと、それが漢代には、一般の男子に対する無対価の賜爵が頻繁に行われるようになるとともに、肉刑が廃止されたことによって、刑罰減免の適用は鉗・鈦などの刑具装着の免除へと変わっていったこと、などを指摘しており、この問題についての今後よるべき点を明らかにすると同時に、爵制秩序の変容などについて考える上でも示唆的な論点を提示している[26]。

なお、女性はこの爵制秩序からは除外されていた。ただし、奏讞書に見える「當黥公士、公士妻以上、完之」（案例二一）という規定——これも有爵者の刑罰減免に関わるものであろう——に見られるように、既婚女性の場合は夫の爵位に準じた扱いがなされていたようである。

六、郡県・郷亭里制

先に「戸籍」のところで引いた辺境兵士の名籍例からもうかがわれるように、行政系統から見たこの時期の国家支配は、里を基層として、さらに県・郡がそれを統轄するという形をとっていた。

そこでまず里について見てみると、そこには里正（里典）が置かれ、父老と呼ばれる長老とともに里の行政に当たっていた。そこに居住する一般庶民は、軍隊編成を取り入れて五家を組み合わせた「伍」という相互監視、連帯責任の組織に組み込まれており、こうした伍や里正・父老などに連帯責任を課すことによって、国家は個々の民をこの里のレベルにおいて把握していたのである。行政上の里はおよそ百戸とされており、さらにこの里は上部機関である郷、そして県に統轄され、またこうした行政系統とは別に、治安維持にあたる亭も存在していた。もっとも、里の実態となる集落の形態については議論があり、また郷・亭・里の関係についても諸説がある。(27) なお佐竹靖彦氏は、こうした行政集落の編成が、従来それぞれの集落に現実に存在していた力を組織化するものであり、それによって国家はそれまで相当に自立的であった諸集落に対して官僚的統制を加えていったことを指摘している。(28)

このような地方行政系統末端の問題について、先にも引いた、新出の尹湾漢墓簡牘、とくに「集簿」とよばれる文書は、郡以下の行政機構と人員のデータが記載されている点で、貴重な手がかりを提供するものであるといえよう。たとえば郷・亭・里の関係については、そこで郷・里と亭・郵とがそれぞれ別の項目として統計がなされていることから、両者は異なる性質の、異なる行政系統のものであったことが謝桂華[29]、西川利文氏[30]によって確認されており、さらに西川氏の研究では、そこでの属吏の配置から、民政系統の郷－里よりも警察軍事関係の亭－郵の系統の方が綿密に郷里社会に張りめぐらされ、国家支配はこの系統を通じて隅々にまで行われた、などの重要な指摘がなされているのである。このほかこの史料には――郡内の里の総数が明記されているという一点のみを取り上げてみても、そこから一里あたりの平均戸数（約百五戸）や一郷あたりの平均里数（約十五里）など、従来より問題とされてきた文献史料中の「一里百戸」や「十里一郷」といった記載との関わりにおいて注目される貴重なデータが求められるなど――得難い記載が数多く見出されるのであり、それが前漢後期の東海郡での状況であるという限定性は考慮する必要があるにしても、これによって当時における地方行政制度のあり方についての研究が大きく進展することが期待される。

さて、当時の行政系統の中でも国家による支配の要となるのが、次にとりあげる「県」であった。この時期の県制の具体的なあり方については雲夢秦簡の出現によってかなり明らかとなってきたが、県制の成立をめぐっては、これまで多くの議論が積み重ねられてきている[31]。こうした中で、渭水盆地の開発の事例から戦国秦における郡県制の形成過程を考察し、それが従来言われているように新たな開発によって設置された新県を基盤とするのではなく、旧来の集落を県という行政区分内に再編成することによって郡県制の基礎としたものであるとする、近年の藤田氏の研究は、それと密接に関連する領域形成をめぐる議論、さらには先の佐竹氏の議論などともあわせて、国家による社会編成の具体的なあり方を探る上でも注目すべき論点を提示したものといえよう[32]。

一方、佐原康夫氏[33]や江村治樹氏[34]は戦国都市の検討から、官僚的に支配される軍事的都市が行政の基本的単位である県として把握されていたことを指摘しており、藤田氏の見解と微妙に交錯する。佐原氏はさらに、秦では郡の機能が県の上級として見出されるのに対して、三晋ではそれが見られないとし、江村氏もまた、巨大な都市が発達した三晋地域での国家は都市を県に編成して官僚制的に支配していたが、それはその独立性を認めた上での支配であったのに対して、それ以外の周辺地域では中央集権的な国家支配が行われたことを指摘しており、先の宮本氏の論文にも見られたような「国家支配の地域的相違」についての言及が見られる点は注目されよう。

ところで、佐原氏の研究でもふれられている県と郡との関係であるが、戦国・秦から前漢前半期までは、ほぼ県が地方統治の実質を担っていたようである。紙屋正和氏の一連の研究によれば、この時期の郡（や国）は地方統治機関として熟しておらず、その役割は軍事・監察以外の事項に関してはほとんど限定的なものであった。それが治水灌漑設備の建設や未開発地の開墾などの土木工事など県のレベルをこえた事項の存在も一因となり、武帝期以後はその職分の増加、機能の強化とあわせて県以下の官吏組織との有機的関係を形成するなど支配権を強化していったこと、さらにその郡・国に対する中央朝廷の規制も強化されていったこと、などが指摘されている[35]。尹湾漢墓からの文書は、まさにこうした形が確立してゆく前漢後期における郡レベルでの地方行政制度のあり方を伝えるものであった。このうち「集簿」については、郡から中央への報告書である「上計簿」との関連が指摘されており[36]、およそそこに見られるような情報が上計制度を通じて中央政府に掌握されていたことは、まず疑いない。しかしその一方で、武帝期以前における紙屋氏の指摘されるような県と郡との関係のあり方は、後段の「国家機構」での議論ともあいまって、いわゆる「集権国家」というものの実態について、あらためて考えさせられるものでもあろう[37]。

以上、戦国秦漢期における国制構造の具体相について、「社会の区分と編成」という点を基軸に、身分、社会的分業、爵制、郡県・郷亭里制度といった各次元でのあり方を取り上げ、整理を試みてきた。もとより雑駁な整理ながら、それでもここからは、「軍事的編成」、「社会の共同業務」等々、この時期の社会編成の特徴について考えてゆく上で、重要な手がかりとなりそうな要素がいくつか浮かび上がってきたものと思われる。なお、ここまでの議論はもっぱら「人的支配」の観点より整理してきたわけであるが、田制面などでの要素をも視野に入れて論じた佐竹氏の研究においては、（都市国家の段階から）領域的関係の展開とともに個々の農民が軍事的労働の負担者として（労働量の）計量可能な存在として把えられてゆく方向が強まる[38]、とした上で、中国古代国家は――農渠農道体系の設計・建設・統轄、城壁等の巨大土木工事の組織、農閑期における農民労働の集中的組織など――農民にとって超越的な社会的関係の組織化を通じて、（とくに新開墾のためのフォンドや水利工事のためのフォンドを用意しなくても）農民を個別に掌握可能であったこと、さらに一定の斉一な制度を通じて全国的全世界的な社会関係の整序に成功した点に、秦漢統一国家の支配の基礎が求められること、などが指摘されている[39]。

そこで最後に、こうした社会編成の主体となる国家機構のあり方について見ておくこととしたい。

七、国家機構

漢王朝の支配機構については、大庭脩氏の簡にして要をえた概観があるが、そこではその特色として、統治の制度として技術的に整備している一面、多くの官署が将来多数の官庁に分化発展するはずの要素を包含したまま、なお単一の官庁として存在しているという、総体的には未発達の一面のあることが指摘されている。また、中央・地方官庁の通常業務にまで広く徭役労働が利用されていたとの言及もなされている[40]。

こうした国家、官僚機構の形成は、やはりここまでに見てきた国制構造の転換にともなうものであった。佐原康夫氏は器物の製造に関わる銘文資料の状況から、前四世紀から三世紀にかけて戦国諸国で急速に官僚機構の整備が進んだことを指摘しており、[41]また藤田氏も戦国中期、諸国があいついで王号を称するのにともなって王国の機構が整備されたことを論じている。[42]

ただし、これによって整然とした国家、官僚機構がただちに出現したわけではない。それは先の大庭氏の研究にも示されている通りであるが、その一方で――たとえば藤田氏の都市水利についての研究で、戦国秦漢期の水利官が各官府に分属していて、まだ統一的な水利機構の見られないことが指摘されているように[43]――この時期の国家機構においては、後代との関係から「未分化」の点が注目されているのとはまた別に、「未統合」の側面も見出されるのである。こうした点についてはすでに宮崎市定氏が「連合艦隊」の比喩によって説明しているが、[44]それを継承して整合的な体系を構築したのが、以下に紹介する渡邊氏の研究なのである。[45]

渡邊氏によればまず、秦漢期の国家機構を構成する基本単位は「官府」と呼ばれる機構であり、それは全体として約二〇〇〇から一五〇〇ほど存在し、そのうちの一割ほどが中央機構であった。当時の国家機構の特質は、これら諸官府が重層的な連合体組織として現れる点にある。各官府は曹とよばれるいくつかの部局からなり、皇帝の直接任命をうけて官府全体を指導する官長や副官・次官クラスからなる「命官」、官長によって任命される「属吏」層、そして百姓からの強制的な徴発により、官府内部の日常的な労役部門を執行する「卒」の三種類の人間から構成されていた。十数万の官僚・官吏のうち命官は約五パーセント、属吏以下は九五パーセントを占める。これら諸官府は統率官府とそれに下属するいくつかの官府とによって連合体を構成し、特定の行政を遂行する。この官府連合体がさらに――中央と地方となど――重層的に組み合わされて官府連合の重層体系としての国家機構が構成されたのである。なお、その支配の特質は百姓の人格的支配の体系であり、領域的な行政は未発達であったという。

このような国家機構を構成する十数万の官吏は、皇帝と命官との間でとり結ばれる「第一次的君臣関係」と、官長と属吏との間での「第二次君臣関係」という、二つの質を異にする君臣関係によって統合されていた。先に見た官府のゆるやかな複合的重層関係は、皇帝と官長である命官との第一次的君臣関係によって支えられていたのである。その一方で、第二次的君臣関係の存在は、各官府に一定の自立性をもたせる基礎となった。漢代のこうした国家機構と君臣関係は、隋唐期に至るまで基本的に維持されるが、その間に、一面で君臣関係の一元化と尚書省を中心とする国家機構上層の中央集権化とともに、他面では国家機構下層―胥吏層の分離による官僚体系の二層化の進行によって、宋代以降の新たな段階へと移行してゆくこととなる。

そして中国古代専制国家は、このような国家機構と一〇〇〇万戸前後の百姓とを基本要素として構成されるものであったが、当時の社会は自らを政治的に組織することはなく、先に見たような社会的分業による区分を通じて国家的に編成されていった。とくに士のイデオロギー的階級がなお未成立であった秦漢期にあっては、農民にのみ政治的意志決定に参加し得る可能性を認めていた点にその特徴が認められる――おおむね以上のような諸点が論じられているのである。

一定の自立性をもつ官府連合の重層体系、皇帝と命官との間で構成される君臣関係に並行して存在する官長と属吏との間での「君臣関係」等々、これらの指摘からは、「整然たる官僚機構の体系を有する集権国家」というイメージとはかなり異なる、当時の国家機構の実態が具体的に浮かび上がってくるであろう。ここまでにくり返し述べてきた「権力の集中化」という状況の一方で、当時の国家機構は、その「受け皿」としてはなお未整備、未熟な段階にあったのである。

このように、これまで比較的手薄であったこの分野において、国家機構とそれを支える君臣関係、さらにはその社会との関係などの諸点から、戦国秦漢期における国家機構の「かたち」というものをきわめて明快に取り出して説明して見せた、渡邊氏のこの研究のもつ意義は大きい。それは、これから秦漢あるいは中国古代の国制構造について考えてゆく上で、まずもって参照すべき成果であると同時に、他の時代、さらには他の地域との、全体構造における比較の枠組みを提供するものなのでもある。(46)

なお、そこでの個別の論点に関わる近年の研究として、たとえば属吏層については、西川氏が尹湾漢墓簡牘の検討から、属吏層内部における「有秩」・「斗食」・「佐使亭長」といったさらなる階層構成の存在、あるいは前漢後半期における諸曹の形成に伴う急速な属吏層の拡大などを指摘している。(47) また、「官長」の連合体としての漢代官僚制度の性格については、上申制度の検討よりその変質について論ずる宮宅潔氏の研究がある。(48) さらに大庭氏にも指摘のあった官庁での徭役労働の問題については、秦漢国家では多量に使用される刑徒の労働力がその運営の上で大きな役割を占めていたとする、冨谷氏の「刑徒国家」論が展開されており、(49) 異なる面から当時の国家機構のあり方を際立たせるものといえよう。

渡邊氏にはこれとは別に、朝政や儀礼構造の検討を通じて、政治意志決定のメカニズムをはじめとする中国古代専制国家の構造を論じた研究もあり、そこでは中国内部のみならず、周辺諸民族をもあわせて一貫する全体構造についての追究がなされている。(50)

八、終わりに

以上、戦国秦漢期の国制構造をめぐる諸問題について、その形成、「社会の区分と編成」を基軸とした具体相、そして国家機構、の諸点から概観を試みてきた。戦国秦漢史研究におけるこれら「国制史」の問題は、研究分野としては必ずしも確定しているとはいえないのが現状であり、その点で、ここでの問題設定の仕方や範囲の画定などについての参差は——筆者の力量不足ともあいまって——免れがたいものであるかもしれない。しかしここからでも、広大な民衆が身分制や爵制秩序、郡県制のもと、軍事的秩序や社会的共同業務の組織などを通じて国家により編成されていったこと、一方、その主体として権力が集中する国家機構については、その内部の構造が存外に未整備で集権的性格を欠くものであったこと等々、大まかながらも、ある程度共通した方向性のようなものは見えてきたのではないかと思われるのであり、この辺に今後の国制史研究を展開してゆく上での手がかりを求めることができるであろう。

それと同時に新出資料、とりわけ出土文字資料の存在も、この時期の国制史研究を進展させる上で大きな役割を果たすものである。身分制や爵制、郡県郷亭里制度などをはじめとする国制史の各分野の研究において、雲夢秦簡をはじめとするこれらの史料がいかに重宝されてきたかは、ここにあらためて強調するまでもない。本稿でもしばしば引用した張家山漢簡中の奏讞書や尹湾漢墓漢簡、あるいはそれ以外にも包山楚簡や臨沂漢簡などにも、それぞれの時期の国制構造を知るうえで見逃すことのできない資料が含まれている。さらに最近、湖南省長沙市走馬楼よりの出土が伝えられる三国呉の時代の簡牘は[51]、その量の多さや内容から、今後、孫呉期のみならず（後）漢代の国制史研究についても、飛躍的な進展をもたらすことが期待される。

ところで先にもふれたように、国制史は、異なる時代、異なる地域の間での、全体構造における比較の枠組みを提供する——いわば「テキスト形式」のレベルに比定される——研究分野でもあった。（戦国）秦漢国制の場合、その比較の対象として考えられるものとしては、たとえばローマ国制があり、実際これまでにも爵制秩序とローマ市民権[52]、財産による政権参加への制限[53]、家父長権のあり方[54]、（イタリア本土と属州、関中地域とその他の郡国といった）帝国版図内での地域間支配の構図[55]、などの諸点において比較や関連づけがなされてきている。こうした個々の論点を全体的な枠組みにおいて比較することで、戦国秦漢という時代をより相対化してとらえることも可能となるであろう。しかしながら、少なくとも戦国秦漢史の側において、こうした態勢がいまだ充分には整っていないこと、これまた先述した通りなのであり、このような点からも、戦国秦漢史研究における「国制史」という分野それ自身の確立こそが、今まさに必要とされているのである。

注

(1) 小口彦太「中国前近代の法と国制に関する覚書」(『歴史学研究』第四八三号、一九八〇年)参照。
(2) 同右。
(3) 宮本一夫「七国武器考——戈・戟・矛を中心にして——」(『古史春秋』第二号、一九八五年)参照。
(4) 籾山明「春秋訴訟論」(『法制史研究』三七、一九八七年)参照。
(5) 堀敏一『中国古代の身分制——良と賤——』(汲古書院、一九八七年)、『中国古代の家と集落』(汲古書院、一九九六年)。なお吉田浤一「中国家父長制論批判序説」(中国史研究会『中国専制国家と社会統合——中国史像の再構成Ⅱ——』文理閣、一九九〇年)では、家父長権が主権の一部として専制国家に収奪されていったとする。
(6) 渡邊信一郎「『孝経』の国家論——秦漢時代の国家とイデオロギー——」(初出一九八七年、のち『中国古代国家の思想構造——専制国家とイデオロギー——』、校倉書房、一九九四年に所収)参照。なお、この時期における「一般庶民の有姓化」という事象も、あるいはこうした動きと連関しているのではないかと考えられる。尾形勇『中国古代の「家」と国家』(岩波書店、一九七九年)第一章第三節参照。
(7) 籾山明「法家以前——春秋期における刑と秩序——」(『東洋史研究』第三十九巻第二号、一九八〇年)参照。
(8) 池田温『中国古代籍帳研究——概観・録文——』(東京大学出版会、一九七九年)参照。
(9) 連雲港市博物館・東海県博物館・中国社会科学院簡帛研究中心・中国文物研究所編『尹湾漢墓簡牘』(中華書局、一九九七年、北京)。

(10) 永田英正「居延漢簡の集成——破城子(ム・ドルベルジン)出土の定期文書——」二、(初出一九七四年、のち『居延漢簡の研究』、同朋舎、一九八九年に所収)参照。

(11) 西嶋定生「中国古代奴婢制の再考察——その階級的性格と身分的性格——」(初出一九六一年、のち『中国古代国家と東アジア世界』、東京大学出版会、一九八三年に所収)、「良賤制の性格と系譜」(一九八三年、前掲書)参照。

(12) 堀敏一「均田制と良賤制」(初出一九六七年、のち『均田制の研究』、岩波書店、一九七五年に所収)および前注(5)掲、『中国古代の身分制』など参照。そのうち後者では、それまでの身分制研究史の整理がなされている。

(13) 尾形勇「良賤制の展開とその性格」(初出一九七〇年、のち前注(6)掲、『中国古代の「家」と国家』に所収)参照。

(14) 籾山明「秦の隷属身分とその起源——隷臣妾問題に寄せて——」(『史林』第六十五巻第六号、一九八二年)では、秦簡を素材としてこの国家的身分の形成に言及する。

(15) 堀敏一「漢代の七科讁身分とその起源」(初出、一九八二年、のち前注(5)掲、『中国古代の身分制』に所収)参照。

(16) 前注(12)掲の堀氏の諸論考を参照。

(17) 飯尾秀幸「中国古代における国家と共同体」(『歴史学研究』第五四七号、一九八五年)参照。

(18) 渡邊信一郎「『呂氏春秋』上農篇蠡測」(初出一九八一年、のち前注(6)掲著書に収録)など参照。

(19) 『文物』一九九三年第八期、一九九五年第三期。

(20) 西嶋定生『中国古代帝国の形成と構造』(東京大学出版会、一九六一年)参照。

(21) 籾山明「爵制論の再検討」(『新しい歴史学のために』一七八号、一九八五年)、「皇帝支配の原像——民爵賜与を手がかりに」(松原正毅編『王権の位相』、弘文堂、一九九一年)参照。

(22) 冨谷至「秦漢における庶人と士伍・覚書」(谷川道雄編『中国士大夫階級と地域社会との関係についての総合的研究』、昭和五七年度科学研究費補助金総合研究A研究成果報告書、一九八三年)参照。

(23) 秦進才「秦漢士伍異同考」(『中華文史論叢』一九八四年第二輯)参照。

（24）前注（18）掲、渡邊氏論文では、秦の士伍について「兵役・力役に従事することを通じて社会的必要労働に参加し、受爵資格者となり、官吏となって社会的共同業務に参画する可能性を付与される」と概括する。
（25）藤田勝久「戦国・秦代の軍事編成」（『東洋史研究』第四十六巻第二号、一九八七年）参照。
（26）冨谷至「秦漢二十等爵制と刑罰の減免」（梅原郁編『前近代中国の刑罰』、京都大学人文科学研究所、一九九六年）参照。
（27）以上、里や郷・亭などについて述べた部分は、前注（5）掲、堀氏『中国古代の家と集落』所収の諸論文を参照している。
（28）佐竹靖彦「県郷亭里制度考証」（『東京都立大学人文学報』第一九九号、一九八八年）等を参照。
（29）謝桂華「尹湾漢墓漢牘和西漢地方行政制度」（『文物』一九九七年第一期）参照。
（30）西川利文「漢代における郡県の構造について――尹湾漢墓簡牘を手がかりとして――」（『仏教大学文学部文学論集』第八十一号、一九九七年）参照。
（31）県制成立をめぐる従来の見解の問題点を指摘したものとして、松井嘉徳「『県』制遡及に関する議論及びその関連問題」（『泉屋博古館紀要』第九巻、一九九三年）、籾山明「春秋・戦国の交」（『古代文化』第四六巻第十一号、一九九四年）などがある。
（32）藤田勝久「中国古代の関中開発――郡県制形成過程の一考察――」（中国水利史研究会編『佐藤博士退官記念中国水利史論叢』、国書刊行会、一九八四年）参照。なお、領域支配形成の問題については「戦国秦の領域形成と交通路」（平成二・三年度科学研究費補助金・一般研究B研究成果報告書『出土文物による中国古代社会の地域的研究』、一九九二年）など参照。
（33）佐原康夫「戦国時代の府・庫について」（『東洋史研究』第四十三巻第一号、一九八四年）参照。
（34）江村治樹「戦国時代の都市とその支配」（『東洋史研究』第四十八巻第二号、一九八九年）参照。
（35）紙屋正和「前漢郡県統治制度の展開について――その基礎的考察――」（『福岡大学人文論叢』第十三巻第四号、第十四巻第一号、一九八二年）、「前漢時代の郡・国の守・相の支配権の強化について」（『東洋史研究』第四十一巻第二号、一九八二年）、「前漢後半期における郡・国への規制の強化」（『古代文化』第四二巻第七号、一九九〇年）参照。
（36）滕昭宗「尹湾漢墓簡牘概述」（『文物』一九九六年第八期）、紙屋正和「尹湾漢墓簡牘と上計・考課制度」（『福岡大学人文論叢』第二十九巻第二号、一九九七年）参照。

（37）藤田勝久「前漢時代の漕運機構」（『史学雑誌』第九二編第十二号、一九八三年）では、前漢においては、一方で郡県制という行政機構で民政を掌握しながら、もう一方で軍事体制によって郡県の軍隊を中央に編成する機能を備えていたことを指摘する。

（38）小口彦太「中国古代における法とその担い手達――『史記』列伝を素材として――」（『歴史評論』三三一号、一九七七年）でも、人間を数的な存在としてのみとらえる軍律・軍法の中国古代法への影響について指摘している。

（39）佐竹靖彦「中国古代史の姿を求めて」（『中国―社会と文化』第三号、一九八八年）参照。

（40）大庭脩「漢王朝の支配機構」（初出一九七〇年。のち『秦漢法制史の研究』、創文社、一九八二年、に所収）参照。

（41）前注（33）掲、佐原氏論文参照。

（42）藤田勝久「『史記』蘇秦・張儀列伝の史料的考察――戦国中期の合縦と連横――」（『愛媛大学教養部紀要』第二五号、一九九二年）、「戦国楚の領域形成と交通路――『史記』楚世家と鄂君啓節の比較検討――」（平成四・五年度科学研究費補助金・一般研究B研究成果報告書『「史記」「漢書」の再検討と古代社会の地域的研究』、一九九四年）参照。

（43）藤田勝久「戦国秦代の都市水利」（『中国水利史研究』第二〇号、一九九〇年）、「漢唐長安の都市水利」（同上、第二二号、一九九二年）参照。

（44）宮崎市定『九品官人法の研究――科挙前史――』（同朋舎、一九五六年）参照。

（45）前注（6）掲、『中国古代国家の思想構造――専制国家とイデオロギー――』参照。

（46）国制構造を通じての比較史の試みとしては、たとえば鈴木正幸・水林彪・渡邊信一郎・小路田泰直共編『比較国制史研究序説――文明化と近代化――』（柏書房、一九九二年）がある。

（47）前注（30）掲、西川氏論文参照。

（48）宮宅潔「漢代請讞考――理念・制度・現実――」（『東洋史研究』第五十五巻第一号、一九九六年）参照。

（49）冨谷至「秦漢の労役刑」（『東方学報』京都・五五冊、一九八三年）、『古代中国の刑罰――髑髏が語るもの――』（中公新書、一九九五年）など参照。

（50）渡邊信一郎『天空の玉座——中国古代帝国の朝政と儀礼』（柏書房、一九九六年）参照。

（51）『文物』一九九九年第五期の諸報告参照。

（52）宮崎市定「東洋的古代」（初出一九六五年、のち『宮崎市定全集』第三巻、岩波書店、一九九一年、に収録）、山田勝芳「中国史上の『中世』」（『中世の文化』角川書店、一九八八年）、前注（39）掲、佐竹氏論文など参照。

（53）山田勝芳『秦漢財政収入の研究』（汲古書院、一九九三年）参照。ただし、この点についての漢代史の側の史料は、ほぼ『漢書』巻五景帝紀の記事のみに限られるのであり、それが漢代において、どの程度一般化して考えることのできる制度であったかなどの問題は残る。

（54）本稿第一章「戦国秦漢国制の形成」参照。

（55）秦漢統一国家におけるこうした地域間支配の構図の問題については、大櫛敦弘「関中・三輔・関西——関所と秦漢統一国家」（『海南史学』第三十五号、一九九七年）など参照。また、たとえば『岩波講座世界歴史』（新講座）5・帝国と支配（未刊）では、秦漢帝国とローマ帝国という巨大な政治体の共時性に着目する、という。

追記

本文中の「五、爵制」については、本稿脱稿後、いくつかの重要な研究が発表されている。これらについては、たとえば藤田高夫「一九九七年の歴史学会—回顧と展望—」戦国・秦漢（『史学雑誌』第一〇七編第五号、一九九八年）で要を得た紹介がなされているので、参照されたい。

秦漢時代の財政問題

山田勝芳

序

前近代中国において、財政問題は税役徴収問題を中心として歴代大きな問題であり続け、制度史的研究を核としていずれの時代についても膨大な研究蓄積がある。とりわけ関連史料が多い唐宋以降についてそれが顕著である。そして、財政は必然的に当該時代の経済全般に関わり、かつ政治史的展開に左右される側面があるために、いわゆる制度史的分析だけではその全体像を解明できない研究分野でもある。

ここに、「財政史研究とは、畢境、政治と財政、社会経済と財政の相互関係、即ち政治と社会経済の接点を考察するものに他ならない。それ故、一般論的に相互関係を論ずるだけでなく、その相互関係を規定する論理の剔出こそが重要である。[1]」と考えた理由がある。従って、財政史固有の問題領域、たとえば財政収入の推計一つをとっても、人口変動論、経済動向、農業技術と平均収穫高、手工業の技術水準、貨幣経済、等々という経済史の側面、及び税役制度の展開、財政運営システムとその変化、等々の財政制度史の側面等を追究しつつ、同時に君主と財政、官僚と財政、当該時代の政治的課題と財政、等々の政治史的側面との関連を絶えず追究する必要があるのである。

しかし、中国史、その中での秦漢史という研究対象を考えた場合、主要な史料が『史記』『漢書』等の編纂史料であり、また近年増加している出土史料は考古学的遺物であるという史料的性格もあって、常にそれらの史料論的研究を遂行する必要があり、しかもそれら史料の多くが、いわば広大な中国の社会統合の上で大きな役割を果たし、あらゆる面に影響を及ぼしている官僚制を抜きにして解釈することができないので、結局、制度史的研究を核にして財政史研究を進めることが最も有効であり、かつ望ましいことになる。

また、財政そのものの当該時代における意味が改めて問われているが、(2) 秦漢時代の財政一つをとってみても解決すべき多くの問題点があり、「大胆な提言」の必要性を認めつつも、全体的理論ないし全中国史を通じての財政段階論等を提起するのは時期尚早という印象をもっている。

本論では、右のような基本的立場に立って、まず第一に制度史的追究を行って秦漢財政史の問題の有り様を提示した上で、そこからいくつかの基本的問題に焦点を絞って論じ、具体的な研究課題解決の一方向を示す形で、今後の研究のための提言を試みたい。そのためにまず研究史を振り返ることにする。

一　秦漢財政史の研究史的問題点

秦漢時代の財政のみならず、中国社会経済史全般において一つの出発点となるのは、戦前の加藤繁の一連の研究である。加藤は、土地を中心とした経済史から財政史に研究を進めたが、貨幣、人口、商業等開拓すべき課題が多かった経済史研究に向った。そのため、財政史に関する研究は多くはないが、漢代については「漢代に於ける国家財政と帝室財政との区別並に帝室財政一斑」(3) があり、これはまさに秦漢財政史研究の出発点に位置する古典的研究であると

いってよい。(4)

そこで明らかにされた、前漢時代の財政が二元財政であり、前期には国家財政に比較して少なかった帝室財政は次第に増加して、後期には収入が国家財政と匹敵するに至り、そのため帝室財政は富裕で巨額の余剰を残していた。このような帝室財政の膨張のために、改革の要求が次第に起こり、ついに後漢の光武帝が国家財政即ち大司農財政に一元化するという大改革を行ったが、「さりながら光武の改革は余りに極端に馳せたのではなかろうか。角を矯めて牛を殺す憾みはなかつたであらうか。」という財政変動論。そして帝室財政を中心とする各種収入、支出、担当機関である少府・水衡都尉の属官の職務内容等の解明は、いずれも漢代財政史の基礎とするべき内容をもっている。

しかし、各官の職務内容、収入、支出等いずれも細部においては、新出史料等による修正を必要としているし、とりわけその財政変動論は問題が多い。変動論に関して言えば、まず前後両漢の間にある王莽時代を全く無視していること、光武帝の「英断」なるものだけで説明がつくのか、本当に帝室財政は後期に膨張したのか、等々が大きな問題である。要するに、財政史研究の上で、発生史的研究、社会経済史的研究との関連、官僚による帝室財政削減の主張の思想史的背景、後漢時代財政の問題等が残されたのである。

次いで、宮崎市定は「古代中国賦税制度(5)」において、賦・税・役に関する発生史的研究を行い、さらに財政そのものにも触れ、最も初源的な財政は私的財政のみであり、軍賦が物納となってから別個の会計にされ、ここに王室財政と国家財政の区別が生じ、次第に国家財政が重要となって、前漢景帝後三年（前一四三）に田租が国家財政に移管されたと述べた。私的財政から国家財政が発生してきたという見解は極めて示唆するところが大きい。しかし、米穀を担当した治粟内史をその名称から帝室財政担当とする解釈等については従うことができない。

一方中国では、所謂食貨学派が財政問題にも多くの成果をあげていたが、そのうち加藤・宮崎両説の影響も受けた周篠溪の「西漢財政制度之一班」[6]が最も大きな成果といえる。財政機関の範囲を中央では詹事等に、また地方の太守以下にまで広げたこと、当該時代の財政の特色として、①法定制度（収支は法の定めによる）、②自給制度（各官が必要なものを自給）、③協餉の濫觴が見られる（郡県での調整、転送）、④財政監督の欠如（上級官庁による考査のみで、厳密でない）、⑤行政単元制度（官庁・官僚等の職務未分化）を指摘したこと、及び後漢で地方財政権の強化が見られること等、財政史研究の上で重要な指摘であった。しかし、いずれも更に深めるべきものが多く、それらは課題として残された。

またこの食貨学派の影響を受けつつ、日本でも三〇年代から四〇年代初頭にかけて経済・財政の研究が活発化した。その中で中国歴代の財政収入を論じた吉田虎雄は「両漢の財政」と題した財政変動論を提示しているが[7]、政治史的背景をふまえた関係史料の整理というレベルであり、さらに深めるべきであった。

戦後の財政史研究は、社会構造論が華やかに展開される中で、特に租税・地代等時代区分に関わるものが多いために、活発化したということができる。その代表として平中苓次の研究をあげることができる。財政収入面で多くの研究成果をあげた平中は、財政史に関しては「秦漢時代の財政構造」[8]によって、二元財政の一元化の端緒は武帝代の財政改革の中に現れていること、大司農と少府という名称によって秦漢時代には国家財政の方が規模が大きくなったこと等を述べたが、前者については後述の西村元佑説が先行し、後者については変動論が不十分であった。

一方、戦国時代の専制君主の私的な収入源を追究した増淵竜夫は、加藤繁の研究[9]に依拠して公田に注目した研究「先秦時代の山林藪沢と秦の公田」[10]を発表し、専制君主による山沢の家産化が山沢の税及び市井の税の基盤になったことを明らかにした。これは商工業税的部分の比重が大きい帝室財政の本質解明に大きく寄与するものであった。しかし、公田全般を帝室財政収入として把握することの問題点が残った。

この間、西村元佑「漢代の勧農政策―財政機構の改革に関連して―」[11]は、①漢初は帝室財政中心主義、武帝以降国家財政中心主義の傾向があること、②一元化した財政を担当した後漢の大司農は地方郡国に財政実務を移管して、前漢よりも属官を減じたが、そのことによって古代帝国の財政総裁機関としての機能を充分発揮できる中央官庁となったこと、③後漢の少府は加藤繁のいう「宮廷の雑務」担当官ではなく、尚書の存在に注目すると「天子側近の政務機関」となったとみるべきこと、を指摘した。このうち、①については増淵説の「家産」論をふまえた財政変動論として重要な指摘であり、前述の武帝代以降の一元化傾向を指摘した平中説に先行する。②については周筠渓が既に指摘していた。③については更に少府の性格を究明する必要が残った。

また、財政史に密接な関わりをもつ官営手工業等について佐藤武敏の研究[12]があり、専売制を中心とした影山剛の研究[13]もある。更に二元財政と基層社会との関連について追究した好並隆司の一連の研究[14]がある。好並の財政に関わる論点は、①苑囿・公田の開放策によって帝室財産が国家財政にくりこまれる、②王莽代に従来少府管理下にあった山沢等が郡県に移管されており、これは豪族と斉民制とが妥協する状況となり、それによって一元化した経済体となったことに起因する、等である。①の指摘はそのとおりであるが、公田の全てが帝室財政所管であったわけではないことに注意する必要がある。また②は王莽代における変化の指摘が重要である。しかし、財政変動と社会経済動向との関連についてはストレートな結びつけにとどまっていた。

王莽代については、河地重造も「王莽の財政制度はこの二元性が消滅していく一齣をなすのであるが、それは一元的皇帝支配の制度的完成であると同時に、実質的には、その変質物である後漢体制につながる改制であった。」と述べる[15]。これらは、加藤繁の財政変動論において等閑に付されていた王莽代の重要性を明らかにしたものであった。

更に貨幣経済の問題があり、中国では彭信威が前後両漢における金の西方流出について述べ[16]、労榦もまた金の流出について南海ルートもあったことを強調している。[17] これより先、日本では、牧野巽が前漢代後期からの貨幣経済の衰退状況と漢代における銅の生産額の少なさを指摘し[18]、また詳細な議論は展開していないが宮崎市定は、前漢代西方交易によって金が流出し王莽の経済政策もこの不況に対応したものであったという指摘をしており[19]、これは右の河地説の背景ともなっている。

以上の学説史的検討によって明確化した諸問題について、私はこれまで以下のような研究を行ってきた。[20]

まず、公田の問題について、増淵竜夫の公田論を国家財政部分がかなり大きいことを述べて批判し、好並隆司の公田の帝室財産から国家財政へという理解を承けつつ、公田経営の変遷と山沢の性格変化、並びに財政の変動における王莽代の問題をも考察した（「山田一」）。次いで、加藤繁説では不十分であった財政変動と官僚層の関係について、財政三官（大司農・少府・水衡都尉）就任者を中心にして考察し、前漢末の帝室財政運営の行き詰まり状況を指摘した（「山田二」）。またこれによって秦代に大内と少内が存在する可能性を初めて指摘し、後に睡虎地秦簡秦律十八種・金布律等によって実在が証明された。

「山田三」によって、増淵の帝室財政収入の性格論と宮崎市定の貨幣経済変動論、及び西村元佑の財政規模論を承けつつ、さらに前漢前期の巨大な諸侯王国の存在という政治史的要因を摘出して、前期は帝室財政が大きく、後期には国家財政が大きくなったという財政変動を、政治史的側面と商業等経済史的側面から論理づけた。次いで財政一元化の上で大きな位置を占める王莽代の財政について、河内重造・好並隆司説を承けつつ、井田の聖制（十一の税）と貨幣政策が要となっているその財政構造を解明した（「山田四」）。その上で、西村説では不十分であった後漢の財政について、その創設の過程（「山田五」）、運営機構である大司農・少府の詳細な解明を行い、尚書は少府に「文属」し、事実上皇帝直属であったこと等を明らかにした（「山田七」）。苑囿の財政上の比重（「山田六」）、さらに均輸平準等の武帝代の財政諸問題について「山田八」から「山田一一」までによって掘り下げ、その間、財政思想に関係する「均の理念」の存在を初めて指摘した（「山田一二」）。また大内・少内問題の再検討を行い（「山田一三」）、秦代の工官・市官・田官についての考察をし（「山田一五」）、武帝代の三銖銭発行問題の再検討から全体的秦漢貨幣史の叙述に入った（「山田一四」「同一六」「同一七」）。

一九七〇年代以降、新出史料の増加などにより、たとえば秦代の大内・少内の存在が秦簡から知られたことによる財庫研究等、財政に関係する研究が増加した。稲葉一郎[21]、紙屋正和[22]、越智重明[23]、工藤元男[24]等の研究がそれである。また中国では数えきれないほどの多くの関連する研究があるが、呉慧[25]・馬大英[26]等の研究だけをあげておく。

近年においては、国家による社会統合と再分配の機構としての財政という観点、並びに専制国家の「内部貨幣」論による中国貨幣史の再検討という視点から、財政と貨幣問題を研究しようとする流れがある。渡辺信一郎[27]と佐原康夫[28]の研究がそれである。また、新出文字史料と考古学的諸史料の増加によって、穀物・武器・銭等を収蔵する倉・庫・財庫等について具体的検討を加えることが可能になった[29]。今後それをさらに深めることによって、財政機構・運営の実態がより明らかになることが期待される。

要するに、日本での秦漢財政史研究は、古典的研究を基礎として多くの実証的成果をあげ、また現段階においては、理論的側面を深化させる動きもでてきたが、史料の多様化に即して一層具体像を明らかにしようとする流れが中心となっているということができる。

研究史に埋没してしまうとエネルギーがそれに費やされて単なる交通整理、あるいはそれ以下になる危険性があり、一方、研究史を十分に押さえない研究の「新見解」は、時として「旧見解」にすぎないこともある。やはり、「大胆な提言」をするためにも、常に研究史を各自の視点で整理しておくことが必要である。

二　制度史的諸問題

財政史を全体的に研究しようとする場合、一般的に考えられる財政収入、支出、財政運営機構とシステム、財政政策と決定・実施、予算と会計監査、等々の他に、当該時代の特殊諸問題に留意した研究構想が必要になる。たとえば秦漢代であれば二元財政問題、唐代後期以降であれば専売制と軍事等がそれである。そして、時代ごとに史料の在り方に違いがあることによって、論証レベルに相違があることも考えねばならない。しかし、最も基本的な制度史的側面の解明のためにも、中国歴代の財政史研究の成果を絶えず参照しなければならない[30]。それは秦漢財政を相対化し、比較的に研究する上で必要な作業であり、視点である。

財政は関係する側面が多いために、財政収入問題一つをとってみても実に多くの問題点を解明しなければならない。とりわけ、できるだけ数量化して財政変動を把握しようとする場合にその困難さが顕著となる。人口変動・経済動向・平均収穫高等の把握、国家による土地把握の実態解明、統計資料の批判的利用、税役免除人口や脱税の推定、徴税原理・システムの解明等々があり、これらによる収入変動と、災害・戦争、あるいは政治的状況に対応した支出変動とを把握して収支バランスを考える必要がある。しかし、これも数量的推計を可能にするような史料的条件がないと難しく、前漢時代のどの時期でも可能というわけではない。戸口・田土統計のある前漢末の収入推計については既に行ったが[31]、それ以外の時期の収入と、前漢各時期の支出については推計することが困難なことが多い。

具体的な一例として、前漢文帝代末年（前一五七）の収入を取り上げてみる。

問題は人口である。人口推計は困難であるが、武帝代末期に減少があり、また元帝代等にも減少し、地域的には政治・経済・文化の中心であった黄河ベルト地帯の前漢後期における人口増加率は他の地域に比して低かったという認識をもっている。[32]それをもとに全くの概算的各段階の人口を推計し、この文帝代末については約三二〇〇万人とする。

この時期の口銭納入年齢が三歳から一四歳までであることを考慮に入れて、[33]その人口構成を三歳から一四歳まで三二パーセント強（一〇三六万人）、一五歳から五九歳まで六一パーセント弱（一九五一万人）とし、全戸数は各戸平均四・八人として六五七万戸。墾田面積は三二八・五万頃となり、実際の作付けしていないものまで含めた所有面積はその倍になる。[34]これに平均二・五石の収穫高と一五分の一の税率をかけることになる。しかもこの時期は広大な諸侯王国が存在し、全五八郡のうち直轄郡は二三郡、一七王国が三五郡であり、仮にこの郡数の比で計算すると、戸数では直轄郡二六一万戸、王国三九六万戸となる。さらにこの時期の侯国を一三五、平均二千戸として、二七万戸分を直轄郡から引かねばならない。[35]皇后・太子・公主等の湯沐の邑についても同様であり、合計六五県程度であるとすると、種々推定を加えて、侯国二二五万石、湯沐の邑二七一万石という田租収入となる。

さらに問題は、この時期、文帝一三年（前一六七）から景帝元年（前一五六）までは、従来一五分の一の徴収率であった田租が免除されており、また芻藁税についても同様であったとみられることである。穀物については、納粟授爵によって前線地帯の軍糧を確保し、また鄭国渠等の公田等によって首都長安での必要量を確保した。またこの田租免除は、皇后等の湯沐の邑を除いて、王国や侯国にも適用された可能性がある。[36]

また帝室財政収入となる酎金にしても、文帝代には人口千人につき四両ではなく、もっと重いものであった可能性があり、[37]仮に六両とすると王国七二三五斤余、侯国五〇六斤余、合計約七七四二斤（七七四二万銭）となる。これに対して献費は巨額であり、一人六三銭であれば、王国一二億一五二七万銭、侯国八二八四万銭、合計一二億九八一一万銭となり、もし一人五〇銭であれば、合計一〇億三〇二五万銭となる。

これらの前提的計算によって、「中央」所管と王国の収入の概略を次にあげる。税役免除人口等は確定できないので、この数値はあくまでも概略である。[38]

	「中央」	諸侯王国	計
算賦	八億七〇三万銭	一三億七四四七万銭（侯国九六二〇万銭）	二一億八一五〇万銭（二二億七七七〇万銭）
売爵	三億六〇〇〇万銭		三億六〇〇〇万銭
口銭	七六九五万銭		七六九五万銭
献費	一〇億三〇二五万銭		一〇億三〇二五万銭
酎金	七七四二万銭		七七四二万銭
山沢・市井	九億余?	五億余?	一四億余?
計	三二億五一六五万銭	一八億七四四七万銭	五一億二六一二万銭

これに役・兵役、奴婢・刑徒という労働力収入が入る。ただし、兵役については王国では自由な徴発はできないので、単純に計算できない側面がある。また皇后・太子の収入も考えねばならない。もし田租・芻稾税収入があれば、「中央」が田租一五億余、芻稾二億余に対して、王国は田租三〇億弱、芻稾三億余の収入となったはずである。さらにこれに公田収入も入る。

このような収入の概略から文帝代後半について次のようにいうことができる。

役・兵役等を除いた国家財政収入は、一一億六七〇三万銭（田租・芻藁を入れると二八億六七〇三万銭）となり、帝室財政収入は二〇億八四六二万銭となる。役等を入れると全国家財政収入は多いが、郡を除いた中央収入分の銭物収入に限定すると、苑囿収入を含めて帝室財政が大きく、しかもその中で王国から富を吸い上げる役割を果たしていた献費の比重が大きいことがわかる。また、広大な王国の存在が前漢前期の財政構造を大きく規定していた（「山田三」）ことを、改めて認識できる。この推計も推論に推論を重ねたものではあるが、「漢初は帝室財政の規模が大きかった」という大まかな議論から一歩を進めるためには必要な作業なのである。そして、文帝による「徳治」は、田租免除という形で王国に大きな打撃を与えるものでもあったことを具体的に知ることができる。

このような各時期の収入・支出の推計の問題から離れると、財政機構がいかにして形成され、そして変化してきたかという、発生史的・形成史的研究が必要になる。それは必然的に秦代財政の発生史的研究を促す。この点に関しては、雲夢睡虎地秦墓竹簡の発見が従来に比べて格段に研究を進展させたし、続々と発見される有銘青銅武器・器物が工室や武庫の研究を可能にしつつある。

秦代の財政、とりわけ財政機構を論ずるためには、秦の官制の展開を考察する必要がある。商鞅の軍功爵については、『商君書』境内篇を史料とした研究があり、最上位の一八級を大庶長、一七級を大良造などとしている[39]。しかし、一九四八年に発見された戦国時代秦の瓦書[40]によれば、秦恵文王（公）四年（前三三四）に大良造で「庶長」である執政が見られ、この「庶長」は大庶長であると考えられる。つまり爵位の一つと考えられていた大良造が相・相邦設置（恵文王（公）一〇年。前三二八）以前においては、執政者の称号であったとみられるのである[補注1]。

従って、春秋以来、軍事・国政に大きな役割を果たしてきた庶長が、商鞅爵制で、軍功爵の一つとされ、同時に軍事の官としても位置付けられ、昭襄王以降は爵位としての性格を強めていった。一方、「良造」は商鞅以前からあった武官的性格が濃いものであったが、彼が大良造に任命され、事実上の宰相となって以降、宰相的性格が強められたが、相・相邦制以降は宰相の任をそれに譲って本来の武官的性格を強くもったまま爵制の中に組み込まれた、という展開過程を考えることができる。これによって、商鞅制定段階の爵位は上から、大庶長、右庶長、左庶長の順であったものと推測する。また、昭襄王時代の中央の要官として丞相・「相邦」の下に、「尉」と内史があり（『戦国策』秦策三）、この「尉」は「邦尉」（『史記』等での「国尉」。漢代の太尉）であると考えられ、この邦尉成立とともに庶長将兵が少なくなり、「将軍」将兵が登場するのである。

この例に見られるような商鞅以降の急速な官制・爵制整備と、財政制度形成は関わっていたはずである。これを前提として、睡虎地秦簡等を史料とし、「山田一三」「山田一五」での考察をふまえて、秦王政二〇年（前二二七）以前の官制を図にすると、次頁のようになる。

この官制機構図に示された段階から、丞相・御史を中心として、治粟内史・少府による財政運営が確立してゆく。収入・支出を合わせて、秦の財政の展開の概略を述べれば次のようになる。

秦の君主の宮廷に、倉・庫・府等が設置され、それぞれに官が配置されて、さらに内史等によって財政収支の記録がなされたにしても、全体として財政は君主の私的財政の性格が強かった。軍事費の増加と官僚の形成が、この状況に改変を迫る。

秦漢時代の官制においては、官位と俸禄高は官秩「六百石」等と示されているが、これは本来年間六百石（セキ）の重さの米穀支給をうけたことに起因する。つまり、当初は穀物支給であったのである。官僚の俸禄は、君主と私的な関係に入ったことによって与えられたものである以上、私的財政からの支出となる。しかし、中央のみならず、君主の倉から直接支給されない「地方」にも、多くの官・吏を必要とするようになると、その支給は君主の私的財政か

【秦王政二〇年（前二二七）以前の官制図】

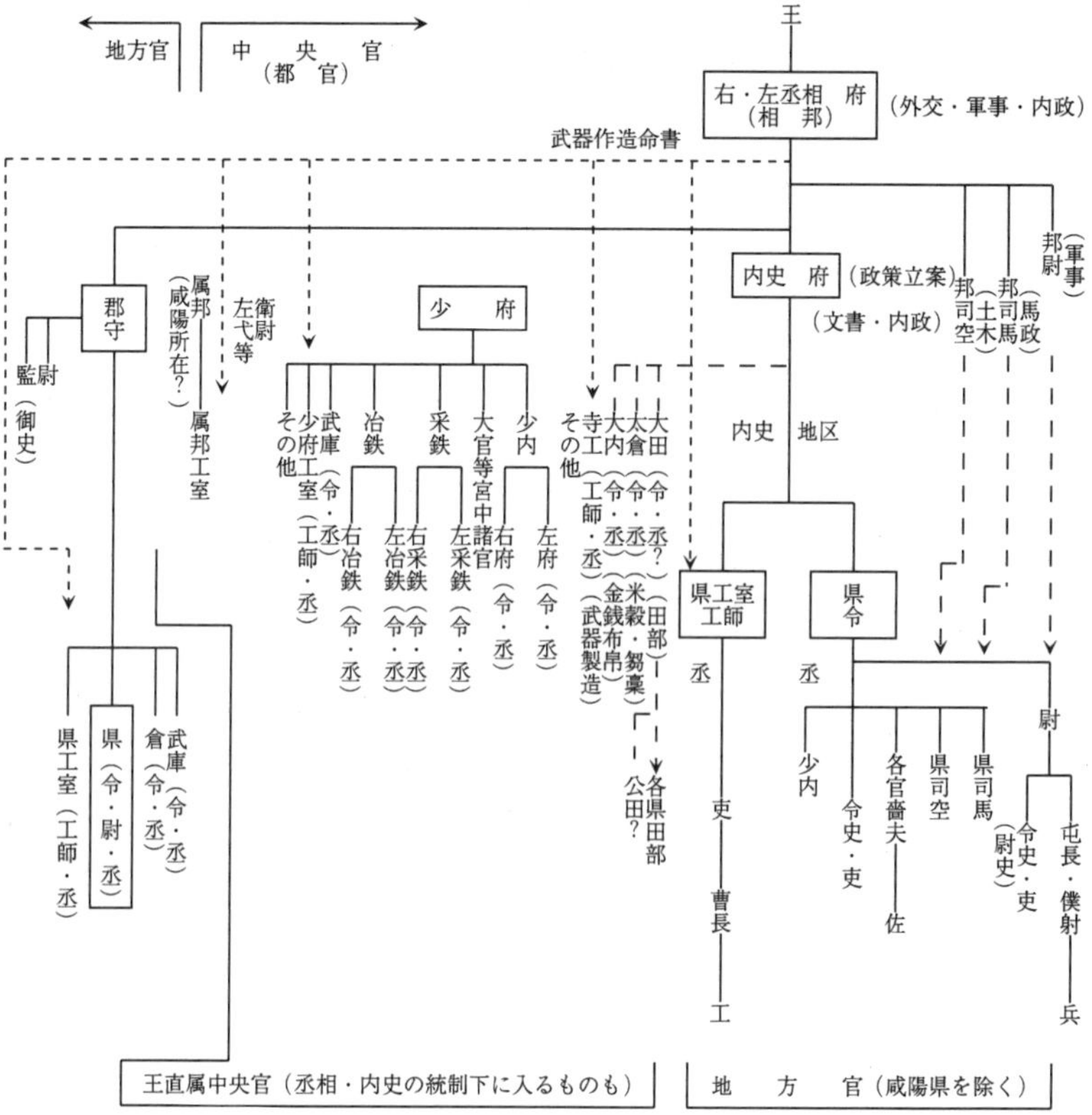

らの支出という性格を変化させる。一個の「公的な支出」に変わらざるをえない。かくして、俸禄は米穀支出の中で、軍糧と並ぶ公的な支出となったのである。また秦代、既に俸禄の一部が銭で支給された可能性もあり、しかもそれが公的収入によった可能性もある。(41)

一方の軍事費は、戦争規模の拡大、一定の規格の武器を大量に支給する必要のある「耕戦の民」の創出により、武器・軍糧等に莫大な経費を要するものとなった。軍糧については田租から回し、武器等の諸費用は賦の形で徴収した。戦国を勝ち抜くためにも、さらに君主の収入である山沢から得られた銅・鉄を武器製造に回し、多数設置されていた官営工場である工室で武器を製作した。賦（斂）は、本来的には軍事費のためのものであったが、各種の「公的」支出に使用された。

このようにして、田租(42)と賦は秦王国の財政諸収入の中で公的性格を強化したのである。これによって、まだ財政の公・私分離が不十分ながら、既に秦王国段階で事実上財政の二元化が起こりつつあったということができる。

次いで、秦王政二〇年頃の官制改革によって、官僚制全体の整備再編がなされ、官僚制そのものが独自の基盤をもって発展しうる基礎が作られ、皇帝支配はこれをその基盤とした。かくして、軍事費とともに俸禄・官庁費・行政費は公的支出となり、このような公・私区分の明確化に対応して、財政運営機構も完全に二元化することもできたが、始皇帝が金銭布帛収入全般を少府によって掌握しようとしたことから、治粟内史が穀物を中心とする公的財政担当機関としての性格を明確化したものの、公的財政収入全体を統括するものとはならなかったのである。

まだ多くの問題があるが、問題点の一端だけを提示した。次節において、財政と国家の関係を如実に示す軍事費について検討して、財政収支問題の一端にも触れたい。

三　財政支出―特に軍事費について―

前漢後期の軍事支出を推計することによって、財政収支バランスの問題を考えることがここでの目的である。[43]

軍制研究においては、軍政・軍令・軍事司法制度を柱としており、このうち軍備・国防政策・編制装備・予算・人事・教育訓練・衛生等が含まれる軍政が、財政史研究にとって必要な部分となる。秦漢時代に即していえば、将軍の権限・統帥関係は軍令・軍事司法制度に入るが、兵役問題、武官問題、軍隊編成、装備食糧供給、動員の費用等は軍政の範囲に入る。このような軍制研究の方法を考慮に入れながら、秦漢時代の具体的な問題を分析する必要がある。

前漢後期の軍事費を推計する場合、軍制全般に対する知識を必要とするが、基本的な部分は浜口重国の諸研究[44]によって与えられる。それを基礎とし、戦時経費と平時経費に分けて、その概略を考えてみたい。

まず戦時経費。格好の事例が『漢書』巻六九、趙充国伝にある。宣帝神爵元年（前六一）の羌反に対して、約六万人の兵を一年程度動員し、その後一万余人での屯田を行った。その前に、彼は大司農中丞耿寿昌に金城等では穀物価格が八銭という低価格なので、穀物二百万石（一六〇〇万銭）を購入すれば羌が動かないという提案をしたが、耿寿昌が百万石の購入を請求したものの、五分の一の四〇万石（三二〇万銭）に減額され、それも半分程度となった、ということがあった。このいわば金による平和維持に比べて、同巻六四下、賈捐之伝によれば、この反乱鎮圧に結局大司農から四〇億、それに少府の禁銭も加え、おそらくは五〇億以上を費やした。元帝代の羌反の際も同様であり、[45]また黄金による賞賜も多かった。[46]なお、後漢の鮮卑に対する賞賜は年間二億七千万銭、一〇年で二七億で済んだが（『後漢書』巻九〇、烏丸鮮卑伝）、一旦反乱が起こった場合には、莫大な軍費を必要とした。[47]

これらの事例によって、連年大動員をした前漢武帝代の財政支出が巨額であったこと、またそのために財政構造を大きく変えざるをえなかったこと、等を理解できよう。

次に平時の支出。兵役は、一年間の地方常備兵、一年間の衛士ないし辺戍で合計二年間。人口五千万として、八二万七千五百人（銭換算で一九八億六千万銭）[48]。全体として支出には六項目ほど考えられる。

①中央軍。地方からの衛士一五〇〇〇人。うち衛尉の南軍一二五〇〇人、城門校尉二五〇〇人。五校（屯騎・越騎・歩兵・長水・射声）の兵は官秩百石相当。特殊選抜部隊で、一校尉一〇〇〇人として五〇〇〇人。期門は「郎（比三百石）に比され」（『漢書』巻一九上、百官表上）、千人前後。羽林は二百石相当で、羽林孤児も含めて一〇〇〇人前後。郎官は合計一〇〇〇人前後。ただしこの段階では、郎官の侍衛部隊としての性格は弱まっている。執金吾の兵である北軍は、長安城内に一万程度か。三輔地域には三輔都尉・県尉の兵があるが、これは地方常備兵である。

これらに必要な費用は、衛士と北軍の食糧・塩の費用、衛士の軍服・履等。天子の衛士としての軍服は一〇〇〇銭程度は必要か。穀物八〇万石として八〇〇〇万銭。塩二五〇万銭[49]。衣服一〇〇〇銭として一五〇〇万銭。官吏・官吏待遇の場合は、支出項目としては俸禄になる。比三百石の月俸を二五〇〇銭、二百石を二〇〇〇銭、百石を一二〇〇銭として、期門・羽林・五校は一億二六〇〇万銭。これはいわば俸禄的軍事費となる。もし期門への支給を官吏の俸禄とすれば、残りは九六〇〇万銭となる。

②地方常備兵。大県で左・右尉の兵が九〇〇人（『史記』巻四八、陳渉世家、索隠引『漢旧儀』）。漢末の一五八七県・道等のうち大県（九〇〇人）二〇、中県（二〇〇人）一〇六七、小県（一〇〇人）五〇〇として、合計二八一四〇〇人。三輔地域では、北軍一万を減ずる必要がある。従って、二七一四〇〇人。このうち『漢書』巻九〇、酷吏・王温舒伝に「員騎銭」とあるように、材官・騎士等は定員があり、その費用が必要。これらについては推定するための根

拠が全くないが、最低でも五〇〇〇万銭以上はあったものか。

③辺戍の兵。武帝代「斥塞卒六十万人」(『史記』巻三〇、平準書)、昭帝末元平元年(前七四)「外繇の減」三割(『漢書』巻七、昭帝紀)、宣帝五鳳四年(前五四)戍卒を二割削減(同巻八、宣帝紀)。従って、西羌方面も入れて三〇万人程度か。それらに対する費用は、穀物は九〇〇万石以上必要。屯田によって三分の一自給できたとしても、六〇〇万石(六億銭)程度必要。補給線が長いと輸送費が莫大。塩二七〇〇万銭。衣服一人六〇〇銭としても一億八〇〇〇万銭。守御器簿から推測される前線の守備用器物等[50]も必要。

④馬匹は太僕の所管。辺郡の馬苑から送られて配属。その飼料費。また騎士等の私馬(荷駄用も)への飼料も必要。また厩舎・馬丁等の費用。これら総計は三億程度か。

⑤武器生産・保管・修繕。少府所属の尚方・考工(中央)及び地方の工官、執金吾所属の寺工[51]で製作。武器保管・整備は、中央では執金吾所属武庫、少府所属若盧、地方では洛陽武庫や武威郡等の庫。肩水金関遺址出土残箭杆の銘に「元鳳三年(前七八)、執金吾護工卒史喜、考工令通、丞常、令史奉省」とあり[52]、詳細な考証は省くが、少府所属考工製作のこの矢は、いわば発注者である執金吾から派遣された護工卒史の監督の下に作られたことがわかる。それが西北前線全体の武庫の役割を果たしていた武威郡姑臧県にあった巨大な武器庫(長官は武威庫令)に収蔵され、そこで戍卒等に支給された。このことから、たとえ少府所属工官で製作されたにしても、武器製作の費用は執金吾から出されたものと思われる。そして大司農は、中央では執金吾に、地方では郡を通じて製作・修繕費用を支出した。これらの費用は、少なくみても三億以上か[53]。

⑥その他造船の費用等も必要であったとみられるが、詳細はわからない。

これだけで俸禄的軍事費を除いて合計一五億五四五〇万銭以上。軍事施設、輸送関係、賞賜等を加えると大約一七億程度になるものとみられる。要するに、経常費はこの程度としても、一度大軍を動員する事態になれば巨額の費用がかかることがわかり、かつその動員数、距離等によって費用の概略を推計できることになる。

この前漢後期、五千万人段階の中央国家財政収入は、穀物を除いた銭物収入は、算賦は約一八億、専売は単純に計算すると約四〇億、その他も合わせて合計六〇億弱となる。支出合計は四〇億程度で、都内に収蔵される余剰は毎年二〇億程度である。中央国庫から支出される軍事費がこの一七億の大部分を占めるとみられるから、支出の中で占める軍事費の大きさが知られる。

単純に考えれば、毎年二〇億程度という巨額の備蓄が行われることになるが、たとえ五年で一〇〇億備蓄しても、一度六万人程度の兵を一年以上動員すれば、たちまち国庫は急を告げることになる。しかも、自然災害多発を考慮に入れると、実際にはこの推計額よりも少ない収入額のことが多かったであろうから、毎年の備蓄額も同様に少なくなったとみられるのである。また黄河氾濫などの大災害では大幅な収入減をきたした。このような国家財政の不安定さと、帝室財政の相対的安定さとが、帝室財政備蓄額の多さとなって現れた。

このような諸経費のうち恒常的支出については、毎年の上計によって支出済みのものについて、その額が明確化されている。成帝が下した冊書に「百僚の用度、おのおの数有り」とあるように（『漢書』巻八四、翟方進伝）[54]、経常費の定額化が進む。つまり、財政における原額主義が行われ、それらの集積として全体の支出額が「予算」としてまとめられるという形で、予算的機能を果たすことになる。

一方、秦漢時代においても、土木工事や、遠征を行う場合は、一定の費用見積もりが行われており（秦律十八種・徭律、『漢書』趙充国伝）、またその見積もりの結果、在庫額で不足する場合には、事前に、あるいは支出後に、富裕階層からの借り上げ、等々が実施されることになる。支出補充の場合、大きな役割を果たしたのは、中央・地方の銭穀の備蓄であり、また金銭化を伴う、兵役を含む徭役徴発の伸縮性であった。

秦漢時代の財政運営では、このような形で支出面での「予算」があったが、「予算」以上に重要であったのは、特に地方の備蓄と、徭役徴発の伸縮による運用を当然の前提としていたため、四時簿による支出後のチェックであった、ということができる。収支バランスは、歳入欠陥、臨時的大支出の危険性を恒常的にはらんでいたため、とりわけ国家財政においては実際には極めて微妙な形でとられていたとみられる。

結　論

以上のように、秦漢財政史研究における諸問題は、財政運営機構、収入・支出、等々について具体的に検討を加えた場合、数多くの問題が依然として残されているということを理解できるであろう。しかも、増加する一方である新出史料の中にも財政研究に関係するものがあり、それらの史料論的研究を遂行して財政史研究にも使える「史料」とする努力も求められる。これら以外にも言及するべき論点は数多いのであるが、最も基本的な部分の一部について取り上げてみた。

この極めて限られたスペースで試みた「提言」は、相互批判を避けることなく、徹底的に問題を掘り下げて、個々の事実を確定してゆき、そのようにして構築された総体がそのまま、新たな地平を切り開く研究になるであろうということであった。これをなによりも自らの課題としつつ、また将来の研究進展のためにいささかでも寄与することができれば幸いであると考える。

注

（1）拙稿「均輸平準と桑弘羊―中国古代における財政と商業―」（『東洋史研究』四〇―三、一九八一年）。
（2）中国史研究会編『中国専制国家と社会統合　中国史像の再構成Ⅱ』（文理閣、一九九〇年）の諸論文。
（3）加藤繁「漢代に於ける国家財政と帝室財政との区別並に帝室財政一斑」（一九一八・一九年初出。『支那経済史考証』上、東洋文庫、一九五二年、所収）。
（4）財政収入を中心とした研究史的検討については、拙著『秦漢財政収入の研究』（汲古書院、一九九三年）の第一章で行ったので、ここでの研究史的検討は収入問題を除いた他の面に重点を置く。
（5）宮崎市定「古代中国賦税制度」（一九三三年初出。『宮崎市定全集』三、岩波書店、一九九一年、所収）。
（6）周筠渓「西漢財政制度之一班」（『食貨』三―八、一九三六年）。
（7）吉田虎雄『両漢租税の研究』（大阪屋号書店、一九四二年。大安、一九六六年再版）第十二節「両漢の財政」。
（8）平中苓次「秦漢時代の財政構造」（一九六二年初出。『中国古代の田制と税法―秦漢経済史研究―』東洋史研究会、一九六七年、附篇第一章）。
（9）加藤繁『支那古田制の研究』（京都法学会、一九一六年。前掲『支那経済史考証』上、所収）。
（10）増淵竜夫「先秦時代の山林藪沢と秦の公田」（一九五七年初出。『中国古代の社会と国家―秦漢帝国成立の社会史的研究―』弘文堂、一九六〇年、所収）。
（11）西村元佑「漢代の勧農政策―財政機構の改革に関連して―」（一九五九年初出。『中国経済史研究―均田制度篇―』（東洋史研究会、一九六八年、所収）。
（12）佐藤武敏『中国古代工業史の研究』吉川弘文館、一九六二年。なお同「先秦時代の財政」（『古代史講座』五、学生社、一九六二年）もあるが、先秦の租税問題が中心。
（13）影山剛『中国古代の商工業と専売制』東京大学出版会、一九八四年。
（14）好並隆司「西漢皇帝支配の性格と変遷」（一九六四年初出）・「西漢元帝期前後における藪沢・公田と吏治」（一九六四年初

出）・「前漢帝国の二重構造と時代規定」（一九七一年初出）等（いずれも『秦漢帝国史研究』未来社、一九七八年、所収）。

（15）河地重造「王莽政権の出現」（『岩波講座　世界歴史』四、岩波書店、一九七〇年）。

（16）彭信威『中国貨幣史』第三版（上海人民出版社、一九六五年）。

（17）労榦「漢代黄金及銅銭的使用問題」（一九七一年初出。『労榦学術論文集』甲編、下、芸文印書館、一九七六年、所収）。

（18）牧野巽「中国古代貨幣経済の衰頽過程」（一九五三年初出。『牧野巽著作集』六、御茶ノ水書房、一九八五年、所収）。

（19）宮崎市定「六朝隋唐の社会」（一九六四年初出。『宮崎市定全集』七、岩波書店、一九九二年、所収）。

（20）税役等財政収入に関する研究は除く。拙稿「漢代の公田—経営形態を中心として—」（『集刊東洋学』二五、一九七一年。以下「山田一」とする）、「漢代財政制度に関する一考察」（『北海道教育大学紀要』（第一部B）二三—一、一九七二年。以下「山田二」）、「漢代財政制度変革の経済的要因について」（『集刊東洋学』三一、一九七四年。以下「山田三」）、「王莽代の財政」（『集刊東洋学』三三、一九七五年。以下「山田四」）、「後漢の苑囿について」（『集刊東洋学』三六、一九七六年。以下「山田五」）、「後漢財政制度の創設について（上）」（『北海道教育大学紀要』（第一部B）二七—二、一九七七年）・「同（下）」（『人文論究』三八、一九七八年。以下「山田六」）、「後漢の大司農と少府」（『史流』一八、一九七七年。以下「山田七」）、「均輸平準と桑弘羊」（前掲。以下「山田八」）、「前漢武帝代の祭祀と財政—封禅書と平準書—」（『東北大学教養部紀要』三七、一九八二年。以下「山田九」）、「均輸平準の史料論的研究（一）（二）」（『歴史』六一・六二、一九八三・八四年。以下「山田一〇」）、「前漢武帝代の財政機構改革」（『東北大学東洋史論集』一、一九八四年。以下「山田一一」）、「中国古代における均の理念—均輸平準と『周礼』の思想史的検討—」（『思想』七二一、一九八四年。以下「山田一二」）、「秦漢時代の大内と少内」（『集刊東洋学』五七、一九八七年。以下「山田一三」）、「前漢武帝代の三銖銭の発行をめぐって」（『古代文化』四〇—九、一九八八年。以下「山田一四」）、Offices and Officials of Works, Markets and Lands in the Ch'in Dynasty, ACTA ASIATICA, 1990.（以下「山田一五」）、「秦・前漢代貨幣史—東アジア貨幣史研究の基礎として—」（『日本文化研究所研究報告』三〇、一九九四年。以下「山田一六」）、「王莽代貨幣史」（『東北大学東洋史論集』六、一九九五年。以下「山田一七」）。

（21）稲葉一郎「桑弘羊の財政策」（『立命館文学』四一八～四二一、『三田村博士古希記念東洋史論叢』一九八〇年）等。

(22) 紙屋正和「前漢諸侯王国の財政と武帝の財政増収策」(『福岡大学研究所報』三七、一九七八年)等。
(23) 越智重明「前漢の財政について」(『九州大学 東洋史論集』一〇、一九八二年)・『戦国秦漢史研究』一(中国書店、一九八八年)第二章「国家の財政制度」等。
(24) 工藤元男「秦の内史—主として睡虎地秦墓竹簡による—」(『史学雑誌』九〇—三、一九八一年)・「睡虎地秦墓竹簡に見える大内と少内—秦の少府の成立をめぐって—」(『史観』一〇五、一九八一年)。
(25) 呉慧『桑弘羊研究』斉魯書社、一九八一年。
(26) 馬大英『漢代財政史』中国財政経済出版社、一九八三年。
(27) 渡辺信一郎「漢代の財政運営と国家的物流」(『京都府立大学学術報告』人文四一、一九八九年)等。
(28) 佐原康夫「居延漢簡月俸考」(『古史春秋』五、一九八九年)・「漢代貨幣経済論の再検討」(『中国史学』四、一九九四年)。なお、後漢時代に貨幣経済がむしろ盛んになっているという見解を、紙屋正和が「前漢後半期以降の貨幣経済について」(川勝守編『東アジアにおける生産と流通の歴史社会学的研究』中国書店、一九九三年)等によって展開している。
(29) 佐原康夫「漢代郡県の財政機構について」(『東方学報』六二、一九九〇年)等、冨谷至「漢代穀倉制度—エチナ川流域の食料支給より—」(『東方学報』六八、一九九六年)、及びその他。
(30) 戦前の鞠清遠『唐代財政史』(商務印書館、一九四〇年。中嶋敏訳、一九四四年。大安、一九六六年再版)、曾我部静雄『宋代財政史』(生活社、一九四一年。大安、一九六六年再版)等から、大津透「唐律令国家の予算について—儀鳳三年度支奏抄・四年金部旨符試釈—」(『史学雑誌』九五—一二、一九八六年)、川合安「南朝財政機構の発展について」(『文化』四九—三・四、一九八六年)、斯波義信『宋代江南経済史の研究』(東京大学東洋文化研究所、一九八八年)、浜下武志『中国近代経済史研究—清末海関財政と開港場市場圏—』(東京大学東洋文化研究所、一九八九年)、渡辺信一郎「唐代後半期の中央財政—戸部財政を中心に—」(『京都府立大学学術報告』人文四〇、一九八八年)等までの諸研究。
(31) 前掲拙著『秦漢財政収入の研究』結論「秦漢代財政収入の特色と収入の推計」。
(32) 右拙著五七九頁参照。

（33）右拙著に対する重近啓樹の書評（『東洋史研究』五四―三、一九九五年）の中で、平中苓次説では漢初より七歳口銭納入としている等とする。『漢書』貢禹伝における貢禹の奏言のレトリックは、算賦も口銭も武帝代開始として、漢初以来の祖宗の法ではないことを強調して、元帝にその改善策を提言するというものである。貢禹が言及していない武帝による口銭の「三銭」追加を除いて、これらはいずれも漢初よりあることは明らかであり、三歳賦課も同様であるという立場にたっていることを改めて述べておく。なお、これ以外にも述べたいところは多々あるが、ここはその場でないのでそれはしない。ただ「解釈の相違」は許容されねばならないが、可能な限り議論を詰めないと、真の意味の論争にはならないと考えるので、積極的に相互批判を行ってゆきたいと思う。

（34）右拙著八九・九〇頁の推計根拠参照。

（35）侯国は直轄郡内のみならず、王国の領域内にも置かれたが（王恢『漢王国与侯国之演変』国立編訳館中華叢書編審委員会、一九八四年）、王国ではなく直轄郡の統制下に入る。

（36）前掲拙著一〇八頁参照。

（37）右拙著五三四・五三五頁。文帝初年として四両と五両の場合の推計数字をあげた。

（38）市井の税等の推計は困難であるが、ここの数字は、たとえば専売以前の塩税収入は、一石一〇〇銭、税率を一〇分の一、一人平均月二・五升の消費として、「中央」三八一三万銭、王国五七八七万銭となり、その他、臨淄の市井の税額（年一億二〇〇〇万銭）、長安を中心とする直轄地域の商工業の発達等の要因等を考慮に入れた推計である。

（39）古賀登『漢長安城と阡陌・県郷亭里制度』（雄山閣、一九八〇年、第Ⅳ章）等。

（40）原文並びに訳は前掲拙著四四・四五頁参照。

（41）『史記』巻六、始皇帝本紀、二六年（前二二一）の条で、廷尉李斯が「諸子功臣、以公賦税重賞賜之、甚足易制。」と述べるように、公的収入である「賦税」として公・私が明確化している。また「賞賜」とはしているが、官僚に対しては俸禄と読み替えうる。そして賦税からの支給の中には、金・銭が含まれている可能性もある。

（42）田租が公的なものへ転化するについて、①富の多様化、②君主の私的財政での市井の税・山沢の税収入の増加、という二つの要因を考える必要がある。穀物が最も主要な富の源泉であった時代であれば、君主はその確保に努めるが、収入が金銭布帛等多様化し、それに伴って財庫の富も多様化して、富に対する観念の変化が起こったことが考えられるのである。

(43) 本節は、一九九五年一一月一三日、早稲田大学で開催された日本秦漢史研究会・中国史学会共催シンポジウム「先秦・秦漢時代史の基本問題」において(秦漢)「財政史の基本問題」として発表したものを基礎としている。

(44) 浜口重国「両漢の中央諸軍に就いて」(一九三九年初出。『秦漢隋唐史の研究』上、東京大学出版会、一九六六年)等。

(45) 元帝永光二年(前四二)の羌反鎮圧に募兵一万を含む六万人を動員した(『漢書』巻七二、馮奉世伝)。穀物価格はこの時期辺郡で四百銭。国家財政の不足のために、水衡都尉の備蓄「七十億万」(『漢旧儀』巻下)から、相当額支出されたものとみられる(前掲拙著五八一頁)。

(46) 懸賞・賞賜に関係する法律が、新居延漢簡の「捕斬匈奴虜反羌購償科別」、新敦煌漢簡の「撃匈奴降者賞令」等によって知られる。

(47) 『後漢書』巻八七、西羌伝にいうように、安帝代や順帝代の羌反の際、各一〇年余で二四〇億、八〇億支出した。年平均額が少ないのは、後漢代動員された兵士のかなりの部分が、刑徒・異民族であったということとも関係していると思われる。

(48) 以下、人口数に伴う兵役人員の推計は前掲拙著「結論」を参照。また、前漢後期の軍制については、浜口重国前掲「両漢の中央諸軍に就いて」等を基礎として、拙著第四章第三節三によって、若干の推計を行った前漢後期の数(拙稿「弋射と二つの新発見―未央宮三号建築遺址と揚州胡場五号漢墓―」『歴史』七八、一九九二年)に基づく。なお、胡宏起「漢代兵力論考」(『歴史研究』一九九六―三)も推計を行っている。

(49) 趙充国伝、『塩鉄論』散不足篇、新敦煌漢簡(三五一、三五三簡)から、成年男子の食穀一ヵ月二・七石~三石、食塩一ヵ月三升、馬一ヵ月五石二斗二升から一三石余、等の消費量とする。また居住費、菜・燃料等の費用も必要なことはいうまでもない。塩の専売価格を一石二五〇銭(前掲拙著五一五頁)とする。

(50) 拙稿「歴史書に記載されないもの―「守御器簿」をめぐって―」(平成四・五年度科学研究費研究成果報告書『中国における歴史認識と歴史意識の展開についての総合的研究』一九九四年)。

(51)　少府から、後、執金吾に改属された「寺互」は「寺工」が正しい。「山田一一」、黄盛璋「寺工新考」(『考古』一九八三―九)参照。隷書では「工」を「互」と書くものがあり(漢語大字典字形組編『秦漢魏晋篆隷字形表』四川辞書出版社、一九八五年、参照)、それによる誤り。

(52)『文物』一九七八―一。なお、姑臧での武器支給については、前掲拙稿「歴史書に記載されないもの」参照。佐藤直人「前漢時代の郡国の「倉」「庫」「府庫」をめぐって―国家による統制を中心に―」(『名古屋大学東洋史研究報告』二〇、一九九六年)では、洛陽武庫は郡守の管理下にあって国家中央と直結する、と考えている。しかし、「山田一一」で、塩官・鉄官について、中央の大司農の統制下にあって、郡国に直属しない、県と同格の特殊な地方官化する、と述べたと同様のことが考えられる。つまり、洛陽武庫の執金吾直属は当然のこととして、それ以外の庫についても、少なくとも武威の庫等の重要な庫は、執金吾の統制下にあって、郡には直属していない可能性が高いと考える。

(53)なお、『晋書』巻二七、五行志上によると、洛陽の武庫火災で「二百万人器械」を焼失したという。中央の武庫所蔵武器数の多さをうかがう史料たりうるであろう。

また最近報告された尹湾漢簡の永始四年(前一三)兵車器集簿に示された東海郡の武器庫の武器数は、「乗輿」五八種、一一万四千件以上、その他が一八二種、二三一五万三千件以上であるという(『文物』一九九六―八)。武器の種類、兵車の種類の多さがうかがわれ、これが内郡の武器庫であるから、洛陽や武威郡武庫(姑臧県所在)等の辺郡の武器庫等ではさらに多かったことも考えられ、全国では莫大な収蔵数になったたし、その製造費・維持費・修繕費も莫大なものとなったことが容易に推測される。なおこれは「集簿」であるならば、郡の武庫と各県の庫との合計数である可能性がある。

(54)　この成帝が下した册書については、前掲拙著四五八頁以下参照。

〔補注1〕『文物与考古』一九九六―五に「十九年、大良造庶長鞅之造殳」銘殳鐓が咸陽市から出土しており、このように伝世でない新出資料によっても商鞅が「大良造庶長」であったことが確認された。この場合も宰相職の大良造たる商鞅の爵が大庶長であったことを示すものと考える。なお平勢隆郎『新編　史記東周年表　中国古代紀年の研究序章』(東京大学東洋文化研究所、一九九五年）によれば、恵文王（公）四年は前三三五、同一〇年は前三二九に修正されている。

本稿投稿後の時間的経過により、補充すべき点が生じた。とりわけ連雲港市博物館等編『尹湾漢墓簡牘』（中華書局、一九九七年）の刊行により、この簡牘の全体像が知られたことは多くの問題を投げかけている。『文物』誌上に報告されたものは注などで一部言及しておいたが、部分的挿入では対応できないので、補充点の一部だけここに記すことにする。東海郡には県令の官秩が千石、尉二人の大県が四あり、本文で推計した大県数よりも全国では多くなる可能性がある。しかし推計時期が前漢末でなく後期であること、概数の算出以上は無理なこと、などの理由により、大きな修正は必要がないと考えている。問題は「集簿」であり、戸口、提封、銭穀の出入等が記録されており、その分析が求められるが、銭穀ともにかなりの残額がある、即ち郡段階でのストックがあることがわかる等は言えるが、田土等の数、老人の数え方、等々多々問題があり、これを史料として使うにはもう少し時間をかけてみたいと考えている。

なお官営手工業については、拙稿「秦漢代手工業の展開——秦漢代工官の変遷から考える——」（『東洋史研究』五六−四、一九九八年）も参照のこと。

文書行政

永田英正

はじめに

『史記』秦始皇本紀に、始皇帝は毎日一石《たん》の臣下の報告書に目をとおして決裁を行わなければ就寝しなかった、という話を伝えている。一石《たん》とは重量の単位で、約二七キログラムに相当する。当時は竹や木で作った簡《ふだ》が主たる書写材料であった。そのために文書の分量は重さで量られたのである。『史記』の記事は始皇帝の独裁権力を象徴するエピソードとして伝えられたものであるが、同時に秦において文書行政、すなわち命令は文書によって伝達され、報告もまた文書によって行われる行政システムが発達していたことを示す話として注目される。

また雲夢睡虎地秦簡の行書律には、文書を伝送したり受け取った場合には、その発信や受信の月日や時刻を記録して逐一報告すること、また文書を紛失した場合は、すみやかに官府に届け出ることを規定している[1]。

中国古代における文書行政は、官僚制度の発達と整備、また文字の統一によって可能となる行政システムであった。これが秦、なかでも始皇帝の時期に実施されたことは右の諸例に見るとおりである。しかし秦の文書行政の実際を知る史料は、今のところ極めて少ない。そこで本文では、史料の豊富な漢代を中心にして文書行政に関する研究の現段階を見ることにしたい。

一　下達文書

文書の基本は下達文書と上申文書である。まず下達文書について言えば、その最高のものは皇帝の下す命令書である。後漢の蔡邕の『独断』に、皇帝の下す命令書には策書、制書、詔書、戒書の四種類があるとして、次のように説明している。

策書、策者簡也、礼曰、不満百文、不書於策、其制、長二尺、短者半之、其次一長一短、両編、下附篆書、起年月日、称皇帝曰、以命諸侯王三公、其諸侯王三公之薨於位者、亦以策書誄謚其行而賜之、如諸侯之策、三公以罪免、亦賜策、文体如上策而隷書、以尺一木両行、唯此為異者也

制書、帝者制度之命也、其文曰制詔三公、赦令贖令之属是也、刺史太守相劾奏、申下土、遷文書、亦如之、其徵為九卿、若遷京師近臣、則言官、具言姓名、其免若得罪、無姓、凡制書有印、使符下遠近、皆璽封、尚書令印重封、唯赦令贖令、召三公詣朝堂受制書、司徒印封、露布下州郡

詔書者、詔誥也、有三品、其文曰告某官某、如故事、是為詔書、群臣有所奏請、尚書令奏之、下有司曰制、天子答之曰可、若下某官云云、亦曰詔書、群臣有所奏請、無尚書令奏制之字、則答曰已奏、如書本官下所当至、亦曰詔

戒書、戒勅刺史太守及三辺営官、被勅文曰、有詔勅某官、是為戒勅也、世皆名此為策書、失之遠矣

要点はおよそ次のとおりである。

策書は、長さ二尺と一尺の簡を交互に並べて上下で編綴し、篆書で書く。年月日より始まり「皇帝曰く」と称して諸侯王や三公に命ず。また諸侯王や三公が現職で逝去した場合にも策書を賜い、生前の功徳をたたえて諡《おくりな》する。諸侯を封じたり三公を罪で免職するときも策書を賜うが、この場合は隷書で書くのと一尺一寸の簡に二行書きする点で、相違する。

制書は、皇帝がおきてを下すもので、「三公に制詔す」という文言で始まる。大赦令や贖罪令の類がこれに当たる。刺史や太守の対立する意見を裁定したり、全国に布令したり、文書を下達する場合も制書が用いられる。また徴召して九卿に任命したり、京師の近臣に遷任する際や、また彼らを免官する場合にも用いる。

詔書の詔は上より下にさとし告げることで、三種類ある。一つは「某官に告ぐ」「故事の如くせよ」という文言のあるもの。二つは群臣が奏請し、尚書令が取次いで奏上し、皇帝はこれをうけて当該官に下すことを「制」と言い、裁可することを「可」と言い、また「某官に下して云云」という文言のあるもの。三つには群臣が奏請し、「尚書令奏請」の文がなくても「已に奏す」とか「本官は当に用（至は誤）うべき所に下せ」の文言のあるもの。

戒書は、刺史や太守および辺境の司令官に戒勅するもので、被勅の文に「詔して某官に勅す」とあるものを指す。(2)

以上のように『独断』によれば、皇帝の下す命令書すなわち制詔は、内容に応じてそれぞれに書式の異なっていたことを伝えている。しかし『独断』の説明にもかかわらず、右の書式の具体例を知ることは甚だ困難と言わねばならない。理由は、オリジナルなものが殆ど残っていないこと、またそれが他に転載されて残っていたとしても現存の文献やその他の資料には省略や改変などがあって、必ずしも当時のもとの姿を忠実に伝えているとは言えないからである。ところが幸いなことに居延旧簡中の地湾（肩水候官遺址）出土簡から、大庭脩氏によって元康五年詔書冊が復原された。(3)これは既に多くの研究者が引用しており、簡牘研究者においては周知の冊書であるが、漢代の文書並びに文

書行政を知る上で最も基本的な史料であるので、取り上げて簡単に説明を加えることにする。(4)

冊書1

a　御史大夫吉昧死言、丞相相上大常昌書言、大史丞定言、元康五年五月二日壬子日夏至、宜寝兵、大官抒井、更水火、進鳴鶏、謁移以聞、布当用者●臣謹案、比原宗御者、水衡抒大官御井、中二ゝ千ゝ石ゝ令官各抒、別火　一〇・二七(5)

b　官先夏至一日、以除燧取火、授中二ゝ千ゝ石ゝ官在長安雲陽者、其民皆受以日至易故火、庚戌寝兵、不聴事尽甲寅五日、臣請布、昧死以聞　五・一〇

c　制曰可　三三二・二六

d　元康五年二月癸丑朔癸亥、御史大夫吉下丞相、承書従事下当用者、如詔書　一〇・三三

e　二月丁卯、丞相相下車騎将ゝ軍ゝ、中二ゝ千ゝ石ゝ、郡太守、諸侯相、承書従事下当用者、如詔書　少史慶、令史宜王、始長　一〇・三〇

f　三月丙午、張掖長史延行太守事・肩水倉長湯兼行丞事、下属国・農・部都尉、小府、県官、承書従事下当用者、如詔書　／守属宗助、府佐定　一〇・三二

g　閏月丁巳、張掖肩水城尉誼以近次兼行都尉事、下候、城尉、承書従事下当用者　／守卒史義　一〇・二九

h　閏月庚申、肩水士吏横以私印行候事、下尉、候長、承書従事下当用者、如詔書　／令史得　一〇・三一

簡aとbは御史大夫の吉（丙吉）の上書である。●印をはさんで前半と後半に分かれる。まず前半では、丞相の相（魏相）のたてまつった太常の昌（蘇昌）の書の内容で、そこでは大史丞の定の申し出により、元康五年（前六一）五月二日壬子の日が夏至に当たるために兵事を止め、水火を改めるなどの行事を実施するよう関係諸官に布告されたい

との具申である。ついで後半部分では、丙吉自身が、関係諸官においては夏至の前日に水火を改めて民に授け、また夏至に先立つ二日前から五日間は兵事を止めることを具体的に発案し、その旨の布告を賜りたいと上聞したものである。この簡aとbは、後述するように『独断』に言う群臣の上書の中でも奏に該当するもので、つまり御史太夫丙吉の奏そのものである。(6)

簡cは、御史大夫丙吉の奏（簡aとb）にたいする制可で、皇帝はその奏を可とした、とある。したがって簡a、b、cの三簡は全体として『独断』で言うところの詔の第二類の様式を具えており、この三簡で詔書ということになる。そして簡d以下の各簡は、この詔書の執行を命じた下達文書で、上級の官から下級の官へと下達するごとに一枚ずつ加えられていったものである。

まず簡dは御史大夫の丙吉から丞相の魏相にたいして詔書（簡a、b、c）とともに下された詔書の執行を命ずる下達文書である。「承書従事下当用者、如詔書」は「書を承け事に従い、この件に関係のある諸官に下命して、詔書の如くせしめよ」の意である。簡d以下の各簡に共通して見えるこの表現は、命令の実行と併せて関係する所轄の下級諸官に通達することを命じた下達文書の慣用句である。ただし注意すべきは、この慣用句は詔書の場合にのみ用いられ、それも「某官が某官に下す」という文言とセットになって用いられることである。

簡eは、簡dをうけて丞相の魏相から管轄する諸官に下された下達文書である。丞相は言うまでもなく執政の最高責任者であるから、すべての官庁の長が下命の対象となるが、ここに見えているのは車騎将軍、将軍、中二千石、二千石、郡太守と諸侯相である。将軍が対象となっているのは、夏至の際に兵事を中止するという行為を伴うからにほかならない。中二千石と二千石は九卿をはじめとする中央諸官庁の長であり、諸侯相は王国の相で郡太守とともに地方長官である。したがって張掖郡の太守も丞相からの通達をうける対象の一つであり、本詔書は張掖太守宛に送られたものである。

簡fは、簡eをうけて張掖太守から郡内の諸官に下された下達文書である。通達の発信者は張掖太守と丞の二人で、下命の対象は属国都尉、農都尉、部都尉、小府と県官である。[7] 張掖郡には北の居延都尉と南の肩水都尉の二つの部都尉の存在が知られているが、次の簡gから、本詔書はその中の肩水都尉に宛てられたものであることが知られる。

簡gは、簡fをうけて肩水都尉から所轄の諸官に下された下達文書で、下命の対象は候（候官の長で鄣候）と城尉（都尉府の尉）である。

簡hは、簡gをうけて肩水鄣候から下された下達文書で、下命の対象は尉（候官の尉で塞尉）と候長（候官の管轄する部の責任者）である。本詔書冊は、先に述べたようにエチナ河中流域の地湾すなわち肩水候官の遺址から出土したもので、筆者は肩水候官の令史（書記）の得である。本詔書冊が簡gを併せて肩水候官の遺址で発見されたということは、肩水候長にはこれと同文の別の冊書が送られ、本冊書は控えとして肩水候官に残されたものと見なければならない。そして部には更に最末端組織としていくつかの隧（隧長一人に戍卒若干名）が所属している。したがって論理上は、簡hの次に「閏月某日干支、肩水候長某下隧長、承書従事、如詔書」の簡が加えられて隧長に届けられ、皇帝の詔書は中央から地方の最末端組織まで隈なくゆきわたることになる。すなわち左のごとくである。

御史大夫──→丞相──→張掖太守──→肩水都尉──→肩水候（鄣候）──→肩水候長──→肩水隧長

なおこれは張掖郡の軍政系列における詔書の伝達であるが、民政系列になると簡gの発信者である肩水都尉の部分が県の令長となり、県の令長が所轄の郷に下すことになる。そしてこれも論理上は、簡gをうけて郷から更に亭・里に下達され、本詔書は一般民にも隈なくゆきわたることになる。

御史大夫──→丞相──→張掖太守──→県令・長──→郷──→亭・里

ただし推測の域を出ないが、この種の下達文書は軍政系列では部まで、民政系列では郷までで、その下部組織である隧や亭・里には、候長や嗇夫などが口頭で伝えるか或は掲示したのではなかろうかと考えている。

この元康五年詔書冊には、その他にも文書行政を考察する上で注目すべきいくつかの点がある。一つは、上奏が御史大夫を通じて皇帝に達し、皇帝の裁可した詔書はまず御史大夫に下されていること、また御史大夫が行事の具体的な実施細目を決めていることである。このことは、従来副丞相で監察を掌るとされてきた御史大夫が同時に皇帝の秘書長官であり、後漢時代の尚書や後代の中書官の役割を担っていたことを示すものである。二つには、詔書の下達に要した時間である。下達した月日を順を追って示すと、簡dは二月十一日、簡eは二月十五日、簡fは三月二十四日、簡gは閏月六日、簡hは閏月九日である。したがって御史大夫が下してのち丞相が下すまで四日、丞相が下してのち張掖太守が下すまで三十九日、張掖太守が下してのち肩水都尉が下すまで十一日、肩水都尉が下してのち肩水候（鄣候）が下すまで三日を要している。中央からは、全国的に整備された郵駅亭の組織を用いて各地に伝達されるわけであるが、中央から発して張掖郡下の諸官に通達し終えるまでに、約二ヶ月を要している。当時、都長安を起点にして張掖郡よりも遠い郡は東西南北へと更にいくつもあり、詔書を全国的にゆきわたらせるためには少なくとも三ヶ月以上は余裕を見ておかなければならなかったのであろう。そのために五月二日の夏至の行事が閏月をはさんで、それに先立つ四ヶ月も前に発議されているのである。また当時張掖太守の郡治は觻得県（甘粛省張掖市）にあり、都長安からは中国里数で二五〇〇里の距離にあった[8]。一里五〇〇メートルとすると一二五〇キロメートルである。これを丞相が発して張掖太守が発するまでの日数三九日で単純に割ると、一日は三二キロメートルの計算になる。この元康五年の詔書は、恒例の年中行事の執行であるから所謂普通便で逓送されたに違いないが、緊急の場合には「吏馬馳行せよ」（二〇・一）、「行者走れ」（三二六・一六）といった特急便で伝達されたことは言うまでもない。

以上は、元康五年詔書冊を材料に詔書の成り立ちと、その詔書が諸官を通じて中央から地方の末端に至るまで下達されていく具体例を見てきた。そして特に下達文書において、下すという動詞は詔書を下達する場合に用いられることを述べたが、下達文書には他にも告、謂、言などの動詞が用いられている。(9)

簡1　〼□寅、丞相定国告中〻二〻千〻石（二〻千〻石〻の誤）、郡太守、諸侯〼　四八四・三〇

簡2　十一月丙戌、宣徳将軍張掖太守苞・長史丞旗、告督郵掾□□□部農都尉官□、写移書到、扁書郷亭市里顕見処、令民尽知之、旁県起察有册四時言、如治所書律令　一六・四A

簡1は、丞相の定国（于定国）が九卿など中央官庁の長官と郡太守などの地方長官に命令を下したものである。下すという語がないから命令が詔書ではないことは明らかである。また簡2は、張掖太守と丞の連名で郡の主要な吏である督郵掾や部都尉、農都尉などに命令を下したものである。後漢の劉熙の『釈名』に、「上の者が下の者に敕するを告という。告とは覚で、己の意をさとらせ知らしめるものなり」と見える。(10) 告の場合は詔書における下すほどの強制力はなく、告本来のさとらせるというニュアンスをもつ、ゆるやかな命令と見ることができる。しかも

簡3　五月癸巳、甲渠鄣候喜、告尉、謂第七部士吏・候長等、写移檄到、士吏・候長・候史、循行
一五九・一七＝二八三・四六

は、候官長である鄣候の発した下達文書であるが、告の対象となる尉（塞尉）と謂の対象となる士吏や候長では尉の方が上級であり、文書と受取る側の官職の相違によって告と謂とが使い分けられている。すなわち発令者と官職の近い者には告を用い、差の大きい者には謂を用いている。したがって、謂はそれだけ強制力のつよい命令ということになる。また

簡4　元寿二年十二月庚寅朔戊申、張掖居延都尉博・庫守丞賢兼行丞事、謂甲渠鄣候、言候長楊褒（以下略）

EPT五九・五四八A(11)

は、居延都尉と丞の連名の下達文書であるが、候官長の鄣候にたいしては謂を用い、その更に下級の候長にたいしては言を用いている。謂と言との用法を知る例である。なお簡2の末尾に「如治所書律令（治所の書、律令の如くせよ）」とあるのは、一般には「如律令（律令の如くせよ）」と記される。法の規定どおりに実施することを命じたもので、下達文書に見られる慣用句である。

下達文書に使用される動詞には下、告、謂、言などが用いられたことは右に述べたとおりであるが、其の他に発信者と受信者が同格の場合には移が用いられた。

簡5　陽朔四年十月丁巳朔戊戌、甲渠守候、移居延、書曰陽里　　三五・九

これは軍政系列の甲渠候官から民政系列の居延県に発せられた文書で、候官と県とは同格であり(12)、特に移という動詞が用いられている。

ところで下達文書は、一方的に命令を通達するものばかりではない。

簡6　⧄史大夫広明、下丞相、承書従事下当用者、如詔書、書到言（以下略）　　六五・一八

これは御史大夫広明（田広明）から丞相に下された制詔の下達文書の部分であるが、中に「書到言（書到らば言え）」とあって復命を求める文言がついている。また

簡7　⧄居延都尉徳、謂甲渠塞□□、写移書到、験問⧄
　　⧄如律令　　掾仁⧄　　EPT五・一二五

は居延都尉から甲渠候官の塞尉に発せられた下達文書で、写しの文書が到着したならば験問して云云とある。験問の下は欠けているが、おそらくは「以書言（書を以て言え）」のような復命を求める文言がついていた筈である。

簡8　河平五年正月己酉朔丙寅、甲渠鄣候誼、敢言之、府移挙書曰、第十三隧長解宮、病背一傷右㔸
□□爰書言、已乘□亭、解何、今移挙各如牒、書到牒別言、●謹案第十三隧長解宮、上置□□傷右㔸作治
三五・二二A

これは第十三隧長解宮の勤務について都尉府から挙書（弾劾の書）をうけた甲渠鄣候が、調査のうえ復命している文書である。すなわち●印までが都尉府の挙書の内容で、最後に「書到牒別言（書到らば牒別に言え）」という復命の求めに応じて差し出した甲渠鄣候の上申文書である。このような例は枚挙にいとまがないが、文書によって尋ねたり糾したりし、それにたいして文書によって応答する下達文書と上申文書の遣り取りこそは、当然のことながら文書行政の基本である。

二　上申文書

上申文書で最上のものは皇帝に差し出す上書である。蔡邕の『独断』には、上書には章、奏、表、駮議の四種類があるとして、次のように説明している。

章者需頭、称稽首、上書謝恩陳事、詣闕通者也
奏者亦需頭、其京師官但言稽首、下言稽首以聞、其中有所請、若罪法劾案、公府送御史台、公卿校尉送謁者台也
表者不需頭、上言臣某言、下言臣某誠惶誠恐、頓首頓首、死罪死罪、左方下坿某官臣某甲上、文多用編両行、文少以五行、詣尚書通者也、公卿校尉諸将、不言姓、大夫以下有同姓官別者、言姓、章口報聞、公卿使謁者、将大夫以下至吏民尚書左丞奏聞報可、表文報已奏如書、凡章表皆啓封、其言密事、得皁囊盛

其有疑事、公卿百官会議、若台閣有所正処而独執異意者、曰駮議、駮議曰、某官某甲議以為如是、下言臣愚戆議異、其非駮議不言議異、其合于上意者、文報曰、某官某甲議可

漢承秦法、群臣上書皆言昧死言、王莽盗位慕古法、去昧死曰稽首、光武因而不改、朝臣曰稽首頓首、非朝臣曰稽首再拝

要点はおよそ次のとおりである。

章は需頭すなわち批答が書き込まれるように簡の上端を一定の幅で空白にして残す。文に「稽首」と称し、上書して恩を感謝したり事を陳述する際に用いる。

奏もまた需頭する。京師の官は文のはじめに「稽首」と言い、終わりに「稽首以聞」と言う。請願する場合に用いる。

表は需頭しない。文のはじめに「臣某言」と書き出し、終わりは「臣某誠惶誠恐、頓首頓首、死罪死罪」で結び、左下に「某官臣某甲上る」と記す。

疑事があり、公卿百官が会議し尚書がそれを修正したとき、異なる意見を主張する場合を駮議と言う。

漢は秦の法を継承して群臣が上書するときは「昧死言」と言った。王莽の時代になって古法に従い昧死を稽首にかえた。光武はそれを踏襲し、朝臣であれば「稽首頓首」、朝臣以外は「稽首再拝」と言った。[13]

蔡邕の『独断』は、群臣の上書にも内容に応じてさまざまな書式のあったことを伝えている。群臣の上書は、史書とか碑文等に見ることができるが大部分は上書の一部であり、まして『独断』に言うような諸形式を完全な形で知ることは、制詔の場合と同様に困難である。そうした中で、前章で引用した冊書1の元康五年詔書冊中の簡a、bは上書の原形をとどめるものとして貴重な資料である。すなわち、まず両簡ともに簡頭に一字ないし二字分の空白があり、

いわゆる需頭されている。また書き出しは、御史大夫吉「昧死言」ではじまり、最後は「昧死以聞」で終わっている。これは前漢時代であるから昧死の語が用いられたので、後漢では稽首の語が入るところである。しかも上書の内容は請願であるから『独断』に言うところの奏そのものであることが知られる。

このほかにも例えば居延漢簡中には、さまざまな内容の上申文書が出土しており、まさに文書の宝庫である。

簡9　五鳳二年八月辛巳朔乙酉、甲渠万歳隧長成、敢言之、迺七月戊寅夜、隨塢陡傷要、有廖、即日視事、敢言之

六・八

冊書2

a　建武三年三月丁亥朔己丑、城北隧長党、敢言之、迺二月壬午、病加両脾雍種、匈脅支満、不耐食

b　飲、未能視事、敢言之

c　三月丁亥朔辛卯、城北守候長匡、敢言之、謹写移隧長党病書如牒、敢言之「今言府請令就医」

EPF二二・八〇—八二

冊書3

a　永光二年三月壬戌朔己卯、甲渠士吏彊以私印

b　行候事、敢言之、候長鄭赦父望之、不幸死、癸巳

c　予赦寧、敢言之

五七・一

簡9は、万歳隧長から甲渠候官に提出した上申文書で、夜間とりでの城壁から転落して腰を痛めたが治癒したので翌日から勤務しているという報告である。また冊書2は、最初の簡aとbは城北隧長から城北候長に宛てた上申文書で、病気で飲食もできず勤務につけない旨を報告（病書）、簡cは城北候長から城北隧長の病書を甲渠候官に送

るという上申文書である。なおこの冊書の簡cには、別筆で「都尉府に報告して医者に診てもらうように願い出た」という候官の処置を記した辞が見える。冊書3は、甲渠鄣候から居延都尉府に宛てた上申文書で、内容は候長鄭赦の父が死んだので候長鄭赦に寧すなわち喪の休暇を与えるよう上申したものである。

その他、上級官庁からの詰問等にたいして釈明を記した報告書のあることは簡8に示しておいたが、類例に

簡10　建武泰年九月辛卯朔乙巳、甲渠鄣守候□、叩頭死罪敢言之、府記曰、臨木隧……　EPT六五・六八

簡11　元延二年八月乙卯、累虜候長敞、敢言之、官檄曰、累虜六石弩一傷右検、受備以六石弩二、其一傷左検、一
傷右検、遣吏持詣官、会月廿八日、謹遣驩喜隧長馮音、持詣官、敢言之　一七〇・五A

がある。簡10は、府記すなわち都尉府の発した記（部内文書）[14]にたいする甲渠鄣候心得某の釈明の上申文書である。簡11は、累虜候長から卅井候官に宛てた上申文書である。内容は、候官からの文書に「累虜では六石の弩が一張あって右検を損傷しているとのことだが、装備されているのは六石の弩二張で、一つは左検、他の一つは右検を損傷している筈である。吏に弩を持たせてこの月の廿八日に出頭させよ」とありましたので、驩喜隧長馮音に弩を持たせて出頭させます、という意味である。

しかし上申文書で何といっても多いのは、簿籍や爰書（事実を公証するための文書）[15]等を上級官庁に送る送り状である。先の冊書2もその一例であるが、他にも次のような送り状がある。

簡12　河平三年十月丙戌朔癸丑、誠北候史章、敢言之、謹移
十月吏卒日迹簿一編、敢言之　EPT五一・二〇七

簡13　建平三年六月庚辰朔戊申、万歳候長宗、敢言之、謹移部吏卒廩七月食名籍一編、敢言之　EPT四三・六

簡14　元康四年六月丁巳朔庚申、左前候長禹、敢言之、謹移戍卒貰賣衣財

物爰書名籍一編、敢言之　　一〇・三四A

簡12は、候史から吏卒の十月の日迹簿（天田の見廻り集計簿）を候官に送った送り状。簡13は、候長から吏卒の七月分の食糧支給名籍を候官に送った送り状。簡14は、候長から戍卒が衣類財物をかけ賣りした爰書と名籍を候官に送った送り状である。そして冊書2と3をはじめ、簡9～14までの上申文書はいずれも「某官某、敢て之を言う」ではじまり、文書の終わりは「敢て之を言う」で結ばれている。上申文書に見る慣用句である。

なお先の元康五年詔書冊のところでも触れたが、今まで見てきた下達文書や上申文書は郵駅亭を伝って、また辺境の軍事地帯では他に隊を伝って逓送され、かつ距離に応じて所要時間も定められていた。そして逓送の際の授受においては、授受した者の所属や名前や時刻が記録され、規定の時間よりも遅延すると罰せられることになっていたことも、明らかにされている。[16]

三　簿籍の制度

漢代の文書行政を論じる際に見落とすことのできないのは、簿籍の制度である。[17]

後漢の劉熙の『釈名』釈書契に、簿は「物を個条書きに記す」[18]と言い、籍は「人名や戸口を個条書きに記す」[19]と説明している。これによれば、簿は広い意味での帳簿であり、籍は名簿ということになる。

漢代では地方の郡国では毎年、ただし辺郡においては三年に一度、郡国内の衆事を集計した計簿を中央に提出することが義務づけられていた。これを上計と言う。計簿の年度は毎年十月にはじまり翌年の九月に終わる。これは歳首を十月とした秦の制度を継承したものである。この計簿の内容は『続漢書』百官志の県・邑・道・侯国の条に「秋冬

には課を集めて、計を所属の郡国に上まつる」とあり、劉昭の注に胡広の文を引いて、

　秋冬歳尽、各計県戸口、墾田、銭穀入出、盗賊多少、上其集簿

とあるように、戸口の数や墾田の面積、見銭や穀物の収支、盗賊の人数等で、県などでは秋から冬にかわる年度末にはこれらの各項について集計した簿書を直属の郡国に提出することになっていた。郡国ではそうした県などの提出する計簿によって責任者たる令長相などの勤務成績を判定するとともに、管内の計簿を作成して中央に提出したのである[20]。同様に中央では、郡国の計簿によって地方の実情と守相の能否を知ることができた。かつて劉邦の軍が秦の都咸陽を占領したとき、蕭何が秦の丞相府にあった律令や図書の類をいち早く押さえ、そのために劉邦は天下の要害、戸口の多少、地域の強弱、人民の疾苦するところ等を居ながらにして知ることができたという図書とは、地図のほかにこのような簿籍の類を指している。

　このように漢の中央政府は、上計制度によって地方政治の実情、したがって地方官吏の能否を把握することが可能となるわけで、その点簿籍に基づく上計制度は、漢代の文書行政の中でも極めて大きな比重を占めていたと言わねばならない。しかしながら、その簿籍が一体どのようなものであり、またどのようにして作成されたのかということになると、史書の中では殆ど知ることができなかった。今世紀における敦煌や居延など西北辺境の軍事施設の遺址から出土した大量の簡牘は、このような簿籍の生の史料を提供し、この方面の研究を格段に進展させたのである。一例を示す。

冊書4

　a●橐他莫当隧始建国二年五月守御器簿

　b　驚□□石　深目六　大積薪三

c　□□三糒九斗　転射十一　小積薪三

d〜s　（省略）

t　〼二具　〼

u●槖他莫当隧始建国二年五月守御器簿

v　始建国二年五月丙寅朔丙寅、槖他守候義、敢言之、謹移莫当隧守御器簿一編、敢言之

EJT三七・一五三七−一五五八

これは一九七三年から七四年にかけて発見された居延新簡中の一冊書で、全部で二十二枚から成る。まず簡aとuには簡頭に●印があり、それにつづいて「槖他莫当隧守御器簿」とあるのは、この冊書の標題簡である。●印は標題等を明示する際に使用される。槖他とは槖他候官のことで、肩水都尉に所属する候官の一つである。したがって槖他莫当隧とは、槖他候官に所属する莫当隧ということになる。また守御器簿とは、守備防衛に必要な設備、備品を記録した簿書を指す。すなわちこの簿書の標題は、「槖他候官所属の莫当隧の始建国二年（紀元一〇年）五月時点での防衛に必要な設備、備品簿」の意味である。そして簡aと簡uにはさまれた簡b〜tには設備、備品名とその数量が記されている。簡bの深目は距離測定器、積薪は薪（実際には葦など）を積み上げたもので、これに火をつけて昼はのろし夜間は火によって信号を送るもの、簡cの転射は弩床を言う。つまり簡bから簡tまでは守御器簿の内容を構成する部分で、簿籍の標題簡にたいして筆者はこれを簿籍簡牘とよんでいる。そしてこの守御器簿には、更に一枚すなわち簡Vが付いている。内容は「始建国二年五月一日付で、槖他候官長心得の義（人名）が上申します。謹んで莫当隧の守御器簿一編を送付いたします」とあり、具体的には簡aから簡uの守御器簿に付けて送ったところの送り状である。しかもこれは槖他候官からの上申文書であるから、宛先は肩水都尉府であることは間違いない。したがっ

て莫当隊の守御器簿は槖他候官から肩水都尉府に送ったことが分かる。そしてこの事実から、或る官署で作成した簿籍は、作成した官署に留めておくものではなく、送り状を付して更に上級の官署へと送付したことを知るのである。筆者は、簡ｖのような簿籍の送り状の簡を簿籍送達文書簡とよび、先の簿籍簡牘はこの簿籍送達文書簡とセットになることによって古文書学で言うところの文書と見なすことができると考えている。[21]

そこで甲渠候官の遺址（破城子）出土簡約五〇〇〇枚を取り上げ、簿籍の標題簡や、簿籍の本文を構成する簿籍簡牘、更に簿籍送達文書簡の三者を総合して、隊や部や候官では一体どのような簿籍が作成されたかを調べた。ここでは、その結論だけを示すと次のとおりである。[22]

（イ）　隊、部、候官で作成する簿籍

吏卒名籍（吏と戍卒の名簿）、病卒名籍（罷病した戍卒の名簿）、卒家属在署名籍（戍卒の勤務地に居住する家族の名簿）、吏卒廩名籍（吏と戍卒の食糧支給名簿）、卒家属廩名籍（戍卒の家族の食糧支給名簿）、廩塩名籍（食塩の支給名簿）、守御器簿（守備防衛に必要な設備、備品の記録簿）、兵簿（兵器のみの記録簿）、什器簿（日常生活用具類の記録簿）、折傷兵簿（損傷した兵器の記録簿）、被兵簿・被簿（吏や戍卒が所有する兵器および衣服など所持品の記録簿）、日迹簿（天田という表面を平らにした砂地の上の足跡を毎日確認する勤務記録簿）、日作簿（官署の戍卒全員の毎日の作業記録簿）、卒作簿（戍卒個人の毎日の作業記録簿）、茭出入簿（馬の飼葉の出納簿）などの他、標題簡が無いので名称は不明であるが、烟や火や旗などによる信号の受け渡しの記録簿や、また郵便の逓送の記録簿がある。

（ロ）　部と候官で作成する簿籍

吏受奉名籍（吏の俸給支給名簿）、吏奉賦名籍（同上）

（ハ）　候官で作成する簿籍

賜労名籍（秋に候官で行う弓射の試験で成績優秀により勤務日数を加算される吏の名簿）、奪労名籍（反対に弓射の試験の成績が悪く、勤務日数を削減される吏の名簿）、穀出入簿（食糧としての穀物の出納簿）、銭出入簿（現金の出納簿）、伐閲簿（吏の功績の数と、勤務日数の記録簿）の他、標題簡が無いので本来の名称は不明であるが、、隊長の名簿、騎士の名簿、吏や戍卒の債務を記した名簿、兵器や設備備品類の出納簿、吏の人事異動の記録簿、文書を発信した記録簿、文書を受信した記録簿、隊や部の吏が候官に出頭した記録簿、吏や戍卒の罪状と処罰の記録簿などがある。

これらの簿籍の存在は、各官署の基本的な性格を示すものとして重要であるが、ここでは行政の面から特に注目すべき二つの事柄について述べることにする。

第一は、簿籍の送達についてである。先に簿籍は、それを作成した官署に留めておくものではなく、上級の官署に提出するものであったことを述べた。すなわち部や隊で作成したものは候官へ、候官で作成したものは都尉府へと送り状を付して報告された。その際に注目すべきことは、まず部や隊で作成する簿籍は全て候官に提出されたことである。

簡15　丁酉卒六人　一人病　　　　　三一七・三二
　　　　　　　　其一人養
　　　　　　　四人伐葦百廿束

簡16　第廿四隊卒孫長　治墼八十　治墼八十　治墼八十　除土　除土　除土　除土　除土　除土　　六一・七＝二八六・二九

簡15は、部における戍卒六人の或る一日の作業を記録したもので、その内訳は一人は養すなわち炊事当番、一人は病気、残る四人は葦百二十束を刈り取ったことを記す。簿籍の種類では日作簿に当たる。また簡16は、第二十四隊の戍卒孫長の毎日の作業内容を記録したもので、簿籍の種類では卒作簿の内容を構成する簡である。治墼は日干し煉瓦作りのことで、一日のノルマは八十個であった。除土は城塞の外壁に堆積した砂を取り除く作業である。すなわち簡17は、戍卒の孫長は日干し煉瓦作りを三日、砂の取り除き作業に六日間従事したことを毎日記録したものである。このように簡15、簡16は、ともに部や隊における毎日の記録である。しかもこれら二枚の簡牘は、甲渠候官の遺址である破城子で出土しており、これらは部や隊から候官に提出されたものである。同様なことは日迹簿についても言える。すなわち毎月隊を単位に隊の戍卒の日迹の集計と異常の有無が候官に報告される[23]が、同時に日迹の原簿とでもいうべき戍卒の毎日の日迹の記録が候官に提出されている。すなわち

簡17　不侵隊卒吏日迹名

郭免　乙亥　戊寅　辛巳　甲申　丁亥　庚寅　癸巳　丙申　己亥　辛丑　癸卯

李常有　丙子　己卯　壬午　乙酉　戊子　辛卯　甲午　丁酉　庚子　壬寅

李相夫　丁丑　庚辰　癸未　丙戌　己丑　壬辰　乙未　戊戌省不迹

EPT五六・三二

月の記載を欠いているが、不侵隊における郭免と李常有と李相夫の三人の戍卒の某月（小月）一ヶ月の日迹の実施記録である。このように部や隊における毎日の記録、言うなれば生の記録がそのまま簿籍として候官に提出されていることは、部や隊で作成する簿籍は全て候官へ提出することを原則としていたことを示すものにほかならない。

これにたいして候官から都尉府へは、部や隊が提出した全ての簿籍や、また候官が作成したところの全ての簿籍を都尉府に提出したかというと、決してそうではない。理由は、先に列挙した（八）候官で作成する簿籍を見ても、

例えば文書の発信や受信の記録簿は控えとして候官に残しておくべきものであり、また人事異動の記録簿も、もとは都尉府から送られてきたものを保存したもので、いずれも上級官署である都尉府に報告すべきものではないからである。同様に部や隧が候官に提出した簿籍について見ても、例えば何処そこの戍卒が何月何日にどのような作業に従事したというようなことまで、候官がいちいち仔細に都尉府に報告したとは考えられないからである。したがって候官は、部や隧の場合のごとく全部の簿籍を都尉府に送るのではなく、特に必要なものでない限り全て候官で整理集計した上で都尉府に報告していたと見るべきである。そしてこのことは、それぞれの官署の規模からも説明できる。すなわち部や隧の場合、両者を合わせて専門の書記といえば部に配属された候史が一名置かれているだけであった。それにたいして候官では、複数の掾や令史や書佐などが配属されており、文書作成の態勢は万全であった。そこで候官は、原則として候史が作成する部や隧のあらゆる生の材料の提出を求め、それを候官で独自に整理し集計して都尉府に上申したものである。したがって候官は、言うなれば行政文書を作成する最末端機関であったと見ることができる。

第二は、簿籍の作成に見られる周到さである。先に引用した簡12はその一例である。これは支給された弩の数と破損状態についての卅井候官の詰問と、それにたいする累虜候長の弁明であるが、その背景には卅井候官には累虜部に兵器を支給した支給簿（出入簿）があり、累虜部提出の折傷兵簿をそれと照合していることを知らしめる。同様に

簡18　校候三月尽六月折傷兵簿、出六石弩廿四付庫、庫受嗇夫久廿三、而空出一弓、解何　　一七九・六

は、肩水鄣候が提出した三月から六月までの折傷兵簿を調べたところ、六石の弩弓二十四張を兵器庫に納めたことになっているが、兵器庫では嗇夫の久から二十三張を受け取ったことになっている。弩弓一張が空出しになっているのは如何なるわけか、という内容の肩水都府からの詰問状である。ここでも肩水候官が提出した折傷兵簿にたいして、

兵器庫には兵器庫独自の兵器の出納簿があり、両者が照合されていることが知られる。

一般に簿籍の記載に不正があったことは、史書の伝えるところである。[24] しかし右に見てきたように提出される簿籍は厳重な点検をうけており、しかもその際に照合すれば誤りや不正が直ちに発見できるような簿籍づくりが常に配慮されていたのである。そしてその典型が簡15の日作簿と簡16の卒作簿の作成である。戍卒の毎日の作業が二種類の異なる簿書に記録される周到さは、驚異と言うほかない。

以上、漢代辺郡の一つ張掖郡の軍事組織下における簿籍の制度について述べてきたが、内部においてもこの通りに実施されたか否かは、明らかではない。しかし簿籍を基礎とする上計制度は内郡や辺郡を問わず全土に実施されたものであり、簿籍制度や簿籍を基軸とする上計制度は、地域や組織の相違などには関係なく全て同じであったと考えてよいであろう。そして、もしこの考えが容認されるならば、注目すべきことがある。それは候官が行政文書を作成する最末端機関であったということである。すでに見てきたように、部や隊の作成する記録がそのまま簿籍として候官に提出されているところから、部や隊で作成するあらゆる簿籍は全て候官に提出するのが原則であり、候官はそれを整理し集計して都尉府に報告するところの、言うなれば行政文書を作成する最末端機関であったと理解した。そしてこれは軍政系列の話であるが、今これを民政系列に当てはめてみると、候官に相当するのは県であり、県は候官と同じ機能を果たしていたことを推測させるのである。

そこで候官で得た知識を県に当てはめるならば、県は候官と同様に地方の末端組織である郷・亭・里に関するあらゆる簿籍を集めて統轄し、地方統治の第一線に位置する官署として重責を荷っていたと見ることができる。そして、県は、年度末になると郷・亭・里の簿籍を整理集計し、独自に作成した簿籍を行政文書として郡に提出するのである。郡では、それを集めて郡全体の集計簿を作成し、中央へ提出する。かくして地方は、簿籍を通じて末端に至るまで中央につながることになる。これが簿籍を媒体とする漢の文書行政であり、県こそは、その基礎となる行政文書を作成する最末端機関であったと見るのである。

むすび

以上、漢の文書行政について見てきた。すなわち、まず下命したり命令を伝達したりする際の下達文書、反対に復命したり報告する際の上申文書について各々の様式や使用の実際について述べた。ついで簿籍を取り上げ、簿籍の作成過程や報告、更には査察など漢の簿籍行政とでも言うべき文書行政の実態について述べてきた。

漢のこのような文書行政は、秦の制度を継承したものであることは言うまでもない。しかし漢が秦の制度を継承したとは言っても、それはあくまでも制度の大枠だけであった。何故ならば、秦は天下を統一後僅か十五年で滅亡した短命な王朝であり、制度そのものが定着するまでには至らなかったと考えられるからである。したがって漢の文書行政、とりわけ簿籍や上計の制度は、制度そのものは秦のそれを継承しながら実施の細部においては工夫と改良を加えた漢独自のものであったと見るべきである。それも漢代に入って一時に完成したものではなく、漢初から名実ともに中央集権体制が確立する武帝期にかけて漸次整備されて完成したものに相違ない。漢が前後四〇〇年の長期にわたって帝国を維持し得た理由の一つには、簿籍に基づく文書行政にあったと言うことができる。

注

（1）　秦律十八種の行書律に「行伝書、受書、必書其起及到日月夙莫、以輒相報也、書有亡者、亟告官」とある。

（2）詳しくは拙稿「図書、文書」（林巳奈夫編『漢代の文物』第十一章のⅡ）を参照。
（3）大庭脩「居延出土の詔書冊」（同氏著『秦漢法制史の研究』第三篇第二章）。
（4）以下の詳細については拙稿「簡牘よりみたる漢代辺郡の統治組織」（拙著『居延漢簡の研究』第Ⅱ部第四章）を参照。
（5）居延旧簡の簡番号を示す。以下同じ。
（6）本文の二上中文書に引く『独断』の奏の部分を参照。
（7）小府については諸説がある。詳しくは門田明「漢簡に見える小府について」（『龍谷史壇』一〇三・一〇四合併号　一九九四）を参照。
（8）森鹿三「敦煌・居延出土の漢暦について」（同氏著『東洋学研究　居延漢簡篇』所収）による。
（9）下達文書については大庭脩「下達文書」（同氏著『木簡』第七章の6）に詳しい。
（10）『釈名』釈書契に「上敕下曰告、告覚也、使覚悟知己意也」とある。
（11）居延新簡の簡番号を示す。以下同じ。
（12）注（4）を参照。
（13）注（2）に同じ。
（14）鵜飼昌男「漢代の文書についての一考察－記文書の存在－」（『史泉』六八、一九八八）を参照。
（15）籾山明「爰書新探－漢代訴訟論のために－」（『東洋史研究』五一－三、一九九二）を参照。
（16）鵜飼昌男「居延漢簡にみえる文書の逓伝について」（『史泉』六〇、一九八四）を参照。なお秦代にすでに行われていたことは注（1）から知られる。
（17）簿籍の制度の詳細については、拙著『居延漢簡の研究』第Ⅰ部「居延漢簡の古文書学的研究」を参照されたい。
（18）『釈名』釈書契に「笏、忽也、（中略）或曰簿、言可以簿疏物也」とある。
（19）『釈名』釈書契に「籍、籍也、所以籍疏人名戸口也」とある。
（20）一九九三年に江蘇省の尹湾漢墓から出土した簡牘の中に、東海郡の上計の原簿と見られる「集簿」が発見されている。『尹湾漢墓簡牘』中華書局　一九九七年。

(21)　注（17）の拙著を参照。

(22)　注（17）の拙著を参照。

(23)　注（17）の拙著第二章の「むすび」に掲載の「簿籍簡牘の様式別分類表」のⅡイa形式の簡牘を参照。

(24)　例えば『漢書』宣帝紀の黄龍元年の詔に「方今天下少事、繇役省減、兵革不動、而民多貧、盗賊不止、其咎安在、上計簿、具文而已、務為欺謾、以避其課」とあり、また『漢書』七二貢禹伝の貢禹の上奏に「郡国……擇便巧史書、習於計簿、能欺上府者、以為右職」とある。

秦漢の兵制をめぐる諸問題

重近啓樹

はじめに

春秋戦国時代を通じて、戦争の形態は貴族を主力とする戦車戦から、歩兵を主力とする集団戦へと変化してゆく。これは春秋中期頃までは正式な兵士とはみなされていなかった庶人が、徴募されて広汎に軍の主力として参入してゆくことによって可能となった。そしてこうした庶人層の軍への参入は、次第に貴族制下での政治形態や身分制を崩壊させ、庶人層の地位向上[1]、即ち政治機構への進出や身分の平等化をもたらす重要な原因となった。そうした点では、これらの変化は古代ギリシア・ローマにおいて、貴族を中心とする兵制から、平民が兵力の中心として進出してゆく過程で起こった諸変化と類似した面があったといえよう。

しかし他方、武装自弁を原則とする古代ギリシア・ローマでは、そうした兵制上の変化が、市民団内部における民主化・平等化の方向で作用したのに対し、春秋戦国時代を通じての兵制の変化は、専制国家体制の下での身分の平等化（いわゆる一君万民体制）をもたらす一因となったのであるから、そこには両社会における兵士の置かれた立場・条件に大きな差異があったことも明らかなのである。

秦漢統一帝国の下における兵制の原型は、戦国秦において形成された。そこでは徴兵制の施行により、一般農民を徴兵母体とする常備軍が編成されると共に、商鞅変法の諸規定にみられるように、什伍制とその下での刑罰制度、軍功爵制とそれに基づく諸特権の制定などを通じて、軍事的秩序が社会・政治秩序の在り方に大きく影響力を及ぼしていったから、秦は軍事国家としての性格を強く帯びることになった。

兵士としての動員は無論、農民にとって生死をかけた負担なのであるが、戦国秦の軍功爵体制の下では、軍功と官吏就任資格・田宅授与等の諸特権とを結び付けることにより、農民の地位上昇にむけてのエネルギーを、軍事力強化の方向に吸収していった。秦軍の強さは、そうした兵士の積極性に支えられていた面があったのである。

秦漢の兵制研究は我が国では、浜口重国氏が戦前におこなった一連の研究によって基礎が据えられた。氏の研究は今日においても、まず参照されるべきものであるので、次に前漢の兵制を中心に、本稿に必要な範囲で氏の説の概要をみておこう。

(1) 前漢では徴兵適齢（景帝二年以後は二〇歳、昭帝の始元末以後は二三歳）に達した成年男子の一定部分が傅（兵籍に付ける）されて正（正卒＝兵士）とされた。以後、出役年齢（少くとも昭帝始元末以後は五六歳）に至るまでの正卒在役中の基本的任務として、一年間は京師に番上して衛士となり、一年間は都尉に番上して地方警備軍（材官・騎士など）となり、又、年に一回は都尉指揮の下に都試（査閲）を受け、さらに一朝事ある際には出動したが、その他の時は在郷兵として一般民と同様に家業にいそしんだ。なお、成年男子の徭役（更卒）義務は原則上、兵籍にある者を除く一般庶民に対して賦課されたから、兵士には更卒義務は無かった。

(2) 前漢時代では、兵役の一部たるべき屯戍（辺境守備）の義務は、兵籍にある兵士たると否とに拘わらず、全民丁の負担すべき義務（原則上、一回で一年間宛）とされており、その点で力役と兵役の不完全分離時代というべきで

ある。(2)

以上のような浜口説に対する批判・継承の上に、戦後においても秦漢兵制をめぐる諸研究の成果が蓄積されてきた。しかし前漢兵制に関する文献史科は後述するように『漢旧儀』や董仲舒の上言（『漢書』食貨志）など限られたものであり、それら乏しい史料の整合的解釈を中心とした時期の研究にあっては未解明の論点が残ることは避けられず、兵制の全体的な復元は困難な課題とされてきた。

これに対し七〇年代に入ると、秦では睡虎地秦簡をはじめ秦兵馬俑など、漢代では居延新簡や上孫家寨漢簡など、兵制に関係する新出土の史・資料が増加し、兵制研究の新たな展開を可能にする条件が生まれてきた。

本稿では主にこの七〇年代以後における兵制研究の動向をふまえながら、(1)傅籍の理解、(2)『漢旧儀』など前漢兵制の基本史料の解釈、(3)後漢兵制の特色、などの論点について検討を加えてみたい。なお筆者の能力や紙数の関係から、取り上げるのは日本での研究を主とし、地域的には内郡の兵制を中心に考察したい。

まず秦・漢初の傅籍について、戸籍との関連で検討してみよう。

一　秦・漢初の傅籍と戸籍

戦国秦では徴兵制の施行により、農民兵士による常備軍が編成され、後の秦漢帝国下の兵制の原型が成立する。そしてこの徴兵制成立の前提として、戸籍制や傅籍制の整備があった。戦国秦で戸籍制が成立したのは、従来一般に「(献公)一〇年（前三七五）、為戸籍相伍。」(『史記』巻六、秦始皇本紀所引、秦紀）とある記事によって、伍制とともに献公一〇年のことと理解されていた。これに対し最近、堀敏一氏は秦紀の年次には疑わしい箇所があり、伍制の制定が商鞅の第一次変法（孝公三年（前三五九））に「令民為什伍、而相牧司連坐」（『史記』巻六八、商君列伝）とあるように孝公三年のこととみられることから、戸籍も同じくこの時に制定されたとみるべきことを指摘する。[3] 私もその可能性が高いとおもうのであるが、ともあれ商鞅の第一次変法段階までに戸籍制が成立していたことは確かである。しかもこれは後の秦漢帝国に継承されてゆく戸籍の原型であったと考えられるから、旧来の貴族制下での国人と野人（庶人）という身分制的構造を否定したものであり、その意味で、広範な農民層を徴兵母体とする、新たな徴兵制施行の前提条件を形成するものであったと考えられる。すなわちここに、従来の国人を兵力の中心とする軍隊編成から、農民中心の徴兵制へと移行したと考えられるのであり、同じく第一次変法にみえる軍功爵の体制は、こうした兵制改革を前提に、新たに軍功を軸とする社会的・政治的身分秩序を形成しようとするものであった。そして商鞅の第二次変法（前三五〇）における県制の広汎な設置を通じて、後の秦漢帝国においてみられるような、県令―県尉により管轄される徴兵制のシステム・地方常備軍組織が整備されていったものと推定される。

新たな戸籍制の下で、実際の徴兵業務は傅籍を通じて行われたと考えられる。かつて浜口重国氏は、楚漢抗争期から両漢にかけての「傅」字の用例について検討し、各種の籍につける意、即ち「付」「著」の義に用いられる場合の他に、「兵籍に付ける」或いは「兵役を課する」という特別の意味に用いられる例のあることを指摘していた。[4] これに基づいて浜口氏は漢代における徴兵適齢、在役年限を解明したのであるが、秦の制度については史料が欠けており、実態を窺う術がなかった。この点、睡虎地秦簡には「傅律」が含まれ、また他にも傅に関する規定がみえることから、戦国秦における傅制の研究が進展することになった。そこでの論点は多岐にわたるが、それについては近年の山田勝芳氏による研究史整理[5]があるので繰り返さず、本稿では秦・漢初における傅の意味内容を中心に、最近の議論をふり返ってみたい。

まず傅籍の時点について。中国での研究はこれを一般に年齢基準（一七歳或いは一五歳で傅籍）によるとみる説が有力である。これに対し、わが国の研究では、元来、身長基準であったが、それが秦王政一六年（前二三一）九月の「初めて男子をして年を書せしむ。」（『史記』巻六、秦始皇本紀）とある時点以後、年齢基準に切り換えられた、と解する説が有力であり、私もそのように考えるのが正しいとおもう。但し身長の基準や傅の意味をめぐっては理解が分かれており、例えば渡辺信一郎氏は、(1)身長基準については、男子の刑徒の隷臣、城旦が身長六尺五寸、女子の刑徒の隷妾、舂は身長六尺二寸以上で傅され、「小」から「大」に切り換えられるに対し、一般民の男子は身長七尺（年齢では約二〇歳相当）に達したとき、傅されて「小」から「大」に移り、徭役、戸賦を提供し、また士伍となって受爵資格者となり、兵役に従事した。さらに官吏となる可能性も付与された。(2)傅の意味について、傅とは人民を農工商に編籍登録することで、漢代の例でいえば、郷戸籍（農民）と市籍（工商）に編籍することである、と解した。[6]

これに対し、山田勝芳氏は、(1)秦代においても「傅律」とは別に「戸律」があったと推定され、戸籍制は戸律に規定されていたとおもわれるので、傅は戸籍につける意ではない。(2)隷臣妾等と一般民とは、身長・年齢区分に差はなく、ともに身長が男子で六尺五寸、女子が六尺二寸（年齢では一七、八歳に相当）で「小」から「大」とし、「傅」した。(3)「傅」とは秦代では県尉の管轄する「兵役と、中央及び県の徭役に従事する者の籍」（兵役・徭役籍）に傅《つ》けることを意味し、これによって男子は兵役と役（更役）の、女子は役の義務を負った。(4)秦王政一六年（前二三一）以後、年齢基準に切り換えられ、一七歳で「大」とし傅された、と解している。[7]

私もかつて(1)傅籍と戸籍とは内容を異にするものである。(2)傅とは一般民の場合、国家が成年男（女）から税役を収取するための台帳に登録する意である、と解した。[8]私見の(1)については現在も変わらないが、(2)については再検討の要がある。まず傅されるのは成年男女か成年男子のみか、という点について検討してみよう。

先に渡辺・山田両氏の説を紹介した際にも言及したが、睡虎地秦簡では奴隷的刑徒である隷臣妾について、例えば

　小隷臣妾、八月を以て傅して大隷臣妾と為し、十月を以て食を益せ。（倉律）

とあるように、隷臣（男子）とともに隷妾（女子）も傅籍されて、「小」から「大」になっている。しかしこれは刑徒の名籍に関するもので、漢代の例で言えば、浜口氏が指摘した、兵籍以外の各種の籍に付けるという一般的な義で用いられるケースにあたるものであろう。

それでは一般民を対象とする傅籍の場合は如何であろうか。先に引いた、傅が年齢基準に切り換わった秦王政一六年九月条の記事に「初令男子書年。」（『史記』秦始皇本紀）とあるのによれば、当時の傅籍の対象は成年男子に限られていた、と解するのが正しいとおもわれる。[9] そしてそれ以前の身長基準の時代においても、一般民を対象とする傅籍の意味内容が年齢基準となって以後のものと大きく異なるものであったとは考え難い。従って秦王政一六年の前後を通じて、傅籍の対象は成年男子のみであって、成年女子は含まれなかった、と考えられる。睡虎地秦簡の秦律雑抄、傅律に「敖童を匿し、及び癃を占《しんこく》するに不審ならば、典、老は贖耐。…」とあり、法律答問にも「何をか「匿戸（戸口を隠匿する）」及び「敖童弗傅（敖童傅さず）」と謂う? 戸を匿して徭使せず、戸賦を出さしめざるの謂なり。」とあるように、傅籍への登録に「敖童（傅籍さるべき成年男子）」が問題にされているのは、やはり傅籍の対象が成年男子であったことを示すものであろう。

そして先の法律答問に「敖童弗傅」と「徭使（徭役）」負担が関連して述べられており、また兵役も傅されて以後の成年男子の中から選抜されたと考えられるから、[10] 秦における一般民を対象とする傅とは、先に紹介した山田勝芳氏の説のように、徭役・兵役の籍に傅《つ》ける意と解するのがよいであろう。但し山田説では成年男子のみでなく、成年女子も傅の対象と解されているのであるが、これは成年女子にも徭役（更役）義務が課せられていた、とする氏の理解

が前提になっている。しかしその点は疑問であり、私見では成年女子に徭役（更徭）義務はなかったとおもう。[11]

このように傅籍の対象が成年男子のみであるとすると、他方で男女ともに行われる「小」から「大」への切り換えは何によって行われ、また成年男女が共通に負担する戸賦（口賦＝人頭税）賦課の根拠となる籍は何であったろうか。結論的に言えば、それは秦においても、漢代同様に戸籍であったと解するのが妥当であろう。この点について池田温氏は、睡虎地秦簡の封診式にみえる「封守」と題する差し押えに関する文書が秦の戸籍の形式を示唆する内容をもち、戸籍においても戸内の各人について「大女子」「小男子」等の類別が記入される原則であったことを指摘する。[12]また山田勝芳氏は戸籍と「傅」の関係について、秦では身長・年齢による「小」から「大」への書き換えは郷で行われ、郷吏がそれを郷戸籍に記載した。同時に郷吏は新たに「大」となった者の名簿を県尉に送付し、県尉はそれを「兵役・徭役籍」に「傅」けて「丁」とし、役・兵役を徴発した、と解する。[13]私は戸籍と「傅」の関係については山田説のように考えるのが最も整合的であろうとおもう。即ち秦王政一六年の前後を通じて、身長・年齢の基準をみたした成年男女は、郷戸籍に注記される形で「小」から「大」に切り換えられるのであるが、私はこれによって戸賦負担が生ずることになるのであろうと考えている。

なお身長・年齢の基準については理解が分かれる。身長基準については先に渡辺説と山田説を紹介したが、年齢基準となった秦王政一六年以後についても、「大」への切り換え＝傅の年齢について、山田説では一七歳とされるのに対し、私見では一五歳と解し、その後、景帝二年の傅制改革で二〇歳傅籍となり、この時点で傅は徭役と切り離され、浜口重国氏が指摘したような、「傅」＝「兵籍に付ける」という意味になったと解している。[14]

こうした点は今後の検討課題であるが、上記のような傅制を通じて徴兵や常備軍編成も行われる。次に前漢代を中心に、地方常備軍組織のあり方や徴兵制のシステムについて検討してみよう。

二　前漢の兵制

漢では『漢書』巻二三、刑法志に「天下既に定まり、秦を踵《つ》いで材官を郡国に置き、京師には南北軍の屯あり。」と述べるように、秦制を継承して、地方・中央軍の組織を整えた。こうした兵制の全体像について記された基本史料が、『漢書』巻二四上、食貨志にみえる董仲舒の上言と、後漢初の衛宏が前漢の制度について記した『漢旧儀』の文（後漢、応劭の『漢官儀』にもほぼ同文がみえる）である。これまでの兵制研究は、これらの史料の全体的・整合的解釈を中心的論点として進められてきた。そこで次に従来の代表的な幾つかの解釈、及び最近の研究動向を取り上げ、現在までの到達点や疑問点を提示してみたい。

まず、二つの史料を掲げておこう。内容により段落を区切り、読み方が問題になる箇所は白文のまま掲げよう。まず董仲舒の上言は次の如くである。

(a)董仲舒、上に説きて曰く（中略）古は民に税すること什一に過ぎず、其の求め共し易し。民を使うこと三日に過ぎず、其の力足らし易し。（中略）

(b)秦に至りては則ち然らず、商鞅の法を用いて、帝王の制を改め、（中略）又加月為更卒已復為正一歳屯戍一歳力役三十倍於古、田租口賦塩鉄の利は、古に二十倍す。（中略）

(c)漢興り、循いて未だ改めず。

すなわち(a)で述べられるような古の周代に比べ、(b)では秦の商鞅変法以後、民の徭役・兵役負担は過重なものとなり、田租口賦などの政府収入も大幅に増大したことを指摘し、(c)ではこうした秦制を漢が継承しているので、改革の必要があることを主張している。

次に『漢旧儀』(15)には、

(d)民年二十三為正一歳而《(衍?)》以為衛士一歳為材官騎士習射御騎馳戦陣。

(e)八月には太守、都尉、令、長、相、丞、尉、会して都試し、殿最を課す。

(f)水処にて楼船（水兵）と為るものは、亦、戦射・行船を習う。

(g)辺郡の太守は各々万騎を将い、障塞を行《めぐ》り、烽火あらば虜を追う。長史一人を置き、兵馬を掌らしむ。丞一人、民を治めしむ。兵行に当たりては、長史領す。部都尉、千人、司馬、候、農都尉を置く、皆、民を治めず。衛士に給さず。

(h)材官（歩兵）、楼船、年五十六にして老衰とし、乃ち免ぜらるるを得て庶民と為り、田里に就き、（民）《(衍?)》応に選ばれて亭長と為らしむべし。

とある。なお「騎士」とは騎兵の意である。問題になる(d)の文には、テキストによって一部異なる箇所があり、『漢旧儀』と同一書とみられる『漢儀注』には、

(d)′民年二十三為正一歳為衛士一歳為材官騎士習射御騎馳戦陣。（『漢書』巻一上、高帝紀、二年五月条の如淳注引）

とあり、また後漢の応劭『漢官儀』では、

(d)″民年二十三為正一歳以為衛士一歳為材官騎士習射御騎馳戦陣。（『続漢書』百官志、亭条の劉昭注引）

とある。

　これらの解釈についてまず浜口重国氏は、董仲舒上言(b)の圏点部分を

又月を加えて更卒と為る、已にして復た正と為ること一歳、屯戍すること一歳、力役は古に三十倍す。

と読むのが自然であるとし、一方、『漢旧儀』については(d)の部分を、

民年二十三為正、一歳以（而は衍字）為衛士、一歳為材官騎士、習射御騎馳戦陳

と句読し、正とは正卒（兵士の義）の略と解した上で、(d)、(e)、(h)の文意を「民年二三を以て徴兵適齢とし選んで正卒（兵士）とする。正卒在役中の任務は衛士たる事一年、地方警備の兵たる事一年、毎歳都試を受けること一回である。年五六を以て正卒たるを免じて民伍に帰し、亭長の資格を附与する」と解した(16)。なおこのように正を正卒（兵士）の義とし、三〇数年間の在役年限があるとすれば、先の浜口氏による董仲舒の上言の読みでは、正卒の期間がわずか一年となり、矛盾した内容となる。この点について浜口氏は、上言の一節に制度の書のような厳正さを要求するのは無理であり、正卒期間にあっても衛士一年間、地方警備兵一年間の外は在家帰休している。この中では衛士として遠く一年間京師に番上する事が正卒の平時における最大任務であり、董仲舒はこの最も重い負担に主眼を置いて「已復為正一歳」と言ったもの、と解した(17)。

以上の浜口氏の解釈に対し西田太一郎氏は、浜口氏が董仲舒上言を「已復為正一歳」と読みながら、『漢旧儀』を「民年二十三為正、一歳以為衛士…」と読むことの不整合を指摘するとともに、『漢儀注』の「民年二十三為正、一歳為衛士……」、董仲舒上言の「已復為正、一歳屯戍……」とある「正」とは、二三歳から五五（或いは五六）歳までに至る「正丁」の意であり、正卒とはそのうち二年間、衛士、材官騎士等という兵となることである。そして正卒たる以外の年には更卒として毎年一カ月の力役に服した(18)、として浜口氏が更卒義務は、兵籍にある兵士を除く一般庶民に対して課されたと解した点を批判した。

この浜口、西田両氏の説は、それぞれの立場からの古典的研究として、現在に至るまで大きな影響力を持ち続けているが、次に両氏の説に対する疑問点・問題点を提示してみよう。

まず浜口説では、西田氏が批判するように、董仲舒上言と『漢旧儀』の句読の不整合が生じている。次に正（正卒）を氏は兵士の一般的称呼の意に解するのであるが、漢代では徭役従事者が「更卒」と称されるのに対し、兵士は一般に「士卒」と称されるのであり、兵士の一般的称呼としての正（正卒）の用例は、前漢代の他の記録には見い出せない。次に氏は『漢旧儀』(h)の解釈について、五六歳で正（正卒）たることをやめて民伍に帰る意、と解するのであるが、そうだとすれば(h)の主語は、一年間の負担であるにすぎない「材官、楼船」ではなく、「正（正卒）年五十六老衰…」でなければならないはずであろう。或いは正卒在役期間中の最大任務と氏が解する衛士に主眼を置けば、やはり主語は「衛士」でなければならないであろう。

次に西田説について。氏は「正」を重役（兵役）義務年齢期間にある者、つまり「正丁」の義と解するのであるが、漢代では「丁男」或いは「大男」という称呼はあるが、兵役義務期間内にある者を「正（正丁）」と呼ぶ例は、簡牘など新出史料も含め、秦・前漢代の史料にはみあたらないであろう。また後漢代の史料にみえる「正」も、西田説のように解釈できるかどうか、後述するように疑問である。次に氏の説によれば、『漢旧儀』(h)の主語は「正（正丁）」で、「正（正丁）年五十六老衰…」となっていなければならないはずであろう。次に氏の説では、正（正丁）期間の内、二年間は正卒（衛士や材官・騎士等）として兵役に就役するが、それ以外の年は一般庶民として、毎年一カ月の更卒（徭役）義務に服していたと解されている。氏の説では『漢旧儀』(h)の文は、こうした正（正丁）が五六歳で「老」となり「乃ち免ぜらるるを得て庶民と為り……」（『漢官儀』の表現では「乃ち免ぜらるるを得て民と為り……」）ということになるのであるから、正（正丁）は庶民（民）ではない、という理解にならざるを得ない。しかし、そのような奇妙なことがあり得るであろうか。(h)はやはり材官・楼船など、五五歳まで兵役という「公事」に服してきた兵士が、五六歳で兵役義務を免ぜられ、家に帰還する意、と解する[19]のが自然であろう。そして在役期間中、兵士は一般の庶民（民）とは相対的に区別された存在であったのであり、そうだとすれば西田説のように、同一の正（正丁）が兵役とともに、一般庶民として徭役義務にも服した、とする解釈は成立し難いのではあるまいか。

以上のように、浜口氏や西田氏の古典的研究においても、「正」や「材官、騎士」等の解釈をはじめ、幾つかの点で検討の余地があるのである。本稿ではその後における研究の展開を全体的に跡づける余裕はないが、そうした研究史整理[20]は従来、各時期において行われており、私もかつてその一端について検討したことがある[21]ので、そちらに譲ることとし、本稿では次に、現在に至るまで大きな影響を及ぼすことになった大庭脩氏の説と、それに関連する研究の動向について検討しておこう。

大庭氏は漢の材官等の性格を検討する中で、先に引いた『漢官儀』(d)″の文を、

民、年二十三にして正と為ること一歳、以て衛士と為ること一歳、材官騎士と為るものは……。

と読み、(1)材官・騎士等は皆「士」であって「卒」ではなく、「士」と「卒」とは区別さるべきである。(2)正卒とは、一般の民が二三歳にして、一年間兵卒として（恐らくは郡国に）勤務する事であり、その他に一年、衛士として長安に上番する義務がある。この計二年で一般人の義務は終る。(3)材官・騎士等は正卒とは別個のものであり、一般人中から材力有る者を選んで特殊訓練をし、郡国に常駐せしめたいわば職業軍人である。彼らは毎歳太守の都試を受け、五六歳迄勤めあげた者は免ぜられて田里へ帰り、令に応じて又、亭長となった[22]、等の点が提唱されたのである。

まず氏の『漢官儀』の読みであるが、そこでは正（正卒）は一年間の義務と解されている。一方、董仲舒上言(b)の文の「正」を含む部分は「已復為正一歳」と読むのが自然であることは、浜口氏の指摘するところであった。私はこの董仲舒上言の読みとの整合性、及び前述した浜口・西田氏の『漢旧儀』(h)の部分の解釈上の問題点を解決する上でも、『漢官儀』（及び『漢旧儀』）は大庭説のように読むのが正しいとおもう。そして「正」も正丁等の義ではなく、

浜口氏や大庭氏の説の如く正卒の義とみるべきであろう。

なお正卒の語は、前漢代の史料にはみえないが、『史記』巻一一、孝景本紀、二年条の「男子二十而得傅。」の索隠に後漢の荀悦を引いて「荀悦云う、正卒に傅《つ》くるなり（傅正卒也）と」とあり、曹魏の如淳も『漢書』巻七、昭帝紀、元鳳四年春正月条の「逋更賦」の注において「古《いにしえ》は正卒に常人無く、皆、當に迭に之れと為るべく、一月にして一更す、是を卒更と謂うなり。」と述べる。荀悦、如淳ともに、傅や正卒の理解において混乱がみられ、それは当時（後漢末以後）、前漢の兵制についての正確な知識が失われつつあったことを示すであろう。しかし、「正卒」について特別の解釈を加えることもなく、両者ともに前漢代についての説明において使用している点からみれば、やはり正が正卒の略称であること自体は自明のこととみなされていたのであろう。

ともあれ、大庭氏の問題提起によって、その後、「士」「卒」は区別さるべきか否か、またそれに関連するが、正卒と材官・騎士などは別箇の内容のものであるか、材官・騎士等は郡国に常駐する職業軍人であるかどうか、等の論点をめぐって、検討が進められることになった。

まず大庭説を継承・発展させる立場から、米田賢次郎氏は、(1)「士」と「卒」とは明らかに区別すべきで、騎士・材官・衛士等の士は一種の官吏であった。(2)士（騎士・材官・衛士等）たり得る者は、官吏になる資格を有する貲産四万銭（財産税の査定額四万銭）以上の者である。一方、そうした財産資格のない者は卒（正卒・衛卒等）となって、軍事に関係する雑役任務に従う、等の点を主張した[23]。

これに対しては西村元佑氏の批判があり、氏は(1)漢代では「士」「卒」の別は曖昧で、しばしば混用されている。士も卒も身分はともに卒（徭役服務者一般）であるが、卒でも主戦斗員として活躍する場合は、一般に士とよばれた。(2)騎士は材官や衛士と同様、吏ではなく、兵農一致の土民兵である。但し「北辺の騎士」の場合は、同じく徴兵によ

るものであっても、とくに「吏比者（吏に準ずる者）」とされ、特別待遇をうけていた、等の点を指摘した。(24)

これに対し米田氏は、材官・騎士を官吏の一種と解した点については再検討を必要とするが、貲産四万銭を基準として、士・卒の区別が行われたという点については、変更の必要を感じない、とした。(25)

私も上記の西村氏の指摘のように、材官・騎士等を一種の官吏とみるのは妥当でないと考えるのであるが、さらに「士」「卒」の区別についても米田説の如くであれば、『漢旧儀』の文も「民年二十三為正（正卒）一歳、以為衛卒一歳」とあるべきはずであること、また材官等になるに際して、明確な貲産基準があったとはおもわれない、等の米田説に対する疑問点を指摘しておいた。(26)

「士」「卒」の区別については、越智重明氏も、前漢時代の「士」（騎士・衛士・材官など）が下級職業軍人であるのに対し、一般庶民は騎卒・衛卒・材官卒などの「卒」として就役した、と解している。(27) さらに近年、藤田勝久氏は大庭説を発展させて、「士」「卒」区別について次のように解釈している。(1)漢では景帝二年から昭帝・宣帝ころまでは、男子は二〇歳で兵籍に付けられ、二一・二二歳の間に、正卒（内郡の兵役）と戍卒（辺境の兵役）の計二年間の兵役に就役する。(2)その後、一般男子は二三歳から五六歳まで郷里で更卒の義務に服す。これに対して、選抜されて戦士（士）となる者は、更卒と同じ期間を専門兵士（衛士・材官騎士等）として勤務する。(28)

即ち氏の解釈では、董仲舒上言の「已復為正一歳、屯戍一歳」とは、傅籍されて以後の二一・二二歳の男子が就役する二年間の「卒」としての兵役を意味する。一方、『漢官儀』（『漢旧儀』もほぼ同文）は「民年二十三為正、一歳以為衛士、一歳為材官騎士……」と句読し、これを全て二三歳以後の、選抜された専門兵士（「士」としての正）についての規定と解するのである。氏の説では『漢官儀』をこのように解釈することによって、「士」「卒」が厳密に区別されていたとすれば、「正（正卒）」に対して「衛士」は「衛卒」とあるべき、という前述の米田説などにみられる問題点が克服されている。しかし他方で、董仲舒上言の「正」は正卒の意、『漢官儀』の「正」は戦士たる正（士）の意、というように判然と区別できるかどうか。次に戍卒の就役年齢を原則として二一歳、或いは二二歳と解した場合、居延旧・新簡にみられる二〇代から三〇代を中心に分布する戍卒の年齢を合理的に説明できるであろうか。次に専門兵士となった正（士）の義務であるが、衛士一年間、地方の材官騎士等一年間、の計二年間が主要な義務で、残りの在役期間中は、毎年八月の都試と緊急時の出動を除き、ほとんどさしたる義務はなくなってしまうように解されるのであるが、それでよいであろうか、等の疑問点が生ずるのである。

　こうした議論の展開に対し、大庭脩氏は居延旧簡中の騎士簡について論ずる中で、前述したかつての自説に補訂を加えた。まず材官騎士等はいわば職業軍人である、とかつて述べた際の「職業軍人」とは旧日本軍の下士官を指したつもりであったが、一般に受取られる意味が本来の意図と異なる結果になった、と述べた上で、材官・騎士等は一般的な正卒とは別のもので、みな特殊訓練を受けた材力すぐれた者であり、少なくも専門兵である、[29]として氏の旧説の骨子を確認している。

　この材官・騎士等の性格についての私見は後述することとし、次に最近の研究として山田勝芳氏と志野敏夫氏の説をみておこう。

　山田氏は『漢旧儀』の文を次のように句読する。いま(d)と(h)の一部分を引くと

(d)民年二十三為正、一歳而（衍？）以為衛士、一歳為材官騎士、習射御騎馳戦陣。

(h)材官楼船、年五十六衰老、（下略）。

であり、前漢の兵制では成年男子のほとんどは昭帝以後には二三歳で「傅」され「正」（兵役義務者）とされ、五五歳までの在役期間中、一年間の「衛士」（ないし「辺戍」）、一年間の材官・騎士（地方警備）、及び有事の際の従軍義

務を負った。この「正」の中から「騎士」「材官」等が各郡国毎に定められた員数に応じて選抜された。この後者の選抜された「材官」等（即ち『漢旧儀』(h)の材官楼船等）とは、(d)の材官・楼船などになった者がその後もその任について職業軍人化した者、と解されている。[30]

氏の説のように、『漢旧儀』が「正」（兵役義務者）の義務年限中の諸任務を中心に述べたものであれば、(h)の主語も「正」とあるのが自然ではあるまいか。次に(d)の材官騎士を一般男子である正が就役する一年間の地方警備兵、(h)の材官楼船等を職業軍人と解する点であるが、(d)と(h)は内容上も密接な関連をもつ文であり、双方の材官等の性格を全く異なるものと解するのは困難であろう。[31] 氏の説においても双方の性格、任務の差異は必ずしも分明ではないとおもわれる。

次に志野氏の説について。氏はまず衛士について、(1)前漢の衛士は皇帝の家産兵的役割を担っていた。(2)彼らは里という社会集団を単位に、その指導者である父老によって宿衛に送り込まれたものである、として衛士を一般の兵役と切り離して考えるべきことを主張していた。[32] 次いで氏は材官・騎士等の性格を検討する中で、『漢官儀』(d)″を次のように読む。

民は年二十三にして正（正卒）と為ること一歳、衛士と為ること一歳なるものを以て、材官・騎士と為し、射御・騎馳・戦陣を習わしむ。

その意は、前漢では男子は二三歳で正卒となり、一年間訓練を受けたが、その中から里の代表として衛士が選ばれた。衛士は一年間、天子の家産兵として皇居や郡国廟で宿衛したのち帰郷し、郷里では常備兵である材官や騎士となって五六歳まで在任し、その間、毎年秋に太守による都試（査閲）を受けて、彼らが天子家産の兵であることを確認していた、と解している。[33]

志野説では一年間の正卒が全男子の就役すべき義務であるのに対し、衛士・材官騎士等の「士」は正卒就役後、選抜されて在任する者と解されており、結論的には大庭説を発展させた前述の藤田勝久氏の説に近い内容となっている。但し志野説では、董仲舒上言にみえる屯戍義務をどのように位置づけるかについての明確な言及はみられない。次に志野氏の『漢官儀』の読みであるが、「衛士と為ること一歳なるものを以て」の部分に不自然さを感ずる。また正卒一年間の任務・訓練内容が必ずしも明らかではないとおもわれる。

以上、董仲舒の上言、『漢旧儀』（或いは『漢官儀』）の解釈を中心に、前漢兵制についての諸説を検討してきた。そこでは各々の立場からする解釈が精緻になる一方、新たな問題点も生まれている。次に『漢旧儀』の文を中心に私の解釈を述べてみたいが、その前に議論の前提として次の二点について検討しておきたい。

まず第一は、浜口氏や平中苓次氏[34]は、徴兵適齢に達した男子の内、材力ある者を選抜して所要の人員を正卒（兵士）とした、と解して兵士は男子の一定部分が選抜されて就役し、その他の一般民丁は（戍辺義務があることを除き）力役（更卒）義務に服したとするのに対し、それ以外の諸氏の説では一般に、傅籍された（兵籍に付けられた）男子は地方警備、辺境守備、首都の宮城警備など、地方・中央の兵役に二〜三年間就役することを原則とした、と解し、見解が分かれている点についてである。この点では私は、兵士は男子の一定部分が選抜され、在役期間中、就役した、と解すべきであろうと考えている[35]。かつて拙稿では平時編制の場合と、戦時編制下で多人数の臨時動員が行われる場合とは、区別して考える必要性を指摘しておいた。いまこれに付け加えるならば、二・三年間の兵役義務、特にその中でも基本となる地方警備義務などが原則的に全男子の就役すべき義務として、負担体系内に位置づけられていたならば、徭役（更徭）義務に対する更賦（過更銭）のように、就役しない場合、或いはその必要がない場合に備えて、免役銭の規定或いは雇人代役の事例が明確にみられて然るべきなのではあるまいか[36]。

第二に、材官・騎士とは何かという点に関してである。これまで一般に材官騎士等は郡国に配備された常備兵と解されてきた。これに対し、睡虎地秦簡によると、戦国秦では県の県尉の下に発弩嗇夫、駕騶、士吏、僕射などの軍吏が属し、その下に発弩（士）などの材官や、車士、騎士など諸兵種の兵士が編成されていたことが知られる。そこで私は拙稿において、地方常備軍はまず県を基礎単位とし、県令（直接的には県尉）を責任者として編成されるものであり、選抜されて兵士となった男子はこの県の常備軍において材官騎士等、諸種の兵種に区分され、訓練をうけることを指摘しておいた。即ち材官騎士等は元来、県の常備軍に所属する兵士（県の材官騎士等）なのである。こうした地方常備軍編制の基本的なあり方は、先に挙げた『漢書』刑法志にみられるように秦から漢代に継承された。従って董仲舒の上言、『漢旧儀』などは、この県の常備兵（県の材官騎士等）の存在を基礎的前提として解釈されなければならない、というのが私の立場である。

以上をふまえて、董仲舒の上言、『漢旧儀』の解釈について、私見を述べてみたい。なおこれらの史料解釈については、かつて拙稿で検討した点も少なくないので、本稿ではそれらについては簡潔に結論を述べるにとどめたい。

まず董仲舒の上言(b)の、問題の箇所の読みであるが、これは

又加うるに月に更卒と為し、已にして復た正と為すこと一歳、屯戍すること一歳、力役は古に三十倍す。

と読むのが自然であるとおもう。ここでは正（正卒）義務一年間、屯戍義務一年間について述べられている。正卒については次の『漢旧儀』の解釈で言及しよう。屯戍は浜口氏は辺戍（辺境守備）の意に限定して解するが[37]、労榦氏の解釈のように、戍辺或いは衛士[38]、の意と解して無理ではないと考える。

次に『漢旧儀』であるが、まず(d)の読みは、

(d)民、年二十三にして正と為すこと一歳、以て衛士と為すこと一歳。材官騎士と為るものは射御、騎馳、戦陣を

習う。

とするのがよいであろう。正（正卒）一歳の義務とは、労榦氏の解釈のように、地方郡国の騎士・材官等となること[39]であろう。材官騎士等については『後漢書』巻一下、光武帝紀、建武七年三月丁酉の条の李賢注引『漢官儀』に、

　高祖、天下の郡国に命じて能く引関蹶張し、材力武猛なる者を選び、以て軽車、騎士、材官、楼船と為さしめ、常に立秋の後を以て講肄課試し、各々員数あり。（下略）

とあり、郡国において（具体的には県において）材官・騎士等の兵士が選抜され、毎年立秋の後に都試が行われること、材官等には定員があったことが述べられている。この定員とは郡・県の常備兵（郡・県の材官騎士等）各々について規定されていたと考えてよいであろう。

『漢旧儀』(d)の意味は次のようであろう。一般の成年男子は全て二三歳で傅籍（兵籍に付ける）され、潜在的な兵役義務を負うことになるが、実際にはその中から郡・県の定員に応じて兵士が選抜され、県の常備軍に所属する。彼らは県の材官・騎士等として各々兵種に区分される。兵士の選抜にあたって明確な財産基準があったとは思われないが、小農民経営の保護という観点から、富裕な多丁戸から優先的に選抜した可能性はある。この材官等の在役期間は二三歳から五五歳までであるが、この在役中の特別任務として、①郡（国）に番上して郡の常備軍兵士（正卒＝郡の材官騎士等）となり、郡治の警衛等にあたる、一年間の正卒義務。これは首都圏の内史（三輔）で、内史の諸県から番上する兵士が中尉の統率下に北軍を構成し、長安城内の警備にあたる任務と類似した内容の義務であった。次に、②都に番上して一年間、衛士となる義務（或いは一年間の戍辺＝辺境守備義務）があった。

　次の「材官騎士と為るものは……を習う」とは、県の材官・騎士の平時における通常の義務について述べたものであろう。農民兵士である材官等は、常時軍務に従事しているわけではなく、一般男子の義務としての徭役（更徭）と

同様、一年間に一ヵ月、順次、県に番上して県尉の統率下で軍事訓練を受けるとともに、県内の治安維持等の任務にあたっていたであろうことを、私は拙稿において推定しておいた。

『漢旧儀』(f)の文は、上記の材官騎士についての内容と対をなすものであり、水軍を編成する地域における楼船(水兵)の訓練内容について述べている。

(e)の文は都試についての規定である。都試とは毎年一回、年度末(八月或いは九月)に、各県の材官騎士等が県令・県尉の統率下に、郡の太守・都尉のもとに参集し、そこで軍事演習が行われるとともに、考課(成績評価)がなされるのである。

(g)は辺郡についての規定であり、辺郡太守は万騎を統率するという。同じく『漢旧儀』に「元朔三年(前一二六)、上郡、西河を以て万騎太守と為し、月奉二万とす。綏和元年(前八)、大郡万騎の員秩を省き、二千石を以て居らしむ。」とあり、これによると辺郡の中でも特に大郡では、常備兵力としての騎士数がほぼ一万とされていたようである。なお北辺の郡では、常備兵力の内、攻撃部隊は騎士を中心に編成され、彼らはその郡出身者であった[40]。これが「北辺の騎士」とよばれる者で「吏比者(吏に準ずる者)」として特別待遇をうけたことは先にみたとおりである。これに対し戍卒は少数が辺郡出身者である他、大多数は内郡出身者であり、候燧などに配属されて守備の任にあたった。

なおここで郡・県の常備兵数に言及しておこう。志野敏夫氏は前漢の常備兵(材官・騎士等)の総兵数について、一万騎の常備兵力を持つ北辺郡がおよそ十郡前後、他の郡ではその半分程度と推定し、前漢後期以後の「凡郡国一百三」(『漢書』地理志)の時期では、およそ五〇～六〇万程度とみている[41]。同じく地理志に載せる前漢末の県・道・侯国数は約一五〇〇余であるから、一般の郡は一郡全体で五〇〇〇名の総兵力と仮定すれば、一県あたりでは単純平均で三百数十名の総兵数となり、私もこの程度の兵数が妥当な推定であろうとおもう[42]。これが前述の『漢官儀』にみえた郡・県の兵士の定員である。

(g)の最後の部分「衛士に給さず」とは、辺郡の兵士の場合、内郡の兵士のような京師に番上して衛士となる義務は課さない、という意であるが、いささか唐突な文になっており、その前に脱文がある可能性が高い。

最後の(h)の文意は、県の材官・楼船等の兵士は五六歳で「老」の年齢になれば、兵士としての諸義務を解かれて一般庶民としての立場に戻り、郷里での生活を送る。そして同時に亭長となる資格をも付与する、というのである。県での退役者の数は、前述のように一県の兵数を三百数十名とし、二三歳～五五歳までの三三年間の在役期間に兵士が均等に分布していたと仮定すると、毎年約一〇名程度の退役者数となる。

以上、『漢旧儀』の文について検討してきたが、結論的に言えば、(g)の文が辺郡の特別規定であるのを除き、他はいずれも県の材官・騎士等の在役期間中の諸任務を中心に述べたものである、ということが了解されるであろう。なお私見では、これら県の材官・騎士等の農民兵士は、唐代の府兵と同様、特別な役に従事する者として位置づけられていた、と解するのが妥当であろうと考えている。

では次に、後漢の兵制とその特色について簡潔にみておこう。

三　光武帝の兵制改革とその後

後漢の光武帝による軍備縮小については、浜口重国氏の研究があり、氏はそこで(1)光武帝は建武六年（後三〇）に郡の都尉を省き、その職を太守に併せ、並に都試を廃止した。(2)翌建武七年には「詔して曰く、今国に衆軍有り、竝びに精勇多し。宜しく且く軽車、騎士、材官、楼船の士、及び軍の假吏を罷《や》め、民伍に還復せしむべし。」（『後漢書』

巻一下、光武帝紀、建武七年三月丁酉の条）とあるように、内郡の材官騎士等の常備兵（郡兵）を撤廃した。これにより内郡の太守は平素は統領すべき郡兵を保有せず、有事における兵士の徴募及び統領を行うに過ぎなくなった。また、王国の兵に対しても解散同様の処置が取られた。(3)ただし応劭が「郡に劇職（賊）有る毎に、臨時に都尉を置き、事訖《おわ》れば之れを罷む。」（『続漢書』百官志、州郡の条の劉昭注引）と言うとおり、必要に応じて臨時に都尉を設け、郡兵を置く場合があった、等の点を指摘した。氏はさらに光武帝期に魏郡に置かれた天子直轄の黎陽営、及び同じく天子直轄として設置されたが、後に所属が変化した雍営（右扶風）、虎牙営（京兆尹）の設置事情、営兵の性格等についても、詳細な検討を加えた。[43]

こうした光武帝の政策基調を、近年の中国における研究は、軍権の中央集権化、軍隊の少数精鋭化と機構の簡素化、と整理する。[44]後漢においてはこのように兵制面での中央集権化が推し進められたのであるが、他方、浜口氏の研究では、臨時に置かれる郡兵についての詳細な検討が行われた訳ではなかった。しかし内郡の郡兵が原則的に撤廃されたとされる後漢においても、郡兵動員の例は散見することから、前述の大庭脩氏の説に代表されるような、建武七年に廃止された材官騎士等とは、一般の正卒とは別の、特殊訓練を受けた専門兵である、と解する説が生まれる理由の一つとなった。即ち大庭説では後漢においても、前漢の正卒（一般民から徴兵される）の系譜をひく郡兵は廃止されなかったと解されるのであろう。

これに対し最近、小林聡氏は浜口説を継承・発展させる立場から、(1)建武七年の郡国常備軍撤廃以後も、男子が二三歳で傅籍（軍籍につける）されて正卒（兵士）となる制度は消滅せず、潜在的兵役義務は存続した。実際、内郡においても必要に応じて徴兵が行われ、また郡国の兵卒が恒常的に置かれることがあった。(2)後漢では、前漢のような兵制度は後漢でもみられ、先の郡国常備軍撤廃は、それほど徹底したものではなかった。

徭役体系と密接に関わる郡県常備軍は激減したが、その代替兵力は常に存在した。後漢王朝は大規模な兵士動員に頼るよりも、様々な性格をもつ軍事集団（常設・臨時の軍営など）を効率的に運用することによって軍事的成果を得ようとした、等の点を指摘している[45]。

私見では、おおむね小林氏の説のような方向で検討するのが妥当ではないかとおもうのであるが、後漢代の内郡における兵力編成の実態・特色については、残された課題が多い。なお光武帝の兵制改革が行われた背景として、(1)地方豪族を中心とする、地域の自衛組織が特に両漢交替期の頃から発達したことが窺われるが、これが国家による地方軍の役割を補完・代替する面があった。(2)小農民層の貧窮・没落化は、徴兵制よりも募兵制の方向に兵制を推し進めたであろう、等の点をも指摘できよう。

最後に、近年検討が進んだ「正衛」についてふれておこう。

後漢後期～末期には官の主導下に「正衛弾」なる団体が結成される場合があり、「魯陽正衛弾碑」など、正衛弾に言及する碑が建てられた。この正衛弾については近年、研究が進み[46]、(1)「正衛」は「衛士」の別称であること、(2)正衛弾は県令など官の働きかけにより結成された団体で、集めた銭の運用により、民の正衛や徭役義務を雇役化する目的をもつものであった、等の点はほぼ承認されているといえよう。ここでは衛士が正衛とも称されていることの理由について検討しておこう。この点では、山田勝芳氏の説のように、二三歳以上の「正」の者を衛士に充てたことから、正衛ともよばれた、と解する説[47]が有力である。しかしそうだとすれば、二三歳以上の者を衛士に充てるのは前漢以来の制であるが、正衛の名称は前漢では見られず、後漢に特有の名称として現われるのは何故であろうか。また『漢旧儀』の文は「民年二十三為正」ではなく、「民年二十三為正一歳」と句読すべきであろうことは、前述のとおりである。

私見では、前漢において県の常備兵士が一年間、郡国に番上して郡国の常備兵となる正卒義務が、後漢では光武帝の兵制改革により原則的に撤廃された結果、浜口氏の指摘するように、洛陽に比較的近い郡から番上したと推定される衛士に[48]、「正」が冠せられることになったのではあるまいか、と考える。「正」字には「主となるもの」という義があり、この「正」の意識が、郡国の常備兵から、中央の衛士へと変化したとすれば、それは兵士の主要な義務が郡への奉仕から、中央への奉仕へと変わったことを示すもので、そこに前述したような後漢における兵制の中央集権化が反映していると考えられるのである。

なお今日まで知られる正衛弾に関する碑文史料[49]によれば、その設置された地が、当時の穎川郡（昆陽都郷正衛弾碑）、南陽郡（魯陽都郷正衛弾碑、平氏都郷正衛弾碑）、陳留郡（酸棗令劉熊碑）など、京師に近い郡であることは、前述の衛士の出身地についての浜口説の蓋然性の高さを示すものであろう。これらの正衛弾は県令の主導で組織され、郡府の承認を得て設立されたとみられる。これは正衛など兵士編成の責任を負う基礎的な単位は、後漢においても県であったことを示すものではあるまいか。そうだとすれば、その点で秦・前漢代との連続性を考えることができよう。

おわりに

以上、秦漢における兵制上の問題点を幾つか取り上げて検討し、併せて私見を提示した。今後の建設的な論争の進展を期待して、各氏の説をやや詳しく紹介することに努めたが、一方、言及できなかった論点も多く、今後の課題とせざるを得ない。なお関連する問題として近年、軍功爵制をめぐる諸研究[50]や、軍事思想についての研究[51]も大きな進展をみせている。また、中国での兵制研究の動向についてもほとんどふれることができなかったが、近年におけるこの分野の研究[52]の進展が著しいことは周知のとおりである。今後の相互交流の中で、平和的な兵制研究が進むことを望みたい。

注

（1）宮崎市定「中国古代史概論」一九五五（のち『宮崎市定全集』3、岩波書店、一九九一、所収）など参照。

（2）浜口重国①「践更と過更—如淳説の批判」一九三一、②「秦漢時代の徭役労働に関する一問題」一九三四、③「漢の徴兵適齢に就いて」一九三五、④「両漢の中央諸軍に就いて」一九三九（以上いずれも同氏著『秦漢隋唐史の研究』上、東京大学出版会、一九六六、所収）など参照。

（3）堀敏一「中国古代の家と戸」一九八九（のち同氏著『中国古代の家と集落』汲古書院、一九九六、所収）。

（4）浜口重国　前掲注（2）、③論文。

（5）山田勝芳『秦漢財政収入の研究』（汲古書院、一九九三）第四章第二節「傅と年齢区分」。

（6）渡辺信一郎「『呂氏春秋』上農篇蠡測—秦漢時代の政治的社会編成—」一九八一（のち同氏著『中国古代国家の思想構造』校倉書房、一九九四、所収）。

（7）山田勝芳、前掲注（5）。

（8）拙稿「秦漢の兵制について—地方軍を中心として—」（『人文論集』三六、一九八六）。

（9）堀敏一、前掲注（3）論文、参照。

（10）拙稿、前掲注（8）論文。

（11）拙稿「書評　山田勝芳『秦漢財政収入の研究』」（『東洋史研究』五四—三、一九九五）参照。

（12）池田温『中国古代籍帳研究　概観・録文』（東京大学東洋文化研究所、一九七九）第一章。

（13）山田勝芳、前掲注（5）参照。

（14）拙稿「秦漢における徭役の諸形態」（『東洋史研究』四九—三、一九九〇）。

(15) テキストは孫星衍等輯、周天游點校の『漢官六種』（中華書局、一九九〇）を用いる。
(16) 浜口重国、前掲注（2）、②論文。
(17) 浜口重国、同右。
(18) 西田太一郎①「漢の正卒について」（『東洋の文化と社会』一、一九五〇）、②「漢の正卒に関する諸問題」（『東方学』一〇、一九五五）。
(19) 尾形勇『中国古代の「家」と国家』（岩波書店、一九七九）第四章第三節、参照。尾形氏の説では〝「庶民」「民」となる〟とは、諸役に従事するという形で、「君」に対する「臣」として、「君」「臣」関係の下におかれていた従役者が、義務を免ぜられ帰家することにより、「臣」から「庶民」「民」にもどる意と解される。
(20) 例えば伊藤徳男「漢代の徭役制度について―董仲舒の上言と『漢旧儀』との解釈をめぐって―」（『古代学』八―二、一九五九）には、それまでの諸説の概要と、それに対する適確な批判がみられ、中国古代史研究グループによる「書評　浜口重国著『秦漢隋唐史の研究』」（『史学雑誌』七七―三、一九六八）には浜口説以後の諸研究が紹介されている。最近の諸研究については、山田勝芳、前掲注（5）書、第四章第一節「学説史的検討」参照。
(21) 拙稿、前掲注（8）論文。
(22) 大庭脩「材官攷―漢代の兵制の一班について―」（『龍谷史壇』三六、一九五二）、他に同氏著『木簡学入門』（講談社学術文庫、一九八四）第七章、参照。
(23) 米田賢次郎①「漢代徭役日数に関する一試論―特に『三十倍於古』について―」（『東方学報』京都、二七、一九五七）、②「秦漢帝国の軍事組織」（『古代史講座』五、学生社、一九六二、所収）。
(24) 西村元佑「漢代の騎士―士・卒の問題に関連して―」（『龍谷史壇』四四、一九五八）。
(25) 米田賢次郎「前漢の匈奴対策に関する二・三の問題」（『東方学』一九、一九五九）。
(26) 拙稿、前掲注（8）論文。
(27) 越智重明「前漢時代の徭役について」（『法制史研究』二五、一九七六）。

(28) 藤田勝久「前漢の徭役労働とその運営形態」(『中国史研究』八、一九八四)。なお氏は「戦国・秦代の軍事編成」(『東洋史研究』四六―二、一九八七)において、当時の郡県制下の常備軍編成を類推しうるものとして、秦始皇陵兵馬俑坑の軍陣について検討している。そこでは一号、二号俑坑が京師の中尉の軍隊を反映していることが指摘され、その軍陣の構成は①軍吏とそれに準ずる兵俑で帯冠、帯剣しているもの、②無冠の一般歩兵俑、の二つに大別でき、①は材官・騎士等にあたり、②は卒とよばれる一般徴兵の男子を指す、と解して「士」「卒」区別についての自説を補強している。

(29) 大庭脩「地湾出土の騎士簡冊」一九八五(のち同氏著『漢簡研究』同朋舎出版、一九九二、所収)。

(30) 山田勝芳、前掲注(5)書、第四章。

(31) この点は、前掲注(11)の書評において指摘しておいた。

(32) 志野敏夫「漢の衛士と「饗遣故衛士儀」」(『早稲田大学大学院文学研究科紀要』別冊一一、一九八四)。

(33) 志野敏夫「漢の都試―材官・騎士についての再検討―」(『東方学』八九、一九九五)。

(34) 平中苓次「漢代の官吏の家族の復除と『軍賦』の負担」一九五五(のち同氏著『中国古代の田制と税法』東洋史研究会、一九六七、所収)。

(35) 拙稿、前掲注(8)論文。なお以下に述べる拙稿とは、特に断わらない限り、全て本稿である。

(36) なお外徭(辺戍)の場合、『漢書』巻二九、溝洫志の「治河卒非受平賈者、為著外繇六月」の如淳注に律説を引いて「平賈一月得銭二千」とあり、この一ヵ月二千銭は外徭(辺戍の戍卒)の免役銭、或いは雇人代役の場合の傭賃である可能性が高い。これらの点について、山田勝芳、前掲注(5)書、第四章、並びに謝桂華「漢簡和漢代的取庸代戍制度」(甘粛省文物考古研究所編『秦漢簡牘論文集』甘粛人民出版社、一九八九、所収)参照。しかし一ヵ月二千銭(一年間二万四千銭)という額は、山田氏も指摘するように非常に高額である。なお外徭以外の場合における兵役の免役銭等の規定はみあたらない。

(37) 浜口重国、前掲注(2)、②論文。

(38) 労榦「漢代兵制及漢簡中的兵制」一九四八(のち同氏著『労榦学術論文集』甲編、上、藝文印書館、一九七六、所収)。

(39) 労榦、同右。

(40) 大庭脩、前掲注(29)論文。
(41) 志野敏夫、前掲注(33)論文。
(42) 私はかつて拙稿、前掲注(8)論文において、項梁、項羽が挙兵した秦末の会稽郡の例などによりながら、一郡全体で一万名内外、一県で約三百名程度の常備兵数を推測した。しかし漢代に入ると、秦代の一郡は分割されて、平均二郡程度に縮小された(厳耕望『中国地方行政制度史』上編、巻上、秦漢地方行政制度、中央研究院歴史語言研究所、一九七四(再版)、第一章、参照)。従って漢代では一郡全体の兵数は約五〇〇〇名程度としてよいであろう。
(43) 浜口重国「光武帝の軍備縮小と其の影響」一九四三(のち同氏著、前掲注(2)書、所収)。
(44) 《中国軍事史》編写組編『中国軍事史』三、兵制(解放軍出版社、一九八七)第二章第二節、参照。
(45) 小林聡「後漢の軍事組織に関する一考察―郡国常備兵縮小後の代替兵力について―」(『九州大学東洋史論集』一九、一九九一)。
(46) 渡邉義浩『後漢国家の支配と儒教』(雄山閣出版、一九九五)第三章第二節、に従来の諸研究の検討と自説の提示がなされている。
(47) 山田勝芳、前掲注(5)書、第四章第三節、参照。
(48) 浜口重国、前掲注(2)、④論文。
(49) 碑文史料は兪偉超(鈴木敦訳)『中国古代の社会と集団』(雄山閣出版、一九九四)第四章に集成されている。今、碑の名称は兪氏の命名に従っておく。
(50) 李開元「前漢初年における軍功受益階層の成立―「高帝五年詔」を中心として―」(『史学雑誌』九九―一一　一九九〇)、藤田高夫「漢代の軍功と爵制」(『東洋史研究』五三―二、一九九四)など。
(51) 柴田昇「『商君書』の歴史的位置」(『史林』七九―一、一九九六)、湯浅邦弘「中国古代の戦争と平和」(『岩波講座世界歴史』二五、岩波書店、一九九七、所収)など。
(52) 黄今言『秦漢軍制史論』(江西人民出版社、一九九三)など。

儒教の国教化

福井重雅

まえがき

ここに二冊の同名の著書がある。その一冊は馮友蘭『中国哲学史』[1]、他の一冊は狩野直喜『中国哲学史』[2]。ともに中国・日本を代表する中国哲学・思想に関する古典的な概説書とされている。前書の中で、馮はつぎのように論ずる。

> 漢の武帝が董仲舒の献策を採用し、「諸ゝ《もろもろ》の六芸の科・孔子の術に在らざる者は、皆な其の道を絶ち、並び進ましむること勿く」したことによって、中国の大部分の思想は儒家のもとに統一され、そして儒家の学は「経学」として確立した。これ以降、董仲舒から康有為に至るまで、著書立説する者は、ほとんどの場合、その思想がいかに新奇なものであっても、経学に根拠を求めない限り一般人には是認されないことになった。……。歴史的に中国の学術思想の変遷を概括するならば、孔子から淮南王までが「子学時代」、董仲舒から康有為までは「経学時代」だといえるであろう。（五八一～五八二頁）

また後書の中で、狩野はつぎのように述べる。

> 武帝のときに至つて、朝廷公卿中にも儒学を尊尚するもの多かつたが、茲に学問の標準といふことに対し、決定

的のことが起つた。賢良文学の士を挙げし中に董仲舒といふものあり、対策して学術を論じ、「今、師、道を異にし、人、論を異にし、百家、方を殊にし、指意同じからず。是を以て、上は以て一統を持することなく、法制数々変じ、下守る所を知らず。臣愚以為らく、諸々六芸の科、孔子の術にあらざるものは、皆其の道を絶ち、並び進ましむるなくんば、邪辟の説滅息し、然る後、民従ふ所を知らん。」と述べた。要するに、独り孔子の学を存し、其の他は尽く之を滅絶すべしといふのである。而して武帝は此の説を納れ、建元五年始めて五経博士を置いた。是れ、実に中国にて儒教を以て学術の正派と定めたる始めであつて、爾来最近に至るまで変更することがなかつたのである（二六二頁）。

これら二説の中に共通して見出されるように、前漢武帝の時代に董仲舒が出現し、その献策によって五経博士が設置された結果、ここに孔子と五経を主体とする儒学一尊の思想体制が形成されたとされている。すなわち前者によれば、董仲舒によって「中国の大部分の思想は儒学のもとに統一され」たと明言され、それを分岐点として、中国哲学史はそれ以前の「子学」とそれ以降の「経学」の時代に区分することができると主張される。また後者によれば、董仲舒の進言によって具体化された五経博士の開設は、儒教を「学術の正派」に規定した中国最初の制度であり、同時にそれはそれ以降の思想・学問の領域に「決定的」な役割を果たしたと説かれる。いうまでもなく、これら二者によって代表される所説が、中国の哲学・思想史上に名高い儒教の国教化・官学化という定説である。

この董仲舒の献言と五経博士の設置を契機とする儒学一尊の問題は、従来一般に〝常識〟に属する周知の事実と見なされている。しかしながらかつて小論(3)において疑義を提起したように、実はそこにはさまざまの問題が潜在し、それらを個々に調査点検するとき、少なくともこの〝常識〟をそのまま是認しがたいいくつかの基本的な疑問点が見出されるのである。したがってそれらの問題や疑問をいかに解釈し、理解するかという視点の相違いかんによって、おのずからこの著名な通説に対する評価も大きく変動することになる。その結果、漢武における儒教の国教化については、それを定説どおり無条件に肯定する研究者と全面的・部分的にそれを疑問視するそれとに二分され、両者が並行したままの状態で、今日、漢代の儒教に関する論議が推し進められていることは否定しがたい事実である。

その決着が未定で保留されたままに置かれている現状については、いくつかの理由が考えられる。おそらくその理由の一つとして、儒教の国教化のもつ命題自体が、哲学と歴史の両面から究明されなければならない問題であることが挙げられるであろう。すなわちこの問題に接近するためには、一方では儒学を中心とした先秦・秦漢時代の思想を分析総合する哲学的理解が必要とされ、また同時に、他方では、それが具体的史実であるか否かを追求解明する歴史的検証が求められる。これまでこの問題については数多くの論考が世に問われているが[4]、ここでは主に後者の観点に立ちつつ、ただ武帝時代におけるいわゆる儒学独尊の問題についてのみ限定して考察すると[5]、いみじくも馮と狩野の上掲の著述に示されるように、その論点は董仲舒に対する評価と五経博士の設置に関する真偽という二点に集約される。以下、この二つの主題に焦点を絞り、前漢における儒学の官学化をめぐる基本問題について、いくつかの再検討を試みることにしたい。

一　董仲舒をめぐる基本問題

(一)　『史記』・『漢書』所載の董仲舒伝

董仲舒をめぐる基本問題の第一点は、まず彼の伝記の中に見出される。それは『史記』巻一二一儒林列伝＝董仲舒伝（以下、『史記』董仲舒伝と略称）と『漢書』巻五六董仲舒伝に収載されているが、前者の全文を上段に配し、後者の抄録を下段に置いて対比して示すと、その伝記は左のように構成されている。なお両者の関係を明示するために、共通する文字にはゴシック体を用い、□は欠落する文字や文章を示す。

『史記』董仲舒伝

董仲舒広川人也。以**治春秋、孝景時、為博士。下帷講誦、弟子伝以久次相**受**業、或莫見其面。蓋三年、**董仲舒不観於舎**園、其精如此。進退容止、非礼不行。学士皆師尊之。**今上即位、□、**為江都相。**□。**以春秋災異之変、推陰陽所以錯行。故求雨閉諸陽、縦諸陰、其止雨反是。行之一国、未嘗不得所欲。中廃為中大夫。**居舎、著災異之記。**是時遼東高**廟、□**災。**□。主父偃**□**疾**之、**取**其**書**□**奏之天子**□。**天子召**□**諸生、示其書。有刺譏。董仲舒弟子呂歩舒、不知其師書、以為下**愚。**於是下董仲舒吏。当死。詔赦之。於是董仲舒竟**不敢復言災異。**董仲舒為人廉直。是時方外攘四夷。公孫弘治春秋、不如董仲舒、而弘希**

『漢書』董仲舒伝

董仲舒広川人也。少**治春秋、孝景時、為博士。下帷講誦、弟子伝以久次相**授**業、或莫見其面。蓋三年、**□**不**窺□**園、其精如此。進退容止、非礼不行。学士皆師尊之。**武帝即位、挙賢良文学之士前後百数。而仲舒以賢良対策焉。対策。対既畢、天子以仲舒、**為江都相。**〔中略〕仲舒治国、**以春秋災異之変、推陰陽所以錯行。故求雨閉諸陽、縦諸陰、其止雨反是。行之一国、未嘗不得所欲。中廃為中大夫。**□。先是**遼東高**廟、長陵高園殿**災。**仲舒居家、推説其意、屮稿未上。**主父偃**候仲舒、私見嫉**之、**竊**其**書**而**奏**焉。□。上召視諸儒、□。□**仲舒弟子呂歩舒、不知其師書、以為**大**愚。於是下**□**仲舒吏。当死。詔赦之。**□**仲舒**遂**不敢復言災異。**□**仲舒為人廉直。是時方外攘四夷。公孫弘治春秋、不如**□**仲舒、而弘希**

世用事、位至公卿、董仲舒以弘為従諛。弘疾之。□
□乃言□上曰、独
董仲舒可使相膠西王。膠西王素聞董仲舒有行、亦善待
之。董仲舒恐久獲罪、疾免居家。□
□。至
卒、□、終不治□産業、以修学著書為事。故漢興至
于五世之間、唯董仲舒名為明於春秋。其伝公羊氏也。

世用事、位至公卿、□仲舒以弘為従諛。弘嫉之。膠西
王亦上兄也。尤縦恣数害吏二千石、弘迺言於上曰、独
董仲舒可使相膠西王。膠西王□聞□仲舒大儒、□善待
之。□仲舒恐久獲辜、病免□。凡相両国、輒事驕王、
正身以率下、数上疏諫争。教令国中、所居而治。及去
位、帰居、終不問家産業、以修学著書為事。□
□〔下略〕

この上下の排列によって一目瞭然とするように、下段の『漢書』董仲舒伝が上段の『史記』董仲舒伝を底本として、その伝記を編纂していることはまちがいない。しかしそれと同時に注目されるのは、両者の間にきわめて大きな相違が存在することである。まず第一に、下段では対策の部分において、三次にわたる武帝の詔策と長文からなる董仲舒の対策が掲載され、また〔中略〕の箇所においても、董仲舒が江都易王非の質問に対して答えた上言の内容が紹介されている。第二に、〔下略〕の部分において、朝廷に「大議」が出来するごとに、「在家」の董仲舒に使者や廷尉張湯を遣わして、彼の意見を打診するほど、その存在が重要視されたと記述されている。第三に、上段の『史記』董仲舒伝の最後を締括る「故に漢興りて五世の間に至るまで」以下、「其の伝は公羊氏なり」にいたる最後の文章が、下段の『漢書』董仲舒伝では削除され、それに代わって左の一文が付記されている。

武帝初めて立ちて自り、魏其、武安侯相と為りて儒を隆めり。仲舒の対冊するに及んで、孔氏を推明し、百家を抑黜し、学校の官を立て、州郡より茂材、孝廉を挙ぐるは、皆仲舒自り之れを発す。

『史記』に伝え残される董仲舒は、一言にしていえば、勤勉にして「廉直」な人物で、陰陽・災異を基調とした特

異な公羊学の学者として知られていたにすぎないということである。その官歴は「孝景の時、博士と為」って以来、武帝初年に江都国の国相（秩二千石）に就任したが、「中ごろ廃されて中大夫（秩比六百石）と為」り、のちに再び膠西于王端の国相に登用されたが、その在任中に疾病を名目に致仕している。このような董仲舒の生涯を通観すると き、景帝時代には、彼は博士として「学士」に尊敬された存在であったが、武帝時代には、江都相から中大夫に降格されたり、高祖廟などの火災に言及して筆禍事件を惹起したあげく、死刑を宣告されてあやうく赦免されたり、当時の実力者公孫弘に嫉視されて、中央政界から排斥されるなど、およそ不遇な政治家として終始したことが知られる。そして彼は終生産業に従事せず、ただ「学を修め書を著す」ことにのみ専念して生涯を閉じているが、ただ彼だけが公羊伝に明通した大家として世に知られる存在であるとして、その伝記が擱筆されている。このような内容をもつ『史記』董仲舒伝を虚心坦懐に読むかぎり、彼が儒学一尊や五経博士の設置に関与したような活躍の形跡はもとより、武帝時代の儒家官僚として重用された面影すら見出すことはできない。

しかも同文中に、その陰陽災異説は「之れを一国に行いて、未だ嘗て欲する所を得ずんばあらず」と伝えられるように、彼は江都国において彼独自の学説を実行に移して成功したと述べられている。そのような赴任地における政治内容についてまで言及しながら、『史記』董仲舒伝はそれよりはるかに重要なはずの中央における事跡については、一言半句も触れることはない。

ところが『漢書』に目を転ずると、そこには『史記』儒林列伝から独立して、董仲舒に対して単独の専伝が立てられ、しかも『史記』董仲舒伝と大きくかけ離れた長文の記事が掲載されるにいたっている。すなわち『史記』董仲舒伝では、彼は単に不運な一生を送った学者として述べられているにすぎないが、それとは正反対に、『漢書』董仲舒伝では、一転して儒学の確立に貢献した第一人者として、華々しく描き出されているのである。『史記』董仲舒伝はわずかに三一八字からなる小篇にすぎないが、『漢書』董仲舒伝はその二十三倍強にあたる七三八四字の多きを数えるにいたっている。『史記』・『漢書』所載のすべての個人の伝記と比較するとき、質量ともにこのような極端な変貌をとげている列伝は、この董仲舒伝をおいて他に類例を求めることはできない。要するに、両者の董仲舒伝のいずれか一方を歴史的な記録として信用できるか、その選択のいかんによって、董仲舒像は根本的に一変することになる。このように懸隔乖離する『史記』と『漢書』の董仲舒伝に対処するとき、一体、両種の史料に介在する相違背馳をどのように理解すべきであろうか。(6) これが董仲舒をめぐる基本問題の出発点である。

(二) 董仲舒の対策の上呈年代

董仲舒をめぐる基本問題の第二点は、『漢書』董仲舒伝に掲載されるその対策自体に内在する。そもそも司馬光『資治通鑑考異』巻一漢紀上に、「然れども仲舒の対策の果たして何《いず》れの時に在りしかを知らず」と記されるように、彼の対策がいつ上言されたかという年代については、古来、不明であり、現在もなお未定であるばかりではなく、おそらく今後も確定しがたい難問であるといってよい。この問題に直接触れた主要な著作や研究を年代順に整理すると、およそつぎのような論説を列挙することができる。(7)

〈**建元元年説**〉

○司馬光『資治通鑑考異』巻一漢紀上
○呂祖謙『大事記』巻一一
○王楙『野客叢書』巻二一董仲舒公孫弘
○馬端臨『文献通考』巻三三選挙考賢良方正

○沈欽韓『漢書疏証』巻二武帝紀第六元光元年条
○蘇輿『春秋繁露義証』巻首・「董子年表」付言
○顧頡剛『漢代学術史略』第九章尊儒学而黜百家（上海亜細亜書局、一九三五年。のちに『秦漢的方士与儒生』と改題所収、上海群聯出版社、一九五五年）
○重沢俊郎「董仲舒研究」（同氏『周漢思想研究』所収、弘文堂書房、一九四三年）
○史念海「董仲舒天人三策不作于武帝元光元年弁」（『天津民国日報』一九四七年九月一日「史与地」）
○日原利国「『春秋繁露』解説」（同氏『春秋繁露』所収、明徳出版社、一九七七年。のちに同氏『漢代思想の研究』所収、研文出版、一九八六年）
○李威熊『董仲舒与西漢学術』付録一「西漢学術思想発展一覧表」（文史哲出版社、一九七八年）
〈建元五年以前～元光元年説〉
○張大可「董仲舒天人三策応作于建元元年」（『蘭州大学学報』社会科学版、一九八七－四）
○津田左右吉『論語と孔子の思想』第一篇第二章（岩波書店、一九四七年。のちに『津田左右吉全集』一四所収、岩波書店、一九六四年）
〈建元四・五年説〉
○金子彰男「董仲舒の対策年代についての一考」（『漢文学会々報』二二、一九六三年）
〈建元五年説〉
○斉召南『漢書考証』巻五六
○狩野直喜「董仲舒対策の年について」（同氏『両漢学術考』七所収、筑摩書房、一九六四年）、同「儒教と漢武帝」

（同氏『支那学文藪』所収、みすず書房、一九七三年）
○近藤春雄『中国学芸大事典』付録「中国学芸年表」（大修館書店、一九七八年）
〈建元五・六年説〉
○福井重雅「儒教成立史上の二三の問題――五経博士の設置と董仲舒の事蹟に関する疑義――」（『史学雑誌』七六―一、一九六七年）
〈建元六年説〉
○戸田豊三郎「董仲舒対策の年次について」（『中京大学文学部紀要』六、一九六九年）
〈元光以前説〉
○何焯『義門読書記』巻一五前漢書・紀
〈元光元年説〉
○荀悦『漢紀』巻一一孝武皇帝紀元光元年条
○李賢『後漢書注』巻四和帝紀永元七年四月条
○杜佑『通典』巻一二選挙一歴代制上・漢
○鄭樵『通史』巻五下前漢紀元光元年条
○洪邁『容斎続筆』巻六漢挙賢良
○王益之『西漢年紀』巻一一武帝元光元年五月条
○厳可均『全上古三代秦漢六朝文』全漢文巻二三董仲舒一・元光元年挙賢良対策
○周寿昌『漢書注校補』巻三九董仲舒伝第二六

○王先謙『漢書補注』巻五六董仲舒伝
○劉汝霖『漢晉学術編年』巻二六元光元年条（上海商務印書館、一九三二年）
○施之勉「董仲舒対策年歳考」（『東方雑誌』四〇―一三、一九四四年。のちに『責善半月刊』二―一五、一九六八年に転載）、同「董子年表訂誤」（『東方雑誌』四一―二四、一九四五年）、同「董仲舒対策在元光元年考」（『大陸雑誌』八―五、一九五四年）、同『漢書補注弁証』武紀第六元光元年条・董仲舒伝第二六（新亜研究所、一九六一年）
○平井正士「董仲舒の賢良対策の年次に就いて」（『史潮』一一―二、一九四一年）、同「漢代儒学国教化の定説の再検討」（『杏林大学医学部進学課程研究報告』三、一九七六年）
○鈴木由次郎「董仲舒」（講座東洋思想2『中国思想Ⅰ儒家思想』第三章第四節所載、東京大学出版会、一九六七年）
○佐川修「武帝の五経博士と董仲舒の天人三策――福井氏の所説に対する疑義――」（『集刊東洋学』一七、一九六七年。のちに同氏『春秋学論考』所収、東方書店、一九八三年）
○町田三郎「儒教の国教化について」（『哲学年報』三八、一九七九年。のちに同氏『秦漢思想史の研究』所収、創文社、一九八五年）
○于伝波「董仲舒対策年代考」（『学術研究』六―一九七九年）、同「従董仲舒在膠西的年代看元朔五年対策説」（『学術研究』一九九〇―三）
○施丁「董仲舒天人三策作于元光元年弁――兼談董仲舒不是〝罷黜百家、独尊儒術〟的創始人――」（『社会科学輯刊』一九八〇―三）

○岳慶平「董仲舒対策年代弁」(『北京大学学報』哲学社会版、一九八六―三)
○周桂鈿『董学探微』第一章三三対策之年(北京師範大学出版社、一九八九年)
○虞雲国「董仲舒上《天人三策》的年代」(『中国哲学史研究』一九八九―一)
○斎木哲郎「董仲舒の生涯・対策の年次、及び儒教国教化の実際について」(『東洋文化』三一一、一九九六年)

〈元光二年説〉

○賀凌虚「董仲舒的治道和政策」(『思与言』一〇―四、一九七二年)

〈元光二～四年説〉

○戴君仁「漢武帝抑黜百家非発自董仲舒考」(『孔孟学報』一六、一九六八年。のちに同氏『梅園論学集』所収、開明書店、一九七一年)、同「董仲舒対策的分析」(『大陸雑誌』四二―六、一九七一年)。

〈元朔五年説〉

○蘇誠鑒「董仲舒対策在元朔五年議」(『中国史研究』一九八四―三)

以上の一覧によって明らかなように、董仲舒の対策の年代設定については、建元元年(前一四〇)を上限とし、元朔五年(前一二四)を下限として、約五十を数える多数の年代説が提唱されている。このうち右に示されるように、現在、建元元年説と元光元年説がもっとも支持されている仮説である。しかし問題は右の諸説のいずれを採用しても、そこに必ず年代上の齟齬や矛盾が生じ、その結論を全面的に是認することができない点にある。少なくともこのことは、ただ董仲舒の全三策の文章のみを対象とし、そこから一定の絶対年代を確定する考証の方法には、すでに無理や限界があることを示すものである。したがってこれらの対策に内在する各種の不備や破綻を解消するためには、その視点や発想を根本から転換して、それらを実証的に再検討しなければならないであろう。そのためにいかなる史料操作や立論証明が必要とされるか、それが董仲舒をめぐる基本問題の中心点である。

㈢　第二策をめぐる問題点

董仲舒をめぐる基本問題の第三点は、とくにその対策の第二策の中に示される。周知のように、董仲舒は賢良に察挙されたさいに、武帝に対して三次にわたる対策を行っている。「天人三策」や「賢良三策」とよばれる長文からなる上奏がそれである。これら三策の各文章にはそれぞれ大小さまざまの問題が含まれているが、それらの中でもっとも問題視されるのが第二策である。その理由の一つとして、その詔策の後文に、「今子大夫ら待詔百有余人」とあるように、この第二策はただ単に董仲舒に対してのみ発せられたものではなく、同時に「待詔」[8]に向けても策問されたものであることなどが挙げられる。しかしその最大の問題点は、文中に、

　今陛下天下を并有し、海内率服せざるは莫く、広く覧兼《みあわ》せ聴き、群下の知を極め、天下の美を尽くす。至徳昭然として、方外に施せり。夜郎、康居、殊方万里、徳を説《よろこ》び、誼に帰す。此れ太平の致《きわ》みなり。

とあって、そこに夜郎と康居という西南夷と西域の部族名が見出されることである。これら両国が武帝の初年に漢に「帰誼」したとするのは時期尚早であるという理由によって、従来、この四字をめぐってさまざまの論議が行われてきた。それらの中で傾聴すべき見解として、衍字説と誇飾説の二説を挙げることができる。

このうち衍字説を唱えた最初の学者は、おそらく津田左右吉[9]であろう。すなわち氏は、「ここに具体的な異民族の名をはさむのは調子はづれである」（三六頁）などという論拠によって、「ここの『夜郎康居』の四字は、もとから本文にあつたものではあるまい」（同上）と論断している。しかしこの津田の所説にも疑問の余地がないわけではない。前漢時代の書物を通読するとき、当時、天子の〝聖徳〟が海外に普及したことを自賛するばあい、具体的な異域名

をさしはさむ筆法がむしろ通例化していたことを認識しておかなければならない。以下、その一部を例示すると、まず『史記』巻六〇三王世家には、元狩六年（前一一七）に、丞相荘青翟らが奉った奏言の中に、武帝の功績を称えて、「内は有徳を褒め、外は強暴を討ち、極《とお》く北海に臨み、西は月氏に湊《いた》り、匈奴西域、国を挙げて奉師す」という一節がある。また『塩鉄論』誅秦第四四には、「秦既に天下を并わせ、東は沛水を絶《わた》り、朝鮮を并わせ滅ぼし、南は陵梁を取り、北は胡狄を郤け、西は氐羌を略し、帝号を立て、四夷を朝せしめ」云々という御史大夫の発言がある。さらに『漢書』巻六武帝紀の元光元年（前一三四）五月の条を見ると、賢良に発布した詔書の一節に、「周の成康」のころ、「徳は鳥獣に及び、教えは四海に通」じた結果、「海外の粛眘、北発、渠搜、氐羌徠服す」とあり、また同巻五八公孫弘伝を見ると、彼に下された詔策の中にも、「上古」における北発、渠搜、交趾の帰順が記録されている。同様に、同巻八宣帝紀の本始二年（前七二）五月の条には、「孝武皇帝は躬《みずか》ら仁義を履み、明将を選び、服せざるを討つや、匈奴遠く遁れ、氐羌、昆明、南越を平らげ、百蛮は風に郷《む》かい、塞を款《たた》きて来享す」という詔書があり、この文章の一部は同巻七五夏侯勝伝にも採録されているが、そこにはさらに甌駱・両越・薉貉・朝鮮の異民族名が見出される。ついで劉向『説苑』巻一九脩文に、「方五千里、荒服に至るまで、南は交趾、大発を撫し、西は析支、渠搜、氐羌、北は山戎、粛慎に至り、東は長夷、島夷に至る。四海の内、皆帝舜の功を戴く」とあり、さらに揚雄『法言』孝至篇に、「漢の徳は其れ允《まこと》に懐《きた》すと謂う可し。黄支の南、大夏の西、東鞮北夷、来たりて其の珍を貢ぐ」とあるなどがその好例である。

　このように皇帝の威徳や武力が海外に行き渡り、四夷の賓服してきたことを謳歌するさいに、当時、抽象的な表現を使用するよりも、むしろ具体的な異民族名や地名を連記する方が、より多用化し、一般化していたことがわかる。したがって董仲舒の第二策の中に夜郎・康居のような国名が混在することは不自然であるとして、津田が論断したように、ことさらこの四字を衍字や竄入と見なす必要はないであろう。

つぎに取上げるべき見解は誇飾説である。[10]『漢書』巻五七下司馬相如伝下を見ると、彼は唐蒙の断行した対夜郎政策の失敗を処理するために巴蜀に派遣されたが、そのさい「巴蜀の民に諭告」する檄文を発布している。その文中に、

巴蜀の太守に告ぐ。蛮夷自《みずか》ら擅《ほしいまま》にするも、討たざるの日久し。……。陛下即位して、天下を存撫し、中国を集安す。……。康居西域、訳を重ねて納貢し、稽首来享す。

とあり、ここに康居の国名の見出されることが問題となる。『漢書補注』において、王先謙はこれに対して、「史記(張)騫伝に拠《よ》るに、騫は西域に使いし、元朔三年を以て帰る。巴蜀に喩《ママ》するの時、西域康居、疑うらくは尚《なお》未だ中国に通ぜず。乃ち相如の夸飾の辞か、或いは其の時偶《たま》々通貢の事有るも、史に明文無きか」と注している、第二策に登場する夜郎・康居の漢に対する「帰誼」も、これと同様に誇飾した記事と見なすのが、誇飾説を成立たせている論拠の一つである。

もちろん檄文という文書の性格上、そこに多分に相手に対する威嚇的な文言が含まれることも皆無ではなかろう。しかしいかに誇大な宣伝とはいえ、実際に存在しない事実無根の事態を「諭告」してまで、自国の強盛を対外的に誇示しようとしたと考えるのも不自然である。したがって王先謙のいうように、一時的にせよ、当時、康居の「通貢の事」実が存在したが、たまたまそれが史書に明記されるにいたらなかったと想定する余地のあることも否定できないはずである。

以上の二説のように、夜郎・康居の四字を衍文や誇称と仮定し、最初から考証から除外することはたやすい。しかしなにゆえそこに両部族の名称が登場するかということを究明することこそ、董仲舒の対策自体を検討するさいに必要な第一歩となるはずである。これが董仲舒をめぐる基本問題の留意点である。

㈣　第二策の擬作説と倒置説

最後に董仲舒をめぐる基本問題の第四点は、前節の問題とも関連するが、三策中の第二策を後人の手になるものとする擬作説[11]と前後を入れ替えてそれを第一策の前に置くべきであるとする倒置説[12]が存在することである。結論からさきに述べれば、『漢書』と荀悦『漢紀』との間に見られる史料の相互関係に立脚するかぎり、『漢書』の成立以後に擬作や倒置が行われたと見なすことは、絶対にあり得ないことといわなければならない。

まず一方の『漢書』については、『後漢書』巻四〇上班固伝上によると、『史記』について言及したのちに、その修撰の経緯がつぎのように記述されている。

太初以後、闕きて録さず。故に前記を探撰し、聞く所を綴集し、以て漢書を為る。……。（班）固永平中始めて詔を受けて自り、潜精積思すること二十余年、建初中に至りて乃ち成る。当世甚だ其の書を重んじ、学者焉れを諷誦せざるは莫し。

この記事によると、『漢書』が章帝初年の建初年間、おそらく建初七年（八二）ごろに完成したことはまちがいない[13]。

他方の『漢紀』については、『後漢書』巻六二荀悦伝を見ると、

帝典籍を好む。常に以《おも》えらく、班固の漢書は文繁くして省り難し、と。乃ち（荀）悦に令して左氏伝の体に依り、以て漢紀三十篇を為《つく》らしむ。

と記されるように、後漢最後の献帝年間に、荀悦が編年体の体例によって『漢書』を再編集し、三十篇からなる『漢紀』を撰述したとされている。右の『漢紀』目録序によると、その執筆は建安三年（一九八）に開始され、二年後の

同五年（二〇〇）に完成したと述べられている。したがって『漢書』は後漢初期に、また『漢紀』はその末期に、それぞれ成立した史書であることが確認される。

後者の『漢紀』巻一一孝武皇帝紀二の元光元年（前一三四）冬の条を見ると、「初めて郡国に令して孝廉各々一人を貢がしむ。董仲舒始めて其の議を開く」とあり、武帝の詔策とともに、そこに約十項目におよぶ董仲舒の対策文が、『漢書』同伝から転載されている。そしてそれらの文中に、つぎの一文が見出される。

又曰く、古の謂う所の功とは、官に任《た》え職に称《かな》うを以て美と為し、日を積み久しきを累《かさ》ぬるを謂わざるなり。小材は日を累ぬと雖も小官を離れず、賢才は未だ久しからずと雖も宰相と為るを害《さまた》げず。……。郡国をして各々吏民の賢なる者を択び、歳ごとに一人を貢ぎ、以て宿衛に給し、貢ぐ所賢を得る者には賞有り、不肖者には罰を行わん。此《かく》の如くすれば天下の賢能を率《ひき》い、得て官とす可きなり。

これはまさしく第二策中に上言されている文章に該当する。すなわち董仲舒伝に掲載される第二策の末尾のその一節は、いくつかの字句の異同や脱落が散見されるものの、ほぼ同文のまま『漢紀』に転載されている。ということは、逆にいえば、荀悦が『漢紀』を執筆したさいに、その底本とする董仲舒伝の中に問題視される当該の第二策が、すでに存在していたことを明示するものである。くりかえし述べると、『漢書』と『漢紀』の二書は、後漢という同じ王朝の初期と末期に撰述された史料である。そのばあい、後者が編纂される以前に、一体、誰がいかなる機会に、前者の対策の一部に擬作をほどこすことができたであろうか。

同様の疑問は、第一策と第二策とを前後に入れ替えたとする倒置説にもあてはまる。『漢紀』に収載されている董仲舒の対策は、多少の相違や節略は散見されるにせよ、『漢書』董仲舒伝所載の各対策と全く同じ順序で配列されている。とするならば、荀悦が『漢紀』を修撰したとき、『漢書』董仲舒伝の中の三策全体が、現在のそれと同一の順序で掲載されていたことは疑いない。『漢書』の完成以来、『漢紀』が出現するまでの間には、百二十年弱の年代的間隔が介在するものの、両者はともに同じ後漢時代に成立した史料である。そのような同一王朝内における成書において、一体、いかにして第一策と第二策とを倒置するような機会が起こり得たであろうか(14)。

このように観察してくると、もしこのような擬作や倒置が可能であったとするならば、それはすでに班固が『漢書』を述作する以前になされていたと想像しなければならなくなる。しかし上掲の『後漢書』班固伝に明記されているように、永平年間に班固は明帝の「詔を受け」、父彪の『後伝(15)』を続成して、『漢書』を完成しているが、その前後にどのようにして第三者が第二策を擬作したり、倒置する可能性が存在したであろうか。この観点から『漢書』の第二策の詔策を見ると、そこには「天子其の対を覧て焉れを異とし、迺ち復た之れに冊して曰く」と記されていることに注意される。すなわち班固自身の筆によって、武帝は董仲舒の第一策の「其の対」策を親覧して、その内容に注目した結果、「復た」詔策を下したと記述されているのである。少なくともこの記載によるかぎり、元来、第二策は擬作されることなく最初から存在し、しかもそれは明らかに第一策ののちに奏上されたとする以外に理解の方法はない。その意味から擬作説や倒置説は、根本的に成立しがたい一臆見にすぎないと結論づけなければならない。

以上のように、董仲舒の第二策中に基本的な疑問が潜在するとするならば、その因由を後人による擬作や倒置という発想に求めるよりも、そもそもその撰述の当初から、『漢書』董仲舒伝自体が、疑問視すべき問題を内包していると見なす方が、はるかに合理的な視点や理解の方法をあたえてくれるように思われる。『史記』董仲舒伝には掲載されない長文の対策をもつ『漢書』董仲舒伝は、一体、いかなる史料にもとづいて編纂されたものであるか、それが董仲舒をめぐる基本問題の帰着点となるであろう(16)。

二　五経博士をめぐる基本問題

(一)　五経博士と『史記』儒林列伝序

五経博士をめぐる基本問題の第一点は、『史記』儒林列伝序の文中に垣間見られる。(17) すなわちそれは「太史公曰く」にはじまり、孔子を始祖として儒学の歴史を説き起し、七十子徒・孟子・荀子の学統をたどりつつ、春秋・戦国をへて秦・漢にいたる儒学の大勢を総述したのちに、「今上」すなわち武帝時代における儒学の現状について、つぎのように描写する。

> 今上位に即くに及んで、趙綰、王臧の属、儒学に明らかなり。而して上も亦之れに郷《む》かう。是こに於いて方正、賢良、文学の士を招く。是れ自りの後、詩を言うは、魯に於いては則ち申培公、斉に於いては則ち轅固生、燕に於いては則ち韓太傅、尚書を言うは、済南の伏生自りし、礼を言うは、魯の高堂生自りし、易を言うは、菑川の田生自りし、春秋を言うは、斉に於いては胡毋生自りし、趙に於いては董仲舒自りす。

圏点を付したように、ここには詩・尚書・礼・易・春秋の五つの経典とそれぞれを専門とする学者の姓名が列記されている。しかもこれら八名中、「詩を言う」申培をはじめとして、六名が博士に任命された閲歴の持主たちである。したがって通説のように、もしこの前後に五経博士が開設されたとするならば、司馬遷はなぜここに儒学の確立を記念すべきその歴史的な制度を明記しなかったのであろうか。

この疑問はただこの一点にのみとどまるものではない。『史記』儒林列伝序はさらにつづけて、竇太后の崩御をへて儒家の擡頭する一斑に触れ、「学官と為り、道の欝滞せるを悼」んだ公孫弘らの左のような建議を掲載する。

　博士官の為に、弟子五十人を置きて、其の身を復す。太常は民の年十八已上にして、儀状端正なる者を択び、博士の弟子に補せん。……。二千石は謹んで可なる者を察し、当に計と偕《とも》に太常に詣り、業を受くるを得ること、弟子の如くせしむべし。一歳にして皆輒ち試みて、能く一芸に通ずる以上は、文学掌故の欠に補せん。……。下材及び一芸に通ずること能わざるが若きは、輒ち之れを罷めん。……。其の秩比二百石以上、及び吏百石の一芸に通ずる以上を選択して、左右の内史、大行の卒史に補せんことを請う。

『漢書』武帝紀の元朔五年（前一二四）六月の条に見えるように、この博士弟子制度の設置は建元五年より十二年後のことにあたる。したがってもしこの上言以前に、五経博士という重要な制度が開設されていたとするならば、当然、『史記』はそれを儒林伝中に明記しなければならないはずである。さもなければ、先入見に囚われることなく、前後の文章を客観的に読むかぎり、ここに「博士官の為に、弟子五十人を置く」云々という要請は、すでに文帝・景帝時代から存続していた博士のために、あらためて弟子を新設するか増員するという意味に解釈するほかはなくなる。従来の通念によると、『漢書』に五経博士の設置の記事が存在することを前提として、『史記』にそれが欠落しているのは、単なる撰者の省筆にすぎないかのように見なされ、少しも疑われることはない。そしてただ『漢書』の記載のみを無批判に信用して、『史記』儒林列伝序のもつ記録の空白の意味を重視しようとせず、五経博士の問題を取上げるのは、本末転倒した弥縫的な論理であるといわなければならない。

　この観点を補足する一助として、圏点をほどこしたように、右の文中に、「一芸に通ず」という表現が、都合三回にわたって用いられていることに注意したい。いうまでもなく、六芸という用語は存在するが、五芸というそれは皆無であるから、ここにいう「一芸」が五経の中の一経を指称するとは考えがたい。また『史記』巻一一七司馬相如列伝を見ると、その「封禅の事を言う」遺札の中で、大司馬の上言に仮託して、「春秋の一芸を作り、将に旧六を襲《つ》いで七と為し、これを無窮に攄《の》べん」という一節があるが、その要旨は従来の六芸（六経）に新たに「一芸」を加え、七芸とすべしというものである。このように「一芸」とは六芸の中に含まれ、それを構成する用語であるから、右の文中にいう「一芸」があくまでも六芸を背景として発言されていることは疑いない。このように博士弟子の選用にさいして規準とされたのが、五経ではなくいぜんとして旧来の六芸であったということは、その前提とされる五経博士の設置という定説自体に、根本から一つの疑義を提起するように思われる。いずれにせよ、武帝即位後の五系統の儒学の学統を摘要し、さらに博士弟子員にまで言及しながら、なにゆえ『史記』儒林列伝序は、五経博士の設置という重要な事項を明記していないのであろうか。これが五経博士をめぐる基本問題の立地点である。

(二) 五経博士と『漢書』武帝紀・儒林伝

五経博士をめぐる基本問題の第二点は、一つは『漢書』武帝紀に、二つは同巻八八儒林伝賛に見出される。すなわち前者については、建元五年（前一三六）五月の条に「五経博士を置く」とあり、また同巻一九上百官公卿表上博士の項に、「武帝の建元五年、初めて五経博士を置く」とあるのがそれである。ここであらためてこの「置五経博士」の五字について一言しておきたい。佐川修の所説[18]によると、「五経博士を置く」という意味は、「今後、博士は儒家の五経に限って置くことを制度の方針として決定した」（二三一～二三二頁）ものであると解釈されている。しかし「置」字の使用法を逐一点検するかぎり、そのような解釈は根本的に成立しがたい。すなわち右の武帝紀の建元二年（前一三九）の条に、「初めて茂陵邑を置く」とあり、また右の百官公卿表の相国・丞相の項に「高帝即位するや、一丞相を置く」とあるのをはじめとして、数多くの「置」字の用例が拾集される。しかしそれらはいずれも例外なくその年代に設置されたことを明記する記事ばかりであって、「今後、……置くことを制度の方針として決定した」などという意味をもつ用法は一例も存在しない。とくに右の百官公卿表の一節のように「初」字が記されているばあいは、文字どおり「初めて置く」という意味であって、それを予定の方針としたという意味に解釈することはできない。一見些細な問題のようであるが、この解釈に同調する見解(19)も皆無ではないので、敢えて一言触れておくことにした。

さてこの「置五経博士」の五字をめぐって最初に注意されるのは、このばあい、一体、五経とはいかなる経典を指し、それら各経にどのような博士官が任命されたかという点について、そこでは具体的に一切触れられていないことである。このような一節がいかに不自然で不可解であるかということは、王莽の事例と比較することによって、さらに増幅される。すなわち同巻九九中王莽伝中を見ると、始建国三年（一一）の条に、「六経祭酒、各々一人を置く」とあり、それにつづいて、

琅邪の左咸は講春秋と為り、潁川の満昌は講詩と為り、長安の国由は講易と為り、平陽の唐昌は講書と為り、沛郡の陳咸は講礼と為り、崔発は講楽祭酒と為る。

と記され、圏点を付したように、そこには春秋以下の六経の内容とそれに該当する各祭酒の本貫と氏名が連記されている。もちろん時代の遠近や素材の精粗という撰述上の問題はあったにせよ、『漢書』という同一の史料において、班固はなにゆえ建元当時の五経の各経名と博士名を明記し得なかったのであろうか。

また後者については、つぎの同儒林伝賛の一節が疑問の対象となる。

賛に曰く、武帝の五経博士を立て、弟子員を開き、科に射策を設け、勧むるに官禄を以てして自り、元始に訖《およ》ぶまで、百有余年、業を伝うる者寖《ようや》く盛んにして、支葉蕃滋たり。……。初め書には唯《た》だ欧陽、礼には后、易には楊、春秋には公羊有るのみ。孝宣の世に至りて、復《ま》た大小夏侯尚書、大小戴礼、施孟梁丘易、穀梁春秋を立つ。

元帝の世に至りて、復た京氏易を立つ。平帝の時、又左氏春秋、毛詩、逸礼、古文尚書を立つ。

点線の中略後の後半部に、書の欧陽以下、礼・易・春秋の四経とその学統が紹介されているところから、かつてこの賛文は武帝初年の五経博士全員の姓名を列記したものと見なされて疑われることもなかった。[20] たとえば王応麟は『困学紀聞』巻八において、「五経を立つるに独《た》だ其の四のみを挙ぐるは、蓋し詩は已に文帝の時に立てられしかば、今詩を并わせて五と為すなり」と解釈して、右の賛文は文帝時代から存続していた詩博士を加えて、文字どおり当時の五経博士を連記したものと理解したなどがその好例である。しかし陳撰による異論[21]に左袒した狩野直喜[22]が、「王氏は一経博士があつたから伝賛に之れを略したといふが、若し然らば、春秋に於いても武帝以前に已に博士あり。……。王氏の説の如くんば、『春秋公羊而已』といふ言葉も、亦省略すべきにあらずや。……。是を以て王氏の説取るに足らざるを知るべし」(三六頁)と批判しているように、早くからこの賛文が建元当時の五経博士を列挙したと見なす見解には疑問がもたれてきた。

事実、この賛文中に「礼には后」と記名される后蒼は昭帝末年以降の礼博士であり、また「易には楊」とされる楊何は、『史記』儒林列伝＝楊何伝によると、「易を以て元光元年徴されて、官は中大夫に至」ったと記されるように、建元五年当時はいまだ徴召される以前にあり、しかも登用後も易博士に就任したという形跡はない。とするならば、この『漢書』儒林伝の賛文は、前後の文脈から判断して、陳撰の解釈するように、斉・魯・韓の三家に分かれていた詩はともかく、「初め」は一経に一家という簡単な流派をもつにすぎなかった儒家が、のちにしだいに分派増加した結果、たとえば穀梁が学官に立てられるようになったように、各種多様に隆盛をきわめるにいたったことを述べたものである。したがってそれは建元五年当時の五経博士の設置とは全く無関係の記事と見なさなければならない。しかもこの一節以下、儒林伝賛は宣帝・元帝・平帝の各治世間の立学について言及しながら、もっとも重要不可欠であるべき武帝時代の博士官について、なにゆえ班固は右のように曖昧で不正確な記述に終始せざるを得なかったのであろうか。これら武帝紀と儒林伝賛によって代表されるように、五経博士の設置に関する『漢書』の記事には不備や不審な点が少なくなく、しかも具体的な叙述を全く欠いていることを認識することが、五経博士をめぐる基本問題に対処するための立脚点である。

㈢　五経博士の設置と武帝初期の政情

最後に五経博士をめぐる基本問題の第三点は、武帝初年の建元五年に、はたしてそのような制度の開設が実際に可能であったかという疑問である。

『史記』儒林列伝序には、つぎのような一文が見出される。

> 然れども孝文帝は本《もと》刑名の言を好む。孝景に至るに及んで、儒者を任《もち》いず。而して竇太后又黄老の術を好む。故に諸博士は官に具《そなわ》りて問いを待ち、未だ進む者有らず。今上位に即くに及んで、趙綰、王臧の属《ともがら》、儒学に明らかなり。而して上も亦《また》之れに嚮《む》かう。……。竇太后崩ずるに及んで、武安侯田蚡丞相と為る。黄老刑名百家の言を絀《しりぞ》け、文学儒者数百人を延《ひ》く。

これによると、文帝は刑名、竇太后は黄老の術を愛好し、景帝は儒者を任用しなかったために、博士はただ単に在官するのみで、進用される者がなかったと記されている。それと同時に武帝の即位直後、趙綰・王臧らが儒学に志向したために、一時、武帝もまた「之れに嚮かう」姿勢を示したと述べられている。

しかし同巻一〇七魏其武安侯列伝を見ると、

> 太后黄老の言を好む。而るに魏其、武安、趙綰、王臧等、努めて隆《さか》んに儒術を推し、道家の言を貶《そし》る。是こを以

て竇太后滋々《ます》魏其等を説《よろこ》ばず。建元二年に及んで、御史大夫趙綰、事を東宮に奏する無きを請う。竇太后大いに怒り、乃ち趙綰、王臧等を罷逐して、丞相、太尉を免じ、柏至侯許昌を以て丞相と為し、武彊侯荘青翟を御史大夫と為す。魏其、武安此れに因りて侯を以て家居す。……。建元六年、竇太后崩ず。

と記されているように、建元二年（前一三九）、東宮に「奏事」する制度の廃止を請願したことを口実に、黄老好みの竇太后によって、趙綰と王臧らは罷免され、魏其侯竇嬰と武安侯田蚡は失脚するにいたった。この処置の背景に、彼らが「隆んに儒術を推し、道家の言を貶る」言動に対する弾圧があったことはいうまでもない。すなわち儒学を推戴する一派は、この時点で逼塞することを余儀なくされたのである。

他方、同巻一〇三万石君列伝に、「儒は文多くして質少なし」と批判されているように、竇太后は本質的に儒学を嫌悪していた。その反動からか、同巻四九外戚世家を見ると、

竇太后は黄帝、老子の言を好む。帝及び太子、諸竇は黄帝、老子を読み、其の術を尊ばざるを得ず。竇太后、孝景帝に後《おく》るること六歳、建元六年、崩ず。

とあるように、竇太后の存命中は、武帝以下、すべて黄老に対する尊崇を強制されていたことがわかる。そして儒林列伝序にいう「黄老刑名百家の言を黜け、文学儒者数百人を延《ひ》く」ことが可能となったのは、建元六年（前一三五）五月に「竇太后の崩ずるに及ん」だ以後のことであった。そして失脚していた田蚡が丞相に就任して復活するのは、その直後の同年六月のことである。(23)

またこれと同時に、その当時、武帝が果たしてどの程度独裁権力を行使し得たかということも問題となる。同魏其武安侯列伝を見ると、当時、右の田蚡は「主上を移す」ほどの権勢を揮ったとされているが、武帝は彼の人材誘致の盛況ぶりを羨望して、「君の吏を除するは已《すで》に尽きしや未《いま》だしや。吾も亦吏を除せんと欲す」と述べたと伝えられて

いる。従来一般に、武帝は即位当初から、絶大な権力を発揮したように考えられがちである。しかし建元当時の彼は、実際には官吏の登用すら自由に裁量することのできなかった非力な君主であったことにも留意すべきであろう(24)。

いうまでもなく、五経博士の設置とは、とくに儒学の古典のみを偏重し、その中の五つの主要な経典を選抜して、それぞれに専任の博士を設置するという制度である。しかし右のような当時の政情に思いをいたすとき、竇太后が生存し、武帝が微力であった建元五年の時点において、このような儒教に対する格別の優遇措置をほどこし得たとすることは、歴史的にとうてい考えがたいことである。

また『史記』や『淮南子』を背景に、当時の思想界を客観的に想い描くとき、突如として儒教の経典のみを一方的に支持し、それを制度化するような情況を想定することは困難である。ましてや五経博士の開設を必要とするような時代的必然性を儒教それ自体の中に求めることもまた不可能である。もちろん単純な推測にすぎないが、五経博士をめぐる基本問題の中で、あるいはこれがもっとも根本的な疑問点であると見なしてよいかもしれない。

あとがき

以上、董仲舒の事蹟と五経博士の設置の二点を中心に、儒教の国教化をめぐる基本問題の所在について検討してきた。それらを要約すると、『史記』董仲舒伝には、彼が儒学一尊を献言して重用された学者であったとする記載などは一切存在せず、また同儒林列伝には、五経博士の開設を明記する記事などは全く見出すことができないということである。しかしそれに反して、『漢書』董仲舒伝では、一変して彼は儒教独尊を対策して採用された斯界の第一人者として特筆大書され、また同武帝紀と百官公卿表では、五経博士の設置がともに明白に記録されているということである。このように見てくると、前漢武帝時代における儒教の国教化に潜在する基本問題は、結局は『史記』と『漢書』のいずれか一方を信用し、そのどちらの記載を是認し得るかという一点に収斂されることになる。このような二者択一を迫られたばあい、当然考え得る一つの方法は、いずれか一方の史料のもつ記事内容を取上げ、その妥当性や真偽性を客観的に再検討することであろう。この徹底的な史料批判こそ、漢代儒学の基本問題をめぐる究極的な課題であることはいうまでもない。

注

（1）馮友蘭『中国哲学史』（商務印書館、一九三四年）。柿村峻・吾妻重二訳『中国哲学史　成立篇』（冨山房、一九九五年）がある。文中に引用する頁数は訳書のそれによる。

（2）狩野直喜『中国哲学史』（岩波書店、一九五三年）。なお巻末の吉川幸次郎の「跋」によると、「この書物の底本となった講義」は、明治三九年（一九〇六）に開始、大正一三年（一九二四）に終了したとされている。文中に引用する頁数は同書のそれによる。

（3）小論「儒教成立史上の二三の問題——五経博士の設置と董仲舒の事蹟に関する疑義——」（『史学雑誌』七六—一、一九六七年）

（4）その詳細については、渡邉義浩『後漢国家の支配と儒教』序論第二節「儒教の国教化」をめぐる諸研究（雄山閣出版、一九九五年）を参照。

（5）西嶋定生や板野長八などの研究によると、儒教の国教化の時期を王莽や後漢の光武帝の時代に引下げる見解も存在するが、ここではその問題についての論述は省略する。

（6）この問題については、張溥「董膠西集題詞」（『漢魏六朝一百三家集』所収）、何焯『義門読書記』巻一四史記下・儒林列伝、黄朴民「関于董仲舒研究的史料依拠問題」（『文献』一九九二—三。のちに同氏『董仲舒与新儒学』所収、文津出版社、一九九二年）などの論考がある。しかし『史記』・『漢書』双方の董仲舒伝に見られる内容上の大きな懸隔については、いずれも牽強付会にもいたらない未熟な解釈がなされている。

（7）以下、原則として、入門書や概説書による論説は割愛した。

（8）待詔については、杉本憲司「漢代の待詔について」（大阪府立大学『社会科学論集』四・五、一九七三年）、楊鴻年『漢魏制度叢考』待詔（武漢大学出版社、一九八五年）などの論考がある。なおここではその問題についての論述は省略する。

（9）津田左右吉『論語と孔子の思想』第一篇第二章（岩波書店、一九四七年。のちに『津田左右吉全集』一四所収、岩波書店、一九六四年）。文中に引用する頁数は全集のそれによる。

（10）誇飾説を主張する論文は、冨谷至「『儒教の国教化』と『儒学の官学化』」（『東洋史研究』三七―四、一九七九年）など。

（11）擬作説を主張する論文は、平井正士「董仲舒の賢良対策の年次について」（『史潮』一一―二、一九四一年）など。

（12）倒置説を主張する論考は、前注（10）所引冨谷氏論文や浅野裕一「董仲舒・天人対策の再検討――儒教の国教化をめぐって――」（『正統と異端――天皇・天・神』所載、角川書店、一九九一年。のちに同氏『黄老道の成立と展開』第三部第十章所収、創文社、一九九二年）など。

（13）鄭鶴声『漢班孟堅先生固年譜』（台湾商務印書館、一九八〇年）による。

（14）後漢時代には、皇帝でさえ『漢書』を閲読する機会をもつことは容易ではなかった。その実情については、『後漢書』巻五五章帝八王伝＝清河孝王慶伝が参考にされる。

（15）『後伝』については、小論「班彪『後伝』浅議」（塩入良道先生追悼論文集『天台思想と東アジア文化の研究』所載、山喜房、一九九一年）を参照。

（16）董仲舒をめぐる基本問題の一つに、『春秋繁露』のもつ史料的真偽性の問題がある。しかしそれは儒教の国教化とは直接的には関連する問題ではないので、ここでは論考の対象から除外した。

（17）以下の問題については、小論「秦漢時代における博士制度の展開――五経博士の設置をめぐる疑義再論――」（『東洋史研究』五四―一、一九九五年）において言及している。

（18）　佐川修「武帝の五経博士と董仲舒の天人三策――福井氏の所説に対する疑義――」（同氏『春秋学論考』Ⅲ第四章所収、東方書店、一九八三年）。文中に引用する頁数は同書のそれによる。
（19）　たとえば町田三郎「儒教国教化」（日原利国編『中国思想辞典』所載、研文出版、一九八四年）が、「建元五年の段階では『五経博士』を置くというのは、今後は五経の博士に限って博士官を立てることを国家の方針として決定した、という意味である」（一九一頁）と解説するのがそれである。
（20）　武内義雄『中国思想史』第十一章前漢の経学（『武内義雄全集』八思想史篇一所収、角川書店、一九七八年）に、「武帝のとき学官に立てられた五経博士は楊何の易、欧陽氏の尚書、轅固生の斉詩、后倉の礼学および胡母《ママ》生・董仲舒の公羊春秋の五経である」（一〇四頁）と叙述されるのがその一例である。
（21）　張金吾『両漢五経博士考』付載「覆陳君子準論五経博士書」を参照。
（22）　狩野直喜『両漢学術考』五漢初の博士（筑摩書房、一九六四年）。文中に引用する頁数は同書のそれによる。
（23）　武帝時代の政局と儒教については、平井正士「漢の武帝に於ける儒家任用――儒学国教化の前階として――」（『東洋史学論集』三所載、一九五四年）、蘇誠鑒「漢武帝〝独尊儒術〟考実」（『中国哲学史研究』一九八五－一）などを参照。
（24）　武帝初年の皇帝権力と選挙については、小著『漢代官吏登用制度の研究』第四章第二節前漢における賢良・方正の特色（創文社、一九八八年）を参照。

付記　この一文を寄稿後、筆者は論文「読『塩鉄論』芻議」（『早稲田大学大学院文学研究科紀要』四二、一九九七年）と「董仲舒の対策の基礎的研究」（『史学雑誌』一〇六－二、一九九七年）の二篇を発表した。ともに儒教の国教化について言及した論考であるが、小文の内容と年時的にあい前後する結果となったことを付記する。なお文中、敬称はすべて省略した。

――一九九六年夏稿・一九九七年春訂　F・M・W・I――

漢代国家の社会的労働編成

渡辺信一郎

はじめに

秦漢時代の国家は、様ざまな来源をもつ労働の編成をつうじて社会を維持し、社会を再生産することをつうじて、自らの国家支配を貫徹しようとした。国家支配の遂行と社会の再生産とのためにもちいられた労働とその社会的な編成形態の特質を究明することは、秦漢時代の国家と社会のあり方を考えるうえで、最も基本的な問題領域を構成する。

労働の組織編成を考察するに際して、二つの次元を区別する必要がある。一つは、農業経営や手工業経営など、経営内部の次元における個別的な労働過程内の労働の組織編成である。個別的労働過程内部の労働編成や労働の指揮は、通常は家長や経営主によって遂行され、労働の成果は第一に個別経営によって取得され、個別的に消費される。これら労働の指揮・編成は、あえて言えば私的領域に属することであり、通常、政治が介在することはない。いま一つは、これら個別経営をこえて組織編成される社会的な次元における労働編成であり、通常は共同体や地域権力もしくは国家によって編成される。それらは、治水・水利施設、通信施設、道路・土木施設の建造など、諸家族や諸経営をこえて必要とされる社会的な労働需要にもとづいて編成されるため、相互に利害調整をおこなう必要から政治が介在し、通常は制度化されている。ここで問題にしようとしているのは、言うまでもなく後者の社会的な次元における労働編成である。[1]

秦漢時代の国家支配と社会の再生産をになう労働のうち、その中核をなし、これまで最も精力的に解明され、膨大な研究蓄積をもっているのは、徭役労働である。しかし、徭役労働にだけ眼を奪われると、国家による労働編成の総体的な特質とそれが国家支配や社会的再生産全体に対して果たした機能とを充分に理解することができなくなる。たとえば、国家による労働編成のうち、代表的であり、またとりわけ大規模でもあった前漢の帝陵建造にかかわって、『皇覧』は、「三河（河内・河東・河南）・三輔（京兆・左馮翊・右扶風）・近郡の卒・徒十万数を発して復土」させたと伝える（『太平御覧』巻五五六引）。一〇万単位で数える卒（徭役労働）と刑徒労働とが、首都長安・洛陽を中心とする中核諸郡から広域的に編成されたことが分かる。成帝の昌陵邑建造に際しても、その労働者は、「卒・徒・工・庸、鉅万を以て数」えたことが知られている（『漢書』巻七〇陳湯伝）。帝陵建造には、数十万人におよぶ徭役労働・刑徒労働・技術労働・雇用労働が用いられ、広域的に編成されたのである。徭役労働にだけ注目していては、国家の労働編成総体と、それをつうじて達成される国家支配および社会的再生産の特質とを充分に認識することはできないのである。

徭役労働・刑徒労働・技術労働・雇用労働のうち、とくに重要なのは、帝陵建造を代表する労働形態として『皇覧』に特筆された徭役労働と刑徒労働である。これらは大量であると同時に、国家による強制労働でもあり、この時期の国家支配と社会的再生産を考えるうえで根幹をなす労働形態である。大量でありかつ強制労働でもあった労働形態としては、徭役労働・刑徒労働のほかに、中央政府諸官府に大量に集積された官奴婢労働がある。筆者の試算によれば、前漢時代後期の徭役労働の年間総数は一五〇万人、刑徒労働は数十万人、官奴婢労働は十数万人であり、これら三大強制労働の総数は、約二〇〇万人にのぼった。

主として中央政府に集積された官奴婢労働を除いて、徭役労働と刑徒労働とは概ね地方郡県に配置された。これら三大強制労働は、郡県次元の地方的労働需要・中央的労働需要・数郡以上にまたがる広領域的労働需要の三つの次元からなる労働需要の必要性に応じて、中央政府・地方政府の指揮・編成を受けて組織され、通常は単純労働に充当された。これら労働需要が強制労働によってまかないきれないときには、雇用労働が補充された。単純労働は、官吏の監督を受けた技術労働者（工）の技術的指導のもとに、様ざまな労働を遂行していったのである。

小論は、古代中国における三大強制労働形態である徭役労働・刑徒労働・官奴婢労働の国家的規模における編成形態を考察することをつうじて、秦漢時代の国家支配と社会的再生産のあり方の特質を解明することを目的とする。

一　徭役労働とその編成

(1)　内徭と外徭

三大強制労働の中核的労働形態であり、最も大量であった徭役労働から考察を始めよう。秦漢時代の史料に現れる「徭（繇）役」は、多様な内容を含んでいた[2]。徭役は、戸籍に登録された国家の基本成員である編戸・百姓から義務として徴発された卒が遂行する様ざまな労働である。それは、地方的力役であった更徭（更卒）のみならず、辺境警備を主とする戍卒や中央政府諸官府を警備する衛卒（衛士）、あるいは走卒に代表されるような中央・地方諸官府の最下級吏員まで包括するものであった。

このような漢代の徭役労働のあり方から、その特質として、第一に力役と兵役と吏役とが未分離であったこと、第二に唐代の正役二〇日に相当するような、中央政府の労働需要に充当される中央的力役が未分離であり、兵役・吏役・中央的力役・地方的力役が渾然一体となって存在していたことが、すでに指摘されている。しかし、まったく無秩序に徭役労働が存在したわけではない。漢代の徭役労働は、一定の論理的な区分のもとに制度化されていた。その最も大きい区分は、内徭と外徭との区別である。

たとえば『史記』巻三五律書には、文帝の時代には匈奴に対する和平政策が実施されたため、「故に百姓に内外の繇無く、肩を田畝に息うを得」たと、「内外之繇」の存在を伝えている。また、元帝の永光三年（前四一）冬に塩鉄官と博士弟子の定員が復活されたが、その理由は、「用度足らず、民多く復除して、以て中外の繇役に給すること無きを以て」であった（『漢書』巻九元帝紀）。この「中外之繇役」は、先の「内外之繇」と同じものであろう。問題は、内外（中外）の区別の内容である。

陳直氏は、『史記』律書の「内外之繇」について、「直按ずるに、漢の時の更卒・正卒、これを内繇と謂い、戍卒これを外繇と謂う」と解釈し、『漢書』巻二九溝洫志の「卒治河者為著外繇六月」の参照を指示している（『史記新証』天津人民出版社、一九七九年、六八頁）。更卒・正卒が内徭であるという積極的な論証はなく、外徭の使用例があげられているだけである。戍卒は、二三歳から五六歳までの男子である正（正卒）が、その義務期間に一年間勤務する兵役である。したがって、陳直氏のように正卒と戍卒とを截然と内外に区分することはできない。正卒と戍卒についての区分と関連は、いま少し具体的にとらえなおす必要がある。

陳直氏は、戍卒を辺境警備の兵役ととらえ、外辺の徭役として外徭を理解したものと考えられる。戍卒が辺境警備を担当したことは事実である。陳直氏が参照を指示した『漢書』巻二九溝洫志の「卒治河者為著外繇六月」に付す三国魏の如淳・孟康、唐の顔師古の注釈もその点では一致している。外徭を解釈するにあたって、如淳は『律説』の戍辺を参照し、孟康は「外繇は、戍辺なり」と指摘し、顔師古は「繇戍」に比定している。三者ともに外徭を一年交替制の辺境守備としての戍卒（戍辺・繇戍）とみなすことでは一致している（後述）。外徭に一年交替制の戍卒が含まれることは確かである。

しかし、戍卒は辺境だけでなく、首都長安の警備をも担当している。まず高祖七年（前二〇〇）一〇月、完成した長楽宮で挙行された最初の朝会儀礼には、「廷中で車騎・戍卒・衛官が整列し、武器をもち、旗幟を掲げて」参加している（『漢書』巻四三叔孫通伝）。また『漢書』巻七四魏相伝によれば、「河南の卒の中都官を戍る者二三千人」が一年間の義務期間延長を申し出ている。朝会儀礼に参加し、長安にある中央政府諸官府を警備した河南郡の戍卒とは、毎年一年交替で諸郡から長安に派遣され、中央諸官府を警備する衛卒のことである。「内外之繇」が無かったとされる文帝の治世について、賈山は、「陛下即位されるや、……外繇衛卒を減じ、歳貢を止め」と述べている。また、昭帝元平元年（前七四）二月の詔勅では、「天下は農桑を以て本と為す。さきごろ用を省き、不急の官を罷め、外繇を減じたれば、耕桑する者益ます衆し。而れども百姓未だ家ごとに給る能わず。朕甚だこれを愍む」と述べて、さらに口賦銭の減額を指示している。この「外繇を減じた」という措置をさかのぼって尋ねてみると、それは、始元四年（前八三）七月詔の「諸もろの中都官に給する者は、且らくこれを減ぜよ」以外にみあたらない。「中都官に給する者」とは、中央諸官府を警備する衛卒のことであり、衛卒は、詔勅の御墨付をもって明らかに外徭とみなされているのである。

以上のように戍卒は辺境警備を担当しただけでなく、中央諸官府をも警備し、また中央諸官府を警備する戍卒・衛卒は外徭と呼ばれていたのである。「中外之繇役」「内外之繇」の中・内が中央や内地を指すものではないこと、外徭の外がもっぱら辺外・辺境の警備を指すものでもないことは明らかである。

中央諸官府を警備する戍卒・衛卒が外徭であったことを合理的に解釈するならば、この内外・中外は、郡内と郡外、郡中と郡外でなければならない。内徭の実体については、それを具体的に指示する史料を欠いている。それは、外徭とは異なって、徭役が本来郡県内部で編成されるものであり、その事自体自明の事柄であったからに違いない。漢代の徭役編成にあたって、徭役編成の根幹が地方郡県にあり[3]、中央政府や国家内外を基準にするものではなかったことに、まず注意をうながしておきたい。漢代に生きた人びとの意識にあっては、徭役をとらえる基準は郡にあり、郡県内部で果たされる徭役が内徭（中徭）であり、郡外で遂行される徭役は、首都長安で果たされる徭役も、辺境で遂行される徭役も等しく外徭なのであった。以下、この内徭と外徭とを基準に、漢代の徭役労働について考察することにしよう。

(2) 内徭——郡内徭役

前後両漢期をつうじて、各地方にはその上級統治機構として郡（国）が設置された。郡国の数は、前漢後期以降、百余りで一定していた。この郡内で編成される徭役には、更徭（更卒）と呼ばれる力役と正（正徭・正卒）と呼ばれ、主として郡内での兵役・吏役をになう徭役があった。先ず更徭（更卒）からみることにしよう[4]。

更徭は、一五歳から五六歳までの男子がになう力役であり、一更一箇月を就労単位として編成された。前漢の昭帝期までは一年間に二更二箇月の就役義務があり、一箇月就労義務期間－五箇月非番期間のサイクルで編成されたが、昭帝始元六年（前八一）の所謂塩鉄会議を契機として一年一更の義務に改定され、これ以後、一年一更の卒更制度は後漢末まで続いた。

一更一箇月の就労義務を果たすに当たり、更徭の具体的な遂行には践更・居更・過更の三形態があった。践更は、一更一箇月の義務期間が回ってきて、就労義務を負うことであり、[5]雇用労働を雇って別人に義務を果たさせることが許されていた。この践更期間に本籍地の県において自ら就労して義務を果たすのが居更であり、何らかの理由によって実役に就かず、義務期間が経過した場合、これを過更と呼び、過更銭（更銭）が徴収された。一箇月の践更期間中に就労しなかった日があれば、その日数についても過更銭（更銭）が徴収されたと考えられる。

また、昭帝始元六年の卒更制度の改定にともない、一更一箇月の更徭の義務は原則として過更銭（更銭）による銭納方式に変わり、とくに実役に徴発されないかぎり、通常は銭を納入して義務を果たした。これ以後過更銭（更銭）は、他の銭納人頭税である口銭（口賦、七歳～一四歳男女負担、一年二三銭）や算銭（算賦、一五歳～五六歳男女負担、一年一二〇銭）と総称して更賦と呼ばれた。

前漢時代後期から後漢時代にかけての国家登録総人口数は、五〇〇〇万人から六〇〇〇万人であった。更徭の負担者は一五歳から五六歳までの男子である。登録人口の半数を男子と仮定すれば、二五〇〇万人から三〇〇〇万人の男子がえられる。男子の六〇％が一五歳から五六歳までの更徭の負担者であるとすると、全国の更徭負担者の総数は一五〇〇万人から一八〇〇万人になる。これに一年一更の卒更制度を適用すると、総労働量は、一五〇〇万月人から一八〇〇万月人となり、一二五万年人から一五〇万年人が通年にわたって更卒として労働していたことになる。各郡についていえば、概ね一万数千人の更卒が常に動員できる体制になっていたのである。

近年の論争点の一つに女子が更徭を負担するか否かが問われてきた。これについては、甘粛省武威地区旱灘坡の墓葬から、「人民が戸籍を申告するにあたり、男を女と偽って更徭を回避すれば、司寇（二年労役刑）とする（民占数以男為女、辟更繇、論為司寇）」と記す後漢初期の木簡が出土した。[6]この規定が前漢にまでさかのぼることはほぼ確実であり、女子が更徭の負担者でなかったことが明らかになった。ただし、女性が様ざまな徭役に就労していることも史料的に確認できる。女性の徭役は、男子が編成される更徭を中核として、その周辺に臨時に編成されるものであり、制度化されたものではない。

郡内で編成される徭役には、治水・土木事業などの単純労働に従事した更徭の他に、正（正徭・正卒）と呼ばれる徭役の編成があった。「漢代の人民（男子）は、二三歳になると正となり、（五六歳までの間に）一年間は衛士となり、もう一年間は材官・騎士となる」決まりであった（孫星衍校、衛宏撰『漢旧儀』巻下）。二三歳から五六歳までの男子である正が負担する代表的な徭役は、一年間の衛士と一年間の材官・騎士などの地方軍役であった。外徭である衛士については後に述べる。内徭として問題になるのは、一年間の材官・騎士としての軍役である。

漢王朝は、創立当初から首都長安で編成される南北二軍の中央軍と各郡国で編成される地方軍とを設置した。この地方軍を構成する主要兵種が材官・騎士である。それらは、「漢が興り……天下が平定されると、秦のあとをうけて郡国に材官を置き、京師（首都）に南軍・北軍の屯兵を置いた」のが始まりで、武帝が越を平定した際に、さらに楼船兵を増設している（『漢書』巻二三刑法志）。これら地方軍を統括指揮したのは、郡都尉（王国は中尉）であった。

これら地方軍は、後漢にはいってまもなく廃止される。まず光武帝建武六年（後三〇）八月に内郡の郡都尉が廃止され、これに連動する翌建武七年三月の詔勅によって、辺郡を除く地方軍が廃止されたのである。その理由は、「いま中央には諸軍があり、皆なおおむね精悍である。さしあたり地方郡国の軽車・騎士・材官・楼船の軍士および仮に設置された軍吏（軍仮吏）をやめ、民籍（民伍）に復帰させるがよい」と言うものであった（『後漢書』本紀第一下）。『後漢書』光武帝本紀の李賢注に引く『漢官儀』には、高祖が天下の郡国に軽車・騎士・材官・楼船の設置を命じたことを述べたのち、これら軍士には「各おの定員（員数）があった」と記している。定員があり、民籍とは異なる編籍をうけた材官・騎士は、軍吏であったと考えてよい。彼らが軍仮吏とともに廃止されていることが傍証となる。では、材官・騎士を成年男子一般が二三年の義務期間中に一年間負担する軍役であるとする『漢旧儀』の記述はまちがいなのであろうか。

『漢旧儀』の記述は、まちがってはいない。武帝元光二年（前一三三）の馬邑谷中での匈奴に対する伏兵作戦には「車騎・材官三十余万」が動員されたが、匈奴単于に気付かれて失敗した。のちに武帝がこの作戦にふれて、「天下の兵数十万を発した」と述べている（『漢書』巻五二韓安国伝）。これら数十万の軽車・騎士・材官兵が軍吏ばかりだとはいえない。いま武帝期の総登録人口を五〇〇〇万人、そのうち男子を半数の二五〇〇万人と仮定してみよう。二三歳から五六歳までの男子をそのうちの五〇％とすれば、一二五〇万人であり、義務期間二三年に一年の兵役担当であるから、平均して一年に三八万人の現役兵が居ることになる。これは概数にすぎないが、馬邑の伏兵戦に動員された軽車・騎士・材官兵は、ほぼ全国から動員可能な兵力であったとみなしてよい。軍吏のほかに二三年の義務期間に一年間徴発される兵士も、軽車・騎士・材官・楼船軍に卒として編成され、軍吏の指揮をうけたものと思われる。定員がある軍吏としての軽車・騎士・材官は、卒のなかから選抜されるか、志願した職業軍人であろう(7)。

卒としての徴発兵は、一般的には甲卒と呼ばれた。郡（国）の次元で軍事を統括したのは、郡都尉（王国は中尉）である。『漢書』巻一九百官表上は、郡都尉の職掌を「守（郡太守）を佐けて武職・甲卒を典る」と規定している。甲卒は、明らかに軽車・騎士・材官・楼船軍に編成される以前の、一般的な兵士の呼称である。

甲卒は、様ざまな史料に見えるが、徭役制度としての甲卒の用例には、なおつぎのものがある。武帝は、即位した建元元年（前一四一）二月、恩恵として「年八十には二算（算銭二人分・二四〇銭）を復（免除）し、年九十には甲卒を復（免除）」したことがある（『漢書』巻六武帝本紀）。これは、老人の世話を容易にするために、その家族に対して租税負担を免除したものである。ここに現れる甲卒は、明らかに軍役負担の免除であり、郡都尉に統率される地方軍の兵卒である。

いま一つ、晁錯の文帝への提言がある。それは、「今、民の車騎馬一匹を有つ者に令して卒三人を復（免除）せしめられんことを。車騎は、天下の武備なり。故に為に卒を復す」（『漢書』巻二四食貨志上）というものである。このなかに見える卒について、顔師古注に引く如淳は、「三卒の算銭を復（免除）するなり」と自説を述べたのち、或説として「三夫を除きて甲卒と作さざるなり」を紹介している。「復卒」は、算賦の免除ではない。算賦は、女性も負担する。したがって、武帝建元元年の例のように、算賦を免除する場合は、「復算」が用いられる。また、著名な居延漢簡の礼忠簡には、「用馬五匹直二万」（三七・三五）とあり、使役用の馬で一匹あたり四千銭である。算賦三人分は、三六〇銭に相当するに過ぎず、その一割にさえ満たない。「車騎は、天下の武備なり。故に為に卒を復す」と、晁錯が端的にその理由を述べているのだから、或説が主張するように軍役（甲卒）とみなすのが自然である。これは、直接に甲卒制度の存在を示すものではない。しかし、武帝建元元年の例とあわせて考えれば、郡国兵が一般に甲卒と呼ばれ、郡国が立地する地勢にしたがって軽車・騎士・材官・楼船軍に編成されたことが推定できる。

この甲卒は、後漢初に内郡の地方軍が廃止されたのちも、正が負担する傜役として存続した。とくに地方官府に勤務する走卒・五伯などは、その代表である。漢代の地方官府に勤務する官吏は三層からなっていた。上層は、皇帝が直接任命して地方に派遣する郡太守・都尉・郡丞、県令・県尉・県丞などの長吏である。中層は、郡太守・都尉、県令など各官府の官長が独自に人事をおこなって編成する属吏層であり、掾・史・書佐・幹などと呼ばれる書記官である。そうして最下層を構成するのが、「賤吏の小史」（『続漢書』輿服志下）と呼ばれ、編戸百姓から徴発され、交替勤務（更）させられる人びとである。(8) 後漢の明帝が、その出生地である元氏県の人民・官吏に優遇措置をほどこしたとき、「県の掾史および門闌・走卒に労賜す」と詔勅に述べるのは、掾・史と門闌・走卒とによって元氏県官府職員の中層と下層とを代表させ、区別したものである（『後漢書』明帝本紀第二永平五年条）。

地方官府の最下層を構成した「賤吏の小史」には、官府の維持・警備、官長の世話（趨走）・警備にかかわる役務を担当する鈴下・門闌・門卒・白衣・侍曹・侍閣、五伯・辟車、街中・城外の警備・警察をになう街里走卒・亭卒、あるいは通信施設である郵駅の役務を担当する駅卒などがいた。これらは、その役務の内容からみて軍役から派生したものであり、甲卒と同様に正がになう内徭（正徭）の基本任務を構成したのである。地方軍が廃止された後漢時代にあっては、「賤吏の小史」のになう役務が正徭の中心になっていたはずである。しかし、この役務も走卒銭の徴収にみられるように、後漢初期から銭納化と役務の雇用労働化が進行しており、後漢末には各地で設立された正衛弾碑の内容から窺えるように、危機に瀕していた。

以上、多岐にわたった考察を前漢後期を念頭にまとめておこう。漢代の地方郡県が編成する内徭役には、一五歳から五六歳の男子が更卒として一年に一月あて交替就役する更徭と、二三歳から五六歳の男子が甲卒として義務期間中に一年間徴発される軍役ないしは走卒などと呼ばれて地方官府の役務・警備をになう「賤吏の小史」があった。更徭は全国通年で約一五〇万人、正の甲卒のそれは数十万人であり、内徭全体で二〇〇万人におよぶ人びとが治水・灌漑・道路通信施設の建造などの力役、地方の治安をになう軍役、地方行政の最末端をになう吏役に従事したのである。これら内徭のほかに、漢代の男子は、さらに外徭と呼ばれる軍役・役務に従事した。節を改めよう。

(3)　郡外徭役——中央的需要と広領域需要

郡外徭役には戍卒と衛卒とがあった。さきに見た衛宏の『漢旧儀』巻下には、「漢代の人民（男子）は、二三歳になると正となり、（五六歳までの間に）一年間は衛士となり、もう一年間は材官・騎士となる」ことが述べられていた。これとは別に、董仲舒が武帝に対しておこなった上言では、秦代以来の弊害の一つとして「又た月を加えて更卒と為し、已にして復た正と為し、一歳の屯戍、一歳の力役、古えに三十倍」したことを指摘している（『漢書』巻二四食貨志上）。こちらは一歳の屯戍のみを指摘して、衛士には言及していない。一年勤務の衛士（衛卒）と一年交替の屯戍（戍卒）とは別のもので、正が負担する郡外徭役は、二種類二年間であったのだろうか。

結論をさきに言えば、二種類二年間ではなく、二種類のうちいずれか一年間の勤務が義務であった。すでに述べたように中央官府を警護する河南郡の卒は「河南卒戍中都官者」（『漢書』巻七四魏相伝）と記されており、戍卒と衛卒とは同一のものであった。戍卒のうち辺境を守備する兵士たちが「戍辺」「屯戍」と呼ばれ、中央官府を警護する兵士たちが衛卒と呼ばれたのである。中央官府の警護は名誉をともなう勤務であり、辺境の守備が過酷なものである以上、今日の我われの眼では、両者を単純に同一のものとしてとらえることはできない。しかし漢代の史料では、戍卒の二形態として「戍辺」「屯戍」と衛卒とが同一視されたことも争えない事実である。郡外で果たされる正の徭役として見るならば、「戍辺」「屯戍」と衛卒とは同じ一年勤務の外徭なのである。ただ、誰が「戍辺」「屯戍」を担当し、誰が衛卒を担当するのか、その選択には一定の基準があったものと推測される。

二三歳から五六歳にいたる男子は、正としての三三年の義務期間中、一年間は甲卒の地方軍役もしくは吏役を内徭として負担し、さらに一年間は辺境警備の兵士もしくは中央官府警護の衛卒を外徭の戍卒として、都合二年間の勤務を義務づけられていたのである。中央官府の警護は中央政府の需要に基づいて編成される外徭であり、辺境の警護は外敵の侵入から国家を保全するために、中央政府の指令に基づいて広域的に編成される外徭である。

三三年の義務期間中、一年間の勤務をおこなう戍卒の年平均動員可能数は、甲卒と同様、登録人口五〇〇〇万人の場合は約三八万人、前漢末の六〇〇〇万人であれば約四五万人である。全国的には、地方郡国兵が数十万、首都と辺境警備の兵士が数十万、ほぼ一〇〇万人近い兵士が配置されていた。行軍編成には郡国兵も動員されるから、年平均動員可能数だけを編成しても、中央政府は、一〇〇万の軍隊を動員することができた。武帝元鼎五年（前一一二）の南粤・西羌の反乱にさいし、南方で楼船軍二〇余万人、西北辺境で騎士・戍卒六〇余万人、合計八〇余万人の兵士が動員されたのは、その例である（『漢書』巻二四下食貨志）。

中央政府の指令に基づいて広域的に編成される徭役には、「戍辺」「屯戍」の戍卒以外にも、臨時に編成される力役があり、これも外徭とみなされた。その代表的なものは、数郡にまたがる治水事業である。

例として成帝河平元年（前二八）の黄河決壊に対する治水事業をとりあげよう。それは、魏郡の館陶と東郡の金堤で黄河が決壊し、周辺の四郡三二県に氾濫が及ぶという未曾有の大災害であった。この自然の脅威に対する応急策として、中央政府は、河南郡以東の漕船五〇〇隻を徴発して住民を避難させるとともに、三六日間の徭役労働（卒）の徴発によって堤防を完成させたのである。この時に徴発された卒に対する手当てが問題になり、成帝が直じきに「卒治河者為著外繇六月」の処置をとった（『漢書』巻二九溝洫志）。問題は、この文章の理解である。

この文章には、三人が注釈を残している。先ず三国魏の如淳は、「律説に、『辺を戍ること一歳にして当に罷むべし。若し急あらば、当に留守すること六月なるべし』と。今、卒、河を治るを以ての故に、復た六月を留むるなり」と解釈する。如淳は、辺境守備の戍卒は一年交替制であるが、緊急の際には六箇月間の延長勤務があったと述べる漢律の解説にもとづき、黄河の治水のために、卒がもう一度六箇月間の勤務延長にとめ置かれたものと理解している。これに対して三国魏の孟康は、「外繇は、戍辺なり。水を治めたれば、復たは辺を戍らざるなり」と述べる。外徭を辺境守備の戍卒であると考える点は、両者おなじである。異なるのは、如淳が黄河治水のために六月間の延長勤務に動員されたと考えるのに対して、孟康は、黄河治水に動員されたために辺境守備に二度と動員されなくなったことと理解している点である。さらに唐の顔師古は、「如・孟二説、皆な非なり。卒の河を治るに労有りしを以て、執役の日近かしと雖も、皆な繇戍六月に比らうを得るなり。著は簿籍に著すを謂うなり」と、如・孟二説を否定する。顔師古も外徭を繇戍と述べて、辺境守備の戍卒とみなしていることは明らかである。この点は、三者とも同一見解である。異なるのは、黄河治水の苦労に報いるため、作業日数が短かったにもかかわらず、これを辺境守備の戍卒六箇月間の勤務に相当するとみなし、外徭の管理帳簿に記入したと考える点である。著を帳簿への記載ととる顔師古説は動かない。

三者の外徭の理解には、にわかに従えない。外徭を三者ともに戍辺・繇戍として辺境守備の戍卒に限定している。外徭が衛卒を含み、辺境守備の戍卒に限定されないことは、すでに述べたのでくりかえさない。重視すべきは、この災害が四郡三二県に及ぶという広領域にまたがる大災害であり、河南郡以東の漕船五〇〇隻を徴発して住民を避難させたことからも分かるように、徴発された三六日間の徭役労働は、被害をうけた四郡三二県を中心に広領域にまたがって編成されたと考えられることである。堤防の建造は、数郡にまたがって徴発・編成された応急の徭役労働によって遂行された。この郡外で広域にまたがって編成されたことと、短期集中の強制労働になったこととをどのように位置づけるかが、問題になったはずである。

この郡外での広領域編成については、これを外徭同様とし、三六日間の短期集中労働が外徭の場合の六箇月間相当の労働とみなされ、管理帳簿に記載されたものと考えられる。したがって、外徭の理解に修正を加えたうえで、私は、顔師古説が妥当であると考える。この経緯のなかで明らかになる本質的な問題は、単に文章の解釈にとどまるものではない。問題は、中央政府と地方郡国との中間に存在した、数郡にまたがる広域的な労働編成が充分に制度化されていなかったことである。郡内で発生した治水・水利事業の場合は、すべて郡内の卒を動員して遂行された。この場合は、制度として更徭が動員されたはずである。しかし、数郡にまたがる広領域事業の場合は、中央から謁者などが臨時に派遣され、時どきの需要に応じて労働が編成されたのである。[9] 中都官と郡県の地方官府との中間領域に広がる徭役労働の広領域編成が充分に制度化されていなかったところに、本質的な問題がある。これは、労働編成にとどまらず、それを典型とする行政全体につうじて言えることである。中央政府と地方郡県政府との間にひろがる広領域行政の未成熟、臨時的性格が専制国家の特質を考えるに際し、重要な論点として提起されるのである。

広領域にわたる徭役労働編成は、河平元年の黄河治水の場合は外徭とみなされた。これは、内徭・外徭を二大区分とする漢代の労働編成のありかたからすれば、順当な位置づけであった。広領域編成の未成熟という問題をはらみつつも、内徭と外徭との区分は維持されたのである。

二　刑徒労働とその編成

社会的な労働需要に充当される強制労働には、徭役労働のほかに刑徒労働があった。始皇帝陵・阿房宮の造営に全国から七〇余万人の刑徒が動員されたことは、その典型である（『史記』巻六秦始皇本紀始皇帝三五年条）。漢代にはいっても、さきに言及したとおり、皇帝陵の建造には卒と刑徒労働とをあわせて数十万人が動員された。刑徒労働の編成を具体的にとらえなければ、労働の社会的編成は充分に理解できない。

漢代の労役刑は、文帝一三年（前一六七）の肉刑廃止を機に、それに代替する有期刑として整備されたものである。景帝以後、後漢にいたるまでの労役刑は、五年刑の髠鉗城旦刑から逓減して、完城旦刑（四年）・鬼薪刑（三年）・司冦刑（二年）の三種を含む完刑、一年・半年・三箇月の三種からなる作刑（戍罰作）の刑期をもつ刑罰に体系化されていた。[10]

刑徒労働は、帝陵・宮苑・官府の建造、治水・水利、道路・橋梁、通信・交通施設の建造などのほか、地方郡国に中央の出先き機関として設置された鉄官、あるいは鋳銭官などの官府手工業にも配属され、また首都の治安を担当する司隷校尉配下の兵卒となるなど、卒がになう徭役労働と組み合されて、漢代社会が必要とする様ざまな労働需要を遂行した(11)。

刑徒労働の総量を、まず確認しておこう。班固は、『漢書』巻二三刑法志の末尾で、昭帝から平帝にいたるまでの前漢後期の刑罰の状況を概観し、死刑囚が人口千人当たりに一人(〇・一%)、耐罪(司寇二年刑)から右趾(五年刑)にいたる罪を犯した囚人がその三倍余り(〇・三%)であったことを指摘し、死刑囚が年に数万、労役刑徒が数十万にのぼったと述べている。漢末の国家登録人口六〇〇〇万人について機械的に計算すれば、死刑囚は約六万人、刑徒は約一八万人となる。班固が言及した二年から五年の労役刑のほかには、より軽い三箇月から一年にいたる戍罰作刑(作刑)があった。それらを加えるならば、刑徒の総量は、二十数万から多くても三〇万人程度であったとみてよい。これら刑徒は、全国二〇〇〇余箇所にあった監獄に収監され、労役に従事した。前漢末の地方官府は、郡(王国)が一〇三、県(道・侯国)が一五八七、総数一六九〇であったから、各地方官府に概ね一箇所の監獄があり、各監獄に平均一〇〇人余りの刑徒が収監されていたことになる。

これら数十万人の刑徒は、「これを司空に輸し、これを徒官に編し」(『漢書』巻四八賈誼伝)て、「徒隷簿」(『水経注』巻一六穀水条引『文士伝』)などと呼ばれる簿籍に編籍された。中央政府は、郡国から年末に上計される集簿によって、どの地方にどれだけの刑徒が集積されているのか、充分に把握していたはずである。班固の言及は、そのような中央政府に集められた刑徒の集簿にもとづくものであろう。刑徒労働は、編戸百姓が負担する徭役(卒)とは異なり、季節や年齢を顧慮する必要はなく、常時労役に使用することができた。これら刑徒労働も、中央的需要・地方的需要・広領域需要の三つの需要形態によって、卒などの労働とともに編成された。以下、この三形態に分けて考えることにしよう。まず中央的需要について。

(1) 中央的需要とその編成

前漢の首都長安には、二六の中央官府に詔獄とよばれる特設監獄（中都官二十六詔獄）が設置された。中都官詔獄に収監された刑徒の総数を端的に記す史料は残っていない。ただ、武帝期に杜周が廷尉となったとき、廷尉獄と中都官詔獄に繋がれた者が六、七万人、さらには一〇万人余りにのぼったと言われる（『史記』巻一二二酷吏列伝）。これは極端な例であり、そのすべてを労役刑の判決をうけた刑徒だとは考えられないが、首都に集積された刑徒労働数の上限を示すものとみてよい。通常は数万人程度の刑徒が二六詔獄に収監されたものと考えられる。

表Ⅰは、二六詔獄のうち、沈家本の考証にもとづいて判明した一八詔獄を一覧にしたものである。沈氏の考証には検討を要するものもあるが、しばらくこれに依拠して議論をすすめる。この一覧表をみて、ただちに分かるのは、二六詔獄が基本的には少府を中心とする作事官府であったことである。これら作事官府は、宮殿・官庁の造営、皇帝・官僚の朝服・祭服等の製作、皇帝・官僚の公的食物の調製、武器管理、宮苑・治水管理などを担当し、皇帝・官僚を中心とする中央政府そのものの再生産を維持する官庁である。二六詔獄に集積された刑徒は、これらの直接的な中央政府需要を経常的にまかなうために、編成されたものである。

経常的な中央政府需要をこえるような労働需要が生じたときには、二六詔獄に集積された刑徒のほかに、首都周辺の郡の卒や刑徒、さらには全国的な労働編成がなされた。すでにみた帝陵の建造では、「三河（河内・河東・河南）・三輔（京兆・左馮翊・右扶風）・近郡の卒・徒十万数」（『太平御覧』巻五五六引『皇覧』）が編成されている。長安の

表Ⅰ　前漢中都官二六詔獄（沈家本『歴代刑法考』「獄考」）

獄名	所属官府	職掌
①郡邸獄	大鴻臚（典客）	
②別火獄	大鴻臚（典客）	水火改め・井戸浚え
③左右都司空獄	宗正	治水及び罪人の管理
④内官獄	宗正（元属少府）	度量の管理
⑤若盧獄	少府	蔵兵器
⑥考工（共工）	少府	器械製作
⑦居室（保宮）	少府	
⑧永巷（掖庭）	少府	
⑨暴室	少府	
⑩導官	少府	穀物調製
⑪水司空	水衡都尉	
⑫家令（太子家獄）	詹事	
⑬寺互	中尉（元属少府）	
⑭都船	中尉	治水官
⑮未央厩	太僕	
⑯東市獄	京兆尹	
⑰西市獄	左馮翊	
⑱北軍獄	中壘校尉（中尉）	

城壁建造に際しては、恵帝三年（前一九二）春および五年正月の二度にわたって、長安周辺六〇〇里（約二五〇キロ）以内の男女一四万五〇〇〇人の労働を編成するとともに、三年六月には、全国の諸侯王・列侯の徒隷二万人を編成している。

秦の始皇帝陵・咸陽宮・林光宮・阿房宮遺跡などから発見された文字のある磚瓦・陶器片一一一九件（四四三種）を整理した袁仲一氏は、これを①刑徒を用いた中央官署製陶作坊陶文（六九六件・一九六種）、②徭役を用いた官営製陶作坊陶文（七九件・三三種）、③都邑郡県市亭製陶作坊陶文（五三件・二八種）、④民間私営製陶作坊陶文（九二件・五四種）、⑤その他（一九九件・一三二種）に分類している（『秦代陶文』三秦出版社、一九八七年）。秦の陵墓・宮殿建造は、刑徒労働・徭役労働・民間労働を編成して遂行されたことが分かる。

①中央官署製陶作坊陶文には製作官府名が記されており、それらは、少府所属の左司空・右司空・左水・右水・寺水・宮水・北司、将作大匠所属の大匠・大水、中尉所属の都船その他である。これらの官府は前漢の二六詔獄に連続するものである。また②徭役を用いた官営製陶作坊陶文には県名＋人名が記されており、各県を単位として徴発・編成された陶工たちが製作したものである。それら県名の大部分は陝西省内にあり、ついで甘粛・河南・山西省に位置するものが多い。限られた陶文からではあるが、秦の中央的需要にもとづく労働編成も、前漢の帝陵建造とほぼ同じ編成構造をもっていたことが分かる。

後漢にはいると、中都官二六詔獄は廃止され、刑徒労働をもちいた中心的製作官府である将作大匠の規模も縮小される。[12] しかし、中央的需要にもとづく刑徒労働の編成は、残された史料でみるかぎり、むしろ大規模化している。それを明示するのは、洛陽南郊で発見された刑徒墓出土の磚文である。[13] 磚文には刑徒が所属した獄の郡県名、刑名、死亡年月日などが記されており、後漢の首都洛陽で編成された刑徒労働の一端をかいま見ることができる。五二二座の刑徒墓から出土した八二〇余の磚文は、その全貌は紹介されてはいないものの、そのうち四個が少府若盧の刑徒のもので、それ以外は三九郡国・一六七県の獄から徴発された刑徒のものだといわれる。紹介された四〇個の磚文拓本から分かる地名は、河南洛陽・潁川舞陽・南陽武陰など河南省を中心として、陝西・山西・山東・江蘇・安徽・湖北省を含み、県獄を徴発単位として全国的な編成がなされていたことが分かる。[14] このような中央的需要の全国的編成が可能であったのは、洛陽が交通の中心地にあり、人と物との流通・集積が長安に比して容易であったことによると考えられる。『水経注』巻一六穀水条に引く順帝陽嘉元年（一三二）の碑文は、永建六年（一三一）九月の詔勅によって始められた太学の修築に、工徒一一万二〇〇〇人が使用されたことを記している。これによって、全国から編成される後漢期の刑徒労働の規模の一端を推量することができる。

(2) 地方的需要および広領域需要とその編成

刑徒が郡や県を基礎単位に集積されたことは、後漢洛陽出土の刑徒磚の記載から明らかである。「高祖劉邦が泗水亭長として、沛県のために刑徒を建造中の始皇帝陵に護送した」（『史記』巻八高祖本紀）ことも、県が刑徒労働の全国的編成の基礎単位であったことを示している。隋の蕭吉『五行大義』論諸官第二二に引用する翼奉の著述には、郡府の諸部局（曹）の一つとして尉曹をあげ、「尉曹は、獄司空を関連機構とし、士卒・獄事・罪人逮捕をつかさどる（尉曹以獄司空為府、主士卒獄閉捕亡）」と解説する。獄司空は、主として県に設置された獄官であり（『続漢書』百官志一司空条劉昭注補引応劭『漢官儀』）、刑徒を管理した。翼奉によれば、前漢後期の郡府にも獄司空があり、尉曹と連携して刑徒の管理をしていたことが分かる。尉曹についていえば、単に甲卒・更卒（士卒）のみならず、刑徒の管理をもおこなっていたのである。中央政府の宰相府（三公府）には、それぞれ郡県同様の諸部局が設けられていたが、三公府の尉曹も「卒・徒、転運の事を主」った（『続漢書』百官志一太尉条）。県・郡・三公府の地方・中央官府には、それぞれ尉曹が設置され、徭役労働と刑徒労働とを管理したのである。

刑徒が郡県の地方官府、とりわけ尉曹−獄司空によって管理されたことは、地方における労働需要が郡や県を単位とする更卒・刑徒によって遂行されたことを示している。たとえば、後漢期の太原郡における漕運路の開鑿がある。それは、永平年間（五八〜七五）に都慮から羊腸倉までの漕運路を造った時、太原郡の吏民が力役に励んだにもかかわらず、連年にわたって完成しなかった。そこで建初三年（七八）、中央政府が鄧訓を謁者として派遣し、その事業を監督させ、陸運に転換して「全て徒・士数千人を活か」した、というものである（『後漢書』鄧訓列伝第六）。この事例は、太原郡内での運河建造には郡内に集積された刑徒・徭役労働数千人が編成されたこと、郡を主体とする事業の遂行が困難になった時点で、中央管轄の事業に転換されたことを伝えるものである。また、『隷釈』巻四「蜀郡太守何君閣道碑」によれば、「蜀郡太守何君が、郡掾の舒鮪を派遣し、刑徒を率いて道路を修治し、五五丈にわたって桟道を築かせたが、累計一一九〇日の労働を用いて、建武中元二年（五七）六月に竣工した」事例がある。これも、郡内の交通路維持にかかわって刑徒労働が編成されたことを伝えるものである。さらに、『水経注』巻一九渭水条に引く『三輔黄図』によれば、「渭橋の南北には堤防があって石柱が立っていた。石柱の南は京兆尹が管理し、北は左馮翊が管理し、令・丞が設置され、各おの刑徒一五〇〇人を率いた」。橋梁の経常的な維持に、刑徒労働が用いられた例である。しかし、県を単位とする刑徒労働の編成事例は、管見のかぎりでは、まったく残っていない。県における更徭の具体例がほとんど残されていないのと同様、それには史料の偏在を考慮すべきであろう。

これに比べてやや多く史料が残っているのは、数郡にまたがる広領域需要にもとづいて編成される刑徒労働である。まず著名な「開通褒斜道摩崖」（『金石萃編』巻五）がある。それは、「永平六年（六三）、漢中郡が、詔書によって広漢・蜀郡・巴郡の刑徒二六九〇人を受領し、褒斜道を開通」した事例である。その内容は、「桟道六三三間・大橋五を作り、道路二五八里（約一〇七キロ）、郵亭・駅置（警察・通信施設）、徒司空（刑徒管理機構）、褒中県など併せて六四箇所の庁舎を造り、累計で七六万六八〇〇余人の労働を用いる」という広領域事業であった。この事業主体は漢中郡太守であったが、事業が広領域にまたがり、三郡の刑徒を使用する必要もあって、詔勅による皇帝の許可を必要とした。郡内の徭役・刑徒労働を用いた郡内の地域的事業は、郡太守・県令の自主的裁量によって事業を遂行することができたが、広領域事業である場合には皇帝の認可を必要としたのである。太原郡の漕運路開鑿事業も、中央が事業主体となり、陸運に変更されるにあたって、章帝の許可を仰いでいる。

この他、元光年間（前一三四～前一二九）に瓠子で黄河が決壊し、広領域にまたがって被害が及んだとき、武帝は、「汲黯・鄭当時を遣わし、人民・刑徒（人徒）を興して治水」させている（『史記』巻二九河渠書）。また馬第伯「封禅儀記」によれば、光武帝建武三二年（五六）二月の泰山封禅にあたって、「二月九日、魯に到着。守謁者の郭堅伯を遣わし、刑徒五〇〇人を率いて泰山道を修治させ」、一二日にはさらに治道の刑徒一〇〇〇人を投入している（『続漢書』祭祀志上劉昭注補引応劭『漢官』）。さらに、元和元年（八四）の江陵・宛一帯への南方巡幸に際して、章帝は、「司空に自ら刑徒を率いて橋梁の修築を行なうよう命じ」ている（『後漢書』章帝本紀第三）。あとの二例は、皇帝の行幸にかかわる道路・橋梁の広域的修築であり、地方独自の需要にもとづくものではない。しかし編成された刑徒は各郡県の刑徒であり、事業の成果は地方住民にも及んだのであるから、ここでは広領域編成のうちに含めておきたい。

刑徒労働の広領域編成の特質は、徭役労働の広領域編成と同様、事業主体となる官府・官僚が制度的に確定しておらず、必要が生じたとき、皇帝が臨時に派遣する官僚が主体となって、その地域の刑徒や徭役労働を編成し、事業を遂行する点にある。換言すれば、中央政府と地方郡県政府との中間にあって、広範囲にわたる労働需要を構成した治水・水利、道路・橋梁、通信・交通施設の建造をになう広領域行政が未成熟であり、必要に応じて臨時に編成された点にある。

両漢期をつうじて総体的にみれば、武帝期までの社会的労働編成は、主として編戸百姓がになう卒の多様な徭役労働によって果たされ、武帝期をさかいとして前漢後期にあっては次第に刑徒労働の比重が増し、後漢期にはこの傾向が一層進展した、と言える。とりわけ、中央的需要と広領域的需要にもとづく社会的労働編成は、後漢期にいたって専ら刑徒労働によって遂行されるようになる。漢代国家の社会的労働編成は、前漢から後漢にかけて、徭役労働から刑徒労働への傾向的な転換を読み取ることができる。

三　官奴婢労働とその編成

官奴婢は、犯罪を犯した本人、あるいは連座した家族・親族、さらには同伍（五人組）で連座した隣人などが、その身柄を国家に没入されて奴婢身分とされた者たちである。高祖一〇年（前一九七）、高祖が出征したすきに、韓信が「家臣と謀り、夜に詔を偽って諸官の刑徒・奴婢を赦免し、兵を挙げて呂皇后・太子を攻撃しようとした」ことがある（『史記』巻九二淮陰侯列伝）。このことから官奴婢は、刑徒とともに相当の兵力をなすほど大量に、中央諸官府に集積されていたことが分かる。

この官奴婢の数について、前漢後期の貢禹は、「諸もろの官奴婢十万余人は、ブラブラして仕事もない。良民から租税を取って彼らを養うのに、毎年五、六億銭かかる」（『漢書』巻七二本伝）と述べ、解放して庶人とし、関東の戍卒にかえて北方辺境の警備につかせるよう提案している。これら一〇万余人の官奴婢は、中都官府に配属された官奴婢であろう。これら中都官府配属の官奴婢のほかに、北辺・西辺に分布する太僕所管の三六箇所の牧場では、「官奴婢三万人が、三〇万頭の馬を分養していた」（『漢書』巻五景帝中元六年如淳注引『漢儀注』）。王莽期には、私鋳銭の鋳造に連座して官奴婢となった人びとが鍾官（鋳銭官）に送り込まれ、その数が数十万に及んだと言われる（『漢書』巻九九王莽伝下地皇二年（後二一）条）。これは極端な例であるが、前漢後期には、長安の諸官府を中心に十数万の官奴婢が集積されたと考えられる。

十数万の官奴婢は、中央諸官府に配属された。上記した太僕・鍾官以外にも、たとえば丞相府の官奴婢は時刻の管理を行い（孫星衍校訂『漢旧儀』巻上）、上林苑の官奴婢は鹿を飼育し（同『漢旧儀』巻下）、宮廷の料理を司る太官・湯官には各おの三〇〇〇人の官奴婢が配置された（『太平御覧』巻二二九引『漢旧儀』）。これら官奴婢の労働は、配属された官府が担当する職掌に関連するものである。この他、官府そのものを維持するために官奴婢が配備された。前漢末の傅太后は、謁者に命じて諸官府の婢を安く買い漁らせたが、長安城内の治安を担当する執金吾（中尉）府の官婢八人を買うに及んで、告発されている（『漢書』巻七七毋将隆伝）。執金吾の官婢が執金吾の職掌にかかわる労役を担当したとは考えられない。執金吾の官婢は、執金吾府を維持するための労役に従事したはずである。このことから、その他の諸官府にも雑役に使用される官奴婢が配置されたことが分かる。官奴婢は、主として中央諸官府に配属され、配属先の官府の職掌に関連する労役や官府そのものを維持する様ざまな労役に従事したのである。

考えなければならないのは、十数万の官奴婢および数万の中都官刑徒、あわせて二〇万に及ぶ労働力の維持である。貢禹は官奴婢十万余人に毎年五、六億銭かかると述べているが、それだけではなかった。武帝元鼎三年（前一一四）を頂点とする楊可の告緡令実施にともない、全国の商人を中心とする中家層以上の財物・奴婢・田土が大量に没収された。とりわけ奴婢の没収は、千単位・万単位で数えられるほどで、「諸苑に配備して犬馬鳥獣を飼育させたほか、諸官府に配属された。官員の数と職務分掌は益ます煩雑で多くなり、刑徒・官奴婢も大量になったが、彼らを養うために黄河の漕運によって四〇〇万石の穀物を運ばせたほか、官が自ら穀物を買い入れてやっと充足」するありさまであった（『漢書』巻二四食貨志下）。漢代の兵士一人当たり年間穀物消費量は約二〇石であったから[15]、四〇〇万石で支えられる人口は、約二〇万人である。この関東（河南・河北省を中心とする地域）からの四〇〇万石の穀物輸送は、前漢後期にいたるまで故事として制度化され、輸送のために関東一帯の卒（徭役）が六万人使用された（『漢書』巻二四食貨志上、耿寿昌、宣帝・五鳳年間上奏）。武帝中期から前漢後期の首都長安には、二〇万人近い官奴婢・中都官刑徒が集積され、中央的需要にもとづく労働編成をうけて諸労働を遂行し、六万人の徭役労働によって輸送された関東からの四〇〇万石におよぶ穀物によって再生産されたのである。(16)

おわりに――漢代における社会的労働編成の特質

漢代の国家による社会的労働編成は、通年約一五〇万人にのぼる編戸百姓からの徭役労働、全国二〇〇〇箇所の監獄に集積された数十万人の刑徒労働、主として首都の中央諸官府に集積・配備された数万人の刑徒と十数万人の官奴婢からなる強制労働をその基本的構成要素とするものであった。このほか国家は、地方郡国の軍役・吏役として年間数十万人の甲卒（正）、辺境・中央諸官府の警備を担当する年間数十万の戍卒、あわせて七、八〇万人にのぼる軍役を「徭役」として編成した。

二〇〇万人にのぼる強制労働は、前漢時代で約一二、三万人、後漢時代で約一五万人からなる官僚・官吏の指揮を受け、中央的需要、地方的需要および広領域的需要にもとづいて編成された。この社会的編成の総体的な特質を考察して、小論のむすびとしたい。

第一に指摘すべきは、徭役・刑徒ともに、社会的労働の編成は、県ないしは郡を基本単位として集積・編成されたことである。地方力役たる更徭は県中での就役（居更）を制度の根幹としたし、刑徒は主として県の獄司空によって管理された。また、徭役が郡県を中心に編成されたため、郡県の地方次元で果たされる徭役は内徭と呼ばれ、郡外で果たされる徭役は、首都で果たされる徭役をも含めて外徭と呼ばれたのである。それは、郡県次元の需要にもとづく地域編成のみならず、中央的需要に基づく全国的編成や広領域編成にも貫徹していた。徭役・刑徒労働は、郡県次元では比較的強固な制度化が達成されていたのである。

郡県を基軸にする社会的労働の集積・編成とそれを基礎にする全国的編成や広領域編成のあり方は、租税の収取・蓄積と中央財政の編成のあり方とまったく同じである。両漢期をつうじて田租・算賦・口賦・過更銭など編戸百姓が負担する租税は、すべて一旦は郡県に蓄積された。中央政府は、各郡国の人口数に六三銭を乗じて得られる銭額に相当する現銭・反物などの財物を各郡国から賦（献費）として貢納させ、中央財政を構成した。中央政府はまた、自らの必要性に応じて地方郡国から随時に財物を徴発したし（委輸）、辺郡や内郡で発生した財物需要に対しても、内郡―辺郡間、内郡―内郡間の財物移送を指令し（調度）、財物の広領域編成を行ったのである。[17] 漢代においては、人（社会的労働）とモノ（財物）とは、第一に地方郡県で集積・編成されたのであり、行政の根幹は地方官府に掌握されていたのである。

第二に問題にすべきは、中央的需要とそれにもとづく労働編成の特質である。皇帝・官僚・中央諸官府をはじめとする直接的な中央的需要は、諸官府に配属された十数万人の官奴婢と二六詔獄に配備された数万人の中都官徒を用いた将作大匠・少府などの作事官庁の指揮による労働編成をつうじて充足された。これら通常の労働編成ではこなしえない労働需要が生じたとき、たとえば帝陵・宮殿・城壁が建造される場合には、首都周辺諸郡県を中心に徭役・刑徒労働が全国的に編成されたのである。中央的需要にもとづく労働編成は、官奴婢と中都官徒を中核として比較的強固な制度化が達成されていたのである。

最後にもっとも注目すべきは、広領域編成の特質である。中央次元と地方郡県次元の中間にある様ざまな広領域にわたる需要、たとえば数郡規模にわたる治水・水利事業や通信・交通事業の労働編成は、中央から派遣される謁者などを指揮・監督官とし、当該地域の徭役・刑徒・雇用労働を編成して遂行された。広領域的需要は常に存在するにもかかわらず、広域災害の発生や皇帝の巡幸という特別の機会がある場合にのみ臨時に編成されたのである。中央次元と地方郡県次元とをつなぐ中間次元の広範な労働編成の制度化が未成熟なのである。それは、サンドイッチの中層がすりつぶした卵のペーストで満たされるように、充分な組織性をもたないのである。

行政の根幹が地方官府にあり、中央政府と地方郡県政府との中間に位置する広領域行政が未成熟であるという問題は、社会的労働編成の領域にのみとどまるものではない。たとえば流通・交易の領域がある。地方の郡や県には市が、首都には複数の市が設置され、郡県次元と中央次元の交易・流通を管理する制度は、戦国期以来整備されていた。しかし漢代には、その中間に六つの方言領域を背景にする一四の広域流通圏が存在した。この広域流通圏に対応する行政機構は、王莽期に初歩的な制度化が試みられて失敗した例があるだけで、充分な制度化はなされなかった。一三州の設置も地方官の監察機関であり、広領域行政のための機関ではない。のちに州は、広領域行政機構となったが、六朝期までにはほとんど郡と変わりのない地方行政機構になってしまった。

広領域行政は、唐末の節度使の行政領域にはじまり、宋代以後の路や省にある程度実現される。しかし、広領域行政の未成熟そのものがもつ問題性は、宋代以後の社会の発展に即応するような形態では、解決されなかったかのごとくである。広領域行政の未成熟が現実にどのように存在したのか、それはなぜ未成熟なのか、それはどのような社会的、構造的根拠をもって未成熟でありつづけたのか。これらの問いかけは、漢代の国家のみならず、中国前近代の専制国家の特質を考えるうえで看過しえない問題領域を構成する。これこそ、漢代の社会的労働編成をたどりながら小論が到達した、より深く問われるべき基本問題である。

注

（1）この点については、なお拙稿「中国前近代史研究の課題と小経営生産様式」（『中国史像の再構成』総論第二章、文理閣、一九八三年）参照。

（2）ここであつかう徭役については、戦前の浜口重国氏の古典的研究以後、大量の研究蓄積がある。ここではその一一についての紹介や批判をおこなわず、私見を中心に叙述する。ただ、小論の直接的な前提をなす近年の二人の研究のみ紹介しておきたい。山田勝芳『秦漢財政収入の研究』（汲古書院、一九九三年）は、秦漢財政史研究の今日的到達点を示す。第四章「徭役・兵役」を中心に、小論にかかわる議論や学説史の検討がなされている。重近啓樹「秦漢における徭役の諸形態」（『東洋史研究』第四九巻第三号、一九九〇年）、同「秦漢の兵制について――地方軍を中心として――」（『人文論叢』第三六号、静岡大学人文学部、一九八六年）。重近氏には、なお賦制・徭役免除などに関する諸研究がある。両氏とは見解を異にする部分も多多あるが、ここでは一一について論及しない。

また、県以下の郷里社会次元における労働編成のあり方も、労働の社会的編成の特質をその根柢からとらえるための最重要課題をなすが、本稿ではとりあげない。

（3）前掲注（2）重近論文は、徭役・兵役編成ともに県が基礎単位であったことを指摘する。また、内郡から辺境への物資輸送についても、車父を中核に内郡諸県で編成された輸送隊が担当したことを、大櫛敦弘「秦漢国家の陸運組織に関する一考察――居延漢簡の事例の検討から――」（『東洋文化』第六八号、一九八八年）、および佐原康夫「居延漢簡に見える物資の輸送について」（『東洋史研究』第五〇巻第一号、一九九一年）が指摘している。

（4）更徭の理解は、拙稿「漢代更卒制度の再検討――服虔－浜口説批判――」（『東洋史研究』第五一巻第一号、一九九二年）による。

（5）江陵張家山二四七号漢墓出土竹簡の『奏讞書』二二条の第一七条には、秦王政元年（前二四六）・二年にわたる裁判案件が記されており、牛泥棒の共犯者とされた講が、一一月一日から一箇月間、咸陽で践更したことをもってその不在証明とし、再審請求したことに言及している（江陵張家山漢簡整理小組「江陵張家山漢簡『奏讞書』釈文（二）」『文物』一九九五年三期）。この史料は、践更が一月単位で順番に就役義務期間に組み込まれてゆくものであることを示している。

（6）武威地区博物館「甘粛武威旱灘坡東漢墓」（『文物』一九九三年第一〇期）。この点については、前掲注（1）山田勝芳氏著書に対する重近啓樹氏の書評でも指摘されている（『東洋史研究』第五四巻第三号、一九九五年）。

（7）この論点に関しては、従来より士と卒との区別の問題として大庭脩・米田賢次郎・西村元佑諸氏の間で論争があった。この経緯については、前掲注（2）重近一九八六年論文を参照。大庭・米田両氏が士と卒との区別を主張するのに対し、西村・重近両氏は区別することに否定的である。

（8）拙稿「漢魯陽正衛弾碑小考――正衛・更践をめぐって――」（平成四年度科学研究費補助金総合研究（A）研究成果報告書『中国出土文字資料の基礎的研究』一九九三年）参照。

（9）この点については、藤田勝久「漢代における水利事業の展開」（『歴史学研究』第五二一号、一九八三年）に具体的な論証がある。

（10）冨谷至「ふたつの刑徒墓――秦～後漢の刑役と刑罰――」（川勝義雄・礪波護編『中国貴族制社会の研究』京都大学人文科学研究所、一九八七年）に詳しい論証がある。なお、刑徒労働の具体的な実態については、浜口重国「漢代の将作大匠と其の役徒」（一九三六年初出、『秦漢隋唐史の研究』上巻、東京大学出版会、一九六六年）、および陳直「関于両漢的徒」（『両漢経済史料論叢』所収、陝西人民出版社、一九八〇年）を参照。その内容は、徭役労働と同じである。

（11）前掲注（10）陳氏「関于両漢的徒」参照。

（12）前掲注（10）浜口論文参照。

（13）中国科学院考古研究所洛陽工作隊「東漢洛陽城南郊的刑徒墓地」（『考古』一九七二年四期）、および前掲注（10）冨谷論文参照。

（14）前掲注（10）陳氏論文には、光緒末年に河南省霊宝県から出土した後漢期の刑徒墓磚四〇〇余件のうち、『陶齋蔵磚記』所収の原文について分析し、三二の郡県の分布状況を紹介している。その結論は、洛陽刑徒墓のものとほぼ同じである（二六三頁）。

（15）『漢書』巻六九趙充国伝に、「合凡万二百八十一人、用穀月万七千三百六十三斛、塩三百八斛」とある。兵士一人の月当たり穀物消費量は約一・七斛、年約二〇斛（石）である。

（16）　租税によって養われるべき人間としては、この他に一万数千の中央官僚・官吏、数万の衛士、皇帝一族などがいる。長安に集められる食料には、関東からの穀物のほか、関中の田租を含めて考える必要がある。ここでは両者は相殺されるものとして捨象する。

（17）　漢代の財政運営については、拙稿「漢代の財政運営と国家的物流」（『京都府立大学学術報告』人文第四一号、一九八九年）参照。

一九九六年八月三〇日稿

〔補記〕

小論寄稿後、尹湾漢墓出土の簡牘が紹介された。その内容は、前漢末期の東海郡の行政機構や地方行政のあり方を詳細に記した文書群を含んでおり、国内でも注目され、すでにいくつかの専論が公刊されている。ここでは、小論で言及した外徭にかかわる文書について補っておきたい。

「東海郡吏員考績簿（5号）」として紹介された五号木牘の第一段第一一行目から第二段第七行目までに、「右十三人繇」（第二段第七行）としてくくられた一群の記載がある。それは、県尉・県丞など東海郡所属の各県の長吏が刑徒をふくめた卒・衛士を引率し、郡外に出ていて不在であることを記したものである。その内訳は、上谷郡への罰戍送致（三次三人）・敦煌への徒民送致（一次一人）・少府所属の保宮への刑徒送致?（一次一人）・衛士送致（一次一人）・上計（三次三人）・河南郡等への物資僦運・売買（三次三人）・内容不明（一次一人）である。この記述について、滕昭宗氏は、明確な根拠は示していないが、これを外徭にかかわる記述として概括している。この記事は、県の長吏の職務遂行を述べたものであり、直接に外徭に徴発された人びとやその編成方式について記したものではない。しかし、その職務遂行内容は、中央・辺境への刑徒や卒の送致を主とするものであり、本文で外徭として概括したものとほぼ一致する。五号木牘の記述から、①外徭には中央・辺境への衛士・戍卒派遣のほか、郡外への物資運送・売買にかかわる役務や上計にかかわる役務をもふくむものであったこと、②これら外徭の役務がすべて県を基礎編成単位として遂行されていたこと、③外徭としての卒の役務が辺境警備を中心に刑徒労働に代替される傾向が見られること、が確認できる。不十分ではあるが、前漢末の外徭の実態を伝える近出資料を紹介して、本文を補っておきたい（連雲港市博物館「尹湾漢墓簡牘釈文選」・滕昭宗「尹湾漢墓簡牘概述」『文物』一九九六年八期）。

一九九八年三月十二日補記

漢代貨幣史再考

佐原康夫

はじめに

中国古代、特に戦国から漢代にかけての時期、貨幣経済が画期的な発展を遂げ、巨大な専制統一国家の下で繁栄の絶頂を迎えた後、衰退過程をたどったとされている。これは、五十年に及ぶ日本の戦後中国史学の中で、経済史・財政史研究の最も基本的な成果のひとつとして継承され、財政制度や商工業の実証的な研究も、一貫してこの枠組みの中で行われてきた。まさに通説中の通説といってよい。

しかし近年、この枠組みそのものが批判的に検討されつつある。口火を切った足立啓二氏は、専制国家と経済の相互関係を巨視的に捉え直す立場から、中国前近代の貨幣の性格を、近代的な一般的交換手段ではなく、国家的支払手段、すなわちマックス・ウェーバーの説く「内部貨幣」に近いものと考える。[1] また筆者は従来の学説を、貨幣、商品、市場、及び国家財政の各側面から再検討し、漢代貨幣経済の発展と衰退という枠組みが決して自明のものではないことを明らかにした。[2] 従来の学説を支えてきたのは、貨幣が存在すれば必ず商品が存在し、両者の存在するところ必ず価格形成市場が存在するという、いわば貨幣・商品・市場の三位一体説であり、さらにその前提として、貨幣はいつの時代にも常に、近代と同様な一般的交換手段であったとする通念がある。貨幣経済論の新たな展開を模索するには、まず貨幣自体に関するこの骨がらみの常識を問い直す必要がある。

一方、旧来の枠組みでの貨幣経済論の中にも、常に研究者を悩ませてきた問題がある。それは漢代の貨幣制度が武帝時代の五銖銭発行によって最終的に安定したという事実と、貨幣経済がその五銖銭発行と同時に衰退に向かったという仮説との整合性の問題である。貨幣経済の繁栄を安定した貨幣制度が支えていたのならば、話がわかりやすいのだが、ここでは逆に、漢代の貨幣経済が貨幣制度の混乱の中で繁栄の絶頂を迎え、貨幣制度の安定とともに衰退したことになる。従来の学説はこの奇妙なギャップを埋めるために、銅資源の枯渇と黄金の国外流出による貨幣原材料の不足を想定して、一応の説明としてきた。しかし五銖銭の時代に、貨幣の絶対量の決定的な不足という状況が存在したとすれば、貨幣の品位低下や貨幣代替物の出現が容易に予想される。つまり今度は、五銖銭の制度がなぜ安定したのかがひどく説明しにくくなる。

どうやら、従来の学説を批判するにせよ継承するにせよ、漢代の貨幣そのものをもう一度見直してみる必要がありそうである。そこで本稿では、漢代の貨幣の歴史を、銅銭そのものに即して検証しなおしてみたい。

一　青銅器としての銅銭

そもそも漢代の銅銭はいかなるものであったか。銅銭には、貨幣としての制度的側面や社会的に付与された属性が、必然的についてまわる。しかしここではより即物的に、青銅器の一種としての銅銭の特色を明らかにしておきたい。そのための恰好の資料として、満城漢墓から出土した多数の五銖銭のデータがある。周知のごとくこの墓は武帝時代の中山靖王劉勝夫妻の墓で、一号墓に葬られた劉勝の没年が元鼎四年（前一一三）、二号墓に埋葬された夫人の没年が太初元年（前一〇四）以前と考えられる。したがってこの墓に副葬された五銖銭は、元狩五年（前一一八）の鋳造開始直後の様相をとどめていることになる。発掘報告書もこの点を重視して、銅銭に関する各種の細かい計測値を報告している。(3) この報告をもとに、中国古代を代表する青銅貨幣である五銖銭を、青銅器として詳細に観察してみよう。

（1）形態

満城漢墓では、一号墓から二三一六枚、二号墓から一八九〇枚にのぼる五銖銭が出土した。全体に共通して、「五銖」の文字とともに、表裏の外周と裏面の孔の周囲に輪郭線が「周郭」として鋳出される。銘文のうち「五」の字形に違いが見られ、そこから次の三つの型式に分類される。Ⅰ型は直径二・五五糎、「五」字の縦画が直線的になっている点に特色がある。一号墓から三六五枚、二号墓から二九三枚が出土した。Ⅱ型は直径二・五五糎、銘文の「五」字の縦画がやや湾曲する。一号墓から一七〇二枚、二号墓から一〇八四枚が出土。Ⅲ型は直径二・六糎、「五」字の縦画の湾曲が強まる。一号墓から二四九枚、二号墓から五一三枚が出土した。三型式とも、銭の表面の四角い孔の周囲に幾種類かの記号が見られ、そこからさらに細かい分類も可能である。

一号墓出土の五銖銭には、使用痕とみられる磨滅を伴うもの（どの型式かは報告されていない）もあるが、多くは新品に近い状態で副葬され、中には外周にやすりの痕が残るものもあった。報告者はその特徴から、五銖銭は鋳型をはずして一枚ずつ切り離された後、まとめて孔に棒を通し、これを轆轤で回しながら仕上げのやすりをかけたのではないかと想像している。一種の旋盤加工ということになるが、この加工法は後世の『天工開物』に見える銭の加工法とは異なっており、(4) 今後の検討が待たれる。

（2）重　量

五銖銭は銘文として重量を明記しており、その実際の重量と誤差の範囲を測定することが重要である。満城漢墓ではすべての五銖銭の重量が計測され、各型式ごとに〇・一グラム刻みの度数分布グラフとして報告されている。これによると、一号墓の場合全体の平均重量が四・〇グラムで標準偏差が〇・五、すなわち約七割が三・五～四・五グラムの範囲に集中する。最も軽いものは二・五～六グラム、最も重いものは六グラムを超える。二号墓の場合、平均重量が三・七グラムで標準偏差が〇・五、したがって約七割が三・二～四・二グラムの範囲に集中する。最も軽いものはやはり二・六グラム、最も重いものは六グラムを超える。重量の度数分布の傾向はⅠ～Ⅲの各型式ともに大差ない。

前漢代の度量衡において、重さ一斤が一六両で約二五〇グラム、一両が二四銖にあたる。したがって五銖銭の計算上の重さは約三・三グラムとなる。これに対して満城漢墓の五銖銭は平均値で一～二割重く、実際の重量にして五・五～六・〇銖あったことになる。また、実重量が三・三グラムを下回るものは、一号墓で約八パーセント、二号墓で六・五パーセントに過ぎない。

（3）金属成分

満城漢墓では総数四千点を超える五銖銭のうち、各型式を含む一六点について、化学組成が測定された。平均値を取ると、銅が約八一パーセント、錫が三・四パーセント、鉛が一一・四パーセント、そのほか亜鉛や鉄が若干含まれている。それぞれの成分のばらつきを見ると、銅の場合六七～八九パーセントの幅があるが、七五パーセントを切るものは三点だけである。錫は一・七～八・七パーセントの幅があり、四パーセントを超えるものは二点に過ぎない。

鉛は三・四～一九・五パーセントの幅を持ち、五パーセントを切るものは一点だけである。

一般に錫は、現代の青銅製品で普通三～四パーセント含まれるが、これが多いほど硬度が高くなる。満城漢墓の青銅器のうち、特別な硬さの要求される兵器類は、錫の含有量が一六パーセントに達するが、生活用具の類では三・四パーセントにとどまる。また鉛は青銅の融点を降下させ、流動性を増して気泡の発生を抑える働きがある。満城漢墓の青銅器のうち、車馬具、生活用具では鉛の含有量が平均六パーセントほどだが、一〇パーセントを超えるものも珍しくない。特に精巧な文様の入った銅灯で鉛が二〇パーセント近くに達するのは、鋳造の際の湯まわりのよさを狙ったものといえる。他方、鉛は安価な増量剤としても用いられ、満城漢墓出土の青銅明器では、鉛が二〇パーセントを超える。

五銖銭の場合、刃物のように硬い必要はないから、錫の含有量が一般的な生活用具と変わらないのも不思議ではない。一方鉛の含有量は、一般的な器物よりも少し多めになっている。銭は元来薄くて小さな青銅器であり、かつ文字や周郭が正確に鋳出されなければならない。良好な製品を鋳造するためには、気泡が少なく湯まわりのよい材料を用いる必要がある。したがって鉛を一〇パーセントほど入れるのは、製造上の合理的要求として理解できよう。つまり五銖銭には、銭にのみ見出される特殊な成分や、特別な合金比率は認められず、材質から言えばごく普通の青銅器であった。

（4） 前提的考察

以上のデータから得られた知見を整理しておこう。まず形態の問題。満城漢墓の三型式の五銖銭は、いずれも鋳造発行が始まって十年ほどの間に相次いで生まれている。この発見以前の段階の研究では、洛陽焼溝漢墓の出土品から満城のⅡ型が昭帝時代、Ⅲ型が宣帝時代以後の前漢後期のものとされてきた[5]。したがって従来の五銖銭の型式編年は崩れ去ったのだが、まだ基本的知識として定着していないようである[6]。また満城の三型式を、文献に見える郡国五銖、赤側五銖、上林五銖に当てはめようとする見解も見られるが、思いつきの域を出ていないように思われる[7]。つまり漢代の遺物としてごく当たり前に見出される五銖銭も、実は編年観が完全に確立しているわけではないことに注意しなければならない。

次に重量について。従来五銖銭は、『漢書』食貨志の記述から、銘文と実際の重量を一致させる、厳密な規格を守って作られたと考えられてきた。しかし実際に出土する五銖銭の重量にはかなりのばらつきがあり、個々の五銖銭はもちろん全体の平均重量さえも、五銖ちょうどには決してなっていない。漢代の鋳造技術では、銭の大きさをそろえることはできても、微妙な厚さまで均一化することができず、重量の誤差を一銖以内までしぼりこむことは困難だったと考えられる。精巧をもって知られる五銖銭も、正確に重さ五銖で作られたのではなく、五銖を目指して作られていたに過ぎない[8]。

さらに平均重量が五銖をかなり上回ること、また重量のばらつきの範囲が重い側に広く、軽い側に狭いことは、五銖銭が「なるべく五銖よりも軽くならないように」作られたことを示している。こうして作られた五銖銭は、個々の重量には大きな誤差を含みつつ、ほとんどの場合において、それ以前に用いられていた四銖銭よりもはっきりと重い、という形でその制度的使命を果たすことになる。重さ六銖の五銖銭という形容矛盾的存在は、むしろ五銖銭がまじめに作られた証拠である。

このことは、国家の法制として示される銅銭の規格と、実際に鋳造される銅銭との間に隔たりがあることを示すだけではない。上述のような、五銖銭における名目と重量の「一致」の持つ、具体的な――ひどく官僚的でさえある――

―中味にこそ意味がある。これは単に銅銭の制度が技術的な側面を持つというだけではなく、その制度がどのように解釈され、いかなる観点から実現されたのか、というすぐれて政治的な問題なのである。銅銭の制度的規格を、ＪＩＳ規格のような現代の工業規格と混同してはならない。

最後に五銖銭の金属成分について考えてみよう。手工業製品として見た場合、五銖銭は上述のように何の変哲もない青銅器であり、銅と錫、鉛が製品の材質や加工方法に応じて合理的に配合されていた。ところがこれを貨幣として見た途端、成分の評価が変わってしまう。銅の含有量が多いほど良質な貨幣とされ、鉛は意図的に加えられた不純物とされる。しかも錫の存在はなぜか捨象される。従来の貨幣史において、理想の銅銭は純銅製ということになるらしい。これは明らかに、黄金や銀の純度を問題とし、その他の成分を不純物として一括する貴金属貨幣の考え方を、そのまま青銅貨幣に持ち込んだものである。

しかし言うまでもなく、青銅は銅を薄めたものではない。青銅という合金の不可欠の要素を無視あるいは軽視しなければ成り立たない貨幣論には、本来無理がある。青銅貨幣の価値が銅の希少性によって生ずるとすれば、錫の希少性による価値も同等に発生し得るからである。また、古代中国で金や銀が存在しなかったわけではないのに、なぜ貴金属をさしおいて青銅貨幣が主要な貨幣となったのか、という貨幣史上の大きな問題もある。これも、銅と青銅を同一視した上で、青銅貨幣を貴金属のみじめな代用品と見なすという、不確かな仮定を重ねた「法則」を持ち出すだけでは、答えられそうもない。

青銅貨幣は、ありふれた金属で作られる点で、貴金属貨幣とは本質的に異なる属性を持った貨幣だと考える必要がある。ではその属性とは何だろうか。銅銭の青銅器としての性格を踏まえて、貨幣としての銅銭へと視野を広げ、漢代の貨幣史を見なおしてみよう。

二　半両銭の再検討

（1）　秦半両銭と貨幣統一

漢初に流通した半両銭の起源は秦にある。しかし戦国から統一後にいたるまで、秦の貨幣について記した文献史料は三種類しかない。まず『史記』始皇本紀、恵文王二年（前三三六）に「初めて銭を行う」という記事。これは戦国秦において、初めて貨幣が発行されたことを示すと解される。次いで『史記』平準書の「太史公曰く」の部分に、黄金を上幣、銅銭を下幣とし、このほかの珠玉・亀貝などは貨幣としないこと、銅銭には「半両」の文字を記し、銭の重さと一致させたこと、しかし実際には銅銭の重さが変化し、一定しなかったこと、などが書かれている。[9]さらに『史記』六国年表の始皇三七年（前二一〇）に「復た銭を行う」とある記事。これは始皇帝による統一政策の一環として行われた、貨幣統一の実施年代を示すとされている。

近年の研究は、これらの記事と、ようやく充実してきた出土資料を重ね合わせて検討し、以下のような成果をあげている。すなわち、半両銭は始皇帝の貨幣統一によって初めて出現したわけではなく、それ以前——恵文王時代まで遡るかどうかは疑問だが——から存在したと考えられる。しかし秦半両銭は、戦国秦の領域以外からはほとんど出土しない。始皇帝の貨幣統一によって、半両銭の使用が全国にすぐに広まったわけではなかった。[10]

秦代の遺跡や墓葬から出土する半両銭には、直径三・一〜三・三糎の大ぶりなものと、二・六〜二・八糎ほどのやや小ぶりなものとが見られ、多くの場合両者が混在している。この直径の違いが、発行された時期や地域の違いに対応するかどうかは、まだ判明していない。他方、その重量は非常に多様である（表1）。[11]重いものは一〇グラム近く

重量分布(g)	青川M50	広衍故城	始皇陵周辺	長安張堡
1.5〜 2.0	1			16
〜 2.5			7	36
〜 3.0		1	17	113
〜 3.5		1	12	160
〜 4.0	1		4	204
〜 4.5	2		6	141
〜 5.0		2	2	121
〜 5.5		3	1	56
〜 6.0	1	1		46
〜 6.5			1	39
〜 7.0	1			13
〜 7.5				17
〜 8.0		2		6
〜 8.5				6
〜 9.0				
〜 9.5				1
〜10.0	1			1
総個数	7	10	50	976
平均重量(g)	5.25	5.29	3.32	4.36

表1　秦半両銭の重量分布

あるが、軽いものは二グラムを下回り、重さ半両の基準を満たすものはわずかしかない。秦半両銭は、寸法こそある程度そろっていたが、重量については、平均値を出す意味がないほどばらばらであった。

ところで表1にあげた、陝西長安県張堡出土の半両銭には、恐ろしく粗悪な銭が多いという、顕著な特色がある。輪郭のゆがみなど鋳造欠陥が目立つだけでなく、鋳型から切り離したままの状態のものが多い。ここでは仕上げのやすりもかけない、不良品だらけの半両銭が出回っていたようである。秦における銅銭の鋳造発行が、どのように行われていたのか自体が不明な現在、その具体的な事情は知るべくもないが。

戦国末から統一期にかけての秦の貨幣政策については、雲夢秦簡の金布律などから、その一端を窺うことができる。官府の財政においては銭・布・黄金が併用され、銭と布の間には、長さ八尺×幅二尺五寸の布＝銭一一という換算率が律で定められている。銭の質については、官府では「銭の善不善は雑えてこれを実た」し、市場においても「百姓市用の銭は、美悪これを雑え、敢えて異とする勿れ」とされている。官吏や商人は、「銭布を択行する」ことが許されない。日本で言う「撰り銭」の禁止である。ただし銭の私鋳は犯罪として取り締まられる。(12)

秦律における銅銭の価値は、法定規格の布との比価として決定されていた。布対銅銭＝一：一一という半端な換算率は、両者を独立した貨幣として結びつけた結果ではあろう。しかし銅銭は、重量の規格がさっぱり守られないまま、「美悪これを雑え」て用いられた。しかも銅銭は秤量貨幣として重量を計って使われたのではなく、枚数を基準として使われている。ここで銅銭一枚の価値として機能しているのは、銅銭の重さや含有する金属の価値ではなく、律で定められた、布への換算と交換の可能性だけである。このことは、秦代の銅銭が布に対する従属的下位貨幣であったことを意味する。貨幣に関する律が「金布律」であり、その名称に銭が現れないことには然るべき理由があった。

このような事例から、始皇帝の貨幣統一の実態が浮かび上がってくる。始皇は、すでに存在した秦の半両銭を全国に広めようとしたが、全国規模での実効はあげられなかった。しかも秦の故地においてさえ、半両銭は、円形方孔で表面に「半両」の文字を鋳込むという、銭の形態と寸法の規格をかろうじてクリアしていただけで、実際には布に対する下位貨幣として用いられていたに過ぎない。つまり始皇の貨幣統一は、銅銭のあるべき姿を提示するにとどまり、現実に流通する貨幣を統一すること――何をどうすれば統一したことになるのかという問題も含む――は、そっくり漢王朝に引き継がれたのである。

（2） 漢代の半両銭

秦末の戦乱を経て、漢王朝は秦の巨大な版図とともに、未完成の貨幣制度を受け継いだ。『史記』平準書は高祖時代のこととして、秦の銭が重くて使いにくいため、「更めて民をして銭を鋳しめ」たと記す。『漢書』食貨志はこの銭を「莢銭」、すなわち楡莢銭と呼ばれる軽小粗悪な銭だったとする。半両銭の鋳造がルーズな民間委託の形で行われたのだと思われる。もともと秦半両銭のすべてが重かったわけではないし、しばしば粗悪でもあったことを考えれば、楡莢銭の登場は当然ともいえる。しかし秦代にはどうにか守られていた銭の寸法の規格も、ここで事実上消滅したことは間違いない。

『漢書』高后紀によれば、続く高后二年（前一八六）に八銖銭が行われ、次いで六年（前一八二）には「五分銭」が行われて、短期間に半両銭の重量の基準が変更されている。前者は半両の三分の二で約五・三グラム、後者は半両の五分の一として一・六グラムになる。制度の詳細が伝えられておらず、銭の実物も確かなものがないため、踏み込んだ分析は不可能だが、この政策は、軽重さまざまな半両銭のどこかに標準を置こうと試みたものだったと考えられる。しかしどこを標準にしようと、それだけでは現実の半両銭の持つあまりに大きな誤差の中に吸収されてしまっただろう。

文帝五年（前一七五）、楡莢銭が増えすぎているとして、法定重量を四銖（約二・七グラム）と定められた四銖半両銭が新規に発行され、合わせて盗鋳銭令が廃止されて、「民をして縦いままに銭を鋳るを得しめ」たとされる。実際には、官に届け出て税を負担すれば銭の鋳造が許可されるが、不正な銅銭を鋳造すると厳罰に処せられる、という制度だったようである。従来の銭の私鋳禁止規定は、この新しい制度との関連で改廃されたものと思われる。この四銖銭を大量に鋳造したのが、文帝の寵臣で蜀の厳道の銅山を賜った鄧通と、有力な諸侯王であった呉王濞である。彼らの鋳造した銭は、法の規定に準拠した良好なもので、「呉鄧の銭天下に布ねし」とも伝えられる。文帝のこのような政策は、賈山、賈誼らの強硬な反対を排して維持された[13]。

賈誼の諫言には、銅銭流通の現状が「又た民の用銭、郡県ごとに同じからず。或いは軽銭を用いて、百に若干を加え、或いは重銭を用いて、平称して受けず」と述べられている。流通している銅銭に地域差が見られたのは、四銖銭の発行によって初めて生じた現象ではあるまい。ここで注目されるのは、軽重様々な半両銭の実際の使用法である。「平称」とは秤量することを示し、軽い銭百枚を用いると量目の不足によって若干枚を付け足さねばならず、重い銭では量目が超過してそのままでは受け取れない、ということになる。文帝一三年（前一六七）ごろに作られた江陵鳳凰山一六八号墓では、当時用いられた銭衡が出土している。銭衡には律の規定を踏まえて、銭の重さの基準が四銖であること、銭衡を使わなかったり、不正使用した場合は処罰されるという注意書きが墨書されている[14]。

これらの手がかりを重ね合わせてみると、文帝の政策の特色が以下のようにまとめられる。まず、四銖銭の鋳造発行の側面については、全国の鋳造者に法定の規格を守らせることによって、新規に供給される銅銭の品質をある程度均一化したことがあげられる。呉王濞や鄧通は、食いつめた無法者が銭の盗鋳に手を出すのとは異なり、このような法規を遵守してはじめて、その大規模な鋳銭事業を継続し得たことを忘れてはならない。

次に銅銭の具体的な使用の側面については、四銖銭を基準としたはかりの使用を義務づけることによって、重すぎる銭や軽すぎる銭を使いにくくしたことが指摘できる。これは、個々の銭の重量の誤差は防ぎようがないとしても、百個ずつにならして、一個当たり平均を四銖に近づけていくという、いわば統計的均一化である。これを長期間繰り返すことによって、統計分布上の軽重両端に位置する銭は、次第に排除され、消えていくことになる。ただしこれには時間がかかるし、均一化がどこまでも進むわけではない。特に秤量の調節のために、粗悪な軽銭にも一定の用途が残った可能性が高い。しかし賈誼がいみじくも指摘するように、貨幣政策は急に進めれば弊害を引き起こし、かといっのだと考えられる。

て現状を野放しにもできないという、微妙なバランスを要求されるものである。文帝は敢えて微温的な方法を採った

呉楚七国の乱に勝利した景帝は、中六年（前一四四）に「鋳銭偽黄金棄死の律」を定めた（『漢書』景帝紀）。この律について、一般的には文帝以来の政策を改め、銅銭の私鋳を厳禁したものと考えられている。この時から武帝時代まで、四銖銭は「県官往々銅多き山に即きて銭を鋳る」という体制で鋳造されるようになった[15]。銅山を基準とした鋳造拠点がどのように分布したのか、またその管理がどのような機関で行われたかは明らかでない。しかし従来全国に大小の民間鋳造者が散らばっていたことと比較すれば、その数はかなりしぼられたと考えられる。その限りでは、銅銭鋳造の国家管理はかなり強化されたと見てよいだろう。

最後の半両銭としての四銖銭は、こうして大きな政策転換を経ながら、文・景二代の約三〇年間にわたって鋳造され続けた。その結果、始皇帝以来の課題ともいえる銅銭の規格化と均一化が、完了はしないとしても、顕著に進んだように見える。例えば江蘇塩城市で出土した漢代の窖蔵銭では、約一万枚の銅銭のほとんどは四銖銭に分類され、これ以外は「秦半両銭」とされるもの（極端に薄くて軽い粗悪品を含む）が五六枚、武帝の三銖銭が五枚あっただけである[16]。このことは四銖銭が、従来雲のようにとらえどころのなかった半両銭に、初めて事実上の標準を打ち立てたことを物語る。もちろん四銖銭の中での差異については、漢代の当局者と同様、あまり目くじらを立てない方がよさそうだが。

（3）半両銭の意義

従来の学説において、秦漢の半両銭の沿革は、始皇帝の貨幣統一と武帝の五銖銭の間に位置する長い過渡期として

把握されている。そして秦の貨幣統一が不十分なものだったことを背景として、漢初における軽小な半両銭が、刀銭・布銭など戦国時代の銅銭を駆逐する役割を果たした一方、通貨流通量の激増による極度のインフレーションを引き起こしたと考えられてきた。(17) この説について、ここでいま一歩考察を進めよう。

まず漢初の半両銭が戦国時代の銅銭を駆逐したという点について。秦から漢初にかけての銅銭の出土例において、戦国の銅銭と半両銭が混じって出土することは極めて希である。前者の中に後者が浸透し、次第に凌駕していったという漸進的な過程を窺わせる資料は存在せず、両者は短期間に交代したように見える。また半両銭の時代になってから、銅銭が副葬品として次第に一般化する。これらの点に特に地域差は見られない。半両銭は漢代になって急速に全国に普及し、社会のほぼ全階層にわたって使用されたと考えてよい。

しかし半両銭の軽小化がインフレーションを引き起こしたという点については、少なからず問題がある。まず漢初の物価高が銅銭の変化によってもたらされたのかどうか。前述のようにこの時期には、秦の苛政と戦乱の後を承けて、社会全体が疲弊していた。必然的に起こる生産の低下と物流の停滞が、非常な物価高を招くことは容易に理解されよう。この状況では、貨幣よりも食料などの現物を持っていることの方が遥かに重要であり、当然貨幣価値も低下せざるを得ない。ここではもともと、いかなる貨幣制度も円滑に機能し得ないのである。もちろん軽い半両銭が好んで使われるわけもなく、この環境で半両銭が全国に普及することはあり得ない。

では、社会が安定化して生産活動が回復し、物流も活発になっていく時期のこととして考えてみよう。軽小な半両銭の増加はインフレーションをもたらすか。前述のように、秦代の貨幣制度においては銅銭と布、黄金が並列的に用いられていた。黄金についてはよくわからないが、銅銭と布の関係は法定比価によって決定され、銅銭の価値は布に従属していた。このシステムにおいて銅銭が激増すれば、秦代の法定比価があくまでも守られるのでない限り、銅銭に対する黄金や布の価値は相対的に上昇する。つまり銭安に対する布高や黄金高がもたらされるだけで、貨幣全体の価値は特に低下しないことになる。

漢初の貨幣経済に起こっていた事態は、軽小な半両銭を重要な要素とする、新たな価格体系の形成過程として捉えるべきであり、これこそが「貨幣統一」という政策が引き起こした経済的プロセスにほかならない。「貨幣統一」を銅銭鋳造の問題に限定し、その複雑な影響と展開を「インフレ」の一語で片づけてしまうべきではあるまい。財政当局が通貨政策を武器としてインフレーションに立ち向かう姿を想像すること自体が、もともと時代錯誤なのである。

しかし半両銭は、四銖銭による標準化を待って、おもむろに全国に普及したのではなく、漢王朝の成立とともに急速に使われるようになっている。政治的統一が成ったとはいえ、全国共通の貨幣がなければ立ち行かぬような、巨大な市場が急に現れたわけではない。この現象の原因は、高祖による「賦」の制定、すなわち全国一律の銭納人頭税を大きな柱とする財政制度の成立に求められよう。[18]できたばかりの王朝の少々怪しげな半両銭が早速に使われたのは、納税手段として強制されたからである。民の側では、納税手段をなるべく安く手に入れようとし、官の側では秦代以来、銭の品質に目をつぶって財政を運営する仕組みを備えている。半両銭の軽小化は、一種の社会的合意だったのかもしれない。

とはいえ、このような変動が続く限り、銅銭は布など他の現物的交換手段に対して、絶えず暫定的で従属的な貨幣とならざるを得ない。半両銭の段階では、銅銭は納税など財政手段として、布を交換手段の代表とする現物経済にぶらさがっていたに過ぎない。現物経済の無限の地域差を越えて、銅銭が統一国家の普遍的な価値の尺度として自らを確立するには、貨幣制度の多難な試行錯誤とともに、財政機構も変化する必要があった。

三　五銖銭の登場

（1）皮幣・白金と三銖銭

武帝時代になると、漢の貨幣制度は、従来と一変して目まぐるしく変更される。この時期の貨幣政策を動かした最大の要因は、元光年間に始まる対匈奴戦争などによる財政の急激な悪化である。「貫朽ちて校うべからず」とも言われた豊富な財政的蓄積も、この過程でどん底の窮乏状態に陥った。『史記』平準書によれば、元狩四年（前一一九）の貨幣制度改革は、「銭を更め幣を造りて以て用を贍らわす」こと、すなわち財政収支の改善を明確な目的としていた。

まず作られたのが皮幣と白金である。皮幣とは、禁苑の白鹿の皮一尺四方に縁取りをして、諸侯王や宗室が朝観の際に奉る璧の敷物に指定し、その儀式の後、四〇万銭に相当する貨幣として流通させようとしたもの。これが「皮貨」でなく「皮幣」と呼ばれたことは、「たてまつりもの」としての「幣」の原義を反映しているが、実際には諸侯王などに法外な値段の敷物を買わせたに過ぎなかったと思われる。いま一つの白金は、少府保有の銀に錫を混ぜ、三千銭、五百銭、三百銭の価値を持つ三種類の重さの銀貨を作ったもの。要は少府に蓄えられていた、宮廷向け工芸品の原材料を貨幣として放出したのだろう。どれくらいの銀が放出されたのか不明だが、白金の発行は爆発的な盗鋳の流行を招き、価値が低下して三年ほどで廃止された。これらはいずれも、帝室財政を預かる少府が、手持ちの材料を高く売るための方便として、貨幣制度を悪用したに過ぎない[19]。

『史記』平準書の記述では、このような皮幣・白金とほぼ同時に三銖銭が登場する。一方『漢書』武帝紀は三銖銭の発行年代を、建元元年（前一四〇）から同五年（前一三六）までとしており[20]、両者は大きく食い違う。困ったことに

『漢書』食貨志は『史記』平準書の記述を踏襲しており、三銖銭の位置づけは『漢書』の中でも食い違ったままである。これらの史料の解釈には多様な説があるが[21]、建元年間に三銖銭が存在したか否かの確証が得られない以上、はっきりした結論は出せない。本稿では、三銖銭が白金などとは別に単独で発行された可能性を考慮しつつ、『史記』平準書の記述に沿って考えてみたい。

平準書は「県官をして半両銭を銷かし、更めて三銖銭を鋳しめ、文は其の重さの如くす」と記す。重量三銖で銭面に「三銖」の文字を鋳込んだ新たな銅銭が鋳造されたことは、実物や鋳型の出土から確認できる。しかし実際に出土する三銖銭は半両銭と伴出しており、明らかに両者を混ぜて用いられているし、もちろん従来の半両銭がすべて鋳潰された形跡もない。平準書の解釈には一工夫が必要である。

まず三銖銭の政策的背景に疑問が残る。すなわち、四銖銭よりも軽いことをわざわざ明示した銅銭を出したのでは、「銭益々多くして軽し」という当時の貨幣事情に対処できないのである。とすれば、三銖銭の発行には別の動機があったはずである。おそらく官府に保有されていた半両銭を鋳潰して、三銖銭に作りなおすことによって枚数を稼ぎ、半両銭と同じ価値で通用させようとしたのだろう。あえて「半両」銭としなかったのは、四銖銭を標準として長年流通してきた半両銭を動揺させずに、新たな銅銭を付加するためではないだろうか。したがって三銖銭は、目先の財政収入を目論んだ貨幣だった点で、皮幣・白金と同列の存在であり、平準書がこれらを一括して記述するのも十分に理解できよう。しかし同時に、三銖銭は半両銭からの離脱を目指した最初の銅銭でもあった。

（2）　郡国五銖と赤仄銭

元狩年間から元封年間にかけて、漢王朝の財政政策は目先の増収策から次第に本格的な財政機構改革へと展開する。

その代表が塩鉄専売と均輸平準だが、これらの施策は大農を中心とする、中央集権的国家財政機構の整備と確立として捉えられる。[22]だが貨幣制度の改革は、この流れの中でなお試行錯誤が続いていた。

三銖銭や白金の失敗を承けて、元狩五年（前一一八）には郡国において五銖銭の鋳造が始まった。[23]銅山付近で鋳造されていた従来の銅銭と異なり、この銅銭は郡国を単位とする鋳造管理体制において鋳造された点が注目される。つまり貨幣政策の遂行が、初めて一律に郡国という地方行政機構の責務として位置づけられたことになる。あい前後して発足した塩鉄専売も、郡国を単位として運営されており、このころ郡国という枠組みが広域的財政ユニットとして機能し始めたことがわかる。[24]

また郡国五銖では初めて銭の裏側にも周郭が施され、削り取りによる変造を防止する措置が取られている。三銖銭・四銖銭よりもはっきりと重く、変造しにくい銅銭を鋳造したことは、武帝の貨幣政策が目先の増収よりも、混乱に陥った貨幣制度の安定化を目指したことを物語っている。しかし度重なる貨幣の改鋳は、それ自体が貨幣流通の混乱要因であり、盗鋳などを誘発することになる。しかも郡国で鋳造された五銖銭は、必ずしも中央の指示通りには作られていなかったらしい。

例えば一九八〇年に陝西澄城県坡頭村で発掘された銅銭鋳造遺跡では、四基の烘範窰とともに五銖銭の銅範四一件、陶製の背範百余件などが出土している。[25]しかし銭の裏側の鋳型にあたる背範には周郭が見当たらず、この鋳型で鋳造された五銖銭は半両銭と同様、裏面がただの平面になってしまう。この地は左内史に属する臨晋県付近にあたり、ここで鋳造された五銖銭は郡国五銖の段階のものと考えられる。五銖銭の売り物であった変造防止措置は、鋳造の現場まで徹底していなかったようである。おそらくこのような行政的不手際も手伝って、五銖銭の盗鋳は白金と同様に大流行し、事実上取り締まりようのない状態になっていった。

ところで『漢書』武帝紀では、元狩五年（前一一八）に「半両銭を罷め、五銖銭を行う」とあり、郡国五銖の新規鋳造とともに従来の半両銭が廃止されている。前述のように武帝紀の記述では、建元五年（前一三六）の三銖銭廃止後、四銖銭が復活しているから、この記述も理解できる。一方『史記』平準書において、半両銭の廃止について触れた記述は、元狩四年（前一一九）に繋年される三銖銭の新規発行の時だけである。いずれにせよ郡国五銖の発行と前後して、従来の半両銭の使用が禁ぜられたと考えてよい。五銖銭盗鋳の爆発的流行には、半両銭が使えないという状況も大きく影響していただろう。[26]逆に盗鋳の流行によって、半両銭が少し怪しげな郡国五銖と私鋳五銖銭に置き換えられていったとも言える。五銖銭は、半両銭が全国に普及する過程と相似した状況に直面していた。

郡国五銖の混乱ぶりに業を煮やした朝廷は、元鼎二年（前一一五）に京師の鍾官において「赤仄」銭を鋳造させ、郡国五銖銭に対して「一当五」の価値を与え、「賦」と「官用」には必ずこの銭を用いることを命じた。[27]この銭は、郡国五銖銭とは違うことが一目でわかるような特徴を持っていたはずだが、確実な実物は現存しない。この特殊な銅銭は、朝廷の期待通りには機能しなかった。例えば汝南郡では民が賦として赤仄銭を用いないという理由で太守が罰せられ、中央でも赤仄銭より通常の五銖銭を使いたがったとして太常が罰せられている。[28]わずか二年余りの間に、民は「法を巧みにしてこれを用い」、赤仄銭は五銖銭の五倍の価値ではとても通用しなくなったようである。

赤仄銭は、中央政府が独自に発行する貨幣である点で、皮幣や白金と共通するが、納税と財政支出という用途からも明らかなように、帝室財政ではなく国家財政機構の必要から生まれた銅銭である。ここで漢の貨幣制度は、一般的取引に限って用いられる郡国五銖の上に、特別な価値を持ち、財政に特化した用途を持つ赤仄銭が位置するという、銅銭流通の重層構造化を目指したことになる。これは、広域財政ユニットとしての郡国の上に中央政府が乗り、後者が前者を統制管理するシステムを目指していた点で、同時期に進行していた財政機構改革の動きと平行している。しかし漢王朝にはもはや、銅銭の標準化に数十年を費やすような時間的余裕はなかった。

(3) 上林五銖

元鼎四年（前一一三）、漢王朝は赤仄銭を廃止し、「郡国に禁じて銭を鋳ることなからしめ、専ら上林三官をして鋳しむ」る措置を取った。郡国の五銖銭鋳造を「禁じた」のは、諸侯王国から貨幣鋳造権を取り上げる意味合いも含んでいるだろう。「三官」とは、均輸・弁銅・鍾官の三令を指すとされ、均輸の代わりに「技巧」を当てる説もある。いずれにせよ、従来赤仄銭の鋳造に当たっていた鍾官を中心に、銅銭鋳造の機構が拡充されたのだと思われる。上林で作られた五銖銭がある程度出回ると、次の段階として「天下をして三官の銭に非ざれば行うを得ざらしめ、諸郡国の前に鋳るところの銭は皆なこれを廃銷し、其の銅を三官に輸せしむ」る措置が取られた。上林五銖以外の使用を禁止するとともに、おそらく郡国の責任において以前の郡国五銖を回収させ、銅材として上林に輸送させたわけである。その結果、「民の鋳銭益ます少なく、其の費を計れば相い当る能わず。唯だ真工大姦のみすなわち盗みてこれを為る」とあるように、さしもの盗鋳流行も終息したらしい。そして上林五銖銭は、前漢末までに二八〇億銭が鋳造されたという(29)。

また実際に出土する銅銭について見ても、三銖銭までは半両銭と混在して出土するが、五銖銭と半両銭あるいは三銖銭が混じることはまずない。また五銖銭の中でも、郡国五銖銭や赤仄銭を判別することは困難であり、これらの回収と改鋳が相当徹底したものだったことを窺わせる。上林五銖銭は、貨幣史を明瞭に区切る、まさに画期的な銅銭であった。これらはすでにあまりにも有名な事実ではある。しかしその影で見過ごされている基本的な問題もある。例えば、上林五銖銭はいったいどのようにして、かくも短期間のうちに民間に出回ることができたのだろうか。不思議といえば不思議なこの問題を、鋳造の舞台となった上林の位置づけから考えてみよう。

塩鉄の専売や告緡の運用に伴って、上林は次第に単なる禁苑ではなくなっていった。『史記』平準書はその事情を次のように記す。

初め、大農塩鉄を筦して官布多ければ、水衡を置きて、以て塩鉄を主さどらしめんと欲す。楊可緡銭を告すに及び、上林に財物衆し。乃ち水衡をして上林を主さどらしむ。上林既に充満し、益ます広し。

大農が水衡都尉を新設した当初の動機は、塩鉄専売による収入の管理であった。この収入には銅銭以外にも、布帛などの実物が大量に含まれるため、従来の「ぜにぐら」では捌きれなくなったのだろう。一方上林には、告緡によって没収された様々な「財物」が、全国から集められていた。水衡都尉の職掌は塩鉄担当から上林担当へと変更されたが、大量の現物を財政的に管理するという基本的機能は変わっていない。

この時期、塩鉄・緡銭によって豊かになったと伝えられる漢の財政は、その手段のゆえに、大量の荷厄介な現物を抱え込むことになった。例えば遠方の県で、告緡によって没収された商人の財産を、すべてそのまま長安まで輸送するか、別のものに交換してから運ぶか、それとも値打ちのあるものだけを選ぶか。輸送の方法はどうするのか。上林に「充満」した財物を、いかにして他のものと交換し、財源化するか。均輸・平準の設置に見られる財政的物資輸送の合理化は、すでに財政運営の最も重要な課題となりつつあった。

このような流れの背景に、貨幣制度の混乱が作用していたことも忘れてはならない。特に、郡国五銖の混乱を放置したまま、新たな財政手段を作ろうとした赤仄銭の失敗は、財政手段と民間の交換手段を切り離すことの困難さを示している。例えば上林にかき集めた財物を売り払ったり、塩や鉄を販売して財政収入を得る場合、郡国五銖と赤仄銭が混在する市場から、赤仄銭だけを選択的に入手することが必要である。これには常に、単なる売買とは別の困難がつきまとうことになる。もちろん全国の民が、納税手段として赤仄銭を手に入れる場合も同様である。漢王朝が、全国の銅銭を上林五銖に入れ替えてしまうという荒療治に踏み切ったのは、このままでは財政改革の遂行はもとより、銅銭を媒介とする財政自体が成り立たないからであった。

必然的に、均輸・平準の財政システムの完成と上林五銖の発行・普及とは、互いに表裏して進められることになる。上林三官から地方への新銭の輸送、第二段階での郡国から上林への銅材輸送に、均輸のシステムが利用されたことは想像に難くない。もちろん上林の鋳造工房への燃料補給なども必要だろう。

それ以上に重要なのは、財政支出の形での上林五銖銭の投入である。大量の新銭を、いかにして全国にばらまいたのか。ここで注目されるのが、元封元年（前一一〇）に全国で施行された均輸の成果として、五百万匹にのぼる大量の帛が調達されたことである。これは、『塩鉄論』本議篇で賢良文学が訴えるように、各地で恣意的な「平価」による布帛類の強制買い付けが行われた結果であると考えてよい。[30]このような物資調達は、郡国を分担する数十人の大農の部丞と、その配下に属する地方出先機関によって行われたが、その際の支払い手段は、もちろん上林五銖銭だったはずである。おそらく総額で何十億銭にも達する新しい五銖銭が、大農によって直接に、各地方で放出されただろう。

一方郡国は、郡国五銖の発行禁止とともに銅銭の供給能力を奪われたが、算賦や市租など従来の税目で納税される銅銭の中から、郡国五銖を回収する役割を果たした。これは、大農の直轄機関を入口とし、郡国の役所を出口とする、いわば銅銭の交換輸血が行われたことを意味する。最終的に郡国五銖の使用が禁止されたのがいつかはわからないが、遅くとも司馬遷が生きている間のことである。

こうして考古学的な時期区分が難しいほどの短期間に、上林五銖が行き渡ったのは、従来いわれてきたように、五銖銭自体の優秀さだけに由来するわけではない。むしろ新たに完成した財政機構による財政的物流システムと、国家を起点とする銅銭の強制的循環流通システムとが、補完的に機能するようになった結果、初めてこれが可能になったのだと考えられる。この過程で五銖銭は、布帛などの現物貨幣に従属した半両銭とは、明らかに一線を画する銅銭となった。巨大な財政的物流を支配する国家が、漢王朝の権威において独占的に発行し、その名の通り重さが五銖（を下回ることが希）であるという、自己の属性に信用の根拠を持つ、国家的な統一貨幣となったのである。

おわりに

以上、秦半両銭から前漢武帝の五銖銭に至るまでの銅銭の歴史をたどりなおしてきた。最後に所論を要約しておこう。

本論でも論じたように、始皇帝の「貨幣統一」は極めて不十分なものだった。にもかかわらず、秦半両銭がその後二千年に及ぶ銅銭の基本的なデザインを確立したことは、後世への影響の大きさという点で、「皇帝」の称号と並んで、統一国家の出現という事実の重みを端的に物語っている。だがこのことは必然的に、「貨幣統一」が、新たに出現した専制統一国家による上からの貨幣統一であるという、権力的な本質を持っていることを示している。秦漢時代の貨幣史を十全に分析するためには、一九世紀的な「経済法則」を持ち出して、近代国家の中央銀行の通貨政策を論評するがごとくに論ずる既存の「経済史」の枠組みだけでは、不十分――あるいはミスリーディング――なのである。

漢王朝は、秦の貨幣制度を負の遺産として受け継ぎ、王朝草創期につきものの初期的混乱を抜け出した時点で、四銖半両銭というユニークな貨幣制度を打ち出した。これは銅銭の鋳造に対する国家的規制が比較的弱いという政治的条件の下で、銅銭を実質的に統一していく方策として始まったが、次第に鋳造に対する規制を強めた結果、多種多様な半両銭に、初めて事実上の標準を確立した。賈誼ら政論家の切歯扼腕をよそに、この政策は結果的には成功したと考えられる。しかしこの成功は、秦漢の半両銭が布帛などの現物貨幣に対して、従属的な貨幣として機能していたこと、むしろそれ故に、銅銭の規格におけるルーズさが許容されたことによって支えられていた。このことは、国家が銅銭を財政手段として社会に強制しながら、その一方で国家の財政機構と社会的な物資流通とが、構造的にリンクしていないという、半両銭の時代の限界を表している。

武帝時代の一連の貨幣政策は、財政危機の中で苦し紛れに打ち出された性格が強い。その結果、それまでどうにか落ち着いていた四銖銭の制度に、へたな手出しをすることとなり、寝た子を起こすような混乱を惹起した。この過程で、塩鉄専売や均輸・平準など社会的物流に着目した新たな財政政策が展開されるが、次第に貨幣制度の混乱が、財政改革の足を引っ張りかねない状況となっていく。武帝は、すべての銅銭を上林五銖銭に切り替えさせることで、これを強引に切り抜けた。漢王朝はここで遂に、新しい銅銭を有力な手段として、巨大な財政的物流管理のシステムを確立する。専売制度や均輸平準と五銖銭とは、漢王朝が、従来の「県官はまさに租に食し、税に衣るべきのみ」（『史記』平準書）だった財政機構から、はっきりと脱皮を遂げたことの証しであった。

五銖銭によって、漢王朝は初めて真に国家的統一貨幣といえる貨幣を手に入れた。しかし上からの貨幣統一は、あくまでも国家にとっての銅銭の形態的・機能的統一として完結したのであり、社会全体の貨幣をすべて統一したわけではなかった。すなわち社会全体として見れば、五銖銭は布帛など現物貨幣とともに、複数の貨幣的交換手段の一つであり続け、わずかに国家的な価値の尺度として機能することによって、他の手段の優位に立ち得たに過ぎない。また武帝以後の国家の財政においても、布帛類が補助的な貨幣として併用されており、五銖銭が実際に唯一の貨幣的財政手段となっていたわけでもない[31]。

このような現象は、貨幣経済の段階に至っても、一部に現物的な貨幣が残存したといった紋切型の見方には収まりきれない。むしろ遥か昔から複数の現物的交換手段を用いてきた社会が、統一国家の強制する五銖銭を新たな要素として受け入れ、自らのシステムに組み込んだのだと考える方が、理解しやすいだろう。たまたまこれが、従来の制度史的用語で「貨幣統一」と呼び慣わされてきたに過ぎない。これ以後唐代に至るまで、様々な王朝の発行した銅銭が、なぜか常に五銖銭だったことは、五銖銭が国制というよりも社会的な伝統として定着していたことを示している。またこのことは、王朝の交代によって、社会全体があっさりと「自然経済」に「退行」してしまうわけではないことをも意味する。

このように、秦漢の貨幣史を貨幣統一のプロセスとして見直してみると、いわゆる貨幣統一という概念自体が、幾多の限定の上に辛うじて成り立つに過ぎないこと、すなわちこの言葉は幾重にも括弧をつけて使う必要のあることに気づく。当然、貨幣経済なる用語も、少し内容に用心して使った方がよいだろう。中国古代に実在した貨幣は、現代の我々がわかっているつもりの常識だけでは扱いきれない、複雑な歴史的履歴を持っている。むしろ、怠惰な常識と化した大理論では割り切れないからこそ、具体的で詳細な知識に固有の価値があるともいえよう。貨幣史が謎だらけなのは、決して悪いことではない。

注

（1）足立啓二「専制国家と財政・貨幣」（中国史研究会編『中国専制国家と社会統合——中国史像の再構成Ⅱ』所収　文理閣　一九九〇）

（2）佐原康夫「漢代貨幣経済論の再検討」（中国史学　第四巻　一九九四）、「中国古代の貨幣経済と社会」（『岩波講座世界歴史

3　中華の形成と東方世界」　岩波書店　一九九八　所収）

（3）中国社会科学院考古研究所・河北省文物管理処『満城漢墓発掘報告』（文物出版社　一九八〇）

（4）関野雄「円体方孔銭について」（同著『中国考古学研究』所収　東大出版会　一九五六）参照。

（5）中国科学院考古研究所洛陽区考古発掘隊『洛陽焼溝漢墓』（科学出版社　一九五九）

（6）岡内三真「漢代五銖銭の研究」（朝鮮学報　一〇二輯　一九八二）参照。

（7）蒋若是「郡国・赤仄三官五銖之考古学験証」（文物一九八九年四期、同著『秦漢銭幣研究』中華書局　一九九七所収）、汪有民「論赤仄五銖」（考古与文物一九九四年五期）など。

（8）『塩鉄論』錯幣篇に「於是廃天下諸銭、而専命水衡三官作。吏匠侵利、或不中式、故有薄厚軽重」とあるのは、実際に出回った五銖銭に見られる誤差を大げさに言い立てたものだろう。

（9）『史記』巻三〇平準書「太史公曰、……及秦中、一国之幣為二等、黄金以溢名、為上幣、銅銭識曰半両、重如其文、為下幣。而珠玉亀貝銀錫之属、為器飾宝蔵、不為幣。然各随時而軽重無常。」

（10）稲葉一郎「秦始皇の貨幣統一について」（東洋史研究　三七巻一号　一九七八）

（11）蒋若是「論秦半両銭」（華夏考古一九九四年二期、注7　前掲書所収）、および陳尊祥・銭嶼「陝西長安張堡秦窖蔵銭」（考古与文物一九八七年五期）のデータより作成。

（12）佐原康夫「漢代の市について」（史林六八巻五号　一九八五）参照。

（13）『史記』巻三〇平準書「至孝文時、莢銭益多軽、乃更鋳四銖銭、其文為半両、令民縦得自鋳銭。故呉、諸侯也。以即山鋳銭、富埒天子、其後卒以叛逆。鄧通、大夫也、以鋳銭財過王者。故呉・鄧銭布天下、而鋳銭之禁生焉。」

『西京雑記』巻三「漢文帝時、鄧通得賜蜀銅山、聴得鋳銭。文字肉好、皆与天子銭同。故富侔人主。時呉王亦有銅山鋳銭、故有呉銭微重、文字肉好、与漢銭不異。」

『漢書』巻二四食貨志下「孝文五年、為銭益多而軽、乃更鋳四銖銭、其文為半両。除盗鋳銭令、使民放鋳。賈誼諫曰、『法使天下公得顧租鋳銅錫為銭、敢雑以鉛鉄為它巧者、其罪黥。然鋳銭之情、非殽雑為巧、則不可得贏。而殽之甚微、為利甚厚。……

又民用銭、郡県不同、或用軽銭、百加若干、或用重銭、平称不受。法銭不立、吏急而壹之虖、則大為煩苛、而力不能勝。縦而弗呵虖、則市肆異用、銭文大乱。……」」

賈山の上書は『漢書』巻五一本伝に見える。

(14) 湖北省文物考古研究所「江陵鳳凰山一六八号漢墓」(考古学報一九九三年四期)参照。銭衡の釈読については諸説あるが、ここでは大意を取る。

(15) 注(19)参照。

(16) 兪洪順「江蘇塩城出土窖蔵半両銭」(考古一九九三年一期)

(17) 例えば関野雄「中国青銅器文化の一性格」(同著『中国考古学研究』所収　東大出版会　一九五六)、「中国の古代貨幣」(『古代史講座』九　学生社　一九六三)参照。

(18) 『漢書』巻一高祖本紀上、高祖四年「八月、初為算賦」。

(19) 『漢書』巻六武帝紀元狩四年「冬、有司言、関東貧民徙隴西・北地……凡七十二万五千口、県官衣食振業、用度不足。請収銀錫造白金及皮幣以足用。初算緡銭。」

『史記』巻三〇平準書「於是天子与公卿議、更銭造幣以贍用、而摧浮淫并兼之徒。是時禁苑有白鹿、而少府多銀錫。自孝文更造四銖銭、至是四十余年、従建元以来用少、県官往往即多銅山而鋳銭、民亦間盗鋳銭、不可勝数。銭益多而軽、物益少而貴。有司言曰「古者皮幣、諸侯以聘享。金有三等、黄金為上、白金為中、赤金為下。今半両銭法重四銖、而姦或盗摩銭裏而取鋊、銭益軽薄而物貴、則遠方用幣煩費不省。」乃以白鹿皮方尺、縁以藻繢、為皮幣、直四十万。王侯宗室朝覲聘享、必以皮幣薦璧、然后得行。又造銀錫為白金。以為天用莫如龍、地用莫如馬、人用莫如亀、故白金三品。其一曰重八両、圜之、其文龍、名曰白選、直三千。二曰以重差小、方之、其文馬、直五百。三曰復小、㯐之、其文亀、直三百。令県官銷半両銭、鋳三銖銭、文如其重。盗鋳諸金銭罪皆死、而吏民之盗鋳白金者不可勝数。」

(20) 『漢書』巻六武帝紀、建元元年二月「行三銖銭」、同五年春「罷三銖銭、行半両銭」。

(21) 山田勝芳「前漢武帝代の三銖銭の発行をめぐって」(古代文化　四〇巻九号　一九八八)参照。

（22）渡辺信一郎「漢代の財政運営と国家的物流」（京都府立大学学術報告　人文四一号　一九八九）参照。
（23）『史記』巻三〇平準書「有司言、三銖銭軽、易姦詐。乃更請諸郡国鋳五銖銭、周郭其下、令不可磨取鋊焉。」
（24）佐原康夫「漢代鉄専売制の再検討」（『中国中世の文物』所収　京都大学人文科学研究所　一九九三）参照。
（25）陝西省文管会・澄城県文化館連合発掘隊「陝西坡頭村西漢鋳銭遺址発掘簡報」（文物一九八二年一期）、呉鎮烽「澄城坡頭西漢鋳銭遺址之我見」（考古与文物一九九四年五期）。
（26）『漢書』巻六武帝紀、元狩六年六月「詔曰、日者有司以幣軽多姦、農傷而末衆、又禁兼并之徒、故改幣以約之。稽諸往古、制宜於今、廃期有月。……今遣博士大等六人、分循行天下。」とある。五銖銭発行直後の混乱を示す記事である。
（27）『史記』巻三〇平準書「郡国多姦鋳銭、銭多軽、而公卿請京師鋳鍾官赤側、一当五、賦官用非赤側不得行。」赤仄銭は伝統的な古銭学において、「赤仄五銖」とされているが、この銭に「五銖」の銘文があったかどうか、実は確実ではない。
（28）『漢書』巻一六高恵高后文功臣表、曲成圉侯蟲皇柔「元鼎二年、坐為汝南太守知民不用赤側銭為賦、為鬼薪」同巻一九百官公卿表、元鼎三年「鄲侯周仲居、為太常、坐不収赤側収行銭論」
（29）『史記』巻三〇平準書「其後二歳、赤側銭賤、民巧法用之、不便又廃。於是悉禁郡国無鋳銭、専令上林三官鋳（集解、漢書百官表、水衡都尉、武帝元鼎二年初置、掌上林苑、属官有上林均輸・鍾官・弁銅令。然則上林三官、其是此三令乎）。銭既多、而令天下非三官銭不得行。諸郡国所前鋳銭、皆廃銷之、輸其銅三官。而民之鋳銭益少、計其費不能相当、唯真工大姦乃盗為之」
『漢書』巻二四食貨志下「自孝武元狩五年三官初鋳五銖銭、至平帝元始中、成銭二百八十億万余云。」

上林三官については陳直『漢書新証』（天津人民出版社　一九七九）一一七頁参照。
（30）『史記』巻三〇平準書「於是天子北至朔方、東到太山、巡海上並北辺以帰。所過賞賜、用帛百余万匹、銭金以巨万計、皆取足大農。……他郡各輸急処、而諸農各致粟、山東漕益歳六百万石。一歳之中、太倉甘泉倉満、辺余穀諸物、均輸帛五百万匹。民不益賦而天下用饒。」
『塩鉄論』本議篇「文学曰、古者之賦税於民也、因其所工、不求所拙。農人納其穫、女工效其功。今釈其所有、責其所無。百姓賤売貨物、以便上求。間者、郡国或令民作布絮、吏恣留難、与之為市。吏之所入、非独斉阿之縑、蜀漢之布也。亦民間之所為耳。行姦売平、農民重苦、女工再税、未見輸之均也。」

（31）　佐原康夫「居延漢簡月俸考」（古史春秋五号　一九八九）参照。

生活史資料としての漢代画像

渡部　武

一、生活史に対する関心

近年、中国史研究において生活史に対する関心が日ごとに昂まりつつある。生活史研究の主たる対象は、過去の人びとが自らの暮らしを維持していくために従事していた生産諸活動（衣食住獲得活動）、生活に潤いを与え活性化するための娯楽や遊戯、および天災・疫病の禍を避け、人びとの健康や豊作・豊漁を確実にするための各種の祭祀儀礼行為や習俗、さらには人びとの日常の起居動作などまでに及び、その包括する範囲は物質・精神両文化にわたっていて極めて広い。換言するならば、生活史は社会史研究の重要分野であり、また文化人類学、民族学および民俗学の研究領域とも相共通するところが多い。

わが国の中国史研究者が、中国の生活史に注目し始めたのは近年になってからのことである。その背景にはいくつかの要因が存在する。その第一は、これまでの政治史・制度史・社会経済史などの縦割り分業的な研究方式から、専門分野を異にする研究者たちが、一つの問題に対して、いろいろな角度から学際的に検討する協業的な研究方式を採用し始めたこと。第二は、歴史分析を行なう際、人びとが既存のイデオロギーや史観を金科玉条の絶対的な基準とすることに対し懐疑的になってきたこと。第三は、人びとの歴史に対する興味が、時代の渦中の著名な人物の活動のみならず、無名にちかい人びとの日常性や心性にまで及び、歴史の叙述形態に柔軟性と弾力性が増してきたこと。第四は、漢籍・簡牘・古文書などの文字史料（デジタル史料）だけではなく、壁画・画像石・画像磚・織物デザインなどの図像資料（アナログ史料）も重視し出してきたこと。(1) 日ごろ私が考えてきたところを整理しただけでも、以上の四つの要因を挙げることができる。

日本史研究において、生活史分野の研究蓄積はわりと厚い。それは歴史学に隣接する考古学・民族学・民俗学・宗教学などがうまくリンクしてきたからである。とりわけ柳田国男や折口信夫らによって開拓されてきた民俗学は、わが国古来の民間伝承や習俗の古層に埋もれていた歴史像に新たなる光を当てることに貢献してきた。また渋沢敬三や宮本常一らによって方法論的な基礎が築かれてきた常民文化研究（とくに生活用具である民具の研究や絵巻物を材料とした生活文化研究）は、物質文化史研究に清新な息吹を送り込んだ。このような先学たちの努力と蓄積があったからこそ、今日わが国の県や市町村で編纂された地方誌には、必ずといってよいほど、その地方の生活の記録である民俗の巻や章が設けられるようになったのである。

翻って中国人研究者のあいだで、自国の生活史研究に対する関心は、どのようなところから派生してきたのであろうか。一九四九年の新中国成立を境とした解放以前と以後とでは、情況は大いに異なる。中国では五四運動が勃発する直前の一九一八年に、北京大学に歌謡徴集処（のちに歌謡研究会と改組される）が設けられ、西欧のグリム兄弟やペローの民話採集に範をとりながら、新しい文化運動としての民俗学研究が胎動し始めた。この研究会は指導者として、文学革命の首唱者をも含む著名な文化人、銭玄同・周作人・羅常培・顧頡剛・胡適らを擁し、白話（民衆日用語）で表現される歌謡こそが、新しい民族詩形成の基盤であると主張したのである。つまり民間歌謡を捜集することで、民衆の活力から学び、あわせて知識人の意識を糾合しようとしたのである。

この背景には、日本を含めた帝国主義勢力による抑圧強化に対する、中国知識人たちの危機意識があった。民間歌謡採集と政治との関係は、われわれ日本人にとっては一見関連性が希薄で、はなはだ懸絶しているかのような印象を受ける。しかし、中国古代における民間方言採集のために活躍したといわれる輶軒使者の存在、民間歌謡に創作の源泉をもとめ社会問題詩の道を拓いていった楽府という詩体の流行、あるいは世相を鋭く風刺揶揄した風謡重視の伝統などを考え合わせると、二〇世紀初頭の中国の歌謡採集運動が深い伝統に根ざしていることがよく分かろう。またわが国では民間伝承もしくは民俗学と訳されている“folklore”の語彙に対して、当時、適当な中国語訳がなく暫定的に「民情学」と訳出していることでも、同様のことをうかがい知ることができる。以後の中国各地方に誕生した多くの民俗学研究組織は、ほとんどすべてがこの北京大学の研究会の流れを汲んでいると称しても過言ではない(2)。

歌謡採集運動は、知識人たちに中国社会の現況に新たなる関心を向けさせたばかりでなく、過去の人びとの暮らしの記録発掘に対する興味をも喚起させた。その結果、多くの社会史関係の書物が著されるに至った。その代表的なものとして、胡樸安編著『中華全国風俗志』(広益書局、上海、一九二三年)、瞿宣穎編著『中国社会史料叢鈔(甲集)』(商務印書館、一九三七年)、同編著『漢代風俗制度史(前編)』(北平広業書社、一九二八年)、李家瑞編著『北平風俗類徴』(商務印書館、一九三七年)、楊樹達編著『漢代婚葬礼俗考』(同、一九三三年)、尚秉和編著『歴代風俗事物考』(同、長沙、一九三八年)などを挙げることができる。これらの書物は、正史・方志・筆記(随筆)類から多くの関係記事を抽出して編集した一種の百科事典であり、着眼点の新鮮さはあるが、もっぱら文献史料に依存し、画像等の資料は用いておらず、いうなれば中国で伝統的な「類書」編纂の方式を踏襲するものであった。しかしながら、瞿宣穎・尚秉和および楊樹達の著作は、今日においても漢代の生活史基礎文献として、有用性をいささかも失ってはいない(3)。

解放以後における、中国の考古学・民俗学・民族学・人類学・社会学などの人文諸科学の活動は、社会主義への試行錯誤過程の中での政治闘争、たとえば一九五〇年代の反右派闘争や一九六六年から一〇年間にわたって吹き荒れた文化大革命によって、苦難の道を歩むこととなった。ことに文革の影響は深刻で、多民族国家を標榜する中国が、民族の識別のために国内の研究者を総動員して作成しかかっていた各民族の民族誌編纂事業は中断し、都市や農村の社会調査活動も頓挫してしまった。現在、国家民委民族問題五種叢書編輯委員会が監修刊行している各少数民族の民族誌「社会歴史調査資料叢刊」は、主として文革前のこの一九五〇～六〇年代に収集された調査データを用いており、これらの中には伝統的な衣食住に関する記録も多く含まれて第一級の生活史資料となっている(4)。ただ惜しまれるのは、漢族社会に対して、この密度での調査がなされなかったことである。

一九七〇年代後半以降になると、開放経済政策の導入とあいまって、学術研究に対する拘束も急速に解除され、活発な研究活動が再開され始まった。とくに全国的な規模で展開された経済開発は、地下に埋もれていた多くの文化財を明るみに出させる契機となった。また中国考古学者たちの計画的な発掘調査によって、われわれは未曾有の点数にのぼる出土文物を目にすることができるようになったのである。本稿で扱うテーマに関係してくる、漢代の風俗を描いた壁画・画像磚・画像石・漆器などの図録も相次いで刊行され、ここに文献史料や民俗資料および画像資料などの考古資料を併用した、新しい生活史研究をスタートさせる条件が整ってきた。そして事実、服飾史・食文化史・遊戯史などに注目すべき研究が現われてきている(5)。

二、漢代画像資料の性質

現在のところ、漢代の歴史材料のうち文字列史料（デジタル史料）は、『史記』や『漢書』の正史および経史子集の漢籍に加えて、竹簡や木簡などの簡牘史料、帛書、金石史料に大別できる。さらに金石史料は、礼器・武器・雑器などの青銅器の銘文、銭幣・璽印・兵符・鏡鑑の銘文、刻石、碑文、封泥、陶文、罐や壷などの明器に記された銘文や鎮墓文、墓券、刑徒墓出土の瓦文、それに近年発見された骨籤などに細分できよう(6)。

これに対して、図像資料（アナログ史料）は以下のように区分できる。

a　墓室や地上建造物の壁画
b　石室墓・崖墓・石闕・祠堂・石棺などを飾る画像石
c　磚室墓を飾る画像磚（空心磚・花紋磚・鋪地磚などのデザイン）
d　崖壁画（広西左江流域、雲南滄源、陰山地区のもので代表される。これらは漢朝にとって異民族地帯の風俗画に相当する。）
e　帛画
f　瓦当の図像
g　漆棺や漆器の図像やデザイン
h　織物の紋様やデザイン

i　青銅器の図像やデザイン
j　鏡鑑の図像やデザイン
k　陶器に描かれた図像やデザイン
l　玉器の図像やデザイン
m　絹布・紙・木板などに描かれた地図や星辰図（馬王堆漢墓出土の駐軍図や地形図など）
n　漢簡中の図像（居延出土の避邪符としての桃梗や江蘇省尹湾出土の占卜図像など）
o　明器の人物像、家畜家禽・竈・家屋・陂塘稲田などの模型（これらを図像史料に入れるのは不適当かもしれないが、四川出土の画像磚の内容と共通した要素があるので、相補う素材と考えここに加えた。）

このうちa・b・c・e・j・m・nには銘文や解説題辞を伴うものがあり、これらは黒田日出男の区分する中間型のアナログ–デジタル史料の範疇に属する。(7)しかし、漢代の発言史料をしいて三区分する必要は認められず、文字列史料と図像資料との二大区分で充分事足りる。

ところで図像資料中、生活史資料として最も有用かつ重要な資料は、壁画墓・画像石墓・画像磚墓などに描写された風俗画類である。かつて私は、これらの壁画と画像（以下両者を一括して画像資料と呼ぶことにする）を歴史学にどのように応用したらよいのか、その方法論を提唱し、具体的にこれらを用いて漢代の人びとの生活の諸相を素描してみたことがある。(8)漢代画像は、当時の人びとの死生観、神話世界および日常生活をうかがい知ることのできる資料の宝庫である。画像資料中の庖厨・宴会・雑技・農耕などの場面は、われわれに予備知識がなくても、その内容を理解することは比較的容易である。しかし、鬼神や各種の神話、説話に関係してくる図像については、文献史料にもとづく正確な知識がないと理解は覚束ない。またたとえ関連の文献史料記事が捜し当てられたとしても、多くの場合、史料はわれわれに断片的な情報しか提供してくれず、漢代の人びとが思惟するところの精神世界の全貌を理解するには、まだまだ多くの困難を伴う[9]。画像資料を歴史学に応用する場合、考古学研究の成果を借りて、漢代の墓制の変遷と壁画墓・画像墓の出現との関係、および各墓を装飾している壁画と画像の全体的意味を明確に把握しておく必要がある。

古代中国の墓制変遷史上もっとも注目すべき点は、戦国期の曾侯乙墓や前漢初期の馬王堆墓で代表される竪穴式槨墓から、後漢の沂南画像石墓、和林格爾壁画墓、打虎亭墓などで代表される横穴式室墓への変化である。棺や副葬品を収納する密閉型の槨墓の出現は、新石器時代晩期にまでさかのぼって確認でき、これが先秦時代に至るまで墓葬の主流をなしてきた。ところが後漢時代の墓葬は、墓道（天井をもたない素掘りの通路）と羡道（墓道の後に続く、玄室に至るまでの通路）をもって外界と通ずる室墓が主流となり、墓室の形成による空間容積と壁面積の増大は、画像や壁画で装飾する余地を与えることになった。近年、多くの漢墓の事例を分析し、その形態変遷の究明に努めてきた黄暁芬の研究によれば、この変化は決して直線進化的に起こったわけではなく、地域によって遅速の差やプランにヴァリエーションがあり、おおむね前漢後期以降に完全に横穴式室墓へと移行していったとのことである。また黄暁芬は、その漢墓形態に変化をもたらした要因として以下の三つの事情を指摘している[10]。

第一は、槨内の構造上の密閉性が題湊タイプの槨墓（題湊は黄腸題湊とも称する）の出現によって、決定的変化がもたらされたこと。いわゆる「題湊」形の槨壁は、伝統的な槨墓の外側を補強したばかりでなく、槨内に回廊空間構造をも現出させた。湖南省長沙の象鼻嘴一号前漢墓はその初期の例であり、この墓の墓坑西側からのびる斜坡墓道は、途中に大きな段差があって槨に直結していないが、内外槨にはそれぞれ開閉のできる槨門（玄門）が備っており、ここに開放型墓の端緒が開かれたのである。[11] 第二は、斜坡墓道と墎との間の段差が暫減して、やがて消失し、墓道と墓主の埋葬空間とが直結するようになっていったこと。その結果、第三として題湊タイプの回廊式墓の内外の玄門の間の空間が祭祀の場所として特別に重要視され、後部の埋葬空間から分離独立し、祭祀空間としての前堂を形成していくようになったのである。そして墓道中軸線の延長線上に前室－中室（ない場合もある）－後室、中軸線の左右に側室（あるいは耳室）がそれぞれ配置されたプランの墓が普及していくのである。画像墓の発展も墎墓に原型をもとめることができ、初期（前漢晩期）の画像石墓が平面プランに回廊構造を有し、また磚室内部壁面を菱形紋や方格紋の花紋磚（紋様磚）で装飾しているのは、明らかに黄腸題湊の名残でもある。[12]

前述したように、黄暁芬は墓の構造変化の主たる要因を墓前祭祀にもとめており、漢代においては墓中とその地表部の双方で祭祀が挙行されていた。墓中の祭祀は、棺が安置されている「棺房」（正蔵）に隣接する「便房」で行なわれた。[13] 他方、墓上での祭祀は、皇帝の陵園の場合、陵上に生前に皇帝が生活した宮中の正殿に象った「寝」とその別殿である「便殿」が設けられ、寝に対しては宮人が毎日定時に飲食をこれに供え、また毎月、陵の近くの廟で行なわれる祭礼の日には、寝に安置されている亡き皇帝の衣冠を掲げて出遊することが行なわれた。中国の伝統的な考え方によれば、「生時には、親を養うの道あり、死亡するも義背くべからず。故に祭祀を脩め、生存するが如きを示す」（『論衡』祭意篇）とあるように、生前に親に対して孝養を尽くすのは子としての務めであり、また死後においても同様のことが強く要求され、それを祭祀儀礼を行なうことで達成したのである。したがって古代中国の人びとにとって、祖先の墳墓および祖廟での祭祀儀礼は、「孝」の実践という意味で最も重要視されたのである。

ところで光武帝劉秀によって打ち立てられた後漢王朝は、周知のように劉秀の出身地南陽の豪族勢力を背景にして台頭してきた政権である。政権の座に即いて主都洛陽に在住した光武帝は、故郷に不在のため郡県の役人に命じて郷里の祖墳と祠堂に侍祠せしめた。孝を実践するためのやむを得ない措置であったのである。また次の子の明帝のとき、元旦の皇帝朝賀の儀式「元会儀」を父光武帝の葬られた原陵で挙行した。このことが契機となり、従来より慣行となっていた宗廟での諸儀礼に改変が加えられ、宗廟の地位は大いに下落し、それに代って「上陵の礼」がよりいっそう重視されるようになっていったのである。(14)

皇帝陵とそこに付設された寝は、各地の豪族たちによって築かれた祖先の墓とそこに付設された祠堂施設とパラレルな関係にある。前述のように皇帝陵の寝は、ここに日々飲食を供えることで、子孫たちは亡き皇帝に対して生前と変らぬ孝養を尽くす証とした。祠堂の役割も同様で、その名称が祠堂、廟堂および斎祠と呼ばれるほかに、別名を食堂や饗食堂（饗は饌の意）と称したのは、定められた祭祀の日に子孫たちが飲食を墓主に供え歓待したことに由来する。漢代の祠堂での祭祀は、わが国の沖縄地方で門中（男祖を基点とした父系出自集団）によって、今でも盛んに行なわれている墓前での清明節行事を想起させる。清明節のときに、沖縄の人びとは祖先の墓前に集い共に飲食し歌舞を楽しむ。このことによって、祖霊と交歓するとともに門中構成メンバーの結束をいっそう固めるのである。漢代の祠堂は、山東省東阿県出土の「永興二年（一五四）薌他君石祠堂題記」に「……石祠堂を起立す。冀《ねが》わくは二親の魂零（霊）に依止する所あらしめ云々」とあるから、死者の霊魂の憑依休息する場所と考えられていた。(15)祠堂前における子孫による祭祀の情景は、山東の沂南画像墓および孝堂山下の小祠堂（戦前に蔵田信吉によって発掘、現在東京国立博物館東洋館に展示。図版1を参照）中にその典型的な画像が見られる。漢代の豪族たちはこのような死者の霊魂の来訪を観念して祭祀を執り行ない、宗族結合の強化を図ったのである。漢代に為政者側からしばしば「厚葬」が槍玉にあげられ批判されたのは、裏を返して言うならば、墓前祭祀の盛行に象徴される豪族勢力の隆盛をものがたるものであろう。

図版１　山東省の孝堂山下で発見された小祠堂中にレリーフされた祠堂祭祀図（模写）

漢代画像墓の主要モチーフが死者の昇仙であることについては、ほとんどの研究者のあいだで異論がない。信立祥の説くところによれば、画像に見られる漢代人の世界観は四部分から構成されている。最上部は上帝と多くの自然神が住んでいる諸神世界、次は西王母をはじめとした仙人たちが住んでいる崑崙世界、その次は人間現実世界、そして最下層は死者の霊魂が住んでいる地下世界である。(16) しかし、個々の場面ごとに昇仙モチーフの柱となる車馬出行図と拝礼図については、研究者のあいだで必ずしも一致した見解に到達していない。信立祥は、前室の横梁に配置された墓主の車馬出行図と、祠堂の奥壁に配置された拝礼図と墓主の車馬出行図は、墓主の霊魂が子孫による墓前祭祀を享受する様子を描写したものと考えている。一方、曾布川寛は、拝礼図を墓主が子孫の祭祀を受ける場面とはせず、車馬を連ねて昇仙に向かった墓主が、西王母（あるいは東王父）の住む楼閣の階下でその家来の拝礼を受けているところと考証している。(17)

漢代画像墓の図像は、基本的には戦国楚墓や馬王堆漢墓から出土した昇仙帛画に源流があり、漢代の室墓への転換と描写スペースの拡張によって、昇仙以外のモチーフ増加が上記のような混乱を惹き起こしたのである。「昇仙が表されて仙界である筈の墓室内部は同時に墓の主人公の住処であるかのように演出されていた」と曾布川が指摘しているように、(18) 後漢時代になると、地上の邸宅を地下に再現したような画像墓が現われ（沂南画像墓の例）、墓主の安楽な生活を描くものが増えていく傾

図版2　成都地方の後漢時代画像磚墓。磚壁の腰部に方板状の画像磚が嵌め込まれてある。同一の画像磚が異なる磚室墓から発見されることがあるので、当時葬具として売られていたのであろう（成都市博物館に展示されてあるレプリカ。1996年渡部撮影）。

向にあった。また墓主の生前の履歴の要素が著しく強調され一代絵巻のような壁画墓まで出現してくる（和林格爾壁画墓の例）。さらに四川地方の画像磚墓の場合、内容と形のいずれもが規格化された一連の画像磚（門闕・亭前迎謁・持戟幢騎吏・車騎出行・山林塩場・市井・弋射収穫・宴飲歌舞・博奕飲酒・西王母仙界など）を甬道や墓室の側壁に嵌め込むことによって昇仙を表現している（図版2）。従来、四川地方の画像磚は、墓中での位置関係が無視されて個々に観賞されてきたため、昇仙の様子が連環画のように展開されていることを、われわれは往おうにして忘れがちであった[19]。

　このように画像中には、一見して直接昇仙に結びつかない漢代人の理想とする安逸で自足された生活モチーフが多く盛り込まれるようになった結果、われわれは当時の生活史資料を豊富に目睹できるようになったのである。ただし、これらの画像資料を生活史資料として採用する場合、墓葬に関係する図像であることをつねに念頭におく必要がある。また画像内容に地域ごとの一定の類型や傾向があるかどうか、あるいは墓主の個人的な経歴が画像に反映しているか否かなどにも充分留意しなければならない。

三、名物学と画像資料

画像資料などの出土文物や文献史料を用いての生活史の復原作業の難しさは、限定された所与の資料（史料）をいかに解析するかにある。たとえ研究材料が増加の傾向にあるとはいえ、つねに叙述に好都合な資料ばかりがあるとは限らないからである。民俗学・民族学および文化人類学の調査の場合、フィールドワークを通じて現地から生活情報を大量に得ることができ、また疑問点については直接土地の人びとに質問して、しかるべき回答を得ることが可能である。もし有能なフィールドワーカーが、生活経験豊かな土地の古老からたくみな誘導で聞書きするならば、内容密度の濃い生活誌を短期間のうちに完成することができよう。事例としては適当でないかもしれないが、中国文学者竹内実が質問者となって、山西省朔県出身の羅漾明（日本で中国語を教授）から聞書きした『中国生活誌—黄土高原の衣食住—』（大修館書店、東京、一九八四年刊）は、解放前の朔県の人びとの暮らしをみごとに再現した貴重な生活史記録となっている。この聞書きは現地でなく日本で行なわれたものである。けれども、質の高い記録を生み出すためには、生活体験の深い話者とすぐれた質問者との邂逅が、いかに大切な条件であるかが分かろう。

フィールドワークの場合、調査者の積極的な活動を通じて、つぎつぎと新しい事実や情報を増加させていくことができる。しかし、歴史家や考古学者が二千年余もさかのぼった過去の時代の人びとの日常生活を再現しようとした場合、彼らは、時間や空間を超越して往時の人びとと対話できるわけではないので、発掘現場に立ってその風土を観察するか、もしくはもっぱら限られた史料や出土文物などを相手に孤独な解釈作業に没頭しなければならない。そして物言わぬ断片的な文字史料や遺物をなんとか整合的に再構成させて、一定のイメージをこしらえようとするのである。当然のことながら、取扱い者の資質によって、結ばれるイメージは様ざまに異なってくるはずであるし、時には新たなる史料の発見によって、そのイメージは修正を迫られることもあろう。

生活史研究の主要部分は衣食住などの物質文化の解明にあり、すでに述べてきたように、生活に関係する「モノ」の名称や用途を探求することにかなりのエネルギーを費やさなければならない。それは一種の「名物学」と称してもよい。事物の呼称や地方名、およびその機能を分類解説しようとする動きは、戦国末期以来の古典の訓詁にともなって勃興し、以後両漢三国時代にかけて『爾雅』『方言』『釈名』および『広雅』などの字書が著されていった。ことに揚雄（?―二三年）が著した『方言』と劉煕（生没年不詳、二世紀頃に活躍）が著した『釈名』は、漢代の事物の標準名や地方名を調べるのにはなはだ便利である。参考までに『釈名』の分類項目を列挙すると、以下の二七項目から構成されている。

釈天・釈地・釈山・釈水・釈丘・釈道（以上巻一）、

釈州国・釈形体（以上巻二）

釈姿容・釈長幼・釈親属（以上巻三）

釈言語・釈飲食・釈采帛・釈首飾（以上巻四）

釈衣服・釈宮室（以上巻五）
釈牀帳・釈書契・釈典藝（以上巻六）
釈用器・釈楽器・釈兵・釈車・釈船（以上巻七）
釈疾病・釈喪制（以上巻八）

『釈名』の叙述形式は『爾雅』の影響をかなり大きく蒙っているが、著者劉熙の執筆意図はその序に「それ名の実におけるや、各々義類有り。百姓日々称するも、而るにその所以の意（事物に命名した理由）を知らず。故に天地・陰陽・四時・邦国・都鄙・車服・喪紀より、下は民庶の応《まさ》に用うべきの器に及ぶまでを撰び、指帰（意味内容）を論叙す。これを『釈名』と謂う」と明言されているように、自然地理に関する呼称をはじめとして、以下庶民の用いる日用什器をも含めた諸事物の呼称の由来を詮索することにあった。彼が説明するところの語彙の起源説中には、牽強付会と思われるものもかなりある。しかし、しばしば音声からイメージするところを語源説明の一手段にしているのは、漢字発生上の「音義説」を考える上で参考になる。また彼が目指したのは、特殊な死語や古語などの解説ではなく、当時の日常使用語彙全般について分類解説であり、このことは同時代の画像資料に描かれた事物の名称を同定する上で、きわめて心強い味方となる。

揚雄の『方言』についても、『釈名』と同様のことが言える。彼の著作の場合、事物の地方名収集に異常な労力が費やされた。彼の語彙収集の方法は、もっぱら首都長安における聴取り方式によった。『方言』の巻末に付載された「揚雄の劉歆に答うる書」によると、聴取り対象者は、首都に出張してきた郡国の上計（会計監察を主管する役人）、孝廉および上番の衛卒（兵士）などで、揚雄はこの作業を二七年間にわたって継続実施したという。彼の語彙分類はやはり『爾雅』に倣っているが、大きな特色は、①通語（広域通用語）、②某地・某地之間通語（いくつかの地域に跨がる通用語）、③某地語（特定地域通用語）、④古今語あるいは古雅之語、および⑤転語の区別を解説していることである。そして漢代の方言区を、秦晋・周韓鄭・趙魏・衛宋・斉魯・東斉海岱・燕代・北燕朝鮮・楚・南楚・南越・呉越の一二大区に区分している。[20]本書によって『釈名』の言及していない事物の地方名を知ることができ、これまた漢代の物質文化研究の必須の工具書となっている。

事物の名称とその実物とを同定する「名物学」は、本草学や三礼（『周礼』『儀礼』『礼記』）の研究方面で盛んに行なわれ、清代の考証学の隆盛に伴って最盛期に到達する。しかしながら、ある語彙を文字史料のみから説明しようとすると、そこには自ずから限界があり、時には堂々巡りの互訓に陥ることもある。[21]『爾雅義疏』や『山海経箋疏』などを著した郝懿行（一七五七―一八二五年）のように、実際に自ら観察した草木虫魚の知識を武器にして、注疏に新機軸を打ち立てたのは稀有な事例である。[22]中国の知識人が漢代画像資料に着目したのは宋代であるが、当時の彼らの関心の的はもっぱら題字の書法にあり、事物同定の物質文化研究に用いられるようになったのは、清末以後のことである。そして本格的に研究体制を整えて漢代の物質文化研究に挑んだのは、林巳奈夫を研究班長とする京都大学人文科学研究所中国考古学研究班で、その報告書『漢代の文物』のあとがきで、林は研究方針について次のように述べている。[23]

「文物との関聯において」という限定は我々の研究会の進め方も規制した。……異なった分野の研究者が寄って共同研究の成果をあげるため、研究会には多様な方面の材料が含まれてゐる沂南、徐州等の画像関係の資料、劉熙『釈名』の文物関係の巻などを研究討論の材料として使用した。この種の共同研究会において生れるのは、いはば「物」を媒介とした、専門を異にする研究者の知識の止揚である。このやうな共同研究の成果を一般のものにするために編まれたこの書物は、従つてこれまでに知られてゐる考古遺物、図像類と、漢時代の文物関係の語彙や文献資料による知識の綜合といふ性格を強く帯びてゐる。

この報告には墓葬の副葬品リストである遣策や賵方なども取り上げられ、漢代の事物の同定作業は前代に比べて著しく進捗している。また中国歴史博物館の孫机も同様の方法を導入して、漢代の物質文化についての極めて精密な図説を完成している。(24)

こうした方法の最大の利点は、出土文物と文献史料とがうまく連動整合して、漢代の人びとの生活の諸相を具体的にイメージしやすくさせたことである。しかしその半面、欠点がなくはない。それは、出土地のまちまちな文物を同一次元に並べてイメージを結ぼうとするため、往おうにして地域性を無視した最大公約数的な漢代人の生活像が出来上がってしまう危険性があることである。そもそも日本の面積の二〇倍以上もある中国本土に、当時ほぼ共通した物質文化が全面的かつ均質的にあったと考えるのは早計である。そうした誤解をわれわれに与えてきた原因は二つある。一つは、古代中国において漢字を用いたコミュニケーションがきわめて古くから成立していたこと。もう一つは、秦漢統一帝国による郡県、郡国制の整備に伴う地方官の赴任や入植漢人の開拓などが、中原生活様式の地方移植になんらかの影響を及ぼしたことである。統治者側の記録から見るならば、中央の支配が隅ずみまで貫徹しているかのような印象を受けるが、周辺地域においては様相が異なり、中央政府は郡治や県治の所在する拠点と拠点とを結ぶネットワークを支配しているに過ぎず、土着文化によって包囲された情況におかれていた。このことは四川地方の墓葬にも如実に反映しており、当地方の漢墓を広く調査した経験を有する四川聯合大学の羅二虎は、次のような興味深い事実を指摘している。「磚室墓の墓主の多くは中原からの移住民の後裔で、崖墓の墓主の多くは従来からの土着民であった。また崖墓の出現と盛行は、まさに四川地方の従来の土着民が外来の中原文化に対して同化していった具体的な現われであった」[25]。つまり磚室墓の磚壁腰部に嵌め込まれた方板状の各種風俗画像磚と崖墓の画像石とは、截然と区別されるべき性質のものであると、羅は指摘したのである。

このように見てくると、漢代画像資料中に表現されたモチーフや個々の事物を考察する場合、墳墓の形態や立地環境、それにそれらを築いてきた人びとの来歴にも充分な考慮を払う必要が生じてくるのである。

四、画像資料の解析の方法

第二節でも言及したように、私は旧著『画像が語る中国の古代』において、画像資料中より生活史関係資料を摘出し、それらを出土文物や民俗慣行と対比させて、漢代の稲作技術、犂の形態と犂耕技術、紡織技術、食習慣、盤上遊戯などを解説した。また食文化や民族建築学の専門家である篠田統、田中淡および浅川滋男らも、自らのフィールドワークの成果を画像資料に応用し、それぞれ漢代の生活文化研究に大いに貢献している[26]。このような研究方法は、すこし以前に流行した土俗考古学あるいは民族考古学と訳されるエスノアーケオロジー（ethnoarchaeology）における方法と似通ったところがある。しかし、一部の考古学研究者たちは、フィールドワーカーたちの記録した民俗資料や民族誌などの材料を考古学に用いるのは、安易な類推に陥りかねないとかなり批判的である。むしろ近年の考古学は、出土資料の統計的処理や理化学的分析を経たデータをもとにして、生活圏内の生態古環境を復原したり、あるいはまた土地の潜在的生産力を推算した方法が主流になりつつある。しかしながら、ある程度文献史料も併用できる漢

図版３　農作・養老画像石拓本（成都市曾家包１号後漢磚石室墓出土。高文編『四川漢代画像石』巴蜀書社、1987年、95頁、図２より）

代歴史考古学の領域では、取り上げる対象や地域によっては、エスノアーケオロジーによるアプローチも決して無意味ではない。以下、四川省成都市郊外の曾家包一号後漢磚石室墓で発見された「農作・養老画像石」（図版３）を例に取り上げ、生活史資料としての漢代画像の解析方法を述べて、本稿の結びとしたい。

この曾家包一号墓は磚と石とで構築され、墓道・墓門・甬道・前室・東西双後室から成っており、当該画像石は東後室後壁に在り、西後室後壁の「醸酒・馬厩・武器架画像石」と一対を成している。甬道東壁に嵌め込まれた画像磚は、墓門側から帷車・小車・騎吹・丸剣起舞・宴飲起舞・宴集・六博・庭院・塩場の順序となっている。同様に甬道西壁は、鳳闕・市井・帷車・宴集・弋射収穫・駢車・庭院・餽路・塩井の順序で排列されている。[27] 墓門側にまず門闕の画像磚を配置し、次に車馬や宴飲娯楽などの画像磚などが一見脈絡なく並べられている。これらの画像磚はいずれも規格品で、同一タイプの画像磚が他地の磚室墓からもしばしば発見されることがある。劉志遠の報告によれば「画像磚は、画像を彫り込んだ木笵をこしらえ、これに生乾きの粘土を押し当てて型を取り窯で焼成する。そして仕上げとして赤・緑・黄・白などの塗料で着彩する」とのことである。[28] 当時、たぶん葬具を扱う店があって、各種の画像磚が販売されていたのであろう。当然のことながら、墓主の資力に応じて嵌め込む画像磚に数の多寡があったはずである。排列の基本は、墓門側に門闕画像磚を配置し、途中に車馬画像磚、そして最後に西王母仙界画像磚を配置するのが一般的で、この形式は山東や河南地方の墓主昇仙画像の観念と一致する。この曾家包一号墓双後室後壁には、西王母仙境画像磚の代りに前述の二点の大きな画像石（たぶん特注で制作された）があるから、これら両画像石の場面は仙界を表していると考えなければならない。勿論、自給自足し得るほど豊かであった成都地方豪族の荘園の情景をも重ねて表現しているはずである。

図版3の農作・養老画像石の内容を簡単に説明すると、以下のとおりである。まず最上部に二頭の羊と一本の植物が描かれている。いずれも瑞祥を象徴しており、羊はめでたい動物で瑞祥の「祥」に通ずる。中段中央に棕梠の樹があり、その樹下に一人の老人が先端に鳥の飾りのある杖（鳩杖）を所持して坐している。左側には屋根に二か所のベンチレーター（通気筒）付きの穀物倉がある。この建物の前に一人の人物が食物（糜粥）を入れた容器を捧げ持って、老人の方へ近づいている。この場面は、かつて地主による収租（小作料取り立て）と解説されたこともあったが、老人の所持する鳩杖によって養老の場面と見なすことができる。漢代では八月に実施される戸口調査の際、年齢が七〇

歳に達した老人には、県クラスの役所を通じて玉杖（長さ九尺、先端に鳩飾りあり）と糜粥（かゆ）が下賜される規定があった。[29] ただしここでは、墓主が孝行な子孫から食物の接待を受けている様子を表しているのであろう。また棕梠は巴蜀地方の特産で、その繊維でこしらえた賨布は特に重視されていたから、これも一種の瑞祥として配置されたのであろう。[30] 老人の右側の二層の建物は、山東地方などの祠堂画像に見られる楼閣に相当するものである。この建物が単なる豪族の邸宅でないことは、階下の半開の戸口に立っている人物によって分かる。この「半開の扉」のモチーフは、有名な四川省蘆山県出土の王暉石棺および同省滎経県出土の石棺のレリーフにも見られる。[31] 後者のレリーフには建物の内部に墓主夫妻と西王母が描かれているから、この半開の扉は仙界の入口（天門）で、戸口に立っている人物は墓主を仙界に招じ入れる案内役の仙童であろう。すると階上にいる一方の人物は、曾布川寛が考証しているように西王母である可能性が高い。

下段左側には陂塘稲田があり、上半分の水田は畦で四面に区切られ稲が植えられている。下半分は陂塘（溜池）で、中央に水門があり、その左側にはハス・水棲動物などが、また右側の陂塘には魚やカメが泳ぎ、小舟を浮かべてたぶん漁撈に従事する人物がそれぞれ描かれている。下段の右半分には、拓本がいささか不明瞭であるが、鋤頭（鍬）を用いて芋（サトイモ）畑の手入れをする一人の人物、その右側に碓（踏み臼）を用いて穀物の調製作業に従事する一人の人物がそれぞれ描かれている。また芋畑の傍らにはネズミ返しのついた高倉が一棟と一本の樹木がある。私は旧著において、ここに描かれた穀物倉に対してさほど深い意味を認めていなかった。近年の研究によれば、画像中の倉は、画像の題字や鏡鑑などの銘文にしばしば見られる吉祥句「食大（太とも表記する）倉」と大いに関係があり、倉の図像は、墓主にとっては充分な食物支給を保証してくれる象徴であり、また墓主の子孫にとっては将来の繁栄を約束してくれる吉祥の象徴でもあった。[32] したがって、この画像の二棟の倉も大倉に比定できる。なお漢墓に副葬された

図版４　溜池の周辺に水田、その周囲に畑を拓いた四川地方特有の人文地理景観。後漢時代の陂塘稲田模型を髣髴とさせる（珙県にて、1996年渡部撮影）

明器の陶倉なども、同様の性質を有すると考えなければなるまい。

以上が、近年の図像学の成果を応用した画像資料の解説である。この画像は、一見すると後漢時代の成都地方の豪族の荘園を思わせるが（事実、前一世紀の王褒の「僮約」を参照するなら、当地方の豪族の荘園はこのようであったろう）、墳墓中の画像という性質を考慮に入れると、死者が向かう満ち足りた仙界（崑崙世界）の様子を描いたものということになる。しかし、この「農作・養老画像」に描写された陂塘稲田の景観は、この数年来西南中国の民族調査に従事してきた私に、特別な興味を喚起させる。というのは、四川地方を調査旅行した際、現実にこのような景観を無数に見ることができたからである。図版４に示したのは、宜賓市の南の珙県で撮影した民家と陂塘稲田の景観である。四川地方の各地には、凹凸の起伏が繰り返される地形がおびただしくあり、通常凹部の窪地に溜池をこしらえて周辺に水田を拓

図版5　陂塘稲田模型（雲南省大理大展屯2号後漢磚室墓出土。大理白族自治州博物館所蔵、1992年渡部撮影）

き、水田の周辺の水がかりのわるいところは畑として利用している。四川から雲南に入ると、景観は山地と小盆地（これを壩子と称する。壩子《バーズ》と壩子との間は尾根道であるマウンテン・ロードで結ばれる）の繰り返しが多くなり、山地は焼畑民が利用し、盆地は傣族もしくは入植漢族が水稲栽培を行なうといった明確な棲分けがなされている[33]。

『史記』貨殖列伝中に、戦国から秦漢時代かけての入植者による巴蜀開発の記事がいくつか見られ、司馬遷は、特殊な冶鋳技術を持つ少数の入植者についての記述に熱心であるが、実際は農耕移住者の数のほうがはるかに多かったはずである。北方の畑作地帯での農作経験を有する植民者（およびその末裔）の農耕技術および水利灌漑技術は、土着民のそれよりも水準が高く、定住化の結果つくりだされた景観が前述の陂塘稲田図ではないかと、私は推定している。この陂塘稲田に関して、かつて私は数篇の報告を発表したことがある。[34] 漢代の陂塘稲田画像および明器の模型は、現在の段階で約七〇余点公表されており（図版5）、出土地域に関して一つの大きな特色が見られる。すなわち、これらの関係文物は陝西省南部の漢中盆地と四川省の成都地区に集中し、広西・雲南・貴州・広東にまでも分布が及んでいる。しかもこれらの出土地は入植者たちが定住した地域や郡治・県治の所在地点にもっぱら集中している。ところが長江中・下流域のいわゆる「火耕水耨」地帯からは出土していない。

一九九六年に四川の西南地区を調査した際、私は、西昌の涼山州博物館で新出土の陂塘稲田模型三点を熟覧したことがある。そのとき館長の劉弘氏にこれらの模型の副葬理由をうかがったところ、葬られた墓主の資産の誇示のためであろうとの返答を得た。しかし、私の考えは劉弘氏とは異なり、墓に陂塘稲田模型を副葬する理由は二つあったと推定している。第一は、前述の大倉との絡みで考えると、陂塘稲田模型には豊かな食糧を供給する瑞祥の意味があったこと。第二は、異民族に囲まれて暮らす入植者およびその末裔たちが高い水準の伝統農耕文明を誇示することで、自己のアイデンティティを堅持しようとしたため。いずれにしても、入植者たちの農業開拓には一定の技術的なパターンやモデルがあった。しかも興味深いことに、陂塘稲田模型といっしょに図版6の執鍤佩刀俑がしばしば出土する。この陶俑は腰に環首刀を携帯し、手に掘土用の鍤（あるいは耜）や泥土運搬用の箕を所持している。一説には、地主の荘園を守備する部曲家兵であるとか、あるいはもう一説によると、箒と塵取りを持った家内奴隷だと考えられていたが、[35] 私はこの種の陶俑を農業神の神農、もしくは水利灌漑開発に関係の深い禹の像ではないかと推定している。

漢代画像資料を生活史資料として用いる場合、予備知識なしで物質文化についての多くの材料を得ることができる。しかし、より正確に画像を理解するためには、まず死者のために描かれたという観点からの図像学的解釈、そして画像の出土地域の歴史風土の把握がきわめて大切である。その意味で、以下に示すオーストリアの美術史家ゴンブリッチ（E.M.Gombrichi）の言葉は含蓄が深く、そのまま漢代画像研究の心得にも適用できる。[36]

通常、人びとが同一の視覚像を見るとき、それを読む（リーディング）という。われわれが皆その水差しを正確に読むのは、それが水差しのように見えるからだ。しかし、この単純な定式は、かなり多くの疑問を回避しており、読むことの神秘をおおい隠してしまうものである。

図版６　執鍤佩刀俑。右手に掘土用具の鍤、左手に土を運搬する箕を所持し、腰に環首刀を携帯している。このタイプの陶俑は陂塘稲田模型とセットとなって四川地方の磚室墓からよく出土する（新津県出土、四川省博物館所蔵。1996年渡部撮影）。

注

（1）このデジタル史料とアナログ史料という区分用語は、近年わが国の絵巻物を歴史材料として斬新な研究方法を展開している黒田日出男の命名による（『歴史の読み方1　絵画史料の読み方』、『週刊朝日百科　日本の歴史』別冊、一九八八年、四－五頁）。

（2）中国の民俗学の研究史については以下の論著に詳しく述べられている。王文宝『中国民俗学史』（巴蜀出版社、成都、一九九五年）、直江広治『中国の民俗学』（岩崎美術社、東京、一九六七年、とくに二四一頁以下の中国民俗学の歴史参照）。

（3）尚秉和の『歴代社会風俗事物考』は、刊行後ほどなくして邦訳が出現し、日本人のあいだでもよく読まれた（秋田成秋訳、大雅堂、一九四三年。のちに平凡社の東洋文庫に収めらる）。

（4）この国家民委民族問題五種叢書編輯委員会が編集刊行している「中国少数民族社会歴史調査資料叢刊」は、一九五六年に全国人大民族委員会および国務院民族事務委員会が党中央の指示を承けて、各少数民族の社会と歴史について大規模な調査を実施した報告である。また同時に「少数民族簡史」「少数民族簡志」「民族自治地方概況」の叢書も刊行している。もしこれに漢族社会の社会歴史調査も加わっていたならば、今世紀前半の中国社会の全般概況を微細に分析する上での絶好の史料となったことであろう。あるいは現在全国の県や市単位で編纂されている方志が、それを補完する史料になるのかもしれない。

（5）たとえば以下のような著書を挙げることができる。孫机『中国古輿服論叢』（文物出版社、北京、一九九三年）、同『漢代物質文化史料図説』（中国歴史博物館叢書第二号、文物出版社、一九九一年）、傅起鳳・傅騰龍『中国雑技史』（上海人民出版社、一九八九年。本書の元版となったのは、一九八三年に天津科学技術出版社から刊行された『中国雑技』で、本書については岡田陽一の邦訳『中国芸能史－雑技の誕生から今日まで－』三一書房、一九九三年がある）、蕭亢達『漢代楽舞百戯芸術研究』（文物出版社、一九九一年）、周到『漢画与戯曲文物』（中州古籍出版社、鄭州、一九九二年）、劉志遠・余徳章・劉文杰『四川漢代画像磚与漢代社会』（文物出版社、一九八三年）。

（6）この骨簽は、一九八六－八七年の漢長安城未央宮第三号建築址発掘作業時に発見された。現在まで判明しているその総数は六万点余、そのうち約五万七千点に文字が刻まれており、その主たる内容は兵器の編号と数量、工官、中央の官署の記録で、『史記』や『漢書』の内容を補う重要な史料であることが明らかになった。詳しくは以下の報告を参照のこと。中国社会科学院考古研究所漢城工作隊「漢長安城未央宮第三号建築遺址発掘簡報」(『考古』一九八九年一期)および同研究所『漢長安城未央宮』(中国大百科全書出版社、北京、一九九六年、上巻、九一頁以下)。

(7) 注(1)前掲黒田著書、四頁。

(8) これに関した拙稿として以下のものがある。「風俗史資料としての漢代画像」(『同朋』九一号、京都、一九八六年)、「歴史研究中絵画資料的応用」(『農業考古』一九八七年二期)、『画像が語る中国の古代』(平凡社、イメージ・リーディング叢書、東京、一九九一年)、「画像が語る中国の歴史と文化」(『別府大学アジア歴史文化研究所報』一一号、一九九三年)。

(9) わが国の研究者で、漢代の画像中の神話世界の解明にすぐれた成果をあげたのは、土居淑子と林巳奈夫の両氏である。土居著『古代中国の画象石』(同朋舎、京都、一九八六年)および林著『漢代の神神』(臨川書店、京都、一九八九年)は、画期的な研究である。

(10) 黄暁芬「漢墓形制的変革—試析竪穴式槨墓向横穴式室墓的演変過程—」、『考古与文物』一九九六年一期。

(11) 湖南省博物館「長沙象鼻嘴一号西漢墓」、『考古学報』一九八一年一期。

(12) 漢代の画像石墓の変遷を研究した山下志保も槨墓から画像墓への発展を以下のように結論づけている。「画像石墓は竪穴土坑木槨墓の構造の模倣から始まり、次第に磚室墓の構造を取り入れて行く形で、墓室空間の拡大へと発展する。墓室構築材に磚を多用するようになるのも、空間拡大化に通じるものである」(「漢代画像石墓の構造と変遷」、『古文化談叢』第二五集、一九九一年)。

(13) 『後漢書』礼儀志下に合葬(たぶん皇太后の合葬)について次のように記されている。「合葬、羨道開通、皇帝謁便房、太常導至羨道、去杖、中常侍受、至柩前、謁、伏哭止如儀、辞、太常導出、中常侍授杖、升車帰宮、已下、反虞立主如礼、諸郊廟祭服皆下便房、五時朝服各一襲在陵寝、其余及宴服皆封以篋笥、蔵宮殿後閤室。」この便房については、内槨と棺房の間の空間という説と棺房という説とがある(注(11)前掲報告、一二九—一三〇頁参照)。

(14)　この陵寝制度の変遷については楊寛の著書『中国皇帝陵の起源と変遷』(尾形勇、他訳、学生社、東京、一九八一年、五二頁以下)に詳細に説明されている。
(15)　永田英正編『漢代石刻集成』(京都大学人文科学研究所報告、同朋舎、京都、一九九四年)、本文篇の八四頁参照。
(16)　信立祥『中国漢代画像石の研究』同成社、東京、一九九六年。
(17)　曾布川寛「漢代画像石における昇仙図の系譜」、『東方学報(京都)』第六五冊、一九九三年。
(18)　注(17)前掲曾布川論文、一九九頁参照。
(19)　四川の画像磚墓の総合的研究は著しくおくれている。近年、四川聯合大学の羅二虎が『中国四川漢代画像和画像墓』(草稿、一九九六年)を著し、実に多くの材料を調査報告している。この草稿は現在渡部が翻訳中である。また近藤いずみは、その論文「漢代四川の富裕層における死後の世界観」(『史苑』五七巻一号、一九九六年)において、磚室墓に嵌め込まれた一連の画像磚は「闕を通って西王母の許へ至る」ストーリーを有していると考証している。
(20)　揚雄の『方言』の語彙所収方式については以下の研究書を参照のこと。劉君恵、他著『揚雄方言研究』(巴蜀書社、成都、一九九二年)。
(21)　中国の名物学の発達については、青木正児著『中華名物考』中の「名物学序説」(『青木正児全集』第八巻、春秋社、東京、一九九一年所収)を参照。
(22)　郝懿行の博物学知識については、松枝茂夫「郝懿行とその随筆について—『模糊集』解説—」(『中国文学のたのしみ』岩波書店、東京、一九九八年所収)を参照。
(23)　林巳奈夫編『漢代の文物』(京都大学人文科学研究所、一九七六年。一九九六年に京都の朋友書店から新装第一刷刊行)五四七頁参照。同氏の関連論文として「漢代の飲食」(『東方学報(京都)』第四八冊、一九七五年)があり、さらに彼は一般読者向けに以下の二冊の関係図書を執筆している。『中国古代の生活史』(吉川弘文館、東京、一九九二年)、『石に刻まれた世界—画像石が語る古代中国の生活と思想—』(東方書店、東方選書二一、東京、一九九二年)
(24)　孫机『漢代物質文化資料図説』(中国歴史博物館叢書第二号、文物出版社、北京、一九九一年)。

（25）注（19）前掲羅二虎著書草稿、一九四頁。
（26）篠田統「古代シナにおける割烹」（『東方学報（京都）』第三〇冊、一九五九年、後に『中国食物史の研究』八坂書房、東京、一九七八年に再録）、同『中国食物史』（柴田書店、東京、一九七四年）、田中淡「中国古代画像の割烹と飲食」（石毛直道編『論集・東アジアの食事文化』平凡社、東京、一九八五年所収）、浅川滋男「〝灶間〟の民族誌－江浙地方のカマドと台所－」（『季刊人類学』一八巻三号、一九八七年）、同「カマド神と住空間の象徴論－続〝灶間〟の民族誌－」（同、一八巻四号、一九八七年。浅川の両論文は、後に『住まいの民族建築学－江南漢族と華南少数民族の住居論－』建築資料研究社、東京、一九九四年に再録された）。
（27）詳しい発掘情況については以下の報告を参照のこと。成都市文物管理処「四川成都曾家包東漢画像磚石墓」（『文物』一九八一年一〇期）。
（28）注（5）前掲劉志遠・余徳章・劉文杰著書、二頁参照。
（29）『続漢書』礼儀志に「仲秋之月、県・道皆案戸比民、年始七十者、授之以玉杖、餔之糜粥、八十九十、礼有加賜、玉杖長〔九〕尺、端以鳩鳥為飾」（中華書局標点本による）とある。
（30）棕梠と賨布とについては以下の論文を参照のこと。野中敬「西晋戸調式の「夷人輸賨布」条をめぐって」（『東方学』第九五輯、一九九八年）。
（31）王暉石棺画像は高文・高成剛編『四川歴代碑刻』（四川大学出版社、成都、一九九〇年、七四－七五頁）、滎経県出土石棺画像は同編『中国画像石棺芸術』（山西人民出版社、太原、一九九六年、一八頁）にそれぞれ掲載されている。なお「半開の扉」のモチーフについては、土居淑子「古代中国の半開の扉」（『古代中国考古・文化論叢』言叢社、東京、一九九五年所収）というすぐれた研究がある。
（32）「大倉」が瑞祥であることについては、以下の論文を参照のこと。佐伯有清「食大倉考－徳興里高句麗壁画古墳の墓誌に関連して－」（『古代東アジア金石文論考』吉川弘文館、東京、一九九五年所収）。
（33）詳しくはC・ダニエルス、渡部武編著『雲南の生活と技術』（慶友社、東京、一九九四年）を参照のこと。

（34）　渡部武「漢代陂塘稲田模型に見える中国古代稲作技術」（『白鳥芳郎教授古稀記念論叢・アジア諸民族の歴史と文化』六興出版、東京、一九九〇年所収）、同「水利灌漑伝承と陂塘稲田模型」（『日中文化研究』第六号、勉誠社、東京、一九九四年）、古川久雄・渡部武編著『中国先史・古代農耕関係資料集成』（平成一〜三年文部省科研海外学術調査報告書、一九九三年）所収の第二部「漢代陂塘稲田模型明器および関連画像資料集成」および注（8）前掲渡部著書、第三章などを参照のこと。

（35）　林正同「執鍤持箕佩刀労作陶俑」（『古今農業』一九九七年四期）では部曲家兵説をとり、また宇都宮清吉『漢代社会経済史研究』（弘文堂書房、東京、一九六七年増訂版）の口絵写真解説では箒と塵取り（実は鍤と箕）を所持する家内奴隷説をとっている。

（36）　E・H・ゴンブリッチ著、二見史郎・他訳『棒馬考―イメージの読解―』勁草書房、東京、一九八八年、三二八頁。

（付記）本稿は、平成七〜九年度文部省科学研究費補助金基盤研究（C）「中国古代の画像に現われた生活風俗資料の集大成」、および平成九年度三菱財団人文科学研究助成「中国西南地方諸民族の伝統技術と物質文化の研究」（研究代表者　渡部　武）による成果報告の一部である。

秦始皇の思想統制について

稲葉一郎

はじめに

古くは三世紀、晋代における汲冢竹書の出現が古史研究と経学研究を活性化したように、今日の古代史学界も相次ぐ帛書や竹木簡の出土で活況を呈している。恐らくは当時をはるかに上回る状況にあるといってよいであろう。一九七〇年代以後に学界に紹介された出土文書群は、戦国秦漢史研究に風穴を明け、旧来の閉塞状況を一変したといっても過言ではない。勢い出土資料に基づく研究が主流を占めるのは当然の成り行きであろう。そしてそのような方面からの考察を通して旧来不明であった部分が解明され、新事実の解明にともなって戦国秦漢思想史の大綱をなしてきた旧来の常識にも改めて光が当てられるようになっている。

さてこの時代の思想史に関する最も基本的な問題といえば、いうまでもなくいわゆる諸子百家の争鳴から秦始皇の思想統制、そして漢武帝の儒学官学化への一連の収斂過程であろう。今日ではそれぞれの項目が細分化され個々に深化されているとはいえ、戦国期、秦代、漢代の思想史上の重要な問題であることに変わりはない。そして大綱に相当する諸子百家にしても秦始皇の思想統制にしても漢武の儒学官学化にしても、つとに常識化し、論ずべき問題はないかに見える。しかしながら古来の常識そのものが全く動かし難い基礎の上に成り立っていたかといえば、必ずしもそうでもないように思われる。例えば諸子百家といえば、すぐさま想起されるのが儒家・墨家・道家・法家・名家・縦横家あるいは農家・雑家などの諸学派の対立抗争の構図である。それぞれの学派は春秋末期以来、師説を継承し、他の学派に対し固有の学説を主張して争ったとされている。儒家は孔子以来の家族倫理を基調とする学説を、墨家は博愛主義と平和主義を唱え、道家は老子と荘周らの無為自然の教えを、法家は管仲や商鞅、申不害、韓非らの法治思想を継承し発展させた、とされている。こうした学派抗争の構図が戦国時代の思想活動の実態を反映しているかといえば、些か疑問とせざるを得ない。確かに戦国時代の思想家たちの間には、孟子が指摘しているように、孔門と楊（朱）墨（子）との対決や農家に分類される許行の一派との論争が繰り展げられており、それぞれの学派が独自性を保ちつつ相互に抗争していたかのように理解される側面がある。そして司馬談の「六家要指」に見るように主要な学派として六家がそれぞれ一貫して主張を伝承していたかのように認識されている。しかしこのような構図が妥当かどうかは再検討する余地があるであろう。こうした点については任継愈「先秦哲学無〈六家〉－読司馬談論《六家要指》－」[1]がすでに指摘しており、上の論題にも明らかなように、六家なる諸学派の存在そのものを否定している。任氏の論証過程には同調できないところがあるにしても、その結論は承認せざるを得ない。その他の綱目についても同じことがいえるのではないだろうか。

　ところで秦の始皇帝といえば、周知のように中国最初の統一帝国の完成者であり、郡県制による中央集権体制、文字・車軌・度量衡の統一、道路網の整備など、大胆な統一政策を推進して積極的な評価を受ける一方、焚書坑儒、法家主義による思想統制や万里の長城などの大規模な土木事業に人民を酷使したところから、思想弾圧の元祖とされ暴君の代名詞ともなっている。そして彼の死後、数年にして帝国が崩壊したことから、彼の統一政策そのものの不当性が強調されたりしている。

漢初に賈誼らをはじめとする漢儒たちによって作り上げられたこうした始皇帝像は、やがて司馬遷父子の『史記』にも取り入れられて定着し、千古不抜の常識として二千年後の今日にまで受け継がれている。

一体、中国における歴史叙述は、いわゆる勝朝（亡国）の歴史を後継王朝（の史官）が編修し、前朝の歴史事象は次朝の立場から評価し叙述されるのが一般である。こうした伝統的な歴史叙述の、次朝の立場からする前朝の歴史事象の評価の不当さは劉知幾や鄭樵、章学誠らがすでに指摘したところである。彼らは王朝末期に勝朝のために殉じたいわゆる忠臣たちが次朝の歴史家によって逆臣扱いされるのに異議を呈し、通代の立場から直接の利害関係を離れて再評価すべきことを主張したものである。[2]始皇帝の歴史的評価も、漢朝の立場から加えられている点ではこれらのいわゆる逆臣たちと共通のものがあることは否めない。[3]むしろ皇帝という最高の権力者であっただけに歪曲され貶しめられる度合も極端だったとさえいえるのではないだろうか。

『史記』の基礎的な部分を書き遺した司馬談は秦帝国の故地を本貫とし、秦人に関する多くの口碑の中で成長したところから、祖先との関わりのある戦国秦の歴史的人物に愛着を感じていたらしく歴史説話風に彼らの行動を活写している。[4]しかし同時に彼は漢朝の官僚でもあったから、秦帝国の叙述では微妙な立場に置かれていた。子の遷は父の命で漢朝の功臣たちの故居を訪ねたりして漢人寄りの共感をもち、父親とは違った立場から秦人を見ることができたようだが、彼なりの立場から始皇の政治を客観的に記録しようとしたもののようである。そのことは秦始皇本紀の刻石文の引用に示されているように思われる。『史記』は決して後の『漢書』のように勅命を受けて叙述されたものではないが、そこには漢朝の官僚としての二人のないまぜた立場からの叙述があることに留意すべきであろう。始皇帝の記事を吟味するに当たってもこうした彼らの立場を考慮に入れなければならないであろう。

戦国秦漢思想史における「韓非子の哲学」から「董仲舒の哲学」に至るアポリアを解明する目的で著わされたのは金谷治氏の大著『秦漢思想史研究』（平楽寺書店、一九八一年）だが、小稿もその試みの一つである。

一　戦国期の尚賢主義社会と思想統制論

（一）　墨翟の尚賢論と尚賢主義社会

最近興味深く閲読した論文に阮芝生「評〝禅譲伝説起於墨家〟説」（『燕京学報』一九九七年新三期、北京）がある。標題からして明らかなように、顧頡剛の大作「禅譲伝説起於墨家考」（『古史弁』第七冊下編、一九三六年）の内容を近年の考古学的知見と文献学的分析を通して批判したものだが、阮氏の批判により顧氏の、禅譲伝説は墨家に出たとする見解は否定された反面、その後半部分に相当する墨家の尚賢思想の果たした歴史的役割に関する議論がクローズアップされる結果になっている。

ところで尚賢思想は、儒家の説く尊賢とは異なり、春秋末期・戦国初期の段階で封建的世襲制を否定し、身分階級を超えた人材登用を積極的に説いたところに歴史的意味がある。当時の社会に必ずしも墨翟の説いたようには受け入れられなかったにせよ、各国君主を動かし、賢人を登用して政治改革・富国強兵をはからしめたことは注目に値するものといわざるを得ない。そしてその結果、客の活躍、諸子百家の出現を招き、戦国の様相を厳しいものにした。かりに墨翟によって尚賢主義が提起されなかったならば、あのような状況が生まれ得たかどうかを考えてみれば、改めてその歴史的意義の大きさに気づかれよう。墨子の思想活動が展開されていた戦国初期に国際政治の立役者であった魏の文侯の下で李悝や翟璜、西門豹、呉起、楽羊らが登用されて内政と外征に大きな成果を挙げたことが尚賢主義の高揚を促進した。文侯自身、子夏に経芸を学び、賢者段干木や田子方を尊敬し、国際政治を指導し魏国を強盛に導いた賢君とされている。国際的政治感覚の下にいわば外国の賢者を積極的に登用したのであろう。呉起は衛人だが、文侯の賢を慕って魏に入り軍事面で重用され、文侯の没後は楚に移り、呉起の賢を喜ぶ悼王の下で大胆な政治改革を断行したことで知られる（『史記』呉起列伝）。それ以後、戦国諸侯の国々では富国強兵に向けて政治改革が進められたが、それらの改革を担ったものこそいわゆる賢（人）たちであった。魏国の成功をモデルに、正に尚賢思想の追い風の下で客・百家の諸子が活躍したのである。勿論、尚賢主義の採用がすべて成功したわけではない。燕国では尚賢思想にかぶれた王噲が、賢者と仰ぐ子之に王位を譲り政治を一任したことから、皇太子と対立し、燕国は王党派と皇太子（後の昭王）派の国を二分する争いとなり、混乱に陥ったあげく、ついに南隣の斉を首とする五国連合軍に占領されるに至る。この燕国の事例は尚賢思想に災いされたものだが、諸国に後れて国政改革に着手し最も大きな成功を収めたのが秦国であった。商鞅も孝公の賢者を求める布令を見て魏から秦に入ったことはよく知られた事実である。

諸子百家なる多様な思想家たちが戦国時代に輩出したのはこの尚賢思想の流行の下、諸侯たちに登用されんことを求めてそれぞれ持てる知恵を絞りにしぼり、他者と異なる政見とそれを訴える弁論を磨いた結果である。諸侯の宮廷で仕官をめぐって繰り展げられる売り込み合戦こそは思想錬磨の場であった。しかし戦国も後半に入ると状況に変化が現れる。

斉では桓公田午が王宮の東南に隣接した区画（稷下）に学宮を建設し、学者の研鑽と宿泊との便に供して以後、歴代の斉王は稷下学宮の拡充につとめた(5)。とくに宣王は「文学遊説の士を喜び」、天下の賢者を斉国に集め、全国から訪れる学者たちに学宮を開放した上、とくに卓れた学者賢者を列大夫と呼び、（斉都のいわゆる目抜き通り）康荘の衢に面した邸宅を提供し高門大屋を建てて厚遇し、「天下の賢士を（招）致する」（『史記』孟子荀卿列伝）姿勢を示したので、学問に自信のある学者たちは斉都での研鑽を目指したという。かくて臨淄は当時の天下の学問の府となり、最盛期（宣王の時）には稷下の人口は数百千人にも達したとされている。(6)

稷下学宮には七十人を超える博士が置かれ、それぞれ弟子に専門の学問を教授した。(7) また学宮をまとめる祭酒（長老）が任命されてその運営に当たった。かの荀況（子）が三度びその祭酒に任命されたことはよく知られている。(8) かくて稷下には多方面の学問を修めた学者たちが集まり、相互に学術思想や知見を交換し、その発展を促進した。戦国後半期に斉が学問の中心地となったのは理由のないことではない。

（二）『呂氏春秋』と韓非の思想統制論

もともと尚賢思想は墨翟の封建社会を改革して賢人支配を実現しようとの目的で唱えられた主張だが、各国の宮廷で賢人選別の基準をその政見に求めたところから、次第に特異な言論が持て囃されるようになり、いわゆる百家争鳴の状況を招いた。そして上述のように一面では活発な思想活動を生み出し、戦国の世を活気のあるものにしたが、他面では各国の政治に混乱をもたらした。かかる多様な主張が一国の朝野で討わされることに対しては国政の当局者や国の将来に関心をもつ人たちはしだいに危機感をもつようになった。秦国の相、呂不韋が彼の下に集まった思想家たちの学術思想を集大成した『呂氏春秋』には戦国時代の人々に親しまれ、同時に彼らを混乱させた様々な思想について、

群衆人の議を聴きて以て国を治むれば、国の危きこと日なからん。何を以て其の然るを知るや。老耽は柔を貴び、孔子は仁を貴び、墨翟は廉を貴び、関尹は清を貴び、子列子は虚を貴び、陳駢は斉を貴び、陽生は己を貴び、孫臏は勢を貴び、王廖は先を貴び、児良は後を貴ぶ。此の十人は皆な天下の豪士なり。金鼓あるは耳を一にする所

以、必ず法令を同じくするは心を一にする所以なり。（審分覧不二）

といい、個々の思想の間の矛盾関係に言及して、これらの矛盾する政見に耳を傾ければ、国政は混乱し、亡国の契機を作る以外に何の成果ももたらさないことを指摘し、上からの号令で統一することを主張する。呂氏は上と同じ論拠から次のようにもいう。

国に必ず君あるは之を一にする所以なり。天下に必ず天子あるは之を一にする所以なり。天子の必ず一を執るは之を摶にする所以なり。一なれば則ち治まり、両なれば則ち乱る。（審分覧執一）

と。対立・分裂が乱の元凶であるとすれば、統一・一元化こそが治の源泉であるとし、権威を諸侯国の段階では国君に（天下の段階では天子に）一元化し、国（や天下）の政治の方針の一であることが政情安定の要件であるという。呂不韋はいうまでもなく荘襄王元年から始皇の少年期の宰相であり、『呂氏春秋』も始皇十（前二三七）年、相を免ぜられるまでの十年間に門下の食客たちの学術思想や知見をまとめたものであって、この知見も秦国におけるその段階でのものということになろう。

秦国と対立する陣営にある国々でも、多様な思想の流行に対して呂氏と同様な認識が広まっていたように見える。秦の東隣、韓国の王族の一人、韓非も自国の国情を分析して次のようにいう。

愚誣の学、雑反の辞の争いてより人主倶に之を聴く。故に海内の士、言に定術なく、行に常議なし。夫れ氷炭は器を同じくすれば久しからず、寒暑も時を兼ねて至らず、雑反の学も両立して治めず。今、雑学を兼聴し同異の辞を繆行すれば、安んぞ乱るるなきを得んや。（『韓非子』顕学）

と。彼はいわゆる客たちの対立する政見に振り回されている韓国の政情を観察し、現状の継続が悲観的結果におわるであろうことを指摘する。そしてそのような状況をもたらした原因に言及して次のようにいう。

今、人主の言におけるや、其の弁を説びて其の当るを求めず。其の行におけるや、其の声を美めて其の功を責めず。是を以て天下の衆、其の談言する者、務めて弁を為して用に周らず。故に先王を挙げて仁義を言う者、廷に盈つるも、政、乱るるを免れず。(中略)故に智士には巌穴に退処し、禄を帰るも受けず。而して兵、弱きを免れず、政も乱るるを免れず。(『韓非子』五蠹)

と。各国の君主たちは仕官を求めて遊説する、いわゆる客たちの主張を聞き、共鳴するものを登用したため、宮廷はこうした迂闊な議論をもてあそぶ言談の徒に占拠されることになった。かくて富国強兵を目的に賢者を登用したはずが、政治は混乱し軍事力も弱体化する結果を招いたのである。

韓非は祖国韓の国情を振り返り、西方の強大な秦国の勢威に対する、東方六国に共通の末期症状を分析して、それをば脱却する方途を模索した。彼が把握した末期症状の元凶こそはいわゆる尚賢思想流行の弊害たる時宜に合わない迂闊で無責任な言論であった。地道で質朴な耕戦体制と中央集権体制を採用・実施した秦国の隆盛と六国の衰退を対比するにつけても、六国の浮薄な風潮を断ち切ることが第一の課題と意識されたに違いない。かくて韓非は言談遊説の盛んな戦国時代を乱世ととらえ、(9)これを是正すべく、あたかも後の秦帝国を彷彿させる法治国家論を展開する。

明主の国には書簡の文なく法を以て教と為し、先王の語なくして吏を以て師と為す。私剣の捍なく斬首を以て勇と為す。是れ境内の民、其の言談する者は必ず法に軌り、動作する者は之を功に帰し、勇為る者は之を軍に尽す。是の故に無事には則ち国富み、有事には則ち兵強し。此れを之れ王資と謂う。(五蠹)

と。すなわち書簡の文、先王の語、例えば『詩』や『書』に収録された古の聖王の語などを一掃して、法を国の教えとし吏を師として学習することを義務づける。耕戦体制により平時は人民に農作業に従事させ、有事には戦士として従軍させる。私闘を禁止し、対外戦争での斬首にそれぞれ誇示する武勇を発揮させる。ただし耕戦体制をとりつつも、商工業者を排除するわけではなく、商工業者には、地位や待遇を抑えながらも、一定の社会的な役割を期待しており、耕戦の士を中心に社会構成を一変させようとしたものである。

二　秦始皇の思想対策

（一）　秦の博士制度

始皇が制定した統一制度の中には、秦の六国併合の過程で獲得した領土に逐次敷設してきた郡県を全国的規模で体制化した郡県制、天下統一と同時に秦国のものを全国共通の制度として制定した文字や度量衡、法律、車軌の統一、道路網の整備などのように急を要するもののほかに、民間の混乱を恐れ性急な制度化を避けて実施されたと思われる貨幣制度などがある。[10]学術思想に関しても後者の範疇で対処しようとしていたものと考えられる。こうした統一制度の具体化の過程を見ると、始皇は諸制度の統一を慎重な配慮の下に進めていたことが知られよう。

始皇の思想対策については三十四・五（前二一三・二一二）年に断行された焚書坑儒が一般に喧伝され、あたかも初めから法家主義による思想統制で臨んだかのように理解されている。しかしどちらかといえば彼はいわゆる焚書坑儒以前は思想的に寛容であり、巡狩の過程では儒者の意見を徴したりしている。巡狩の途次に立てた諸刻石には秦の施政方針を述べ、彼の政治的立場を闡明しており、それらを見れば彼の政治がむしろ儒家的倫理思想に基づくものであったことが知られる。さらにいえば、そこに見える彼の思想は家族倫理の高揚をうたい、孔門の教えにも敬意を払っていたことを示している。[11]また学術思想一般にも深い理解を示していたことは博士制度を布いていたことからも知られる。

秦の博士制度は、丞相や守令の来源が三晋にあるのと同様、戦国の制度を継承したものであり、とりわけ斉の稷下学宮の制度の影響が大きいとされている。(12) 博士の員数は『史記』封禅書によれば、「(二十八年)斉・魯の儒生博士七十人を徴従して泰山の下に至る」とあり、『史記』秦始皇本紀には「(三十四年)始皇、咸陽宮に置酒するや、博士七十人前みて寿をなす」といい、同じく「(三十五年)侯生・盧生相い謀りて曰く、(中略)博士、七十人ありと雖も特だ備員するのみにて用いられず」と見え、どの資料も七十人とする点で共通している。とくに三十五年の資料は焚書令の公布後の記事であり、博士の員数は焚書令の後も同数が継続して用いられたことを示している。また後に引く叔孫通列伝にも見えるように、それぞれ弟子を百人程度もつことができたものらしい。

博士七十人のそれぞれの学問内容については上の二十八年の記事から儒学諸経の専門家たちが含まれていたことは明らかだが、そのほかにも『漢書』芸文志を見ると、諸子略の儒家者流には『孟子』などと並んで『羊子』四篇(百章。故秦博士)が、名家者流には『鄧析』二篇、『公孫竜子』十四篇、『恵子』(名施、与荘子並時)とならんで『黄公』四篇(名疵、為秦博士。為歌詩、在秦時歌詩中)が見えている。羊子は孟子と同じく儒学を伝えた人であり儒生博士のカテゴリーに含まれるものであろうが、名家に分類される黄疵は歌詩の名人であったとすれば、秦の博士官が儒学以外の諸学問をも網羅するものであったらしいこと、さらには詩歌韻文の制作に携わる専門家までも含んでいたことが知られる。また『漢書』百官公卿表上、奉常の条を見ると「博士、秦官、古今を通ずるを掌る。秩、比六百石。員、多きは数十人に至る」とあり、九卿の一つ、宗廟の祭祀儀礼を掌どる奉常の管下に所属し、古今を通ずる、すなわち歴史の研究も博士の職務であったとする。また第五回巡狩の際に皇帝が水神と戦った夢の謎解きをさせられているところからすれば、占夢までもが職務に含まれていたものらしい。さればその職掌は専門の学術を講授したり歴史を研究するだけでなく、朝議に参与し、祭祀や作詩、占夢に至るまで、広範に皇帝の顧問に当たるものであったことが知られる。[13]

要するに、秦の統一当初の思想対策は、博士制度を布き、広汎な社会的影響力をもった思想家・文学者たちを博士に登用して、政府の管理下に置き、皇帝の政治・学術思想・文学上の顧問に備えさせ、それぞれの博士官にその弟子（学習者）を指導・監督させ、各々必要とする文献書籍をも管掌させるとともに、[14] このような制度を中心にそれぞれの学問の伝統を承認し、比較的自由に講授・学習することを容認するものであったといえよう。

（二）　焚書令とその背景

始皇が態度を一変させるのは天下統一後八年、始皇三十四年、咸陽宮での周青臣と淳于越の論争においてである。咸陽宮で博士七十人のために宴を張った時のこと、博士たちを代表して博士僕射の周青臣が形通りの祝辞を述べた。青臣の祝辞の要旨は、今や天下は平定され、諸侯の国々も郡県となり、平和を万世にも享受できるようになったのは偏えに始皇帝の威徳なり、とし、その事業を称賛したものであった。この言葉を聞いて始皇は満悦の体であったが、直ちに斉人の博士淳于越から反論が提出された。越のいうよう、

臣、聞くならく、殷・周の王たること千余歳なりしは、子弟功臣を封じて自ら枝輔となせばなり。今、陛下、海内を有するも、子弟は匹夫たり。卒かに田常・六卿の臣あるも、輔払なくんば、何を以て相い救わんや。事、古を師とせずして能く長久たる者は聞く所にあらず。今、青臣、又た面諛して以て陛下の過を重ぬ。忠臣にあらず。

（『史記』秦始皇本紀）

と。秦が封建制を廃止したことに対するいわば老婆心から出た諌言であったが、それを聞いて始皇は態度を改め、越の言葉を吟味するよう丞相李斯に命じた。李斯は一旦退いて検討した結果を次のように奏上した。

五帝、相い復せず、三代、相い襲らざるに各々以て治まるは、其の相い反するにあらず、時変異なればなり。今、陛下、大業を創め万世の功を建つ。固より愚儒の知る所にあらず。且つ（淳于）越の言、乃ち三代の事なり。何ぞ法るに足らんや。異時、諸侯並び争いて厚く游学を招く。今、天下、已に定まり、法令一に出ず。百姓、家に当りては則ち農工に力め、士は則ち法令を学習して禁を辟く。今、諸生、今を師とせずして古を学び、以て当世を非り黔首を惑乱す。丞相斯、昧死して言く、古者、天下散乱し之を能く一にするものなし。是を以て諸侯並に作り、語、皆な古を道いて以て今を害い、虚言を飾りて以て実を乱す。人々、其の私に学ぶ所を善しとし以て上の建立する所を非る。今、皇帝、天下を并有し黒白を別ちて一を定むるに、私学を尊びて相与に法教の人を非る。令の下るを聞けば則ち各々其の学を以て之を議し、入りては則ち心に非とし、出ては則ち巷議し、主に夸りて以て名と為し、取を異にして以て高しと為し、群下を率いて以て謗を造す。此の如きにして禁ぜずんば則ち主勢、上に降り、党与、下に成らん。之を禁ずるが便なり。臣、請くは史官の秦記に非ざるものは皆な之を焼かん。博士官の職る所に非ずして、天下敢て詩・書・百家の語を蔵する者あらば、悉く守・尉に詣りて之を雑焼せん。敢て詩・書を偶語するものあらば、弃市せん。古を以て今を非る者は族せん。吏、見知して挙げざれば、与に罪を同じくせん。令下りて三十日なるも焼かざれば、黥して城旦と為さん。去らざる所の者は医薬・卜筮・種樹の書のみ。若し法令を学ぶあらんと欲すれば、吏を以て師と為さしめんことを、と。（同上）

と。この議論を平心に読めば、李斯の狙いは封建制復活論を批判することでも、復古主義を振りかざす儒学を撲滅することでもなかったことは明らかである。[15]まず時変に順応すべしとする自身の歴史主義的立場を闡明した後、彼は淳于越の諫言を腐儒の時代錯誤的言辞として退ける。ついで尚賢思想の下、百家の言に惑わされた世相を振り返り、秦の天下においては皇帝の下、人民は一定の価値基準に基づいた生活を享受するに至っているにもかかわらず、諸生は古事を虚飾し当世を批判して社会人民を再び混乱に陥れようとし、法令が下る度に固陋な私学的知見にもとづいてその不当性を非難する様子を指摘し、この状況を放任するならば、皇帝の権威は地に落ち、民間には徒党を組み秩序を乱す勢力が形成され、正に戦国時代へ回帰することになるであろうとする。このような趨勢を断つには、以下のような処置をとることが肝要であるとし、まず秦国の年代記、秦記以外の各国の史記を焼却すべきこと、博士官所蔵の書籍、医薬・卜筮・種樹（農林業）関係の文献を除く、『詩』『書』および百家の語を記録した文献はすべて郡守・県尉のもとに提出して焼却すべきこと、禁令を無視し『詩』『書』にもとづいて議論する者があれば、棄市の刑に処すべきこと、古事を根拠に当世の政治を批判するものは族刑に処すべきこと、これらの事実を見知しながら検挙しなかった吏は同罪とすべきこと、法令公布の後、三十日以内に焼却しなかった者は黥して城旦の刑に処すべきこと、法令を学習する意志のある者は吏を師とすべきこと、を要請する。[16]これらの中でも李斯が力点を置いたのは吏に就いて法令を学習し政府の施政方針に習熟させることであったろう。

なお博士（官）と文献との関係については上の記載は不明瞭であるが、次の資料が参考になる。

伏生は済南の人なり。故と秦の博士たり。（中略）秦時、書を焚くや、伏生、之を壁蔵す。其の後、兵大いに起り流亡す。漢定まり、伏生、其の書を求るも、数十篇を亡ない、独り二十九篇を得るのみ。（『史記』儒林列伝）

とあり、焚書に際しては博士個人では専門のテキスト『書』ですら私的に所蔵することができなかったらしく、伏生は焚書の厄を避けて『書』を壁蔵したとある。されば「博士官の職どる所に非ずして云々」とある博士官とは政府の関連機関を指すものであったことが分かる。これらの事実は、焚書の後は博士官なる公認の機関に『詩』『書』、百家の語を記載した書籍が所蔵され、そこで政府任命の博士がそれぞれ多数の、時には百人を越える弟子に専門とする学問、テキストについてその教え、解釈を講義し伝授していたことを物語るものである。[17]

ところで咸陽宮における博士の宴会での淳于越の言辞を契機として私学を禁じ民間の書を焚くに至った政治的思想的背景はどのようなものだったのか。李斯の提案内容から推測すれば、恐らく淳于越の諫言を耳にして始皇も李斯も、あの韓非の韓国の政情批判の言葉と六国の末期症状を思い起こし、統一後、まだ日の浅い秦帝国の未来に思いを馳せたものと思われる。とくに李斯の念頭に上ったのは戦国末期の六国の政治状況であったろう。秦王政は呂不韋を排除したのち、新たに登用した魏人尉繚の計に従って各国の反秦的態度を示す大臣たちに賄賂を送り届け、説得工作によって反秦感情を和らげさせ、秦に対する南北同盟（合従）を廃棄させたものである。[18] 秦王政十六（前二三一）年以後、韓国を手始めに六国に対する各個撃破が可能になったのはこの賄賂作戦の効果である。いわば秦の天下統一は、百家争鳴という思想状況を利用して世論を操作し、秦に有利な政治的環境を醸成できたことに由来するものである。しかしながら天下統一が成ると同時に攻守、所を異にしたことはいうまでもない。守勢に立った為政者には政情の安定とそのための施政方針の周知徹底こそが喫緊の課題となる。そもそも割拠分裂が常態であった中国に政治的統一がもたらされたのは開闢以来、初めてのことであったから、旧六国の民心を一つに束ねることは至難の業であったに違いない。されば一方では各地に派遣した地方官による地方行政を支援し秦の天下とその施政方針を宣伝すべく、皇帝自ら全国にデモンストレーション（巡狩）を繰り展げるとともに、政情安定に向けて荒療治も辞さないというのが始皇や李斯ら当局者たちの立場であったであろう。咸陽宮での博士の宴会は図らずも始皇に秦朝の政策・政治理念に同調しない斉人の博士の存在を浮き彫りにしたのであった。斉はいうまでもなく最後に秦の支配に服した国であり、商工業が発達し文化の程度も高く、極めて支配の難しい土地柄であったとされている。[19] そうした点からも斉人の博士淳于越の発言は極めて意味深長なものとして受け取られたのである。

かくて博士官所蔵の書籍と政府指定の文献を除く、民間の書籍をば政府批判に利用するのを封じる措置が取られたのであった。一般には「『詩』『書』を偶語する」の句を以て『詩』と『書』をテキストに用いる儒学の学習として理解されているが、『詩』『書』は墨学でも盛んに利用したし、その他の学者たちの間でも共通の参考書とされていたから、とくに儒学の学習の禁止として限定的に理解する必要はないであろう。[20]

ともあれ、ここには一般にいわれるような法家主義に依拠して思想を統制したというような事実はない。ここに見える焚書は法家思想の立場から推進された政策というよりも、むしろ政府にとって不都合な社会・思想状況を絶つべく採用された対策であったというべきであろう。李斯はその対策を立案するに当たり、荀子から授かった帝王の術を施すことを目標とし（『史記』李斯列伝）、同学の韓非の主張をも取り入れて具体化したものである。[21] ここで注目すべきは「法家」なる学派が先秦時代にも秦代にも存在しなかったことが先人により指摘されていることである。[22] この事実からすれば、始皇の対策が「法家主義」に出たものでなかったことは明らかである。当時は荀子の弟子の韓非により儒学を基礎に管仲・商鞅・慎到・申不害らの主張を盛った法治政治観が体系的に構成され文章化されていたにすぎない。このような認識が正当なものであるとすれば、始皇の対策を法家主義に基づく思想統制というように把えるのは甚だしく歴史の真実を歪曲するものであることになろう。

要するに始皇は法令が発布される度にそれを批判して政府の方針にけちをつける民間の風習を改め、秦の政治方針・政策を正当に広範に理解させるべく、このような形で秦の法令そのものの学習を一般に義務づけたのであり、[23] 一定の教養を身につけ、正規の学問を志すものには博士官のところで勉学する道を開いていたのである。

（三）　いわゆる坑儒

焚書と並ぶ暴政、いわゆる坑儒は焚書の翌年、すなわち始皇三十五年、方術で始皇に取り入っていた盧生と徐生の二人の方士が早晩、詐術が暴露されるのを恐れて逃亡し、ことのついでに始皇を誹謗したことが契機で発動された事件である。侯生と盧生は逃亡するに当たっていうよう、

始皇の人となり天性、剛戻自ら用う。諸侯に起りて天下を并せ、意得欲従、以て古より己に及ぶものなしと為し、専ら獄吏に任じ、獄吏親幸せらるるを得。博士七十人ありと雖も、特だ員に備わるのみにて用いられず。丞相諸大臣、皆な成事を受け、上に倚弁す。上、刑殺を以て威を為すを楽しむ。天下、罪を畏れて禄を持し、敢て忠を尽すなし。上、過を聞かざれば日に驕り、下、懾伏謾欺して以て容を取る。秦法、方を兼ぬるを得ず、験せざれば輒ち死す。然して星気を候う者三百人に至り、皆な良士なれば、忌諱を畏れ諛いて敢ては其の過を端言せず。天下の事、大小となく皆な上に決す。上、衡石を以て書を量り、日夜、呈あり、呈に中らざれば休息するを得ざるに至る。権勢を貪ること此の如きに至るも、未だ為めに仙薬を求むべからず。(秦始皇本紀)

と。始皇の政務の精励を茶化したり、その日常生活をも悪意に満ちた言葉で誹謗した。この謗言が始皇を激怒させることになる。ついに始皇は「盧生ら、吾、之を尊び賜うこと甚だ厚きに、今、乃ち我を誹謗して以て吾が不徳を重ぬ。諸生の咸陽に在る者、吾、人をして廉問せしめたるに、訞言を為して黔首を乱せり」とて御史に命じて悉く諸生を案問させたところ、諸生らは自ら免れんとして相互に他人に罪をなすりつけたので、芋づる式に逮捕された者が四百六十余人に及んだ。始皇はこれら全員を天下のみせしめに咸陽で穴埋めにした上、さらに益々摘発して辺境に遷徙させようとした。この様子を見て、たまりかねた始皇の長子扶蘇は諫めていうよう、

天下初めて定まるも、遠方の黔首、未だ集まらず。諸生は皆な孔子に誦法するに、今上、皆な重法もて之を縄す。臣、天下の安んぜざるを恐る。唯だ上、之を察せんのみ。(同上)

とて、天下統一以来、僅かに九年、支配の未だ安定しない状況の下で孔門の諸生たちを重い刑で処罰するのは得策で

ない、と処分の撤回を求めたが、しかし反って父の怒りをかい、北方の上郡に送られ将軍蒙恬の長城防衛を監督する任に就かされたとする。この扶蘇の言葉から諸生を儒者と同一視することが一般に行われ、坑儒は儒者の弾圧・迫害と理解されるようになった。しかし見られる通り、逮捕され坑殺されたのは、中には儒生も紛れていたかもしれないが、大多数はいかがわしい方術で始皇を瞞着していた方士と関わりのあった人々であり、これら全てを儒生として一括するのは余りにも作為的すぎるというべきであろう。

ここで注意すべきは、当の扶蘇は『史記』始皇本紀では、周知のように、遺言により始皇の後継者として指名されていたことである。このことは始皇は扶蘇を勘当・廃嫡したのではなく、むしろ許していたことを示すものであり、始皇百年の後には扶蘇が帝位に就き、彼の手で早晩、始皇の政策は改められ、別の対策が講ぜられる可能性があったことを推測させる。ただしこれはあくまでも仮定の話である。しかしながら次の記事は現実に存在した歴史事象である。『史記』叔孫通列伝によれば、

叔孫通は薛人なり。秦時、文学を以て徴せられ、博士に待詔す。二世の時、拝せられて博士と為る。二世、博士諸儒生を召して問うて曰く「(中略)」と。博士諸生三十余人前みて曰く「(中略)」と。(中略)叔孫通の漢に降るや、儒生弟子百余人を従う。

とあり、中略箇所を補って説明すれば、博士諸儒生が二世皇帝に召見され、その下問を受けた博士たちが二世を怒らせたため叔孫通がとりなしてその場をおさめたこと、やがて博士叔孫通は儒生の弟子百余人を従えて一旦は項羽に、ついで漢に下ったというものである。これらの事実は「坑儒」の後も、博士が百人を越える弟子たちに儒学(礼)を教授していたこと、そして儒生が二世皇帝と直接接触していたこと、さらに儒学が二世時代にも公認され存続していたことを示すものである。また秦滅亡後は戦国時代と同様、儒者が弟子を引き連れて仕うべき主を求めて行動してい

たことも知られている。

陳渉の王たるや、魯の諸儒、孔氏の礼器を持して陳王に往帰す。是において孔甲、陳渉の博士となり、卒に渉と倶に死す。(『史記』儒林列伝)

とあるのによれば、彼らの中には秦帝国の崩壊後、陳渉に仕えてその博士となり、彼と運命を共にしたものさえ存在した。叔孫通が項羽、ついで漢に降ったことと併せ考えれば、その他の群雄に走った者のあったことが推測される。この外にも申培・韓嬰(詩)・田何(易)・高堂生(礼)(『史記』儒林列伝)などが漢代にまで生き残り、『詩』『書』『易』『礼』などを伝えたことが記録されている。

こうした事実を列挙すれば、儒生たちは秦代を通して活躍しつづけただけでなく、むしろ秦の朝廷に積極的に働きかけていたと見ることさえ可能である。因みに儒学の経典のうち、『尚書』秦誓は秦儒によって付加され、『尚書』堯典や『礼記』大学・礼運・中庸などの諸篇が秦の行政制度に合わせて改修されたことが明らかにされており、(24) 秦儒により経典のイデオロギー化の進められていたことが知られる。

この点に関して注目すべきは、いわゆる坑儒の二年後、始皇三十七年の巡狩の途次において虞舜を九嶷山に望祀し、大禹を会稽山に祭祀している事実である。舜はまぎれもなく儒学の聖人、禹も儒学で聖人とされるほか、墨学でも尊崇されており、(25) これらの聖人を祭祀していることは、始皇自身が儒学や墨学に特別の配慮を加えていたことの何よりの証拠といえよう。(26)

また二世は父始皇の政策の愚直な継承者であったから、巡狩や刻石を模倣したり阿房宮の造営、驪山陵の造営などを続行して秦の滅亡の原因を作ったが、一方では儒生たちを召問し、儒生たちも堂々と対応していたところを見ると、彼らは重んじられこそすれ、秦の政府からマークされ迫害されたとは到底考えられないことである。

これらは始皇三十五年に発動されたいわゆる坑儒（思想弾圧）が、一定期間の後に中止されたのでもなければ、当の弾圧そのものが儒学・儒生を対象としたものでもなかったこと、[27]さらにいえば詐欺師の方士たちに対する懲罰事件にすぎなかったことを物語るものである。

余論 ―儒家と法家と―

以上、二節五項にわたって始皇帝の暴政とされる焚書坑儒の具体的内容およびこれらの政策の歴史的背景について考察してきた。そして焚書は戦国時代以来の尚賢思想に由来する、過熱し混乱した思想状況を鎮静化し整序させる狙いで採られた措置であり、決して思想弾圧ではなかったこと、いわゆる坑儒も、儒学の弾圧などというものではなく、始皇帝を誑らかしていた不埒な方士たちを懲らしめるべく断行された懲罰事件であったこと、について縷述してきた。秦朝の一連の統一政策の中でも、天下の世論の方向づけは中国最初の統一帝国を安定させる上で不可欠のものであり、その点に留意して学術思想は博士官に、政治向きのことは吏について学習する道を用意したことは妥当な施策であったというべきであろう。ただし秦火によって多数の書籍が焼かれたことも事実であろう。しかしそれは上述のように民間の私学して政府の政策を批判することを防ぐ必要からなされたものであり、規定の書籍以外をすべて焼き払ったのではない。咸陽宮には天下のあらゆる文献の副本を所蔵する秘府があったことは、劉邦が咸陽に入るや、秦吏であった蕭何が逸速く秘府に入り天下経営の上で重要な資料文物を収容したことからも知ることができるし、七十人に及ぶ博士（官）の学舎にもそれぞれ多数の必要な専門書が所蔵されていたことは間違いない。子嬰が劉邦に降伏した時点では無事であったこれら宮殿の秘府の蔵書も、劉邦に続いて関中に入った項羽の放火によって壮大な咸陽宮もろとも灰燼に帰し、同時に城内の博士官の蔵書も焼失してしまったのであろう。無論、伏生の壁蔵の事実が示すように、知識人たちは秦火や戦火による書籍の焼滅を拱手傍観していたわけではなく、それぞれが知恵を働かせて書籍を災厄から守ろうとした。やがて漢朝が成立して挟書の律が除かれるとともに、献書の奨励をうけて続々と各地から朝廷に文献が献上され、秘府を充実させるに至るのは、人民の知恵の賜物であると同時に、ある意味では秦の焚書が徹底しなかったことを物語るものでもある。

ところで始皇帝の暴政とされる焚書も坑儒も、旧来、秦の法家主義に基づく政策として理解されてきた。しかし法家なる概念が、上に見たように、漢代に生まれたものであるとすれば、そもそも秦の政策およびそれを推進した人たちの立場はどのように理解すればよいのか。李斯も韓非も法家でないとすれば、彼らは何れの学統に属したのか。そしてどのようにして法家に位置づけられるようになったのか、が解明すべき課題とならざるを得ないであろう。これらに関する試論的な管見を提示すれば以下のようになろうか。

戦国末期の思想界の実情を瞥見すると、例えば儒家が八派に別れて正統性を争っていた事実や墨家が三派に分裂していた事実が示すように、儒学や墨学の師承そのものの混乱していたことが知られる。(28) 儒学では『漢書』芸文志で子思や孟子、荀子、羊子などが諸子として扱われているように、それぞれが個性的な学説を展開していた。顕学たる孔門や墨家にしてこのような状況であったから、客として諸侯に個々に自身を売り込んだり、思想家同士で議論を討わせる場合には学派の勢力拡大ではなく、いかにして個々が生き残るかに学者たちの関心の重点があったといってよい。斉の稷下学宮は正にそのような学者たちの学派を超えた学問の切磋琢磨の場となっていた。戦国末期にいわゆる雑家に分類される著述が出現するのは上のような背景を抜きにしては考えられない現象である。

儒学の分派も戦国末期から漢初にかけてさらに進展し、両極に展開したもののようである。一は斉地を中心に陰陽五行説と道徳（家）説を導入し『易』を根拠にして形而上学的側面を強化したもの（斉学）[29]、他は楚地を舞台に荀子の礼論を発展させて法治思想に到達したものなどである。儒学の正統的な立場が「怪力乱神を語らず」、形而上学を敬遠することにあったとすれば、『易』を最後まで経書に採用しなかった荀況（子）はむしろ儒学の正統を保持した思想家とすべきであろう。[30] そして当時の儒宗、荀子から「帝王の術」を学んだ李斯、彼とともに荀子に師事した韓非も基本的には同じ師承関係でとらえるべきであろう。されば荀子の学灯を継承し発展させた韓非は、商鞅や申不害の政見を拠り所に法術的側面を強調したとはいえ、儒学の系列に入れて然るべき思想家ということになろう。[31] 始皇が各地に立てた刻石の文章が儒学的倫理思想に覆われているの[32]は荀子の弟子たる李斯らの政見が反映したものと考えられるし、李斯の政見には韓非の思想の裏付けがあったことは上に触れた通りである。

ここで想起すべきは荀況が『荀子』強国篇で示した戦国末期の秦国の習俗と政情に対する評価である。そこでは彼は秦国の人民、官吏、士大夫、朝廷のそれぞれについて「古の民」、「古の吏」、「古の士大夫」、「古の朝」なる評価を与え、その政治を「治の至り」としながらも、唯だ一点、儒学を国是としていないことに不満を表明していた。[33] 当時の秦国を彼の理想の王国「後王」とはしなかったのも儒学的背景が欠けていたからである。そして荀子はその秦国に弟子の李斯を送り込んだのである。『史記』李斯列伝では、李斯は学業を卒えると、自己の判断で秦国に仕うべく師荀子のもとを辞したように叙述されているが、強国篇の記述を見れば、師からもその将来性をかって秦国への仕官を勧める提言があったと見ても不思議ではない。ともあれ秦帝国では李斯の主導の下に統一政策が推進されたことは周知の通りである。そしてその結果ともいうべき始皇の政治が刻石に謳われ、そこにはあたかも儒学そのものの政治倫理観が展開されているのである。このことは李斯により荀子直伝の帝王の術、すなわち儒学が秦国・秦帝国に導入されたことを物語るものである。されば李斯も韓非の思想も秦帝国では儒学の系列に連なる思想家・思想として遇されていたに違いない。

では何故、韓非の学説が儒家ではなくして法家と呼ばれ、始皇や李斯が法家政治の執行者とされるのか。法家なる名称が漢代以後に生まれたものであるとすれば、彼らに法家なる学派名称が与えられる過程にその鍵が隠されているように思われる。

一体、漢朝では「法三章を約した」にも拘わらず、現実には高帝十二年まで秦の「酷法」が襲用されていたし、[34] 続く呂后時代にも「二年律令」なる一群の漢律が公布された。[35] そして秦代から大きな勢力を誇った韓非学派（後学）は、申・商・刑名の学を好んだ文帝・景帝の下で法術思想を追補するとともに当時流行の黄老思想を取り入れて『韓非子』の内容を一層充実させたものらしい。[36] 先学に指摘されているように『韓非子』には韓非以後に増益された部分の多いことがそのことを立証する。しかしそれらの側面を充実させればさせるだけ、儒学の基本から乖離していったことも見易い道理である。

一方、曹参が斉相から漢帝室の丞相となり、斉地の黄老の術を導入して政治の要諦として以来、この思想が政界を風靡する中で、斉学は漢帝室への接近をはかり、着々と地歩を築いていったと考えられる。斉地で陰陽五行説や道論などの形而上学を雑揉し、孔子の根本思想からかけ離れてしまっていた斉学が漢政権に取り入り安固な立場を築くには、秦政権と結びつき、当時も大きな勢力を振っていた韓非学派をば前政権と一体化させて儒学の系列から排除する権略を必要としたものであろう。始皇や李斯の対策、その拠り所になった『韓非子』の所説を特徴づけていた法術的側面を誇大に強調して彼らに法家なる名を与える一方、方士懲罰事件において一二の儒生がその中に紛れていたのを最大限に利用し、方士を坑にしたことを声高に「坑儒」と叫び、「法家」の秦政権があたかも儒者を弾圧したかのごとく吹聴したところに彼らの権略のからくりを見ることができる。[37]

始皇帝の評価が引き下げられるのもこの時点においてである。秦末においては陳渉の旗揚げの言葉に、

天下、秦に苦しむこと久し。吾、聞くならく、二世は少子なれば当に立つべからず、当に立つべきは乃ち公子扶蘇なり。扶蘇は数ば諌むるを以ての故に上（始皇）、外にて兵を将いしむ。今、罪なくして二世、之を殺すと聞く、と。（陳渉世家）

と見え、秦（の政治）に苦しんでいるとしながらも、始皇帝を上といい、二世に殺された扶蘇に同情を寄せており、始皇帝に対する批判はまだ見られない。しかし漢代に入ると、高祖に対する諌言の中で亡国の君主の一人として取り上げられる。侍従であった陸賈は、馬上で天下を取ったと豪語する高祖に、

秦、刑法に任じて変ぜず、卒に趙氏に滅ぼさる。郷に秦をして已に天下を并せ、仁義を行い、先聖に法らしむれば、陛下、安んぞ而（以）て之を有するを得んや。（陸賈列伝）

とて、守成の重要性を指摘し、秦がそれを怠ったことによって滅亡したとし、この諌言を契機に著わした『新語』では、

秦の始皇帝、車裂の誅を設為して以て姦邪を斂め、長城を戎境に築きて以て胡・越に備え、（中略）蒙恬、乱を外に討ち、李斯、法を内に治む。（中略）法逾よ滋にして姦逾よ熾んなり。（『新語』無為）

といい、また「秦の二世、刑を尚びて亡ぶ」（道基）ともいう。これらによれば、陸賈は秦の滅亡に関してはむしろ二世の責任を問うもののようである。しかし文帝期の賈誼になると秦政権批判は専ら始皇帝に向けられるようになる。賈誼の始皇批判は儒学弾圧の批判という観点からなされているが、これは賈誼ら漢儒の漢朝への儒学売り込み戦略の一環として理解することができる。賈誼は『史記』賈誼列伝では、少くして諸子百家の書に通じたとあり、文帝により博士に登用されると、時流を敏感に看取し、五行説によりながらも儒学を以て自身を装ったものらしい。彼の『新

書』過秦上によれば、

（秦王）先王の道を廃し、百家の言を焚きて以て黔首を愚にし、名城を堕ち、豪傑を殺し（中略）黔首の民を弱くす。

とあり、過秦下には始皇の政策を概括して、

秦王、貪鄙の心を懐き、自奮の智を行い、功臣を信ぜず、士民に親まず、王道を廃して私愛を立て、文書を焚きて刑法を酷にし、詐力を先にして仁義を後にし、暴虐を以て天下の始となる。夫れ并兼者は詐力を高しとし、安危（定）者は順権を貴ぶ。此を以て之を言えば、取与攻守は術を同じくせざるなり。秦、戦国を離れて天下に王たるも、其の道、易えず、其の政も改めず。

とて、始皇帝をば仁義（儒学）を軽んじて刑法を重んじ、書物を焚いて暴政を行い、天下統一後も侵奪の姿勢を改めなかった暴君に仕立てあげ、ついで二世皇帝に叙述を移し、もし二世が先帝の過ちを正し、封建制を復活し、刑罰を省き、倉廩を開いて貧窮に振恤し、賦役を省き百姓の急を救っていたならば、天下は安集したであろうとの仮定を設けた上で、歴史的事実を糾弾する。実際には二世は阿房宮の造営を続行し、刑誅を厳にし、吏治を深刻にし、賦斂を重ねた上、賞罰は当たらず、官吏の綱紀も乱れたので百姓は苦しんだ。何の背景も能力も武器ももたない一匹夫の決起に天下が応じたのは守成の努力を怠ったからだとする。後の秦政権批判の原型がここに見られる。(38)

賈誼の秦政権批判が漢人の歴史認識として定着するのと並行して、秦政権の法治的政策とその拠り所とした学説が法家と名づけられ、判然と儒家から区別される。それに合わせて多様な学者の著述を類別し、多数の学派の一つとして法家を位置づけるまでになる。司馬談の「六家要指」はこの段階における、儒家と法家を含めた六学派の類別を文章化した最も早いものと見ることができよう。(39)

漢政権に結び付いた斉学は政権内に勢力を扶植し、その代表者董仲舒はついに武帝に働きかけて儒学の独尊的地位を確立することに成功する。[40] 斉学が定めたテキスト、『易』『書』『詩』『礼』『春秋』についてそれぞれ博士を立てるいわゆる五経博士の学官制度が確立される。この体制の下では儒学以外の全ての学派の学問は教育・学習の対象から排除される。ここにいわゆる儒学独尊体制が発足することになる。

このような学術教育の体制を秦のいわゆる思想統制策と比較するとき、いずれが学術思想上、自由な体制であったかは、おのずから明らかであろう。注意すべきは秦始皇の下では、焚書の後でさえ博士官に儒学は勿論、百家の文献書籍も保存され、正規の手続きを踏めばそこでの学習は公認されていたことであり、それに対して漢武帝の学官制のもとでは儒学のみを官学とし、他の学派を締め出しその学習を禁じてしまったことである。学術思想の保存育成と後世への影響という側面から見れば、どちらが学術思想対策としてより適切であったかは贅言するまでもないであろう。

かかる認識からすれば、秦の政治体制を法家主義、漢のそれを儒家主義とする旧来の規定も当然、改めざるを得ないし、漢武帝の儒学官学化の歴史的意味も再検討すべき課題とならざるを得ないであろう。

出土資料による歴史像の変更に合わせて、古来常識化されてきた歴史の大綱にも抜本的な見直しが必要になっているのではあるまいか。

注

（1）『中国哲学史論』（上海人民出版社、一九八一年）所収。

（2）劉知幾『史通』曲筆篇および鄭樵『通志』総序、章学誠『文史通義』中鄭篇などを参照。

（3）鶴間和幸「漢代における秦王朝史観の変遷―賈誼「過秦論」、司馬遷『秦始皇本紀』を中心として―」（『茨城大学教養部紀要』第二九号、一九九五年）。

（4）吉本道雅『史記を探る―その成り立ちと中国史学の確立―』（東方書店、一九九六年）一九二～一九九頁。

（5）張秉楠『稷下鈎沈』第一編「学宮」（上海古籍出版社、一九九一年）および曲英傑「稷下之宮与稷下学」（『人文雑誌』一九九五年第四期）。

（6）林麗娥「稷下学之探討」（『先秦斉学考』第三章、台湾商務印書館、一九九二年）。

（7）『史記』田敬仲世家には、

宣王、文学游説の士を喜び、騶衍・淳于髡・田駢・接予・慎到・環淵の徒の如き七十六人より皆な列第を賜わり上大夫となり、治めずして議論す。是を以て斉の稷下学士復た盛んとなる。

とあり、また『新序』巻二、雑事二には、

斉に稷下先生ありて政事を議するを喜ぶ。鄒忌、既に斉相となるや、稷下先生淳于髡の属七十二人、皆な忌を軽んず。

と見える。数字は一致しないが、七十人を超える博士の置かれていたことが知られる。

（8）『史記』孟子荀卿列伝。

（9）拙稿「韓非子の歴史観―戦国諸子における歴史観の発展（二）―」（『人文論究』第四七巻第四号、一九九八年）。

（10）拙稿「秦始皇の貨幣統一について」（『東洋史研究』第三七巻第一号、一九七八年）。

（11）拙稿「秦始皇の巡狩と刻石」（『書論』第二五号、一九八九年）および李福泉「論秦始皇礼俗改革」（『湖南師範大学社会科学学報』一九九三年第六期）。

（12）孫以楷「稷下学宮考述」（『文史』第二三輯、一九八四年）。

（13）王国維「漢魏博士考」（『観堂集林』巻四、もと一九二一年刊、中華書局、一九六一年）および施之勉「秦博士職掌考」（『東方雑誌』第四十巻第三号、一九四四年）、銭穆「博士官之設立」（『秦漢史』第一章第四節、新華印刷股份公司、一九五七年）、馬非百「博士表」（『秦集史』下、中華書局、一九八二年）八九三頁、張漢東「秦漢博士官的設置及其演変」（『史学集刊』一九八四年第一期）などを参照。

（14）秦代の博士官は、上に見たように、宗廟の儀礼を掌る奉常に属していたところから、儀礼に関する学問をはじめとして一般の学術思想に関わる収蔵文献を管理するとともに、それぞれ専門の学問について弟子に読を授けていたものであろう。博士官が教育・官吏養成機関に生まれ変わるのは漢武帝代のことであり、人材の育成と教化を目的として元光元年、董仲舒が提案した太学に、元朔五年、丞相公孫弘、博士平等の提出した博士弟子制度を結合することによって実現した。張栄芳「論両漢太学的歴史作用」（『秦漢史論集』中山大学出版社、一九九五年）を参照。

（15）晁福林「焚書坑儒原因再議」（『天津社会科学』一九八七年第一期）。ただしこの論文で焚書坑儒の原因を秦政権内部の二派の闘争に帰している点については賛同できない。なお封建制か郡県制かの議論はすでに天下統一の時点で検討され結論が出ていた（『史記』秦始皇本紀）。

（16）この最後の条に関しては李斯列伝に「若有欲学者、以吏為師」とて「法令」の文字が省かれているところから学習を希望するものは吏（博士官）のところで正規に学問をさせる、と理解する立場もある。陳夢家「尭典為秦官本尚書考」（『尚書通論』第二部第二考、商務印書館、一九五七年）二三五・六頁、馬非百「博士表」（『秦集史』下、中華書局、一九八二年）八九六頁を参照。

（17）翦伯賛『秦漢史』（北京大学出版社、一九八三年）八〇～八一頁は皇家図書館の蔵書、すなわち所謂博士官の職る所のものは全然焚毀されず、同時に博士七十人および諸生数千も職を失ったわけではない、としながらも、これらの図書は封存され、博士諸生も廉問使の監督下に置かれて文化装飾品になり下がってしまったとする。

（18）『史記』秦始皇本紀。

（19）『史記』曹相国世家および『漢書』地理志下、斉地の条などを参照。

（20）拙稿「戦国諸子における歴史観の形成―墨子と孟子の場合を中心に―」（『人文論究』第四四巻第三号、一九九四年）。

（21）木村英一「秦の始皇の政治と法家思想」（『法家思想の研究』第五章、弘文堂、一九四四年）。

（22）胡適「所謂法家」（『中国哲学史大綱』上巻、第十二編第二章、商務印書館、一九一九年）および内山俊彦『荀子―古代思想家の肖像―』（評論社、一九七八年）二一七頁を参照。

(23) 工藤元男「睡虎地秦簡よりみた戦国秦の法と習俗」(『睡虎地秦簡よりみた秦代の国家と社会』創文社、一九九八年)は、南郡守騰の発した「語書」に秦の法令を学習すべきことが謳われており、戦国末期には新領土に秦の法令による一元的支配が進められていたとする。

(24) 陳夢家「尭典為秦官本尚書考」(前掲)、銭穆「秦代著述」(『秦漢史』第一章第四節五、前掲)および同『中国思想史』(新亜書院、一九六二年)六三〜六五頁、金谷治「礼学の推移と中庸新本」(『秦漢思想史研究』第四章第一節、前掲)、斎木哲郎「秦儒の活動素描—『尚書』尭典の改訂と『礼記』大学篇の成立をめぐって—」(『日本中国学会報』第三八集、一九八六年)などを参照。

(25) 禹を会稽山に祭祀するのは『墨子』節葬下に、

禹、東のかた九夷に教えんとて道に死すれば、会稽の山に葬る。云々。

とあるのを根拠とする。滝川亀太郎は『史記』夏本紀の「巡狩し会稽に至りて崩ず」の条の考証(『史記会注考証』)で春秋後の諸子の雑説に出ずとしている。

(26) 奚椿年「秦始皇不廃儒学論」(『江海学刊』一九九二年第二期)。

(27) 顧頡剛『秦漢的方士与儒生』(上海古籍出版社、一九七八年)十二頁。

(28) 『韓非子』顕学には戦国末期の儒学と墨学について、

世の顕学は儒・墨なり。儒の至る所は孔丘なり。墨の至る所は墨翟なり。孔子の死してより子張の儒あり、子思の儒あり、顔氏の儒あり、孟氏の儒あり、漆離氏の儒あり、仲良氏の儒あり、孫氏の儒あり、楽正氏の儒あり。墨子の死してより相里氏の墨あり、相夫氏の墨あり、鄧陵氏の墨あり。故に孔・墨の後、儒分かれて八となり、墨、離れて三となり、取捨相反して同じからず。而して皆な自ら真の孔・墨と謂う。孔・墨、復た生るべからざれば、将た誰をして世の学を定めしめんや。

という。とくに儒家の内部では大きく八派にも分かれて取捨を異にし、それぞれ自らの正統性を主張して譲らない状況にあったのである。このことは儒学の教説そのものがそれぞれ対立して帰一できないほど混乱していたことを物語る。それでも戦国末期の儒宗であった荀子（孫氏）は、稷下で研究しその学風の影響を受けながらも、孔子の基本思想を比較的禁欲的に継承して儒学の正統的主張を保持したが、前漢初期の儒学、斉学はもはや原始儒家思想とは似つかぬものに変質した。

（29）繆鉞「論戦国秦漢間新儒家－与銭賓四論学往復書札－」（『思想与時代』月刊第三五期、一九四四年、のち『氷繭庵叢稿』上海古籍出版社、一九八五年、に収録）。

（30）繆鉞「論荀学」（『思想与時代』月刊第三六期、『氷繭庵叢稿』前掲、に収録）。

（31）韓非の思想のかかる位置づけに対しては次のような反論が予想される。『韓非子』五蠹篇や顕学篇で儒家を批判しているのをどのように説明するのか、と。このような疑問に対しては以下のような説明が可能であろう。韓非は孔子に関しては、

仲尼は天下の聖人なり。行を修め道を明かにし以て海内に游ぶや、海内其の仁を説こぶ。（五蠹）

といい、孔子に最高の評価を与える一方、墨子との比較でも、

夫れ墨子の倹を是とするや、将に孔子の侈を非とせんとし、孔子の孝を是とするや、将に墨子の戻を非とせんとす。（顕学）

といい、孝と戻とを対比しているところから孔子の墨子に対する優越的評価を見ることができる。韓非は孔子あるいは儒家の教えそのものに対して決して否定的な評価を下しているのではなく、乱世を仁義で治めようとする儒家の一派の時代錯誤的な主張を批判しているに過ぎない。歴史的変化への対応を重視する観点から乱世には法治主義で臨むべしとし、時勢と世相に対処できる教えと政策を要求するのが彼の基本的立場である。

（32）顧炎武は『日知録』巻十三、「秦紀会稽山刻石」で始皇の行動について、

秦の刑に任ずるや過ぎたりと雖も、その民を坊ぎ俗を正すの意、固より未だ始より三王に異ならず。漢興りて以来、秦法を承用して以て今日に至るもの多し。

と評価し、古の三代の聖王にも比肩し得るものとして絶賛しているが、これは彼がそこに儒学思想を読み取っていた何よりの証拠であろう。

なお李福泉「儒法并用、移風易俗－秦始皇礼俗改革初探－」（『秦漢史論叢』第六輯、江西教育出版社、一九九四年）を参照。

（33）拙稿「荀子の歴史観－戦国諸子における歴史観の発展（一）－」（『人文論究』第四五巻第四号、一九九六年）。
（34）高敏「漢初法律系全部継承秦律説－読江陵張家山漢簡『奏讞書』札記－」（『秦漢史論叢』第六輯、前掲）。
（35）李学勤（曹偉琴訳）「江陵張家山二四七号漢律竹簡について」（大庭脩編輯『漢簡研究国際シンポジウム'92報告書　漢簡研究の現状と展望』関西大学東西学術研究所、一九九三年）。
（36）渡辺卓「秦から漢初へ」（『古代中国思想の研究』第四部十、創文社、一九七三年）八一八頁。渡辺氏はこの文帝・景帝期に「法家」が形成されたのであろうとする。
（37）因みに儒学独尊の地位を確立した董仲舒の学説では三綱説など重要な柱に相当する部分を『韓非子』から盗用している実態が明らかにされている。孫景壇「董仲舒非儒家論」（『江海学刊』一九九五年第四期）を参照。
（38）張文立「漢代人的始皇観」（『秦漢史論叢』第六輯、前掲）を参照。
（39）吉春『司馬遷年譜新編』（三秦出版社、一九八九年）二二頁は「六家要指」の提出を建元二（前一三九）年、司馬談が太史丞として出仕した時期にかけている。
（40）胡宝国「漢代政治文化の中心の転移」葭森健介監訳（『徳島大学総合科学部人間社会文化研究』第五巻、一九九八年）。

編集後記

『中国史学の基本問題』の第一巻としての『殷周秦漢時代史の基本問題』を、ここに上梓することとなった。まず、予定より極端に遅延したことを、編者のひとりとして、読者ならびに寄稿諸氏にお詫びしなくてはならない。予定稿がすべて集まり、それに眼を通してから「総説」を執筆したいと考えていた私のためであり、遅延の責任はすべて私にある。日進月歩の今の中国古史研究の状況からすれば、かかる遅延は致命的である場合もあろう。殆ど名目上の編者にすぎないものの、立場上、執筆者全員にお詫びしなくてはならない。

中国の古史研究は、ここ数十年の間に著しくその面貌を変化させた。より一般的には、本書冒頭に佐竹靖彦氏が、当シリーズ刊行の意義について述べているような状況に基づくこともあろう。しかし直接的には、地下からの新史料が、それこそ応接に遑まないように齎らされ、何を措いてもその消化をしないわけにはいかない状況が連続的に存しているることにあろう。

新史料によって齎らされる知見は、たしかに巨大であり、屡々専門の研究者をも茫然とさせるような事実が突きつけられる。しかし、それはあくまで個別的な事実そのものである。それは、「歴史学」が本来「基本問題」となすべきところは、実は程遠い問題である場合が殆どである。かくて、新出史料への対応・研究に追われれば追われるほど、研究者は歴史学本来の「基本問題」とせねばならぬと自覚するところから益々乖離していくという、自己撞着に落ち入らざるを得ないように思われる。

このことは、本書が対象とする全時代の多くの分野において言いうることであるが、とりわけ、出土史料に依存する割合の多い、殷周春秋史において顕著であろう。解決の目途なき「基本問題」を羅列することは、殆ど無限に可能であると共に、無意味である。日々、現実に関与している研究課題を、いかに「基本問題」と関わらせるかは、実は、ここでの各執筆者自身が日頃悩んでいる、永遠の課題だというべきであろう。

古史研究の分野では、巨視的な立場から研究動向が執筆・発表されることが極めて尠ない。近年は、益々その傾向が強くなってきているといえようし、それは右に述べたところとおそらく無関係ではあるまい。その意味では、本書の執筆に参加された諸氏の中には、無理難題への解答をせまられたと感じられた方も少なくなかったのではないか、という気がする。名目のみの〝雇われ編者〟自身、その感が強いが、今は立場上、執筆者各位には、その辛苦に対して御礼申し上げるとともに、読者には、その内情の一端を記して「編集後記」執筆の責めをはたさせていただくこととする。

二〇〇一年四月

松丸道雄

執筆者紹介

生年・現職・専攻分野・主な業績の順に記載。五十音順・敬称略

稲葉一郎（いなば　いちろう）
1936年生　関西学院大学文学部教授　中国古代史・中国史学史　『中国の歴史思想――紀伝体考――』（1999　創文社）「秦始皇の貨幣統一について」（『東洋史研究』37－1　1978）「『歴年図』と『通志』――『資治通鑑』の成立過程に関する一考察――」（『史林』74－4　1991）

江村治樹（えむら　はるき）
1947年生　名古屋大学大学院文学研究科教授　中国古代史　『春秋戦国秦漢時代出土文字資料の研究』（2000　汲古書院）「「賢」の観念より見たる西漢官僚の一性格」（『東洋史研究34－2　1975）「戦国時代における都市の発達と秦漢官僚制の形成」（『岩波講座世界歴史３』1998　岩波書店）

大櫛敦弘（おおくし　あつひろ）
1960年生　高知大学人文学部助教授　中国古代史　「漢代の『中家の産』に関する一考察――居延漢簡所見の『賈・直』をめぐって――」（『史学雑誌』94－7　1985）「中国古代における鉄製農具の生産と流通」（『東洋史研究』49－4　1991）「漢代三輔制度の形成」（池田温編『中国礼法と日本律令制』1992　東方書店）

工藤元男（くどう　もとお）
1950年生　早稲田大学文学部教授　中国古代史　『中国古代文明の謎』（1988　光文社）『馬王堆帛書戦国縦横家書』（共訳注　1993　朋友書店）『睡虎地秦簡よりみた秦代の国家と社会』（1998　創文社）

古賀登（こが　のぼる）
1926年生　早稲田大学名誉教授　中国古代史　『漢長安城と阡陌県郷亭里制度』（1980　雄山閣）「四川与長江文明」（『宝墩遺址』　2000）

佐原康夫（さはら　やすお）
1958年生　奈良女子大学文学部教授　中国古代史　「漢代の官衙と属吏について」（東方学報京都61　1989）「漢代鉄専売制の再検討」（『中国中世の文物』1993）「中国古代の貨幣経済と社会」（『岩波講座世界歴史３』1998　岩波書店）

重近啓樹（しげちか　けいじゅ）
1951年生　静岡大学人文学部教授　中国古代史　「秦漢における徭役の諸形態」（『東洋史研究』49－3　1990）「秦の内史をめぐる諸問題」（『堀敏一先生古稀記念中国古代の国家と民衆』1995　汲古書院）「秦漢帝国と豪族」（『岩波講座世界歴史５』1998　岩波書店）

竹内康浩（たけうち　やすひろ）
1961年生　北海道教育大学教育学部助教授　中国古代史　「金文から見た西周時代の裁判制度」（『史学雑誌』103－8　1994）「西周時代における天命の概念」（『史流』36　1996）「西周金文中の『天子』について」（『論集 中国古代の文字と文化』1998　汲古書院）

永田英正（ながた　ひでまさ）
1933年生　京都女子大学文学部教授　秦漢史　『居延漢簡の研究』（1989　同朋社出版）『漢書食貨・地理・溝洫志』（共訳　東洋文庫　1998　平凡社）「漢代の選挙と官僚階級」（『東方学報京都』41）

平勢隆郎（ひらせ　たかお）
1954年生　東京大学東洋文化研究所教授　中国古代史　『「史記」二二〇〇年の虚実』（2000　講談社）『中国古代の予言書』（2000　講談社）『よみがえる文字と呪術の帝国』（2001　中央公論新社）

福井重雅（ふくい　しげまさ）
1935年生　早稲田大学文学部教授　中国古代史　『漢代官吏登用制度の研究』（1987　創文社）「董仲舒の対策の基礎的研究」（『史学雑誌』106－2　1997）『儒教の国教化（稿）――日本における学説史・研究史の整理――』（科研費研究成果報告書　2000）
藤田勝久（ふじた　かつひさ）
1950年生　愛媛大学法文学部教授　中国古代史　『史記戦国史料の研究』（1997　東京大学出版会）『馬王堆帛書戦国縦横家書』（共訳注　1993　朋友書店）
松井嘉徳（まつい　よしのり）
1956年生　島根大学法文学部教授　周代史　「西周官制研究序説」（島根大学法文学部社会システム学科紀要『社会システム論集』1　1996）「仲山父の時代」（『東洋史研究』57－4　1999）「周の領域とその支配」（『中国史学』9　1999）
松丸道雄（まつまる　みちお）
1934年生　東京大学名誉教授　中国古代史、甲骨金文学　『中国文明の成立』（共著　1985　講談社）『甲骨文字字釈綜覧』（共編　1994　東京大学東洋文化研究所・東京大学出版会）
山田勝芳（やまだ　かつよし）
1944年生　東北大学東北アジア研究センター教授　中国古代史、東アジア社会・制度史　『秦漢財政収入の研究』（1993　汲古書院）『貨幣の中国古代史』（2000　朝日新聞社）『東北アジアにおける交易拠点の比較研究』（編著　2001　東北大学東北アジア研究センター）
吉本道雅（よしもと　みちまさ）
1959年生　立命館大学文学部教授　先秦史　『史記を探る――その成り立ちと中国史学の確立――』（1996　東方書店）『春秋戦国交代期の政治社会史的研究』（科研費研究成果報告書　1998）
渡辺信一郎（わたなべ　しんいちろう）
1949年生　京都府立大学文学部教授　中国古代史　『中国古代社会論』（1986　青木書店）『中国古代国家の思想構造』（1994　校倉書房）『天空の玉座――中国古代帝国の朝政と儀礼――』1996　柏書房）
渡部　武（わたべ　たけし）
1943年生　東海大学文学部教授　中国文化史　『画像が語る中国の古代』（1991　平凡社）『四民月令――漢代の歳時と農事――』（1987　平凡社）『雲南少数民族伝統生産工具図録』（1996　慶友社）

殷周秦漢時代史の基本問題

「中国史学の基本問題」シリーズ 1

2001年 6 月　発行

編　者　殷周秦漢時代史の
　　　　基本問題編集委員会
　　　　松丸道雄・古賀　登・永田英正・
　　　　尾形　勇・佐竹靖彦

発行者　石　坂　叡　志

版下作成 印　刷　富　士　リ　プ　ロ

発　行　汲　古　書　院

〒102-0072 東京都千代田区飯田橋2－5－4

電話 03(3265)9764　FAX 03(3222)1845

ISBN4-7629-2496-2 C3322